하나님 나라와 비유

하나님 나라와 비유

The Kingdom of God and Parables

by Christoper C. Hong © 1995

Publication Copyright © 2004 Hapdong Theological Seminary Press
Mt. 42-3 Woncheon-dong, Yeongtong-gu, Suwon, Korea

하나님 나라와 비유

초판1쇄 | 2004년 3월 31일
초판2쇄 | 2010년 3월 16일
지은이 | 홍창표
발행인 | 성주진
펴낸곳 | 합동신학대학원출판부
주 소 | 442-791 수원시 영통구 원천동 산 42-3
전 화 | (031)217-0629
팩 스 | (031)212-6204
홈페이지 | www.hapdong.ac.kr
출판등록번호 | 제 2-44호
출판등록일 | 1987년 11월 16일
인쇄처 | 우림문화사 (02)2637-4462, 4464
총 판 | (주)기독교출판유통 (031)906-9191
값 14,000원

ISBN 89-86191-48-2
＊잘못된 책은 교환해 드립니다

이 도서의 국립중앙도서관 출판시 도서목록(CIP)은 e-CIP 홈페이지
http://www.nl.go.kr/cip.php에서 이용하실 수 있습니다.
(CIP제어번호 : CIP2004000711)

하나님 나라와 비유

The Kingdom of God and Parables

미네소타 무어헤드주립대학

홍창표 교수의 비유 연구서

합동신학대학원출판부

■ 머리말

오래 전에 '도서출판 하나'를 통하여 출판된 『하나님 나라와 종말론』은 하나님 나라에 관한 세 개의 시리즈 가운데 첫 번째 책이다. 그 책은 하나님 나라에 대한 비평학자들의 논의들을 평가하고, 저자의 종말론 체계인 '상속적 종말론'을 설명한 것이다. 하나님 나라에 관한 저서로 두 번째인, 『하나님 나라와 비유』는 게할더스 보스(Geerhardus Vos)의 의견을 따른 '하나님 나라'의 정의에 근거하여 예수님의 비유를 설명한다.

'하나님 나라'는 하나님께서 왕권을 구원 · 능력, 의, 축복 · 상태라는 세 가지 범위로 드러내신(manifestation) 것을 의미한다. 예수님은 하나님 아버지께서 그분의 왕권을 어떻게 세 범위로 표현하셨는가 하는 것을 비유를 가지고 설명하셨다. 하나님 나라는 예수님 자신, 그리고 예수님의 지상 사역으로 말미암아 임했고, 또한 앞으로 임할 하나님 나라는 예수님의 재림으로 말미암아 완성될 것이다.

현재 임했으며, 주님의 재림으로 완성될 하나님 나라를 나타낸 예수님의 비유를 설명하는 데 사용한 해석 방법은 '천국-문화적 해석법(제 3부)'으로 예수님의 비유가 한 가지 혹은 그 이상의 요점을 포함하는 것으로 본다.

이번에 개정판을 내면서 저자는 조주석 편집실장에게 감사를 드린다. 그는 본인과 여러 차례에 걸쳐 서신과 전화 연락을 통해 서투른 표현과 오자도 많이 바로 잡았으며 특히 약어표와 참고문헌과 성구색인도 새로 보완하여 이전 책보다도 훨씬 더 유용하게 하였다. 기꺼이 출판을 맡아준 합동신학대학원출판부에 진심으로 감사를 표한다.

2004년 봄
저자 홍창표

1En.	I Enoch
1QH.	Thanksgiving Psalms or Hodayot from Qumran, cave one
1Qm.	The War Scroll or Serekh ha-Milḥamah
2Esd.	2 Esdras
4Ezr.	IV Ezra
B.B.	Baba Bathra
b.	Babylonian Talmud
Bar.	Baraita
Bekh.	Bekhoroth
Dem.	Demai
Gen.R.	Genesis Rabbah
I Mac.	Maccabees I
Ket.	Ketubbot
Ketub.	Ketuboth
Kidd.	Kiddushin
Kil.	Kilaim
m.	Mishnah
Meg.	Megillah
Nidd.	Niddah
NumR.	Numbers Rabbah
Ps.Sol.	Psalms of Solomon
Qidd.	Qiddušin
R.Lam.	Lamentations Rabbah
R.	Rabbi
Sanh.	Sanhedrin
Shabh.	Shabbath
Sonc(Son ch.)	Song of the Three Children
Sot.	Sotah
Sukk.	Sukkah

| T. Lev. | Testament of Levi |
| T. | Tosephta |

AB	Anchor Bible
Ant	*Antiquities of the Jews*
BAGD	Baur, W., Arndt, W.F., Gingrich, F.W. and Danker .W., A *Greek-English Lexicon of the New Testasment and Other Early Christian Literature*
BAR	*Biblical Archaeology Review*
BDB	Brown, Driver and Briggs, *Hebrew-English Lexicon of the Old Testament*
BDF	Blass, F. and Debrunner, A. *A Greek Grammer of the New Testament and Other Early Christian Literature*
Bib	*Biblica*
BSC	Bible Study Commentary
CBQ	*Catholic Biblical Quarterly*
ChQ	*Church Quarterly*
EBC	Expositor's Bible Commantary, ed. F.E. Gaelelein
Enc Jud	*Encyclopedia Judaism*
EQ	*Evangelical Quarterly*
ExpT	*Expository Times*
HDB	*Hastings' Dictionary of the Bible,* ed. J. Hastings
ICC	International Critical Commentary
IDBSup	*The Interpreter's Dictionary of the Bible,* Supplementary Volumes
Int	*Interpretation*
ISBEncy.	*Interantional Standard Bible Encyclopedia*
JBL	*Journal of Biblical Luterature*

JTS	*Journal of Theological Studies*
LCL	Loeb Classical Library
NovT	*Novum Testamentum*
NTS	*New Testament Studies*
QJS	*Quarterly Journal of Speech*
REJ	*Revue Des études Juives*
RestQ	*Restoration Quarterly*
S-B	Billerbeck, P. and Struck, H. *Kommentar zum Neuen Teatament aus Talmud und Midrasch*
SBLDS	Society of Biblical Literature Dissertation Series
SBLMS	Society of Biblical Literature Monograph Series
SBLSP	Society of Biblical Literature Seminar Series
SBS	Stuttgarter Bibelstudien
SBT	*Studies in Biblical Theology*
SNTUB	*Studien zum Neuen Testament und seiner Umvelt*
TDNT	Kittel, G. and Friedrich, G. eds., *Theological Dictionary of the New Testament*
TS	*Theological Studies*
TWB	Richardson, A. ed., *Theological Wordbook of the Bible*
TWNT	*Theologisches Wörterbuch zum NT*
TZ	*Theologische Zeitschrift*
ZNW	*Zeitschrift für die neutestamentliche Wissenschaft Kunde der alten Kirche*
ZTK	*Zeitschrift für Theologie und Kirche*

비유의 의미

비유의 목적 (막 4:10-12)

1. '비유'의 의미

신약성경은 예수님께서 직접 쓰신 것이 아닐 뿐 아니라, 예수님이 가르치시던 때부터 20여년 이상의 세월이 지난 다음에야 기록된 것이다. 그러므로 예수님의 메시지를 정확히 기록하는 데는 하나님의 영감과 특별계시가 절대적으로 필요하였다. 그러나 특별계시가 예수님께서 직접 말씀(the verbal speech)하신 내용에만 국한되지는 않는다. 하나님께서 저자들을 영감하시고 그들에게 특별계시를 주셔서 예수님이 친히 하신 말씀을 재생하게 하셨으므로, 복음서에서 우리는 예수님께서 메시지를 전달하기 위해 사용하신 '언어 양식'(the speech forms)들을 볼 수 있다. 이렇게 예수님이 사용하신 다양한 언어 양식 가운데 하나가 바로 '비유'이다.

1. 셈어 문서에 나타난 비유의 용례: 구약, 칠십인역, 랍비문서

칠십인역에서는 두 구절(Eccl 1:17; Sir 47:15)을 제외한 모든 곳에서 히브리어 마샬(מָשָׁל)을 파라볼레(παραβολή)로 번역했다. 그러나 예수님은 파라볼레라는 헬라어를 사용하신 것이 아니고 마샬이라는 셈어를 사용하셨기 때문에, 예수님이 마샬을 어떤 뜻으로 사용하셨는지 살펴볼 필요가 있다. 구약에서 마샬이라는 용어는 '속담'이라는 뜻을 나타내며,[1] 풍자(satire), 비웃음(taunt), 조롱(derision) 등의 의미가 들어 있다.[2] 때로는 수수께끼(riddle),[3] 혹은 풍유(allegory)의 뜻을 나타내기도 한다.[4]

---

1) 예, 삼상 24:13; 10:12; 겔 12:22~23; 16:44; 18:2~3
2) 예, 민 21:27~30; 신 28:37; 왕상 9:7; 대하 7:20; 시 69:11; 사 14:4; 합 2:6

마샬의 어근에는 '~과 같으니'(to be like)라는 의미가 있다.5) 구약성경에서 이 단어가 동사로 사용된 경우가 간혹 있지만(예, 시 28:1; 143:7), 대개는 명사로 사용되었다.6) 위에 말한 마샬의 여러 가지 의미들 중에서 속담이 마샬의 원형적인(archetypal) 의미이다. 속담은 일반적으로 지혜문학에 뿌리를 두고 있으며, 모든 문화에서 전통적인 지혜의 장르에 포함되어 나타난다.7) 연결된 속담을 모으고, 각각의 속담에 적용된 솔로몬의 말씀을 모아서 하나의 책으로 편찬한 것이 솔로몬의 「잠언」이다.

잠언 1:6에서는 지혜로운 자의 마샬(מָשָׁל)과 멜리짜(מְלִיצָה, 상징, figure)와 디브레(דִּבְרֵי, 말, words)와 그들의 히도함(הִידֹתָם, 수수께끼, riddles)을 이해하는 자가 지혜로운 자라고 한다. 이 구절에 사용된 네 단어는 각각 명확히 구분하여 정의된 장르는 아니지만, 지혜 전승에 널리 나타난 것들로서 서로 평행되며 부분적으로는 서로 겹치는 장르들이다.8) 그러나 이 문맥에서 마샬은 분명히 속담이며, 속담은 지혜를 한 줄로 된 문장에 완전히 담는다. 마샬은 감추어진 것, 혹은 암시적인 진리의 패러다임이다. 이와 같이 속담인 마샬을 해석하는 데는 지혜로운 기술이 요구된다.9)

마샬의 원형적인 의미는 속담이며, 위에서는 단지 넓은 의미에서 속담 이외에 다른 용어들도 마샬로 부르도록 허용했을 뿐이다. 따라서 마샬은

---

3) 예, 시 49:4; 78:2; 잠 1:6; 합 2:6

4) 예, 겔 24:2~5; 20:49~21:5; 17:2~10; 삼하 12:1~4; 14:1~11; 사 5:1~7; cf. A.M. Hunter, *Interpreting the Parables*(Philadelphia: Westminster Press, 1960), pp. 113~116; C.K. Barrett, *The New Testament Background: Selected Document*, pp. 148~151.

5) *BDB* 695; A.R. Johnson, "Mashal," in *Wisdom in Israel and the Ancient Near East*, ed. Martin Noth and Winton Thomas(Leiden: Brill, 1955), pp. 162~69; F. Hauck, "Parabole," *TDNT* 4, 472~73.

6) 예, 삼상 10:12; cf. William McKane, Proverbs, *Old Testament Library* (Philadelphia: Westminster Press, London: SCM Press, 1970), pp. 26~27.

7) Alan Dundes, "On the Structure of the Proverb," in *Analytic Essays in Folklore, Studies in Folklore 2*(the Hague: Mouton, 1975), pp. 103~18.

8) R.B.Y. Scott, *The Way of Wisdom in the Old Testament*(New York: Macmillan, 1971), p. 55.

9) William McKane, *op.cit.*, p. 26.

수수께끼나 풍유와는 구별되는 장르이다. 다시 말하면 마샬은 마샬을 나타
내는 여러 가지 항목들이 암시하는 단어들이 포함된다. 그러므로 추론과
해석이 마샬의 본질이다. 마샬은 내용을 압축시켜 표현하는 기호용어
(semiotic terms)이다. 따라서 마샬의 어투는 강렬해서, 구전시대 문화에
서는 잊혀지지 않는 것이었다.10)

마샬은 어떠한 '독특한' 한 가지를 표현하기보다는 대표적이고 전형적인
것을 나타내 보인다. 마샬의 원형은 속담이므로 속담의 형태로 여러 다른
문맥들 속에서 적절히 적용되고 사용된다. 그러나 구약성경에 설화(說話)가
한 장르로 있는 것처럼 마샬이 직접 '비유'와 평행한다고 볼 수는 없다. 다시
말하면 구약성경에는 비유라는 장르가 나타나지 않는다는 것이다.11)

그러면 칠십인역에서 마샬을 파라볼레(παραβολή)라고 번역했을 때 어떤
의미로 그렇게 번역했을까? 결론적으로 말하면, 칠십인역은 위에 요약한
구약성경의 경우보다 일보 더 나아가 다른 의미를 첨가하여 사용하지는 않
는다. 칠십인역이 파라볼레를 사용하여 새로운 의미를 더한 것이 아니고,
다만 '비교'(comparison)한다는 생각을 강조하고 있다.12)

랍비문서에서는 마샬을 어떤 의미로 사용하는가? 랍비들이 마샬을 사용
할 때에도 구약과 칠십인역에 나타난 현상은 계속 드러난다. 한 가지 새로운
것은 '비유'만 많이 들어 있을 뿐이다. 랍비문서에서도 마샬이 속담과 직유
와 풍유와 그 밖의 상징적인 이야기들을 나타내고 있다. 그러나 새롭게 사용
된 비유가 여러 가지 상징적인 말 가운데 중심을 이룬다.13) 그러나 랍비문
서의 비유를 예수님의 비유의 모델로 삼으려고 하면 매우 심각한 문제를
만나게 된다. 왜냐하면 주후 1세기와 랍비문서에 기록된 자료들을 수집한

---

10) Walter Ong, *Orality and literacy*(New York: Methum, 1982), pp. 33~36.

11) cf. B.B. Scott, *Hear Then the Parables*(Philadelphia: Fortress Press, 1990),
pp. 8~13.

12) cf. J.W. Sider, "The Meaning of Parables in the usage of the Synoptic
Evangelist," *Biblica* 62(1981) 453~70.

13) Marcus Jastrow, *A Dictionary of the Targumin, the Talmud Babli and
Yerushalmi, and the Midrashic Literature*(New York: Padres Publication House,
1950(1903).

기간 동안에는 시간적 간격이 있기 때문이다. 랍비문서에서는 '비유'라는 장르가 적어도 200년부터 400년 사이에 생겨나 발전하고 있었다.

그러므로 학자들 사이에서는 랍비문서의 비유에 대한 여러 가지 비판적인 의견이 나왔다. 어떤 학자들은 바리새인들에게 속한 랍비전승에는 비유가 나타나지 않는다고 부정적으로 주장하고 있다.[14] 그리고 바리새인의 랍비전승에는 비유가 없지만 70년 예루살렘 성전 파괴 당시에는 유대인들과 기독교인들이 같은 문학양식의 경향을 보인다고 했다.[15] 어떤 학자들은 예수님의 비유는 유일한 것으로, 근본적인 언어적 독창성과 포괄적인 창조력(a generic creativity)을 나타낸다고 했다.[16] 또 어떤 학자들은 비유 만드는 일이 유대인의 모든 회당 안에서 일어나고 발달한 것으로 단정했다.[17] 다시 말하면 주후 1세기의 유대 땅 팔레스타인은 예수님과 랍비들이 사용한 마샬 장르에 속한 비유 교훈이 새로 일어나게 된 시기이며 장소라고 했다.[18]

랍비문서 중 하나인 미쉬나(Mishnah)에 비유가 하나 나타난다. 그 비유는 초막절에 "초막 안으로 떨어진 빗물을 밖으로 버려야 하는가"라는 문제에 관한 비유이다.[19] 초막절에 내리는 비는 하나님이 노하신 표시인데, 대체로 '종(이스라엘)이 자신의 의무를 행할 때, 그의 주인(하나님)이 불쾌함을 나타내는 것'이라고 설명한다.[20] 미쉬나는 주후 200년경에 편집된 문서이지만[21] 이처럼 비유가 하나만 나타나는 것은 매우 이상한 현상이라고 할

---

14) 예, Jacob Neusner, "Types and Forms in Ancient Jewish Literature: Some Comparisons," *History of Religion II*(1972) 354~90.

15) *Ibid.*, p. 390.

16) 예, J. Jeremias, *The Parables of Jesus*, p. 12; John Dominic Crossan, *Cliffs of Fall*(New York: Seabury Press, 1980), p. 18.

17) 예, Ignace Ziegler, *Die Königsgleichnisse des Midrasch*(Breslan: Schlesische Verlags-Anstalt V.S. Schottlander, 1903); Jakob Pltuchowski "The Theological Significance of the Parable in Rabbinic Literature and the New Testament," *Christian News from Israel* 23(1972-73) 76~86.

18) Robert Johnston, "Parabolic Traditions Attributed to Tannaim,"(Diss, Hartford Seminary, 1978).

19) M. Sukk, 2,9; Danby, *Mishnah*, p. 175.

20) *Ibid.*

수 있다. 그러나 팔레스타인과 바벨론 탈무드에는 비유가 여러 개 나타난다. 타나임 시대(Tannaim, AD 70~200)와 특별히 아모라임 시대(Amoraim, 3~6세기)에는 비유라는 장르가 문학의 특별한 형태로 자리를 잡으면서, 고정된 구성(stereotyped plots)과 특성(characterization)을 지니게 되었다.22)

또한 랍비문서에서 비유는 공통적으로 주석의 형태로 나타나고 있다. 이처럼 랍비 미드라쉬(מִדְרָשׁ, rabbinic midrash)에 나오는 비유는 문맥이 주석적이며 공관복음에 나타나는 것처럼 설화식이 아니다.23) 랍비문서의 비유는 미드라쉬적 문맥, 곧 주석적인 형태로 다음과 같은 다섯 가지 요소를 갖추고 있다.24) ① 예증(illustratia, 시 79:1), ② 소개(introductory formula)- "이것과 같으니," ③ 비유 자체(parable proper), ④ 적용, ⑤ 성구인용이다. 이 가운데 빠질 수 없는 꼭 필요한 요소는 비유 자체이며 대체로 한두 가지 이상의 요소는 흔히 빠진다. 적용과 성구 인용이 그런 요소다. 예수님의 비유에는 대개 처음의 세 가지 요소가 포함되며 첫 요소인 예증은 대체로 하나님 나라이다. 그러나 랍비문서의 비유에서는 여러 가지 다른 공식들을 사용한다. 이처럼 비유는 랍비문서를 통해 공식화된 형태를 지니게 되었고, 동시에 고정된 구성과 특성을 발달시켰다. 그리고 324개의 타나임 비유들 가운데 왕을 예로 든 비유가 55%(180개)를 차지한다.

---

21) Emil Schürer, *History of the Jewish People in the Age of Jesus*(Edinburgh: T and T Clark, 1973) I, p. 76.

22) cf. Joel Gereboff, *Early Rabbinic Storytelling*(Atlanta: Scholars Press).

23) David Stern, "Rhetoric and Midrash: The Case of Mashal," *Prooftexts* 1(1981), p. 263.

24) Robert Johnston, *op,cit.*, pp. 164-66; "The Study of Rabbinic Parables: Some Preliminary Observations," in *Society of Biblical Literature 1976 Seminar Papers* (Scholars Press, 1977), pp. 342ff.

2. 일반 헬라인의 비유 용례

신약성경에 사용된 '비유'(παραβολή)라는 말은 셈어인 '마샬'에 기초를 둔 것인가, 아니면 헬라인들이 고유한 의미로 사용한 수사학적인 내용을 갖는 것인가 하는 자연스러운 질문이 나올 수 있다. 따라서 헬라인들의 비유용례를 간단히 설명하고자 한다. 고대 헬라인들은 파라볼레를 문자적으로 '옆에 놓는 것'(to set aside), '옆에 던져 놓는 것'(to throw beside)이라는 의미로 사용했으므로, 파라볼레는 유사(similarity)나 평행(parallelism)으로 놓고 비교하는 그런 개념이다. 파라볼레가 이런 문자적 의미를 지니고 있으므로, 히브리어 마샬을 파라볼레로 번역한 것은 합당하다. 마샬에도 평행이라는 뜻의 비교 개념이 들어 있다.[25]

그러나 고대 헬라인들은 셈어에서 볼 수 있듯이 파라볼레를 넓은 의미로 사용할 수 있게 발전시킨 것은 아니다.[26] 그리고 아리스토텔레스 이전에는 파라볼레가 수사학적 언어로 쓰이지 않았다. 즉 파라볼레를 '호모이오시스'(ὁμοίωσις 비슷함)나 또는 '에이콘'(εἰκών, 유사)이라는 말의 동의어처럼 사용했다.[27] 그러나 아리스토텔레스 이후에도 파라볼레의 용법과 정의가 한결같지는 않았다. 예를 들면, 데메트리우스(Demetrius)의 『문체』(On Style, 주전 1세기 작품)에서는 파라볼레가 시적 이미지를 뜻하고 있다.[28]

아리스토텔레스는 설득법(persuasion)을 파라데이그마(παράδειγμα, 수사학적 실례)와 엔뒤메메(ἐνθυμήμε, 수사학적 생략삼단논법) 두 가지로 구별했다.[29] 파라데이그마 자체는 역사적이거나 현실의 사건들을 기초로 하

---

25) J.Hillis Miller, "Parable and Performative in the Gospels and in Modern Literature," in *humanizing America's Iconic Book*, ed. Gene Tucker and Douglas Knight(Scholars Press, 1980), pp. 58, 67~71.

26) F. Hauck, "Parable," *TDNT* 5, 744~61.

27) M. McCall, *Ancient Rhetorical Theories of Simile and Comparison* (Cambridge: Harvard University Press, 1969), pp. 6~7, 18.

28) *Ibid.*, pp. 147~48.

29) Liddell-Scott, *A Greek-English Lexicon*(Oxford: the Clarendon Press, 1925~40), p.567; Thomas Conley, "The Enthymeme in Perspective," *Quarterly Journal of Speech* 70(1984) 168~87.

는 수사학적 실례와 연설가가 만든 수사학적 실례로 나뉜다. 여기서 후자는 '소설'을 말하는 것으로서, 파라볼레를 소설 중의 하나로 본 것이다.[30]

고대 헬라인들의 파라볼레 용법이 외형적으로는 랍비들이 사용하던 것과 비슷하지만, 그들은 파라볼레를 한 장르로 본 것이 아니고 예증적 평행(an illustrative parallel)으로 보았다.[31] 이것은 아리스토텔레스가 역사적 실례와 소설과 비유를 정의한 데서 확실하게 나타난다. 즉 역사적 실례와 소설과 비유를 양식의 차이가 없는 것으로 정의했으므로, 파라볼레를 구별된 장르로 보지 않은 것이다.

3. 복음서의 비유 용례

공관복음서에는 파라볼레가 48회 나타난다.[32] 신약성경의 다른 곳에는 단 두 번 사용된다.[33] 셈어의 마샬 용법에 비추어보면, 복음서에서도 파라볼레가 연설에서 쓰는 여러 가지 상징들(figures)로 사용된 것을 다음과 같이 볼 수 있다. ① 은유(막 7:14~17; 눅 5:36~39), ② 속담(막 3:23~24; 눅 4:23), ③ 유사(similitude, 마 17:20; 막 4:30~32), ④ 실화(story parable; 실화는 유사와는 대조적으로 한때 일어난 단 하나의 사건을 가리킨다).[34] ⑤ 예증 혹은 실례(example parable),[35] ⑥ 풍유이다.[36] 이와 같이 파라볼레라는 말은 사용이 다양하여 정의하기 매우 어려운 낱말이다.

속담과 직유와 은유와 유사와 실화와 예증과 풍유를 포함하는 파라볼레는 적어도 다섯 가지의 특성을 갖는다. 이것들을 간략히 설명하면 파라볼레의 의미가 좀더 명백해질 것이다.

---

30) Aristotle, *Rhetoric* 20, 2.

31) McCall, *op.cit.*, p. 27.

32) 마-17번, 막-13번, 눅-18번.

33) 히 9:9, 11:19.

34) Eta Linnemann, *Parables of Jesus, tr. by John Sturdy*(London: SPCK, 1966), pp. 3~4; 마 21:28~31; 25:1~30; 눅 14:16; 16:1; 18:2~8.

35) 예, 마 18:23~25; 눅 10:29~37; 12:16~21; 14:7~14; 16:19~31; 18:9~14.

36) 마 13:24~30, 36~43; 22:2~14; 막 4:3~9, 13~20; 12:1~12.

첫째로 '은유적'인 것이다. 언어학적 용례에서 파라볼레는 일반적으로 '비유하는 말'(τρόπος, tropical language)의 범위에 속한다. '비유하는 말'이란 글자 그대로 명료한 표현이라기보다는 말이 가지고 있는 이미지와 암시적 능력을 통해 의미를 전달하는 것이다.[37] 이렇게 비유하는 말은 상상력에 의한 담화(imaginative discourse)가 그 특징이며, 아리스토텔레스 때부터 문학 비평가들이 이를 분류하고 묘사하려는 노력을 해왔다. 이렇게 비유하는 말에서 가장 중요한 것은 직유와 은유이다.

비유의 특성에서 '은유적'(metaphorical)이라는 것은 '은유'(隱喩)에서 나온 말이다. 은유는 '건너가다'(across over)는 뜻인 헬라어 전치사 메타(μετά)와 '가져가다'(carry, bring)라는 뜻인 헬라어 동사 훼레인(φέρειν)이 결합하여 이루어진 명사이다. 따라서 은유는 어떤 하나의 사실을 다른 데로 옮겨놓는다는 뜻을 가진 단어이다.[38] 이러한 은유를 간단히 정의하면 다음과 같이 말할 수 있다. 같은 활동을 하지만 보기에는 서로 다른 두 가지가 있을 경우, 그것들은 하나의 단어나 절로 나타낼 수 있는데, 이때 나타나는 의미는 서로 다른 두 가지가 상호 작용하여 일어난 결과에 따른 것이다.[39] 예를 들면, 마태복음 5:14에 "너희는 세상의 빛이라……"고 하신 말씀은 주님의 제자들에게 전도사역에 대하여 다른 이미지들을 마음속에 떠오르게 할 것이다. 다시 말하면, 은유는 기교적인 말(a technical language)로서, 비교하는 요점을 통해 별개의 두 가지 요소들을 서로 연결시켜 하나로 묶어주는 것이다. 마태복음 5:14의 '세상의 빛이라'는 술부는 은유적인 것으로서, 서로 다른 두 가지의 비슷한 점 혹은 유비(analogy)를 찾아낸 것이다.[40]

은유는 단지 문학적 상징에만 그치지 않고, 신학적인 것과 해석학적인

---

37) Madeleine Boucher, *The Parables*(Wilmington, Del: Michael Glazier, 1981), pp. 11~25.

38) Aristotle, *Poetics* 1457b; *Rhetoric* 1404a~1407a; 1411a~1413b; G.M.A. Grube(ed.), *Aristotle: On Poetry and Style*(Indianapolis: Bobbs-Merril Co, 1958).

39) Sallie McFague, *Speaking in Parables: A Study in Metaphor and Theology* (Philadelphia: Fortress Press, 1975), p. 43.

40) Aristotle, *Poetics*, 1459a.

범주까지 확장된다. 이렇게 은유의 적용이 확장되는 이유는 은유가 종교적
인 경험에서 필연적으로 대두하는 두 가지 성질인 직접성과 초월성을 나타
내기에 적합하기 때문이다. 거룩하신 분과 만나는 종교 경험은 항상 직접적
이고 개인적인 경험이며, 동시에 자신 밖으로 이끌려 나가는 초월적인 감각
의 경험인 것이다.

예수님의 비유들도 은유처럼 직접성과 초월적 기능을 하여 비유 안에서
또 다른 사실의 범주(an order of reality)를 보여주고 있다. 예를 들면,
마가복음 4:8에서 추수가 30배, 60배, 100배라고 하신 말씀은 듣는 자들에게
충격을 주어 생활에 관한 다른 사색으로 이끌어 가고 있다. 이처럼 예수님은
듣는 자들이 잘 이해할 수 있는 일상생활의 것을 말씀하셨지만, 그것들은
평범한 것을 넘어서서 다음 단계로 이끌며, 일상생활을 초월한 것을 가리키
는 전달기구가 되는 것으로 나타난다.41) 다시 말하자면 은유와 파라볼레는
실제로 표현된 것의 뒤편에 있는 것을 지적하고 있기 때문에 신학을 위한
표현법이 된 것이다.

직유와 은유의 차이를 지적하기란 어려운 일이나, 그 차이점을 아주 간단
히 말하자면 직유는 무엇과 '같다'(ὡς)는 말을 사용하여 명백하게 서로 다른
두 가지 것을 같게 만드는 비교법이라고 할 수 있다. 이와는 달리 은유는
무엇과 '같다'는 말을 사용하지 않고, 다른 두 가지를 함축적으로 표현하는
비교법이라 할 수 있다. 그리고 직유를 그림으로 확장하여 묘사한 결과가
상사 혹은 유사(similitude)라는 상징이다.42)

휠라이트(Philip Wheelwright) 교수는 은유에 대하여 매우 깊이 연구
한 다음, 은유는 에피홀(epiphor)과 디아홀(diaphor)이라는 두 가지 수사

---

41) cf. Sallie McFague, *Metaphorical Theology: Models of God in Religious
Language*(Philadelphia: Fortress Press, 1982), pp. 42~66; Werner Kelber, *The Oral
and the Written Gospels*(Philadelphia: Fortress Press, 1983), pp. 117~29.

42) A.M. Hunter, *Interpreting the Parables*(Philadelphia: Westminster Press,
1960), pp. 121~22; T.W. Manson, *The Teaching of Jesus*, pp. 66~68; 예. 마 10:16;
12:40; 23:27; 눅 17:6; 13:34; Norman Perrin, *Jesus and the Language of the
Kingdom: Symbol and Metaphor in New Testament Interpretation*(Philadelphia:
Fortress Press, 1976), pp. 99~100, 128~29, 135~36; Aristotle, *Rhetoric* 2, 20, 2ff.

학적 요소라는 특징을 갖는다고 했다.43) 에피홀과 디아홀이라는 말은 은유적 활동의 두 가지 운동을 묘사하는 말이다. 즉 에피홀은 확장 운동(the outreaching movement)이고, 디아홀은 결합 운동(the combination movement)을 나타낸다. 에피홀은 일반적으로 사용되는 은유의 요소로서, 비교적 잘 알려진 것과 그렇지 않은 것 사이의 유사점을 표현하는 것이다. 다시 말하면 이 요소는 은유에 있어서 옮겨놓거나 비교하는 측면으로, 이 비교를 통하여 나타난 의미가 외부까지 미치게 하는 은유의 요소이다. 그리고 디아홀은 여러 은유들에서 에피홀보다 비교적 적게 나타나는 은유의 병렬적인 측면으로, 경험의 특별한 것들을 종합(synthesis)하고 나란히 놓아 새로운 의미를 창출해 내는 것을 말한다.44)

이와 같은 은유의 두 가지 요소를 비유의 모형(model)으로 삼으면 비유 안에는 다음과 같은 두 가지 경향이 나타나게 된다. ① 이야기 안에서 함축적으로 비교하는 에피홀적 형식의 경향과, ② 직접적인 문맥과 종합 및 병렬을 통해서 이야기글(narrative)로 결합하는 디아홀적 형식의 경향이다. 이러한 은유의 에피홀과 디아홀의 측면들이 비유 양식을 결정하는 요소들이다. 대체로 에피홀은 동일화시키는 비교이다. 물론 비교란 위에 말한 대로 잘 알려진 것과 그렇지 않은 것 사이의 비교이며, 수사학상의 용어에 따르면 잘 알려진 것은 '도구'(the vehicle)라고 하며, 잘 알려지지 않은 것은 '대의'(the tenor)라고 한다. 여기서 대의는 비교적 잘 알려진 것은 아니지만 도구보다는 좀 더 가치 있는 것이다. 예를 들어 '하나님 아버지'라는 말은 순수한 은유인데, 여기서 '아버지'는 바로 어의의 도구(the semantic vehicle)이고, 비교의 기초로 삼은 '하나님'이라는 말은 어의의 대의보다 더 잘 알려진 것으로 가치가 적은 개념을 제시하고 있다.

은유는 비교하는 에피홀을 통하여 도구와 대의 사이에 어떤 비슷한 것을

---

43) Philip Wheelwright, *Metaphor and Reality*(Bloomington: Indiana University Press, 1962); *The Burning Foundation*(Bloomington: Indiana University Press, 1968); cf. Douglas Berggren, "The Use and Abuse of Metaphor," *The Review of Metaphysics* 16(1962~63), pp. 237~58; 450~72.

44) Wheelwright, *Metaphor and Reality*, p. 72.

전제하지만, 비슷한 점이 명백하게 나타날 필요는 없다.45) 이 점을 비유에 관련시켜 보면 은유의 에피홀적인 모습과 같이 파라볼레에서도 하나의 비교를 발전시키고 있지만, 파라볼레 내에서의 비교는 함축적이고 명백하지 않다. 은유에서는 에피홀에 도구와 대의가 결합되어 있지만 파라볼레에서는 도구인 이야기 자체만 나타난다. 따라서 파라볼레에는 에피홀 형식의 경향인 대의가 미진술(unstated) 미제시(unsupplied) 상태로 남아 있다. 그러므로 파라볼레를 해석할 때는 파라볼레 안에서 보이지 않는 대의를 찾아내어 에피홀 형식의 경향을 완성시키는 일이 매우 중요하다.

이미 지적한 대로 디아홀은 종합하는 은유 형식이며, 두 가지를 비교한 이미지 혹은 개념으로 구성된 하나의 단위이다. 그리고 의미를 형성하는 여러 가지 요소들을 나란히 놓고 평행 양식에 의해 하나의 단위를 묘사할 때 사용할 수도 있다. '하나님 아버지'라는 표현은 에피홀로 비교한 것을 종합한 것인데, 이 표현은 디아홀로 종합한 것으로 평행시킬 수 있다는 것이다. 디아홀로 종합하는 것은 나란히 놓음으로써 작용하는 것이지, 비교함으로 작용하는 것이 아니다.46) 다시 말하면 디아홀은 은유 안에서 관련 요소를 표현하며, 직접 둘려있는 이미지들이나 개념들과 특별하게 비교한 것들을 종합하는 요소를 뜻한다. 이와 같은 요소가 없다면 은유 자체로는 일일이 비교를 할 수가 없다. 이러므로 수사학자들은 은유를 문학언어로 '의존 상징'(dependent figure)이라고 한다. 다시 말하면 은유가 충분히 작용하기 위해서는 항상 직접적이고 자세한 문맥에 의존한다는 것이다. 한마디 덧붙이면 에피홀과 디아홀이 합해졌을 때, 에피홀은 은유의 단위 내에서 비교하는 요소로 남아 있고, 디아홀은 은유의 단위 밖으로 나아가 주위에 있는 것들과 종합하려는, 확장하는 모습으로 은유 안에 존재하게 된다.

수사학적 모형(model)인 은유는 '일반적' 은유와 '활동적' 은유로 구별할 수 있다. '일반적' 은유는 직접적이고 명백한 문맥이 없어도 이해될 수 있는 것이다. '활동적' 은유는 이미 언급한 에피홀과 디아홀의 모습을 종합한 것

---

45) *Ibid.*, p. 74; cf. Paul Ricoeur, *La Metaphore*, pp. 245~50.
46) *Ibid.*, p. 79.

으로, 특수 병렬 문맥(specific juxtaposed context)을 종합한 것 (synthesis)과 비교를 합한 것이다. 은유의 기능적 구조에는 다음과 같은 요소들이 들어있다. ① 대용(substitution), ② 비교(comparison), ③ 술부 (predication), ④ 상호작용(interaction) 등이다. 고대 헬라시대 수사학에서 는 처음의 두 요소인 대용과 비교로 모든 은유를 축소시킬 수 있었다. 그러 나 지금은 술부와 상호작용으로 축소시킬 수 있다고 한다.[47]

이처럼 은유를 살피면서 은유와 파라볼레 간의 관련도 살펴보았다. 이렇 게 한 것은 은유를 파라볼레로, 혹은 파라볼레를 은유로 동일하게 볼 수 없다는 것을 명백히 하려는 의도였다. 만일 파라볼레가 은유와 동일하다고 하면, 이것은 은유의 표준 문장 수준(the normal sentence level)을 기능과 체계와 의미를 바꾸지 않은 상태에서 파라볼레의 담론 수준으로 전환시킬 수 있다는 것을 가정하게 된다. 그러나 이러한 가정은 불가능하다. 그리고 파라볼레가 확장된 은유라고 가정하는 것도 합당하지 않다. 이것은 단지 파라볼레를 다른 말로 바꾼 것에 지나지 않는다.[48] 은유는 직접적인 초점 (immediate focus)과 능력을 해석할 수 없으며, 은유의 언어는 새로운 세 계를 만들고 합리적 연결(the band of rationality)을 끊어서 이해의 폭을 넓히고 있다. 은유에 비하여 파라볼레에는 이러한 성질들이 흔하게 나타나 지 않는다. 그러므로 이미 지적한 것처럼 파라볼레를 은유와 동일하게 보게 되면 '상징적 은유'(the trope metaphor)의 표준 문장 수준을 이야기글 (narrative)의 수준으로 전환시키는 난점이 일어나게 된다. 기능과 의미를 변경시키지 않고, 어의의 한 수준을 다른 어의 수준으로 전환시킬 수 없는 것이다.[49] 그러므로 파라볼레가 은유의 특성 중 특히 비교 요소를 지니고

---

47) Mogeno Stiller, Kjäigaard, *Metaphor and Parable: A Systematic Analysis of the Specific Structure and Cognitive Function of the Synoptic Similes and Parables qua Metaphors*(Leiden: Brill, 1986), pp. 130, 221.

48) cf. Sallie Teselle, *Speaking in Parables*(Philadelphia: Fortress Press, 1975), p. 79; M. Boucher, *The Mysterious Parables: A Literary Study*(Washington: Catholic Biblical Association of America, 1977), pp. 20~21.

49) M.A. Tolbert, *Perspectives*, p. 43; cf. I.A. Richard, *The Philosophy of Rhetoric*(London: Oxford University Press, 1936).

있으므로 은유적이라고 할 수는 있지만, 은유와 동일한 것으로 볼 수는 없다. 이와 같이 파라볼레가 은유적인 성질을 띠므로, 비유는 이미지들을 사용하여 사실의 또 다른 측면(another order of reality)을 보이게 된다.50) 이렇게 지금까지 비유의 첫 번째 특징인 은유적인 것에 대하여 살펴보았다.

다음으로 그 두 번째 특징은 사실주의(realism)이다. 비유의 사실주의란 예수님의 언어 재료가 일상생활에 있는 것이요, 인간의 활동 속에 있다는 것을 말해준다. 예수님의 비유는 다른 비슷한 문학과는 달리 사실주의라는 특징을 지니고 있다. 우리는 예수님의 비유를 통해서 주후 1세기의 갈릴리 지방의 일상생활의 모습을 얼핏 볼 수 있다. 예수님의 비유에서 농부와 어부의 세계, 혼인과 잔치들 및 지주와 소작인들의 세계와 그 밖의 여러 일상적인 사회, 경제, 정치면을 보게 된다. 그리고 예수님의 비유의 두 번째 특성인 사실주의라는 말은 예수님께서 하나님과 인간 사이의 접촉을 보통 사람들이 경험하는 실생활에 두고 설명하신 것을 의미한다.

예수님이 사용하신 '비유'의 세 번째 특징은 '역설적'(paradoxical)이다. 어떤 말이 외면적(apparent)으로 모순처럼 보이는 경우는 역설적인 것이다. 역설적인 것은 예수님 당시에 살던 사람들의 실생활에 간직된 믿음과 가치에 비추어 이해해야 한다.51)

예수님의 비유가 사실적이지만 비유가 표명될 때는 사실주의가 무너진다. 비유가 이 방향(orientation)을 가리키고 다른 방향(disorientation)을 가리키고, 다시 이 방향으로 돌아오는(reorientation) 형태를 취하고 있기 때문이다.52) 비유에서 사실주의가 무너지기 시작하는 것은 비유의 의미가 드러나는 열쇠가 된다. 이러한 특성 때문에 비유를 역설적이라고 할 수 있다. 예를 들면, 마가복음 4:8에서 30배, 60배, 100배를 추수한다는 것은 그 당시 농사짓는 상황에서 보면 굉장히 엄청난 추수이며, 마가복음 4:23의 겨자씨 나무가 제일 크다고 하는 것과 옛날 중동 사회에서 아버지가 달려가 아들을

---

50) cf. Paul Ricoeur, "Biblical Hermeneutics," *Semeia* 4(1975) 29~148; John R. Donahue, *The Gospels in Parables*(Philadelphia: Fortress Press, 1988), p.10.

51) 예, 마 23:27~28; 25:29; 막 12:41~44; 눅 4:23; 14:11.

52) Paul Ricoeur, *op.cit.*, pp. 122~28; McFague, *op.cit.*, pp. 46~47.

껴안는 것도(눅 15:20) 역설적인 것이다. 이처럼 비유가 역설을 제시하여 깊고 참된 진리를 숨기고 외견상 불합리성(a seeming absurdity)을 제시한다. 다시 역설적인 예를 들면 "누구든지 자기 생명을 잃으면 그것을 얻을 것이요" 또는 "위에서 다시 거듭나지 아니하면 너희가 하나님 나라에 들어갈 수 없나니"라는 것들이 그 좋은 예이다. 이처럼 비유의 언어는 역설적이고 과장적이며 사실적인 언어이다.

예수님이 사용하신 '비유'의 네 번째 특징은 확실하게 끝맺지 않는 '개방적 성격'(the open-ended nature)이다. 이 특징은 파라볼레가 여러 가지 요점들을 포함하고 있음을 보여준다.53) 다시 말하면, 비유는 하나 혹은 그 이상의 요점을 내포한다. 이것은 파라볼레가 대체로 대화적 특성(dialogue nature)을 지니고 있으므로 여러 가지 요점들을 포함하고 있다는 것을 의미한다.54) 따라서 파라볼레는 답을 요구하는 질문과 같다. 신학적 측면에서 이와 같은 특성이 의미하는 바는 파라볼레가 담론의 양식으로 은유를 사용하는 인간의 상상력이나 놀랍거나 역설적인 것을 좋아하는 지각에 호소하는 담론이라는 점이다.

예수님이 사용하신 비유의 다섯째 특징은 '풍유'라는 것이다. 풍유는 일반적으로 세 가지 뜻으로 사용된다. ① 스토아 철학자들로부터 시작해서 중세기 후반에 이르러 최고로 발달한 풍유적 해석법을 의미한다. ② 이러한 풍유적 해석법의 영향을 받아 기록된 문학 장르를 풍유적으로 바르게 이해하도록 사용하는 표현법이다. ③ 풍유를 은유처럼 논리적 논쟁(theoretical discussion)에서 '후단(後段)언어학 용어'(a metalinguistic term, 어떤 언어 체계와 그 언어를 말하는 국민의 우주관, 세계관 혹은 문화 체계와의 관련을 조직적으로 연구하는 언어학의 한 분야)로 사용하였고, 이 용어는 참고적 기능을 갖는다.55)

---

53) cf. Mary Ann Tolbert, *Perspectives on the Parables: An Approach to Multiple Interpretations*(Philadelphia: Fortress Press, 1979).

54) Eta Linnemann, *Jesus of the Parables*(New York: Harper and Row, 1966), pp. 23~30; 예, 눅 7:41~43.

55) M. Boucher, *The Mysterious Parables: A Literary Study*, p. 20; Michael

‘풍유’는 이야기 양식이 다른 것보다 더 복잡하다. 풍유는 문자적으로 이야기하는 것이 아니라 다른 것을 의미하고 말하는 것을 가리킨다. 그러나 이야기가 나타내는 다른 윤곽을 먼저 이해하고 나면 해석하기는 쉽다. 풍유는 유사(similitude)와는 달리 무엇을 나타낸다는 것을 이야기하지 않고 있다. 이처럼 풍유는 은유적 작용(a metaphorical activity)에 기초를 두고, 은유가 작용하는 속에서 다른 것 하나를 대용하고, 무엇을 나타내는 실마리만 제공하는 문맥 전반을 가지고 있다.56)

풍유는 네러티브(narrative)인데, 이야기 안에 나타난 여러 가지 요소들이 그 요소들과는 다른 것들을 대표한다. 그러므로 풍유를 바르게 해석하는 열쇠는 나타난 요소들이 무엇을 가리키는지 알아내야 한다. 일단 그 요소들을 알아내면 풍유가 주는 메시지를 풍유에 나타나지 아니한 용어로 표현할 수 있다. 이러한 풍유에는 두 가지 특성의 양식이 있는데, 풍유의 세밀한 부분은 분리된 은유로 각기 의미를 가지고 있다. 예컨대 에베소서 6장에서 사도 바울은 그리스도의 군사를 풍유로 표현하여, 허리띠가 진리, 흉배가 의, 신이 평안, 방패가 믿음, 투구가 구원, 검은 하나님의 말씀이라고 한다.57) 풍유의 또 다른 양식은 풍유의 체계가 풍유 밖에 있는 의미 또는 참고(referent)를 통해서 결정된다는 것이다. 다시 말하면 풍유의 체계는 풍유 밖에서 나타난 의미를 끌어온 것이다.58) 이처럼 파라볼레가 ‘풍유적’이지만 풍유와 동일한 것으로 볼 수는 없다.

그러면 파라볼레와 풍유 사이에는 어떠한 차이가 있는가? 비평학자들은

Murrin, *The Veil of Allegory*(Chicago: University of Chicago Press, 1969); C.S. Lewis, *Allegory of Love*(Oxford University Press, 1936); Angus Fletcher, *Allegory: The Theory of a Symbolic Mode*(Ithaca: Cornell University Press, 1964); Morton Bloomfield, "Allegory as Interpretation," *New Literary History 3*(Winter, 1972) pp. 301~17.

56) 예, 삼하 12:1~4; 호 5:1~7; 겔 34:1~14; 37:1~14; 고전 3:10~15; 갈 4:21~31.

57) cf. R.M. Grant, *The Letter and Spirit*(London: S.P.C.K. 1957), pp.9~10.

58) Eta Linnemann, *op.cit.*, p. 16; Edwin Honig, *Dark Conceit*(Evanston, Ill: Northwestern University Press, 1959), p. 12; Philip Wheelwright, *The Burning Foundation*(Bloomington: Indiana University Press, 1954), p. 89; Northrop Frye, *Anatomy of Criticism*(Princeton: Princeton University Press, 1957), p. 89.

대체로 이 두 양식의 차이가 하나만 나타내든지 아니면 여러 가지를 나타내든지 하는 차이라고 주장한다. 그러나 원래의 차이는 이야기 안에 있는 요소들이 그들 사이에서, 그리고 이야기 밖에 있는 사실의 세계나 사색의 세계와 관련을 맺고 있는 서로 다른 방식에 의해서 나타난다. 그러므로 앞에서 말한 대로 파라볼레는 풍유와 동일한 것이라고 볼 수 없다. 이 차이점을 부연 설명하면, 풍유에는 역사적 정황이나 사색의 세계 혹은 앞서 말한 이야기를 문자적으로 나타내는 여러 가지 것들이 있다. 풍유에서는 이러한 언급들이 이야기 밖에 있는 세계와 직접 관련을 맺고 있다. 그러므로 풍유 안에 있는 참고 요소들이 그들 사이에서는 느슨한 관계를 갖게 된다. 파라볼레 안에는 요점들이 몇 가지 들어 있지만 그 요소들이 파라볼레 밖에 있는 사건들이나 사색에 우선적으로 관련 있는 것이 아니다. 그 요소들은 먼저 파라볼레 안에서 각각 서로 관련을 맺고 있다. 그리고 그 요소들이 연결된 구조는 파라볼레 밖에 놓인 사건들 혹은 사색들로 말미암아 결정되는 것이 아니라 저자가 만든 문학적 구성이다.[59]

이 차이점을 더 또렷하게 하기 위하여 거듭 설명하면, 풍유는 비교하는 것을 포함하는 내러티브(narrative)이지만, 풍유 안에 있는 모든 자세한 것들이 낱낱이 구별되고 상호 관련성 있는 상징적인 중요성을 지니고 있다. 풍유의 이야기 속에 나타난 요소들은 진술한 것의 표시(represent)이고, 표시한 것들의 논리를 따라서 행동한다. 이러한 풍유에는 있음직하지 않은 것이 너무 커서 이야기 속에 동화시키지 못할 것을 담고 있다. 그러므로 풍유 자체만 읽으면 풍유가 무의미한 것처럼 나타난다. 따라서 그 풍유를 의미 있게 만들려면 풍유가 무엇을 나타내는가 하는 점으로 이동시켜야 한다. 풍유는 의미나 진술이 독립적이므로 풍유를 이해하려면 독자는 풍유가 연결되어 있는 정황에 익숙해야만 한다. 그러므로 비록 풍유가 상징적으로나 변경된 모습으로 전달되지만 독자가 이미 알고 있는 것으로 만드는 것이다. 그리고 풍유는 의도하고자 한 의미를 숨기고 있다. 다시 말하면 풍유는

---

59) cf. Dan O. Via, *The Parables: Their Literary and Existential Dimension* (Philadelphia: Fortress Press), pp. 24~25; M. Boucher, *op.cit.*, pp. 17~25.

풍유로 된 이야기가 무엇을 의미한다고 말하는 것도 아니고, 이야기 속에서 말하는 것을 의미하고 있는 것도 아니다.

이와 같은 문학양식인 풍유는 고대 올림포스의 신들이 헬라 사회에서 모독과 부끄러운 일을 당하게 되었을 때 생긴 것이다. 올림포스의 신들이 본래 가졌던 위엄을 보존시킬 방법의 하나로 그 신들에게 일어난 모독과 창피스러운 말들을 액면 그대로 받아들이지 않고 상징적으로 받아들였다. 이것이 곧 풍유적 해석법이다. 이는 헤라클레이토스(Heraclitus, 기원전 500년경의 그리스 철학자)가 호머(Homer)의 서사시 안에 기록한 신들의 행동과 이야기들이 사실상 자연적인 현상을 그림과 같이 묘사한 것이라고 변명한 데서 찾아볼 수 있다. 예를 들면, 호머가 아폴로 신을 이야기했을 때는 사실상 해에 대한 것을 이야기한 것이라고 했다. 그리고 아폴로 신이 화살을 쏜다는 이야기는 햇빛을 묘사하는 시적 방법이라고 했다. 풍유가 이런 기원을 갖는지는 확실하지 않지만 이 기원론은 풍유의 의미를 명확히 말하고 있다. 풍유의 공통 요소는 풍유의 이야기를 정확한 소식, 또는 이야기 자체가 외적으로 전혀 무관한 것 같은 이야기에서 참된 교훈을 전달하는 데 필요한 기구와 같다. 참된 의미를 알아내는 것은 이야기의 내용을 진리의 교훈의 말로 해석하는 것에 달려 있다.60)

이렇게 파라볼레와 풍유의 차이점을 간단히 설명했지만 그 차이점을 분명히 무시할 수는 없다. 왜냐하면 위에서 파라볼레라는 용어에 대하여 설명했듯이 파라볼레는 '풍유적'인 동시에 은유적이고, 사실적이면서도 역설적이기 때문이다. 그런데 이런 차이점을 무시하고 파라볼레를 풍유와 동일화시켜 파라볼레를 풍유라고 단정적으로 말할 수 없듯이 파라볼레도 은유라고 말할 수 없는 것이다. 그리고 파라볼레는 풍유가 가지고 있지 아니한 요소를 하나 가지고 있다. 즉 그것은 논증(argument)의 특성이라는 것인데, 그 논증 안에서 파라볼레가 묘사한 상황을 판단하도록 듣는 자들의 마음을 끌고, 도전하고, 직접적이거나 암시적으로 판단도 제시해 준다.

파라볼레는 이미 말한 대로 은유적(metaphorical), 사실적(realistic),

---

60) T.W. Manson, *The Sayings of Jesus*, p. 34.

역설적(paradoxical), 개방적 특성(the open-ended nature)과 풍유적 (allegorical)인 것을 포함하는 다섯 가지 특징으로 된 하나의 문학 장르이다. 따라서 파라볼레를 이 다섯 장르 가운데 하나인 은유나 풍유와 동일한 것으로 볼 수는 없다. 또한 파라볼레가 이 다섯 가지 특징을 지닌 장르이므로 필연적으로, 그리고 결정적으로 하나의 요점만을 전달하는 것은 아니다. 파라볼레는 하나 또는 그 이상의 요점을 전달한다.

따라서 파라볼레를 간단한 말로 정의하기는 쉽지 않다. 편의상 파라볼레란 짧거나 긴 비교가 들어 있는 '비유적인 표현'(a figure of speech)이라고 말할 수 있다.61) 예수님의 비유들은 비유적인 표현들로 하나님의 나라를 흔한 물건들(commonplace objects), 사건들 그리고 사람들과 비교하고 있다. 그러므로 파라볼레라는 말에는 '비교'의 개념이 담겨 있다. 다시 말하면 하나의 이야기 안에서 두 종류(orders)의 실재를 조합해서 나타내고자 하는 것과 그리고 비슷한(analogy) 것이나 비교한 것을 표시하기 위해 구체적인 상상의 언어를 사용한 은유적인 표현이라고 '비유'를 간단히 정의할 수 있다.62)

마지막으로, 파라볼레와 직유와 속담과의 관계를 약술하고자 한다. 파라볼레를 근본적으로 '비교'(comparison)라고 볼 때, 비교에서 가장 중요한 기본이 되는 두 양식은 직유와 은유이다. 그리고 직유와 은유의 차이는 다음과 같이 표현할 수 있다. 은유는 함축된 비교(an implied comparison) 혹은 비슷한 것(likeness, 예로 "여우가 무엇을 할지 잘 알고 있다." The fox knew just what to do.)을 내포하고, 직유는 명백하게 같은 것을 표현하는 의미를(예로 "도적이 여우같이 무엇을 할지 잘 알고 있다") 담고 있다. 다시 말하면 은유는 비교를 암시하지만 직유는 비교를 명백하게 표시한다.

직유가 확장되면 유사(similitude)라고 한다. 직유는 비교하는 것들을

---

61) Robert H. Stein, *Introduction to the Parables of Jesus*(Philadelphia: Westminster Press), p. 22.

62) John R. Donahue, *The Gospels in Parables*(Philadelphia: Fortress Press, 1988), p. 13.

'같이'(ὡς)라는 말로 연결시키고 있지만(예, 마 10:16; 눅 10:3), 은유에는 연결시키는 말이 사용되지 않는다(예, 마 15:24). 그리고 하나의 단순한 이미지 혹은 하나의 비교를 이야기식으로 확장시키면 '비유'가 된다. 그러므로 풍유와 달리 비유는 확장된 직유 혹은 은유라고 볼 수 있다. 만일 일련의 은유가 길게 이어지면 풍유가 된다.

'속담'(παροιμία)은 넓은 의미에서 잠언과 격언(maxims)과 금언(aphorisms)을 포함한다. 속담은 이야기가 아니고 길가에서 나누는 이야기를 뜻한다. 넓은 의미에서 속담은 길가에서 나누는 아주 간단한 말인데, 이 이야기 속에는 아주 놀랄 만한 인상적인 내용이 담기게 된다. 이러한 내용이 어느 때는 도덕 행위에 관한 조언을 제공하여 윤리적 격언이 된다.63) 그리고 어느 경우에는 조심스럽게 말들을 붙여서 역설을 만든다.64) 일반적으로 속담은 간단한 것이 특징이고 한 문장으로 구성된다.65) 그러나 속담이 속담 그대로는 진리의 모든 기초를 담지는 못한다. 예를 들면, 속담은 예수님과 제자들의 관계가 목자와 양의 관계(요 10:1 이하)요 또한 포도나무와 가지의 관계(요 15:1 이하)라는 진리를 완전히 담아내지 못한다.66)

파라볼레가 문학언어에서 근본적으로 적용(original application)되면 유비(analogy)를 뜻하게 된다. 유비란 비교 혹은 대조하기 위하여 생각들을 나란히 놓는 것을 의미한다. 예를 들어 마가복음 13:28~29의 무화과나무의 싹이 나오는 것을 보면, 진술 양식이 수사학적으로 아주 명확한 병렬식이다. 예수님의 비유에는 이러한 사색적 양식의 예들이 아주 흔하게 나타나며, 이러한 양식을 비례식이라고 한다. 비례식은 아래와 같이 도식화할 수 있다.67)

$$A : B = a : b \quad \text{or} \quad A = B$$

---

63) 예, 마 6:22,24; 7:12; 눅 16:10.

64) 예, 막 4:25; 10:43; 눅 14:11.

65) 예, 마 6:21,34; 26:52; 막 3:24; 6:4; 눅 9:62; 요 3:12,20; 4:23; 12:25,36; 15:14.

66) cf. J.A. Findlay, *Jesus and His Parables*, p. 3.

67) cf. A. Richards, *The Philosophy of Rhetoric*(London: Oxford University Press, 1936).

$$\text{때의 표시(signs): 인자 기대} \overset{a}{=} \text{무화과나무의 싹이 나오는 것: 여름철 기대}$$

$$A \quad : \quad B \quad = \quad a \quad : \quad b$$

　유비의 특징 가운데 하나는 종속(subordination)이고, 병렬을 통해 한 가지 사색이 다른 사색을 돕고 있다. 그래서 유비는 선택적인 기능을 한다. 즉 유비는 드라마틱한 방법으로 초점을 강화시킨다. 매우 의미 있는 유비의 수사학적 기능이 주제에서 하나 혹은 그 이상의 모습들을 선택하는 것으로 사색에 초점을 맞추고 주의를 집중시킨다. 비유는 이와 같은 유비의 특성을 지닌다.

　끝으로, 예수님의 비유들은 다음과 같은 형식(formats) 안에서 작용한다. ① 신학적 대화 형식(예, 눅 18:18~30, 예수님과 부자와의 대화), ② 네러티브 사건(a narrative event) 형식(예, 눅 7:36~50, 시몬 바리새인 집의 만찬), ③ 이적 이야기 형식(예, 눅 13:10~17), ④ 화제 수집(a topical collection) 형식(예, 눅 11:1~13, 밤중에 찾아온 사람), ⑤ 시(poem) 형식(눅 11:9~13, 기도에 대한 것), ⑥ 단독(standing alone) 형식(예, 눅 17:1~10, 연자 맷돌 비유)이다. 이 여섯 가지 형식이 예수님의 비유들 가운데 나타난다.[68]

　예수님은 비유에서 다음과 같은 문학적 문체들을 활용하고 있다.[69] 첫째는 대구법(parallelism)이다. 대구법은 구약성경 특히 시편과 선지서에 흔히 나타난다. 대구법 문체는 두 행으로 된 문장이 특별한 방향에서 상호관계를 맺어 세 가지의 다른 근본적인 대구를 만든다. 그 중 하나가 동의어 대구법(synonymous parallelism)이며, 이 경우 제2행이 제1행의 말과 동의어적이다. 둘째는 반의어 대구법(antithetical parallelism)이다. 이것은 제2행의 말이 제1행의 대구(the couplet)와 정반대가 된다. 셋째는 종합적 대구

---

68) cf. Frederick Houk Borsch, *Many Things in Parables*(Philadelphia: Fortress Press, 1988); Jeremias, *op.cit.*, p. 161, n. 53.

69) cf. Robert H. Stein, *The Method and Message of Jesus' Teaching* (Philadelphia: Westminster Press, 1978).

법으로 제2행의 말이 제1행에 있는 말에 대한 설명 혹은 완결을 이룬다. 이와 같은 두 행의 대구를 도구로 삼아 구약의 시인들은 동의어적, 반의어적, 종합적 대구법들과 관련한 기본적인 문학체계를 발전시켰다. 즉 동의어 대구법, 반의어 대구법, 종합적 대구법, 단계적 혹은 최고의 대구법, 반전(inverted) 대구법 혹은 교차(chiastic) 대구법이 있다.

예를 들면, 이사야 55:6~10은 동의어 대구법, 반의어 대구법, 단계적 대구법을 사용하고 있는데, 6절과 7절이 동의어 혹은 표준적 대구를 보이고 있다. 여기에는 세 쌍이 포함되어 있는데, 각 쌍의 첫 행에 진술된 주제가 둘째 행에서 반복하고 있다. 따라서 A A, B B, C C로 명칭을 붙일 수 있는 세 쌍이 있다. 8절과 9절은 반전대구법 혹은 교차대구법을 보이고 있고, A B C B A로 나타낼 수 있다. 대구를 사용할 때 이 구절에서는 A B C가 온 다음 다시 B A로 돌아간다. 10절과 11절은 단계적대구법을 사용하여 A B C D, 다시 A B C D로 볼 수 있는 네 줄을 사용했다. 11절의 네 줄로 된 말은 10절의 네 줄로 된 말과 짝을 이룬다.

동의어대구법이 복음서에서는 2회 대구(막 3:24~25), 3회 대구(마 7:7~8)와 4회 대구(눅 6:27~28)로 나타난다. 그러나 흔히 2회 대구를 사용하고 있다.[70] 반의어대구법은 다른 대구법들보다 더 흔하게 사용되고 있다.[71] 종합적대구법을 형식적(formal) 혹은 구조적(constructive) 대구법이라 부르기도 한다. 위에 언급한 대로 종합적대구법은 제2행에서 첫 행의 말을 반복하는 것이 아니고, 오히려 첫 행의 말을 보충시키거나 완전하게 하는 것이다. 그러므로 제2행의 말이 첫 행의 사상을 지속시키고 더 전진시키는 역할을 한다.[72]

---

70) 예, 마 5:39~40,46~47; 6:25; 7:6; 10:24~25,41; 12:30,41~42; 23:29; 막 2:21~22; 3:4,28; 4:22,30; 8:17,18; 9:43~47; 10:38,43~44; 13:24~25; 눅 6:37,38; 12:48; 13:2~5; 15:32; 17:26~29; 19:43~44; 23:29; 눅 3:11; 6:35~55; 12:31; 13:16.

71) 예, 마 6:22~24; 10:32~33; 13:16~17; 막 2:19~30; 3:28~29; 4:25; 7:8; 눅 7:44~47; 요 3:6,12,17,20~21.

72) 예. 막 12:38~39; 마 23:5~10; 눅 12:49~51; 요 8:44; cf. C.F. Burney, *The Poetry of Our Lord*, pp. 89~90.

단계적대구법에서 제2행은 첫 행의 말이나 사상을 단지 동의어적으로 반복할 뿐만 아니라 추가하는 형식이고, 그 추가는 전체의 말을 완성으로 이끌어 나간다. 그러므로 단계적대구법은 종합적대구법과 비슷하지만, 단계적대구법에서는 전하려는 사상이 최고조에 이르게 된다. 반전대구법은 여러 가지로 다르게 나타난다.73) 어느 때는 주제들이 거꾸로 된 것이 단순한 대구(예, 사 55:8~9)를 훨씬 뛰어넘으며, 어느 때는 대조의 쌍(sets of couplets), 절들, 장들, 책 전체가 반전되어 구성되기도 한다. 반전대구법은 교차대구법(chiastic parallelism)이라 부르기도 한다.74)

예수님의 비유들은 종종 과장된 형식을 사용하기도 한다. 진리를 과장된 형식으로 표현하여 그 요점을 훨씬 쉽게 이해시키고 있다. 예를 들면, 마태복음 5:29~30(막 9:43~47)에서 예수님은 과장을 사용하여 무엇이든지 범죄케 하는 모든 것을 우리의 생활에서 제거해야 할 필요에 대하여 말씀하고 계신다. 그리고 마태복음 5:38~42에서는 속옷과 겉옷을 나란히 놓아 과장하고 있다. 이 구절은 법정 장면을 다루고 있으므로 속옷과 아울러 겉옷도 넘겨줄 것이라고 한 말이다. 예수님은 이와 같이 과장된 형식을 사용하여 39절의 "악한 자를 대적하지 말라"는 말이 무엇을 의미하는지 예를 들어 보여주신 것이다. 즉 예수님의 제자들은 악한 것을 악한 것으로 갚아서는 안 되며, 악한 것이 가져올 결과를 인내하여 승리하라고 가르치고 있다.75)

그리고 과장과 비슷한 형식으로는 휘페르볼레(ὑπερβολή)가 있다. 휘페르볼레는 매우 과격한 확장(the gross exaggeration)이므로 과장해서 표현한 것을 문자적으로 그대로 실행할 수는 없다. 하지만 '과장'은 실제로 실천할 수 있는 것을 함축하고 있다. 따라서 마태복음 5:29~30, 38~42은 과장형식을 사용한 것으로 말씀 그대로 실제로 손을 잘라 버릴 수 있다. 반면에 마태복음 19:23~24은 휘페르볼레 형식을 사용하고 있지만, 문자적으로 낙타가 바늘귀로 들어가는 것은 도저히 불가능한 일이다.76)

---

73) 예, 마 6:22~23; 10:34; 12:28~29; 막 5:17; 9:37; 10:40; 눅 10:16; 요 6:27; 8:32; 10:11; 11:25; 13:20; 14:2~3; 16:7,22.

74) 예, 마 23:12; 막 8:35; 9:43,47; 10:31.

75) 예, 마 10:34; 막 5:34; 10:11; 11:24; 눅 10:19; 19:42.

예수님의 비유들 가운데는 위에 언급한 형식 외에도 여러 가지 형식이 사용된다. 그 가운데 하나가 '푼'(pun, παρονομασία, 동음이의의 익살)이다. 푼은 동음이의어(同音異議語)를 사용하는데 한 단어에 둘 또는 그 이상의 뜻이 들어있는 말들이나, 비슷한 음성을 가진 말들을 쓴다. 예를 들면 마태복음 23:23~24에서 예수님은 바리새인들이 의식적 불결(레 11:41~42)을 범하지 않으려고 지나치게 소심해 하는 것을 무엇을 마실 때 잘 못해서 '하루살이'(κωνώφ)를 삼키려 하지 않는 것과 대조하고 있다. 여기서 예수님은 하루살이와 낙타의 크기만 대조한 것이 아니다. 하루살이를 아주 더 큰 것과도 대조시킬 수 있다. 그러나 하루살이를 낙타와 대조시킨 이유는 아람어에서 하루살이와 낙타라는 말의 글자와 음성이 서로 비슷하기 때문에 하루살이를 낙타에 대조시킨 것이다. 이렇게 푼이라는 문학형식도 종종 사용된다.77)

문학형식의 예를 또 하나 든 다음에 비유에 대한 정의를 고찰하는 문제를 끝내고자 한다. 예수님이 엄숙하게 강조하시려고 할 때는 대개 '포티오리'(a fortiori) 형식을 사용하고 있다. 이 형식은 이미 받아들인 사실 혹은 이미 맺은 결론보다 더 논리적인 필요(logical necessity)를 제시하는 형식이다. 다시 말하면 이미 결론은 내려졌지만 다시금 더 확실하게 피할 수 없는 결론을 제시하는 것이다. 예를 들면 마태복음 7:9~11에서 예수님은 지상에 사는 아버지가 자기 아들에게 좋은 것을 주는 것이 사실이므로, '하물며 하늘에 계신 아버지'께서 더 확실히 아버지의 자녀들인 우리에게 좋은 것을 주시지 않겠느냐고 반문하셨다.78)

---

76) 예, 마 6:2~4; 7:3~5; 막 15:42~46; 눅 8:1~3.

77) 예. 마 16:18; 눅 9:59~60; 요 3:8; 막 1:17; 4:9; 8:35; 9:35~37; 10:31; 13:28; cf. Matthew Black, *An Aramaic Approach*, pp. 160~185, 217~18.

78) 예. 마 10:25; 요 15:20; 마 6:28~30; 10:28~31; 12:11~12; 막 2:23~28; 눅 13:15~16; 14:1~6; 18:1~8; 요 13:14.

2. 비유의 목적 (막 4:10~12)

마가복음 4:11~12에 대한 논란은 지금까지 계속되고 있다. 그 이유는 본문이 몇 가지 어려움을 지니고 있기 때문이다. 본문에 인용한 이사야 6:9~10이 이사야 선지자의 예언한 바의 결과를 묘사한 것처럼 보이지만, 마가복음 4:12에서는 예수님이 비유로 교훈하시는 목적을 묘사하는 것같이 보인다. 다시 말하면 마가복음 4:10~12에서 비유로 가르치신 예수님의 의도가 듣는 자들이 그 비유들을 이해하지 못하여 회개를 하지 못하고 죄 사함을 얻지 못하게 하시려는 것이 예수님의 목적인 것처럼 보인다. 이 외에도 '외인에게'(ἐκείνοις)라는 말이 누구를 지적하는 것인지 이해하기 어렵고 또 '비밀'(μυστήριον)이란 말이 공관복음서 이곳에만 사용되고 있으며(참고, 마 13:11) 마가복음 4:12에 인용한 말씀이 히브리 본문과 칠십인역 본문에는 해당되지 않는다는 어려움도 있다.

이뿐 아니라 마가복음 4:11에 보면 예수님의 12제자들이 특권을 받은 그룹으로 보이는데, 다른 곳에서는 주님의 같은 12제자들이 계속해서 예수님의 교훈을 '외인'처럼 이해하지 못한 사실[79]과 충돌되는 것처럼 보이는 어려움도 있다. 예수님의 12제자들은 예수님의 고난을 이해할 수도 없었다(막 14:50,71). 이러한 난점들이 본문에 나타나므로 어떤 학자들은 마가복음 4:11~12을 해석이 불가능한 구절이라고 자포자기한다.[80] 그러나 여러 학자들

---

79) 막 6:52; 7:18; 8:31~32.

80) 예, Frank Kermode, *The Genesis of Secrecy: on the Interpretation of Narrative*(Cambridge: Harvard University Press, 1979), pp. 23~47; John Donahue, *The Gospels in Parables*(Philadelphia: Fortress Press, 1989), p. 40.

이 본문에 나타난 어려움을 해결하려는 노력을 하면서 많은 다른 의견들을 제시하고 있다. 그 가운데 대표적인 몇 가지 해석들을 약술하고자 한다.

1. 비평학자들의 견해

예레미아스는 재구성(reconstruction) 견해를 제시했다.[81] 이 논의는 마가복음 4:12이 아람어를 헬라어로 잘못 번역된 말이라고 보았다. 이렇게 보는 근거는 헬라어 본문이 이사야서의 히브리어 본문을 아람어로 번역한 탈굼(the Aramaic Targum)에 매우 가깝기 때문이다. 그리고 당시 유대인의 회당에서는 성경을 아람어로 읽었으므로 예수님이 이 이사야 본문을 아람어로 인용한 것을 들으셨을 것으로 추측할 수 있다. 이러한 가정에서 예레미아스가 재구성한 마가복음 4:11~12에는 다음과 같은 요점들이 포함되었다. 한 가지는 12절의 '히나'(ἵνα)가 직접적인 목적을 표시하는 것이 아니라, 이사야 예언의 성취를 제시하는 신호(code word)처럼 사용되었다는 것이다. 또 다른 요점은 '못하게 하려'(μήποτε)라는 말이 '하지 않는다면'(unless)이란 의미를 가진 아람어를 잘못 번역한 것이라고 했다. 그는 본문을 이렇게 고친 후 마가복음 4:11~12이 원래는 예수님의 사역과 교훈 전체에 대한 청중의 반응을 묘사하려는 것이었지, 비유에 대한 반응을 묘사하는 것이 아니라고 주장했다. 이러한 재구성 견해에서 강조하려는 바는 4:12이 비유의 목적을 설명하는 것이 아니라, 청중이 예수님의 비유들에 대하여 부정적으로 반응한 것에 대한 관찰을 보여준다는 것이다.

그러나 여기서 예레미아스가 자기 주장을 세울 때 근거로 삼은 아람어 탈굼이 주후 4~5세기의 원문이라는 점이 문제가 된다. 예수님 당시의 아람어와 4~5세기 아람어 사이에 있는 차이점을 원문 재구성 경우에 고려하지 않을 수 없다.[82] 그리고 '못하게 하려'(μήποτε)를 '하지 않는다면'으로 보려는 견해에 대한 증거가 확실치 않으므로 '못하게 하려'의 해석문제가 해결되

---

81) J. Jeremias, *The Parables of Jesus*(1972).

82) cf. C.F.D. Moule, *An Idiom Books of New Testament Greek*(Cambridge: University Press, 1968), pp. 142~46.

지 않은 채 남아 있다.

두 번째 견해는 철저하게 본문의 확실성을 부인하고 본문이 초대교회의 이야기이며 구원역사에 관한 시각을 무심코 드러낸 것이라고 보았다. 여기서 말하는 시각이란 구약에서 계시한 완악해진 마음의 신학(hardening theology)으로[83] 말미암아 일어난 것으로 본다. 이 시각의 요점은 하나님이 배척을 허락하셔서 인간이 하나님을 배척할 수 있다는 것이다. 즉 유대인들이 예수님을 배척한 것은 하나님이 그렇게 배척하도록 뜻하셨기 때문이라고 본다.[84] 그리고 마가가 이러한 시각을 받아들여 본문을 기록했다고 본다. 예수님은 비유를 통하여 듣는 자들을 회개케 하려고 하셨으나, 하나님이 듣는 '외인'들로 이해하지 못하게 하셨다는 것이다.[85] 그러나 마가복음 12:12의 말씀은 이 견해를 반박하는 반증이 되고 있다. 마가복음 12:12은 예수님을 반대한 유대인들 곧 '외인들'도 비유의 의미를 명백히 인식했고, 그로 말미암아 예수님을 더욱 반대하게 되었다고 말하고 있다.

세 번째의 대표적인 견해는 두 번째 것과 비슷한 것으로 편집비평(reduction criticism)을 사용한 주장이다. 즉 마가복음 4:11~12을 '메시아 비밀'(the messianic secret)이라는 주장을 펴는 데 있어서 기초로 삼고 있다. 12절에서 비유로 감추는 것을 예수님께서 자신의 메시아 의식을 감춘 것과 동일한 것으로 본다. 그리고 이에 대하여 다음의 몇 가지 경우를 증거로 제시한다.

예수님께서 마귀에게 자신이 메시아이심을 밝히지 못하도록 명령한 사실(막 1:25,34; 3:11~12), 예수님이 이적을 행하신 후에 사람들에게 자신이 메시아이신 것을 밝히지 못하게 하신 것(막 1:43~45; 5:43; 7:36; 8:26), 예수님이 가이사랴 빌립보에서 사도 베드로가 신앙 고백한 것을 반포하지 못하게 일부러 금지시킨 것(막 8:30; 9:9), 또는 예수님이 자신을 숨기신 일(막 7:24; 9:30), 예수님이 제자들에게 사적으로 교훈하신 것(막 4:1~12, 34; 7:17~22;

---

83) 출 4:21; 8:15,32; 9:34.

84) 참고. 롬 9:16~29; 10:16~21; 11:;7~10; 요 12:37~41; 행 28:25~28.

85) cf. Edmond F. Sutcliffe, "Effect as Purpose: A Study in Hebrew Thought Patterns," *Biblica*, Vol. 35(1954), pp. 320~327.

13:3~17)들을 그 견해에 대하여 뒷받침하는 증거로 인용했다.86)

그리고 어떤 비평학자들은 예수님의 비유의 목적이 감추는 것이라는 주장에 반대하여, 비유의 목적은 나타내려는 것이라고 한다. 즉 예수님의 비유가 본래는 감추려는 것이 아니고 나타내려는 것이 목적이었지만, 마가복음이 기록될 즈음에 어떤 비유들은 그 의미가 손실되었거나 또는 알기 힘들게 되었다는 것이다. 그리고 알레고리의 기능이 의미를 감추는 것 또는 알기 어렵게 만드는 것이므로, 마가가 예수님의 비유를 알레고리로 취급했다는 주장이다. 그래서 예수님이 사용하신 말씀이 진리를 감추어 어떤 사람들은 이해할 수 없고, 따라서 회개하여 죄 사함을 얻지 못하는 의미를 갖게 된 것이라고 말했다. 다시 말하면 마가복음 4:11~12이 의미하는 바는 비유들 자체로는 아무 쓸모가 없다는 견해이다.87)

어떤 비평학자들은 마가복음 4:12의 '히나'(ἵνα)를 마태복음 13:13에서 '호티'(ὅτι)로 바꾸게 된 것은 마가가 표현한 사상을 좀 부드럽게 하려는 결과라고 본다. 그래서 마태복음에서는 사람들이 우둔하므로 그들이 이해하고 회개할 것을 예수님이 바라시면서 비유로 하나님 나라를 교훈하셨다고 본다.88) 그러나 마태복음 13:13의 '호티'(ὅτι)는 원인을 나타내는 것으로, 청중들이 이해를 못하므로, 비유를 사용하는 것이 그들에게 하나님 나라의 비밀을 감추게 한다. 다시 말하면 마태복음 13:13은 마가복음 4:12과 동일한 의미를 나타내는 것이다.89)

한 비평학자는 '외인들'이 예수님의 모든 비유를 이해하는 데서 제외된

---

86) 예, S. Brown, "The Secret of the Kingdom of God(Mark 4:11)," *JBL* 92(1973) 60~74.

87) 예, Dan O. Via, *The Parables: Their Literary and Existential Dimension* (Philadelphia: Fortress Press, 1967).

88) V. Taylor, *Mark*, p. 257; Alan Hugh McNeile, *The Gospel according to Saint Matthew*(London: Macmillan, 1952), p. 190; F. Blass and A. Debrunner, *A Greek Grammar of the New Testament*, tr. R. Funk(Chicago: University of Chicago Press, 1962), p. 187; cf. Shoman Johnson, *The Interpreter's Bible 7* (Abingdon, 1951), pp. 410~411.

89) Via, *op.cit.*, pp. 8~9; "Matthew on the Understandability of the Parables," *JBL* 84(1965) 430~432.

것이 아니라(막 12:12; 눅 15:1~2), 다만 하나님 나라를 취급한 비유들을 이해하는 데서만 제거된 것이라고 말했다. 예수님이 모든 비유 중 삼분의 이에 해당하는 비유를 제자들에게 설명했고, '외인들'에게는 아주 소수의 비유만 설명했다고 본다. 그러나 하나님 나라를 취급한 비유는 예수님이 '외인들'에게는 설명하지 않았다고 주장한다.90)

그러나 이 같은 의견이 주장 불가능한 것은 하나님 나라가 지금 실현된 것(the present/realized kingdom of God)으로 이미 청중에게 나타난 것이기 때문이다. 그리고 마가복음 4:10~12에서 '모든 것'(τὰ πάντα)이 '외인들'에게 비유로 교훈되었기 때문에 그들이 보아도 알지 못했다고 밝히고 있다. 따라서 11절은 외인들이 무식하므로 하나님 나라의 비밀에서 제한을 받았다는 것을 보이는 구절이 아니다.

2. 복음주의 학자들의 견해

비평학자들이 이러한 의견을 제시하여 외견상의 난점들을 해결코자 애썼지만, 실은 본문의 확실성을 거부했을 뿐만 아니라 그들의 견해의 기초가 주관적인 가정일 뿐이며, 그 견해의 근본과 출발도 잘못되어 있었다.91) 따라서 비평학자들이 난점을 해소하려는 노력은 헛수고가 되고 말았다. 그러나 복음주의 학자들은 그들이 해결하지 못한 것을 명백히 설명하고 있다.

복음주의적 해석은 유일하게 한 가지이지만 방향에서는 두 가지이다. 그 한 접근 방법은 예수님의 비유 전체를 포괄적으로 관찰하면서 비유의 목적을 추론하는 방법이다. 이 방법에 의하면 마가복음 4:10~12이 비유에 대한 포괄적인 목적을 제시하는 것이 아니고 다만 감추는 목적 한 가지만 나타낸다는 것이다. 예수님이 '외인들'에게 모든 것을 비유로 이야기하신 한 가지

---

90) J. Arthur Baird, "A Pragmatic Approach to Parable Exegesis: Some New Evidence on Mark 4:11, 33~34," *JBL* 76(1957) 201~207; cf. Jan Lambrecht, "Redaction and Theology in Mark IV," in *L'évangile selon Marc*, ed. M. Sabbe, 296~307.

91) "외인들"(ἐκείνοι)의 해석 참고. John R. Donahue, *Gospel in Parable* (Philadelphia: Fortress Press, 1988), pp. 42ff.

목적은 감추기 위한 것으로 간주한다. 예수님이 하나님 나라의 비밀을 외인들에게 감추려고 하신 것은 정치적 이유 때문이라는 것이다.

예수님 당시 그를 반대하던 유대인들은 예수님과 예수님의 메시지에서 허점을 찾으려고 매우 애를 쓰고 있었다. 특히 하나님 나라가 임하셨다는 메시지는 쉽게 오해를 받을 수 있었고 반대자들이 오용할 수 있었다(막 14:58). 따라서 예수님은 비유를 사용하여 자기를 반대하는 유대인들이 잘못된 고소를 하기 어렵게 하셨다는 것이다. 이는 마치 예수님이 이러한 정치적 이유로 '메시아'라는 명칭보다는 '인자'라는 명칭에 더욱 호감을 갖고서 사용하신 것과 마찬가지라는 것이다.

사실 예수님은 자기 청중 가운데서 자기에 대하여 적개심을 품은 무리들이 있다는 것을 잘 알고 계셨다. 예를 들면 사두개인들은 예수님께서 자기들의 성직 체제에 위험을 준다고 보고 적개심을 갖게 되었다. 그들은 예수님이 그들의 교리(막 12:18~27)와 하나님의 성전 관리권을 남용한 것(막 11:15~19)을 책망하신 일로 인해 종교 분야에서 그들이 갖는 특권에서 예수님을 위험한 존재라 여기고 더욱 적개심을 강하게 나타냈다. 마찬가지로 바리새인들도 예수님을 자신들에게 위험한 존재라고 인식했다. 즉 그들의 독단적인(self-righteousness, 눅 18:9~14) 종교 지도권에 예수님이 위험을 주는 것으로 인식했다. 사실상 예수님께서는 바리새인들의 위선을 많이 책망하셨다(마 23:13~36). 바리새인들이 구전을 하나님의 말씀인 구약성경과 동등하게 여긴 것이 많다는 점에서 예수님의 가르치심과 직접 충돌을 일으키게 되었다(막 7:1~13).

따라서 예수님은 비유를 사용하여 교훈하심으로써 그의 대적들에게 거짓으로 고소할 틈을 보이지 않으셨다(막 14:55~59). 예수님이 비유를 사용하심으로 그의 대적에게는 주님의 메시지가 감추어졌지만, 제자들에게는 설명하심으로써 그들은 주님의 메시지가 나타나게 하는 자들이 된 것이다. 그리고 예수님의 메시지가 계획적으로 어떤 사람들에게는 감추어졌다(마 11:25~27). 하나님의 택한 백성인 이스라엘의 마음이 완악해진 것은 하나님의 섭리로 그들의 완고함을 통해 구원의 은혜가 외인들에게 확장되게

한 것이다(롬 11:25~32). 이 사실을 마가복음 4:10~12이 설명하고 있다.[92]

예수님의 비유의 목적 가운데 감추는 기능이 마가복음 4:12에 나타났으나, 다른 곳에서는 예수님의 비유가 드러내려는 목적을 보이고 있다. 즉 예수님이 비유를 사용하여 자신의 메시지를 제자들과 '외인들'에게 설명하고 있다. 비유 중에서 좋은 예가 선한 사마리아인의 비유와 탕자의 비유이다.[93] 이뿐만 아니라 예수님은 비유를 사용하여 듣는 자들의 적개심과 완악한 마음속으로 깊이 뚫고 들어가려고 하셨다(눅 7:36~50).[94]

이처럼 예수님이 사용하신 비유를 포괄적으로 참고하여 비유가 감추고 드러내는 두 가지 목적을 살펴보았다. 마가복음 4:10~12에서는 비유의 감추려는 목적만 발견되는 것으로 살폈다. 그러나 필자가 이해하는 대로는 마가복음 4:11~12도 드러내고(11절) 감추려는(12절) 비유의 두 가지 목적을 분명히 가르치고 있다. 그리고 마가복음 4:11~12에 나타난 비유의 두 가지 목적이 예수님의 비유들에서 확증된다.

그러므로 필자는 마가복음 4:11~12을 본문 그대로 받아들이며, 이 본문에서 두 가지 목적은 다음과 같다고 본다. 우선 예수님의 비유의 목적을 예수님의 지상사역 전체에 비추어 살펴보면, 복음서에서 주님의 사역은 포괄적인(inclusive) 것과 배타적인(exclusive) 것 두 면을 포함하고 있다. 포괄적인 면에서, 예수님의 사역은 하나님 나라가 누구에게든지 선포되고 회개할 것을 요구하고 있다. 그러나 배타적으로는, 전파된 하나님 나라의 좋은 소식을 받고 회개하여 예수님을 따르는 자들이 생기게 된다. 다시 말하면 예수님이 말씀하신 하나님 나라에 대하여 받아들이고 회개한 자들만이 '하나님 나라의 비밀'을 이해하고 체험하고 그 생활이 변화된다.

따라서 마가복음 4장과 마태복음 13장의 예수님의 비유의 목적을, 문맥에 비추어, 주님의 사역의 포괄적인 면과 배타적인 면에서 살펴보면 다음과 같다. 마태복음 13:35은 마가복음 4:11을 설명하고 있으므로, 마가복음 4:11

---

92) Robert H. Stein, *Introduction to the Parables of Jesus*(Philadelphia: Westminster Press), pp. 33~34.

93) *Ibid.*, p. 35.

94) *Ibid.*

을 마태복음 13:35과 연결시켜서 보면 마가복음 4:11은 예수님의 비유의 목적이 계시, 곧 드러내는 것임이 명백하다. 다시 말하면 예수님의 비유의 두 가지 면 중 하나를 계시하시는 것이다. 하나님 나라가 임한 것을 계시하는 면에서, 예수님의 비유는 예수님 자신이 이 세상에 오신 것이 이미 하나님 나라가 임한 것임을 나타내는 데 사용하는 양식이다. 그런데 예수님은 자신이 이 세상에 오신 것으로 하나님 나라가 임하신 것을 비유로 말씀하신 것은 곧 예언의 성취이다. 즉 하나님 나라는 예수님이 이 세상에 오심으로 임하기 시작할 것을 시편 78:2에서 예언했고, 그 예언이 성취됐으므로 마태복음 13:34~35에서 시편 78:2을 인용한 것이다.

시편 78:2은 이스라엘의 역사를 요약한 선언이다. 여기서 언급하는 이스라엘의 역사는 '비밀' 혹은 '신비'(μυστήριον)를 담고 있다. 이처럼 구약 시대의 이스라엘 역사 안에 담겨진 신비를 예수님이 비유를 가지고 말씀하심으로 신비의 사실적 의미를 나타내신 것이다. 다시 말하면 예수님이 이 세상에 오심으로 하나님 나라가 임하기 시작한 것을 이해할 수 있는 영적 능력을 지닌 자들에게 그것이 비유를 통하여 드러나야 할 것임을 의미한다. 이것이 곧 시편 78:2에서 예언한 바이고, 그 예언은 예수님이 이 세상에 오심으로 성취된다. 따라서 예수님은 비유에서 하나님 나라의 비밀이 계시되기 시작했다고 표현하신다. 예수님은 구약시대에 이미 전해오던 것이 실현된 것이라고 계시하셨다.

예수님의 비유가 이처럼 예수님께서 이 세상에 오심은 하나님 나라가 임한 것임을 드러내려는 목적을 갖는 동시에, 같은 사실을 감추려는 목적도 담고 있다. 이와 같이 감추려는 목적은 마가복음 4:12에 나타난다. 예수님의 비유 안에 제시된 지혜, 곧 비유 안에 계시된 신비(μυστήριον)는 예수 그리스도 안에서 하나님 나라가 임하기 시작했다는 근본적인 비밀을 이해할 수 있는 특권을 받은 자들만 알 수 있게 되었다. 그러나 그리스도 안에 하나님 나라가 임하기 시작했다는 것을 이해하지 못하는 자들 곧 '외인들'에게는 하나님 나라에 대한 비유의 말씀이 비밀로 그냥 남아 있을 수밖에 없다는 것이다. 이 사실은 벌써 구약시대 이사야 선지를 통하여 예언된 바이고, 마가복음 4:12이 이사야 6:10을 인용한다. 이사야 6:10은 불신자들에게 선포한 말씀이고, 그들의 완고한 마음에 대해 심판을 선포한 것을 마가복음 4:12에서 인용하여 예수님의 비유의 부정적 목적을 명백하게 나타낸다. 그러므로 불신자들은 비유가 함축한 깊은 뜻을 이해하지 못하게 되었다. 그들이 이처럼 소경이 된 것은 비유의 부정적 목적이다. 이런 소경됨이 비유의 부정적 목적이 된 이유는 소경됨이 불신에 근거한 것이기 때문만이 아니고, 불신이 소경이 된 원인이기 때문이다.

그러나 마가복음 4:12은 '외인들'이 하나님의 축복을 받을 가능성이 전혀 없게 되었다는 것을 뜻하지는 않는다. 이것은 '외인들'이 하나님 나라의 신비에 대한 더 깊은 교훈을 받을 기회가 없다는 뜻이다. 그리고 하나님 나라가 그리스도 안에 임하기 시작했다는 희소식이 전해진 곳에서, 듣는 자들에게 근본적인 변화가 없고 그들의 마음이 본래 그대로 있는 경우에 비유로 주신 예수님의 교훈은 비밀처럼 남아있게 될 것을 표현한 것이다. 이와 같이 '외인들'에게 모든 것을 비유로 말씀하신 것이 불신자들의 완고한 마음에 대한 하나님의 심판인 것이다. 이 진리를 뒤집어서 표현하면, 산 믿음은 하나님의 은혜로우신 선물이고 오직 하나님의 주권적 선하심에서 비롯하는 선물이다.95) 그러나 하나님의 섭리와 선물인 믿음의 이적이 불신의 책임을 면케 해주는 것은 아니다.96)

이처럼 예수님이 하나님 나라의 비밀을 비유로 말씀하신 것은 하나님 나라를 계시하는 특수한 양식임을 알 수 있다. 하나님 나라는 예수님이 이 세상에 오심으로써 계시되기 시작했고, 메시아가 계시되었지만 이 사실은 오직 산 믿음으로만 깨닫게 되는 것이다. 따라서 마가복음 4:11에서 이 진리가 명백히 드러난다. 곧 11절의 '비밀'이라는 말은 하나님 나라에 관한 특별하고 현실적인 지식을 뜻하며, 그 의미는 예수 그리스도가 이 세상에 오심으로 하나님 나라의 임함이 계시되었다는 것이다.

이 사실을 다시 말하면, 마태복음 11:25이 명백하게 증거하는 것처럼 제

---

95) 마 11:25~26; 22:14; 22:41~46.
96) 마 11:25; 13:11; 16:17; 11:20~24; 23:37.

자들에게 하나님의 특별계시의 결과로 주신 하나님의 특별한 선물을 의미
하게 된다. 이 선물은 예수 그리스도 안에 존재하는 근본적인 구원의 지식을
뜻한다. 이 지식은 하나님 나라의 내용을 가리키는 것이 아니고, 예수 그리
스도께서 이 세상에 오심으로 하나님 나라가 '임하기 시작'했다고 보는 것을
말한다. 이러한 구원의 근본 지식을 받은 제자들에게 예수님은 축복하시기
를 "복이 있나니 보고 듣는 자들이여, 선지자들과 의로운 자들이 보기를 열
망했으나 헛것이었다"고 하셨다(마 13:17). 이 근본적 지식, 곧 그리스도 안
에서 하나님 나라가 임하기 시작한 것을 이해하는 지식이 예수님의 비유를
이해하는 데 가장 먼저 필요한 제일 큰 조건이다. 이 지식이 없으면 예수님
의 비유는 드러나지 않은 비밀로 그냥 남아 있게 된다. 이처럼 마가복음
4:11~12은 마태복음 13:34~35의 도움을 받아 비유의 두 가지 모습인 긍정
적인 목적과 부정적인 목적, 곧 드러내는 것과 감추려는 목적을 설명하고
있다.[97)]

> 십자가의 도가 멸망하는 자들에게는 미련한 것이요 구원을 얻는
> 우리에게는 하나님의 능력이라(고전 1:18).

---

97) cf. Herman Ridderbos, *The Coming of the Kingdom.*

초대교회 교부들의 해석법

율리허 · 다드 · 예레미아스의 단일 요점 논의

최근의 해석법

오늘날 여러 가지 비유 해석법이 제시되어 비유의 실제 의미가 혼동될 정도이며, 그 해석법들 자체도 매우 까다롭다. 지금까지 제시된 비유 해석법들을 정리하려고 하면, 우리는 미궁에 들어간 것처럼 무질서하고 복잡한 곳에 빠져 출구를 찾지 못한 채 밖으로 나오기 어려운 상황 속에 있다는 것을 알게 된다. 이 장에서는 지금까지 제시된 비유의 해석법들을 간략히 진술하려고 한다. 대표적인 해석법들과 학자들을 소개하기 위해 편의상 비유 해석법의 역사를 세 부분으로 나누었다.

1. 초대교회 교부들의 해석법
2. 율리허-다드-예레미아스의 해석법(Jülicher-Dodd-Jeremias Interpretation)
3. 최근의 해석법:
    (1) 논의 주제: ① 하나의 요점과 하나 이상의 요점을 대상으로
                    ② 비유와 풍유의 관계
                    ③ 비유의 목적(막 4:10~12)
    (2) 실존주의 전망
    (3) 오늘날의 비유 해석법:
            ① 신해석학(New Hermeneutics)
            ② 구조주의(Structuralism)
            ③ 수사비평(Rhetorical criticism)
            ④ 동양적 해석(Oriental exegesis)

1. 초대교회 교부들의 해석법

초대교회 교부들은 고대 헬라인들이 가졌던 풍유적 해석법을 비유에 적용하려는 경향이 있었다. 그래서 교부들은 비유를 풍유처럼 여기고 헬라인들의 해석법을 비유에 적용했다. 예를 들면, 교부 이레니우스(Irenaeus, A.D. 130~200)는 밭에 감추인 보화의 비유(마 13:44)에서 보물이 감추어져 있던 땅은 성경을 의미하고, 보물은 교회를 의미한다고 해석했다.[1] 또한 그는 포도원에서 일하는 일꾼들의 비유(마 20:1~16)에서 포도원에서 일하도록 제일 먼저 부름받은 자들은 우주의 창조 초기에 부르심을 받은 자들을 의미하고, 두 번째 들어간 일꾼들은 구약의 언약 아래 놓인 자들이며, 세 번째 들어간 일꾼들은 예수님의 지상 사역 기간에 부름을 입은 자들이고, 네 번째 일꾼들은 이레니우스와 같은 시대에 부름받은 자들이며, 마지막으로 들어간 일꾼들은 종말에 부르심을 얻을 자들을 의미한다고 해석했다. 그리고 이레니우스는 포도원은 정의를, 포도원 주인은 하나님의 영(성령)을, 품값인 데나리온은 하나님의 아들에 대한 지식을 상징한다고 했다.[2]

터툴리안(Tertullian, A.D. 160~220)도 비유를 풍유로 보고 풍유적 해석법을 사용했다. 그는 탕자의 비유에서 큰아들은 이방인들에게 구원의 은혜를 베푸신 하나님을 질투한 유대인들을 대표하고, 아버지는 하나님, 작은아들은 그리스도인, 상속은 하나님을 이해하는 지혜와 능력을 상징하는 풍유로 해석했다. 또한 그는 인간이 하나님을 이해하는 지혜와 능력은 자신의

---

1) Irenaeus, *Adv Haer* IV. XXVI. 1.
2) *Ibid.*, IV. XXXVI, 7.

생득권처럼 소유하고 있다고 했다. 그리고 이 비유 안에 나타난 돼지는 마귀이고 돌아온 아들에게 입힌 옷은 아담의 범죄로 인하여 손실된 자식의 신분을 나타내고, 손의 가락지는 기독교인의 세례, 잔치는 주님의 성만찬, 잡은 살진 송아지는 성만찬에 나타나실 구세주를 상징한다고 했다.3)

오리겐(Origen, A.D. 185~254)은 성경이 삼중의 의미를 담고 있다고 했다. 이와 같이 보게 된 것은 사도 바울이 데살로니가전서 5:23에서 인간의 몸과 혼과 영($\pi\nu\epsilon\hat{u}\mu\alpha$)을 말한 까닭이라고 했다. 그래서 그는 성경이 몸과 혼과 영의 세 가지로 구성되었다고 했다. 몸은 본문의 문자적 의미, 혼은 본문의 도덕적 혹은 '교훈적'(tropological) 의미, 영은 본문의 영적 의미를 상징하는 것이라고 말하면서 잠언 22:20~21을 증거로 삼았다.4) 오리겐은 겨자씨의 비유(막 4:30~32)에서 위의 생각을 구체적으로 적용하여 풍유적으로 해석했다. 즉 비유에서 겨자씨가 몸 곧 문자적인 면으로는 겨자씨 자체를 표시하고, 혼 곧 도덕적인 뜻으로는 마음을 표시하고, 영 곧 영적인 뜻으로는 하나님 나라를 표시한다고 보았다.

또한 오리겐은 포도원의 일꾼들의 비유(마 20:1~16)에서 첫째로 부름 받은 일꾼들은 우주 창조부터 노아 시대에 부름 받은 자들이고, 두 번째로 들어간 일꾼들은 노아부터 아브라함 시대에 부름 받은 자들이고, 세 번째로 들어간 일꾼들은 아브라함 시대부터 모세 시대까지 부름 받은 자들, 네 번째로 들어간 일꾼들은 모세부터 여호수아 시대까지 부름 받은 자들로, 다섯 번째 일꾼들은 여호수아부터 예수님 시대에 부름 받은 자들을 상징하고, 포도원 주인은 하나님을, 품삯인 데나리온은 구원을 상징한다고 풍유적으로 해석했다. 그리고 선한 사마리아인의 비유를 다음과 같이 풍유적으로 해석했다. 여리고로 내려가던 사람은 아담이고, 예루살렘은 천국, 여리고는 이 세상, 강도는 요한복음 10:8에서 말하는 도적들과 살인 강도와 같은 인간의 적개심의 영향과 원수들, 받은 상처는 불순종 혹은 범죄, 제사장은 율법, 레위인은 선지자들, 선한 사마리아인은 그리스도, 사마리아인의 나귀는 그

---

3) Tertullian, *On Modesty*, ch 9.
4) Origen, *De Princepiis* IV.I. 11~13.

리스도의 몸, 여관은 교회, 두 데나리온은 하나님 아버지와 하나님 아들에 대한 지식, 여관을 지키는 자는 교회에 배당된 천사들, 선한 사마리아인이 돌아오는 것은 그리스도의 재림을 표시하는 것으로 해석했다.

물론 초대교회 교부들이 모두 풍유적 해석법을 받아들인 것은 아니다. 안디옥학파(the Antiochian School)는 풍유적 해석법을 반대했다. 예를 들면 크리소스톰(John Chrysostom, 347~407)은 풍유적 해석을 반대하여 풍유적 해석이 지혜로운 해석법도 아니고 올바른 해석법도 아니라고 강조하며 비판했다.5) 그러나 대부분의 초대교회 교부들은 풍유적 해석법을 사용하여 예수님의 비유를 해석했다. 요한 카시안(John Cassian, ~435)은 오리겐의 영향을 받아 세 가지 영적 의미 곧 비유적, 풍유적, 영해(anagogical)의 의미로 성경을 해석했다.6) 어거스틴(Augustine, 354~430)도 성경이 역사적, 풍유적, 영해, 원인론적(aetiological)인 4가지 뜻의 의미를 포함한다고 했다.7) 요한 카시안은 '예루살렘'이라는 말이 성경에서 문자적인 뜻으로 그 특수한 도시를 의미하고, 도덕적 혹은 비유적인 의미로는 인간의 영혼을 표시하고, 영적 혹은 풍유적인 뜻으로는 교회, 영적인 뜻으로는 구원받은 성도들이 거할 하늘나라의 거처를 표시한다고 보았다.8)

어거스틴도 선한 사마리아인의 비유(눅 10:30~35)를 다음과 같이 풍유적으로 해석했다. 여리고로 내려가는 사람은 아담이고, 예루살렘은 하늘의 평화, 여리고는 사망(mortality)을 상징하는 달, 강도는 악마와 그의 천사들, 여리고로 내려가던 사람을 벗기는 것은 그의 영생을 빼앗는 것, 그를 때리는 것은 그로 하여금 범죄케 하는 것, 거의 죽게 된 것은 범죄로 인하여 영적으로 죽었으나 하나님의 지식으로 인하여 아직도 반은 살아있는 것, 제사장은 구약시대의 제사장직과 율법, 레위인은 구약시대의 사역자들 곧 선지자들, 선한 사마리아인은 그리스도, 상처를 싸매어 준 것은 범죄를 제한

---

5) John Chrysostom, *Matt. Hom.* IXIV.3.

6) John Cassian, *Conlationes* XIVC 8.

7) Augustine, *De Genesi ad Litteram Imperfectus Liber*, C.2,n,5; *De Utilitate Credendi*, C.3.

8) John Cassian, *op.cit.*

시키는 것, 기름은 선한 소망의 위로, 술은 영적인 일에 대한 격려, 선한 사마리아인의 나귀는 그리스도의 몸, 여관은 교회, 두 데나리온은 사랑의 두 계명, 여관 주인은 사도 바울, 선한 사마리아인이 돌아오는 것은 그리스도의 재림을 표시하는 것으로 해석했다.9)

이와 같이 비유를 풍유적으로 해석하는 방법은 헬라 철학의 영향을 받아 나타났으며, 성경 본문을 문자적으로 읽던 방법을 바꿔 놓았다. 이렇게 바뀌자 초대 교회 교부들은 합리적으로 해석하는 것이 소원이었다. 따라서 그들은 본문을 액면대로 읽는(straight-forward reading) 표면상 의미 이상의 더 깊은 의미를 본문에서 찾아내려고 했다. 특히 아주 뚜렷한 교훈들을 찾아내기 어려운 이야기체나, 혹은 인물의 행동이 도덕적으로 의심되는 본문들에서 의미를 찾아보려는 노력으로 인해 문자적 해석이 풍유적 해석법으로 바뀌게 되었다. 그리고 예수님이 씨 뿌리는 비유(막 4:13~20)와 밭의 가라지의 비유(마 13:36~43)를 각각 자세히 설명하고 있는 것이 풍유해석법을 차용하는 데 도움이 되었다. 그리고 교부들은 예수님이 설명해 주지 않은 비유들도 위의 두 비유를 설명하신 것처럼 해석하는 것이 올바른 해석법이라고 생각했다.

교부시대를 지나 중세시대에 스콜라 학자들도 대부분 초대교회 교부들의 풍유해석법을 사용했다. 그들은 오리겐의 삼중의 뜻에 '영해'를 하나 더 추가했다. 즉 오리겐의 문자적, 도덕적, 영적인 것에 영해를 추가해서 본문에서 종말론적 의미를 찾았다. 중세기에 이르러 오리겐의 세 번째 뜻인 영적인 것을 단지 풍유적(allegorical)인 뜻이라고 부르게 되었다. 이와 같이 중세 학자들은 본문에서 사중의 뜻을 찾았다.10)

예를 들면 '예루살렘'이란 말에서 다음과 같은 사중의 뜻을 찾는다. 문자적인 뜻으로는 예루살렘이 유대 땅에 있는 특별한 도시를 표시하고, 도덕적인 뜻으로는 인간의 영혼, 영적인 뜻으로는 교회, 영해로는 성도가 거할 하늘나라의 거처를 표시한다.

---

9) Augustine, *Quaestiones Evangeliorum*, 11, 19.
10) Thomas Aquinas, *Summa Theologica*, Part I, Quest 1, Article 10.

종교개혁자 루터(Luther, 1483~1546)는 성경의 사중 의미를 거부했다. 그는 풍유적 해석법을 사용한 자들을 "원숭이 묘기를 하는 성직의 요술행위"와 같다고 했다. 루터가 오리겐의 해석 같은 것은 "먼지보다도 가치가 없다"고 한 것은 성경을 풍유적으로 취급하면 안 되며, 문자적이며 문법적으로 해석해야 한다고 믿은 까닭이다.11) 그러나 루터는 자기의 논리대로 해석하지 못했다. 루터도 비유를 풍유화하여 믿음으로 의롭게 되는 교리를 비유들 가운데서 찾았다. 칼빈(Calvin, 1509~1564)도 풍유해석법을 반대했고, 초대교부들이 풍유화한 것을 "게으름뱅이의 어리석은 행위"(idle fooleries)라고 지칭했다.12) 그러나 루터와 칼빈을 뒤이은 개혁자들은 그들이 세운 문자적-문법적 해석원리를 충실하게 따르지 않았다.

초대교회 교부로부터 사용된 풍유적 해석법은 다음과 같은 두 가지 약점이 있다. 하나의 약점은 풍유적 해석법에서 사용하는 전제를 가지고 본문에 있는 세밀한 모든 부분에 의미가 있다고 가정하게 되면 종종 확실한 증거가 될 수 없는 것에서 가정을 세울 수 있다는 것이다.13) 그리고 이 전제에는 두 가지 난관이 있다. 해석자가 둘이면 본문이 가지고 있는 세밀한 것이 무엇을 의미하는지 서로 동의하기가 매우 희박하다. 또 하나의 어려움은 비유 안에 있는 세밀한 것에 부여한 의미들 중에 어떤 것은 아주 명백하게 예수님의 지상사역 시대보다 후시대(anachronistic)에 나타난 교리를 반영하고 있다. 예를 들면 선한 사마리아인의 비유를 듣는 청중이 그 비유에서 여관 주인을 사도 바울과 연결시켰을 것이라고 기대하기란 어렵다. 풍유해석법의 또 하나의 약점은 이 방법이 비유의 사실주의(realism)와 명백성(clarity)과 단순성(simplicity)을 무시하고 있다는 것이다. 각 비유는 1세기 팔레스타인의 실생활을 간략히 보여주고 있다. 비유의 이러한 사실주의는 풍유의 인위적인 것(artificiality)과 뚜렷이 대조된다.

---

11) Frederic W. Farrus, *History of Interpretation*, p. 328.

12) John Calvin, *A Harmony of the Gospels*, III, pp. 38~39.

13) Richard C. Trench, *Notes on the Parables of our Lord* (London: Macmillan, 1870), p. 37.

2. 율리허-다드-예레미아스의 단일 요점 논의
(Jülicher-Dodd-Jeremias single point)

　율리허(Adolf Jülicher)를 비롯하여 대다수의 비평학자들은 풍유적 해석법을 반대한다. 율리허는 비유 안에 있는 모든 이미지에 무절제한 상징적 의미를 붙이는 풍유적 설명에 반대하고, 비유를 우주적으로 유용한 사상과 도덕적 교훈을 표시하려고 사용한 양식으로 보게 되었다. 율리허가 쓴 책14) 은 두 부분으로 나뉜다. 제1부는 예수님의 비유에 대하여 일반적으로 설명한다.15) 여기서는 다섯 장에 걸쳐 비유의 진정성, 특성, 목적, 가치, 구성을 취급한다. 그리고 마지막 장에서는 비유의 해석사를 간략하게 언급한다. 제2부는 율리허가 직접 해석한 비유 주석이다. 율리허는 각 비유를 다음과 같은 주제 아래 놓고서 해석한다. ① 직유, ② 비유, ③ 예증 이야기(Die Beispielerzälungen, example stories)이다. 그는 이처럼 비유를 양식비평적 범주로 분류한다. 이러한 분류는 비유 전체를 충분히 설명할 수 있는 것이 아니다. 율리허는 현대 비유 비평론의 길을 열어 놓은 인물이다. 그가 겨냥한 바는 그 당시까지 사용된 풍유적 해석을 공격하고 파괴하는 것이었다.16)

---

14) Adolf Jülicher, *Die Gleiebnisreden Jesu*(Freiburg: Mohr, 1899).

15) *Ibid.*, p. 322.

16) cf. Robert Johnston, "Parabolic Traditions Attributed to Taunaim"(Diss, Hartford Theological Seminary, 1978), pp. 1~122; Hans Klauk, *Allegorie und Allegorese in synoptischen Gleichnistexten, Neutestamentliche Abhandlungen 13* (Münster: Aschendorff, 1978), pp. 4~20; W.S. Kissinger, *The Parables of Jesus*

율리허는 비유를 풍유가 아니라고 했다. 풍유에서는 세세한 각 부분이 의미를 지니고 있다. 그러나 율리허는 비유가 '확대된 직유'(similitude)이므로 비교하는 요점이나 같은 점을 단 한 가지만 갖는다고 했다. 즉 비유에 있는 각각의 세부 사항은 의미가 없고, 비유 자체는 단 하나의 요점만 말하고 있으며, 그 밖의 모든 것은 하나의 요점을 위해 돕는 역할만 할 뿐이라고 했다. 율리허는 예수님의 비유에 나타난 풍유들을 초대교회의 작품으로 보고 풍유를 거절했다.17) 이처럼 율리허가 비유 안에 나타난 풍유들을 배척하게 된 동기는 단 하나의 요점설만 지지하고 여러 요점설을 거부하려는 것이었다. 그에 따르면 비유는 자케(Sache, 제시된 사실, the reality being presented)와 빌트(Bild, 사실을 나타내는 상징, the figure representing the reality)라는 두 부분으로 구성된다. 그리고 이 두 요소들을 연결하고 비유의 요점을 구성하는 셋째 비교조항(tertium Camparationis)이 있다.18)

율리허는 자신의 논리적 변증을 직유와 은유 사이에 두었는데, 이것은 아리스토텔레스가 이 둘을 구별한 이론에 근거한 것이다. 따라서 비유는 다만 확장된 직유일 뿐이기 때문에 풍유의 신비한 세계와는 거리가 멀다고 한다.19) 그리고 풍유는 확장된 은유이고 그 안에 있는 각 요소들은 고립된 은유라고 했다. 비유의 요점은 최대로 포괄 가능한 도덕 일반원칙(the widest possible moral generality)을 표시하는 것만으로 보고 있다. 율리허는 억지로 풍유적 해석을 하지 않는 가장 좋은 방법이란 비유를 실생활의 한 토막처럼 보는 것과 각 비유에서 가능한 한 넓은 일반원칙이라는 한 가지 요점을 끌어내는 데 있다고 했다. 이러한 율리허의 견해는 그 당시 자유주의 계통의 하나님 나라 개념에 적합한 것이 되어 결과적으로 비유를 매우 피상적이고 도덕적으로 설명하는 데 그치고 말았다. 예를 들면 달란트 비유는 노력이 없으면 임금(賃金)도 없다는 것을 교훈한다는 식으로 피상적이고

(Metuchui Scarecrow Press, 1978), pp. 1~71.

17) Jülicher, *op.cit.*, I, pp. 39~42, 52~68, 148~53; cf. Nils A. Dahl, "The Parables of Growth," *Studia Theologica* 5(1951), pp. 133,135.

18) Jülicher, *op.cit.*, p. 52.

19) *Ibid.*, pp. 169~73, 52~58.

도덕적으로 설명했다. 주인과 종의 비유는 자기가 맡은 의무를 충실히 해야할 것을 권고하는 것으로 보았다. 포도원 일꾼들의 비유(마 20:1~16)는 우주적 구원을 가르친다고 했고, 선한 사마리아인의 비유는 사랑의 행동이 인간이 가져야 할 제일 귀한 의무임을 나타내는 것이라고 했다.

이처럼 율리허는 비유와 풍유를 구별한 첫 학자였다. 그는 풍유를 해석하려면 풍유가 담고 있는 여러 가지 요소들의 의미를 알아내는 것이 해석상 필요한 열쇠라고 주장했다. 그 열쇠를 소유한 자는 풍유 안에 들어가 내부인이 되어 그 요소들이 뜻하는 것을 알아내어 비풍유적인 말로 풍유의 의미를 표현할 수 있게 된다는 것이다. 그러나 그 열쇠를 소유하지 못한 자는 외부인이 되어 풍유가 영원히 신비로 남게 된다고 했다. 그러나 비유는 이런 것이 아니라고 선언했다.

비유는 생생하고 단순한 그림이며, 그것의 의미가 듣는 자나 읽는 자에게 '자증하게' 된다고 했다. 여기서 율리허는 두 가지 요점을 말하고 있다. 즉 예수님의 비유는 생생하고 이해할 수 있는 인상을 주며, 실생활에서 끌어온 단순한 그림을 제시한다는 것이다. 또 하나는 비유가 문학적 실재(a literary entity)라는 것이다. 이는 위에서 말한 것, 곧 비유의 근본 요소가 비교(a comparison)라는 것이다. 이미 지적한 대로 비유 안에 있는 두 가지 개념을 나란히 놓고 비교하는 것이다. 이 같은 비교의 요점은 '비교조항'(a tertium comparationis)으로 두 가지 개념을 비교하여 나온 것을 다른 것에도 적용 가능한 것이 하나의 비유 속에 나타나 있다는 것이다. 여기서 율리허가 의미하는 바는 비유가 근본적으로 자연 안에 있는 방법(instrument)이라는 것이다. 즉 우리에게 알려져 있는 것이나 일상적인 것에서 배운 것을, 비교한 요점을 통하여 알려지지 않은 것이나 특별한 것에 적용하는 것을 의미한다. 배운 것을 알려지지 않은 것이나 특별한 것에 적용하고 비교해서 새로운 것을 배우게 되는 것을 의미한다.[20]

율리허는 그의 책 제2부에서 비유를 세 범주로 분류했다고 이미 언급한 바 있다. 그 첫째 범주는 유사(Gleichnise)인 단순한 비교이다. 예컨대, 감

---

20) *Ibid.*, p. 83.

추인 보배와 값비싼 진주의 비유(마 13:44~46)와 탑을 쌓는 것과 전쟁에
나가는 왕의 비유(눅 14:28~32)이다. 두 번째는 비유가 이야기로 확장된
비교이다. 예컨대 잃어버린 양, 잃어버린 드라크마, 탕자의 비유들이다. 세
번째는 예증 이야기(Beispielerzälungen)로 실례나 요점이 설명되고 있는
이야기이다. 예를 들면 선한 사마리아인의 비유(눅 10:29~37), 바리새인과
세리(눅 18:9~14), 어리석은 부자(눅 12:16~21), 부자와 나사로(눅 16:19~
31)의 비유이다. 이렇게 율리허가 비유를 세 가지 범주로 분류한 것을 후대
의 양식비평학자들도 그대로 따르고 있다.21)

율리허는 예수님의 비유를 해석할 때 다음의 세 단계를 밟았다. 그는 먼
저 비유의 이야기를 실생활의 한 토막으로 받아들였다. 즉 비유를 인간의
이야기로 받아들인다. 다음 단계는 그 이야기에서 판단을 한다. 셋째 단계는
판단한 결과를 보편화시키고 적용한다. 예컨대, 달란트 비유를 해석할 때
먼저 주인을 신뢰하지 못하고 지나치게 조심한 겁먹은 사람의 이야기로 본
다. 이렇게 매우 조심하거나 겁을 먹는 것은 명예스러운 사람들이 멸시하는
것이요 지닐 만한 것이 못된다고 판단을 한다. 셋째 단계로서 적용할 때는
매우 넓게 적용할 것을 강조했다.

아주 오랫동안 사용한 풍유적 해석법을 배척하고, 율리허가 제시한 바는
예수님이 가르치신 역사적 문맥을 통해서 비유의 한 가지 요점을 찾는 일이
었다. 율리허를 뒤이은 많은 비평학자들이 이 견해를 수용했다. 이 견해를
따른 많은 비평학자 가운데 대표적인 학자는 다드(C. H. Dodd)와 예레미아
스(J. Jeremias)로서 그들의 비유 비평론을 약술하고자 한다.22)

다드는 율리허가 비유와 풍유를 구별한 것을 그대로 받아들였다. 그러나
그는 율리허가 비유의 의미가 넓은 의미의 종교적·도덕적 보편화
(religious-ethical generalization)라고 주장한 것을 거부했다. 다드는 비

---

21) 예. R. Bultmann, *Synoptic Tradition*, pp. 170,174.
22) cf. B.T.D. Smith, *The Parables of the Synoptic Gospels*, pp. 23~24; A.M.
Hunter, *Interpreting the Parables*, pp. 10,38; Wilhelm Michaelis, *Die Gleichnisse
Jesu*(Humburg: Furche Verlag, 1956), pp. 14~15.

유가 예수님이 비유들을 가르친 실제 환경(the actual situation)을 나타내야 한다고 강조했다. 그러므로 비유들의 적용은 이야기들이 전해진 특별한 환경에 연결되어야 한다는 것을 전제로 삼고 있다. 그리고 비유를 해석하는 사람은 비유의 환경과 특별한 적용을 발견해야만 한다는 것이다. 비유의 특별한 적용 자체가 특별한 환경에 서 있는 사람을 나타내줄 것이라고 했다. 다드는 이러한 전제를 가지고 예수님의 교훈에서 '일반적 방향'(the general orientation)을 세우려고 노력했다. 그는 주님의 교훈에 대한 일반적 방향을 세우게 되면 우리는 비유들이 놓인 문맥을 소유하게 된다고 믿었다. 그렇다면 다드가 주님의 교훈에서 발견한 일반적 방향이란 무엇인가? 그가 발견한 일반적 방향은 하나님 나라였다. 다시 말하자면 하나님 나라가 예수님의 메시지에서 일반적 주제이고, 이 주제가 비유를 위한 논리의 일반적 문맥이라고 주장했다.23)

다드는 비유 하나하나를 예수님이 하나님 나라가 임하셨다는 선포의 문맥 안에서 해석해야 한다는 것과 비유 하나하나의 특별한 교훈은 하나님 나라에 대한 예수님의 구별된 사고와 연결되어야만 한다고 주장했다. 이러한 견해에 따라 그의 책 전반부에서는 예수님의 종말론적 메시지가 '실현된' 종말론이라는 것과, 후반부에서는 예수님의 비유를 실현된 종말론의 문맥에 놓고 비유들이 예수님의 메시지를 이와 같이 이해하는 것을 지지해 준다고 주장한다.

다드의 이러한 전제를 달리 말하면, 비유는 예수님과 청중이 처한 실제 위급한 환경을 나타내고 있다는 것이다. 그러므로 비유의 해석자인 우리는 일반적인 원리의 분야를 먼저 볼 것이 아니라, 비유들이 전달된 특별한 환경을 살펴보아야 한다고 강조했다. 여기서 말하는 특별한 환경이란 복음서들이 보았던 환경이요 그 환경에서 살았던 사람들에게 적용된 그런 환경을 의미한다.24) 그러나 다드는 우리가 지금 비유를 놓아야 할 환경이 역사의

---

23) C.H. Dodd, *The Parables of the Kingdom*(New York: Charles Scribner's Sons, 1961, 1936), pp. 33~34.

24) *Ibid.*, p. 26.

원래 배경(the original setting)인지 의심했다.

다드가 세운 또 하나의 전제는 비유를 적용하는 것과 관련이 있다. 즉 맨 초기 전승에서 보인 적용은 복음서 저자들에게서 비롯된 것이고, 그 적용은 초대교회의 해석을 드러낸다는 전제이다. 그러나 이 전제는 초대교회가 만든 비유의 적용이 예수님이 세우신 것에서 유래되었다는 사실을 의심하는 것이다. 그래서 다드는 비유의 적용이 비유 자체와 함께 맨 초기 전승에서 나왔고, 따라서 원래 환경에 가장 가까이 있던 사람들이 어떻게 비유를 이해했는지를 우리에게 보여준다고 생각했다. 그러나 한편 많은 비유들 중에서 비유의 적용은 맨 초기 전승의 일부가 아니라 복음서 저자들이나 예수님과 직접 관련 있는 권위나 특별히 예수님 시대에 돌아다니던 주석(the current exegesis)에서 나온 것이라고도 믿었다.25)

다드는 이러한 전제를 확증하기 위해 다음과 같은 증거를 제시했다. 어느 때는 비유가 둘 또는 그 이상의 복음서에 다르게 나타나며 더 나아가 그 기록이 서로 조화도 되지 않는다고 하면서(예, 맛을 잃은 소금), 다드는 율리허의 한 가지 요점 논의를 수용하고 예수님이 결정적인 한 가지 적용만 의도하신 것으로 믿었다. 그러므로 같은 비유가 다르거나 혹은 조화되지 않을 때는 그 적용 가운데 하나 아니면 둘 다 이차적인 것이며 원본이 아니라고 했다.26) 그는 더 덧붙여 어느 때는 같은 복음서 저자가 다르게 적용했다고도 한다(예, 불의한 청지기 비유, 눅 16:1~7에서 세 가지 다른 설교들).

이 두 전제를 기본으로 그는 다음과 같은 비유해석법을 세웠다. 비유를 올바로 이해하고 해석할 수 있는 실마리는 초대교회의 경험에서 발전된 사상에서 발견되지 않고, 예수님의 지상사역 기간에 예수님의 청중들의 마음속에 일어났을 것으로 추측된 생각들 속에서 발견되어야 한다는 것이다. 그러한 생각에 이르게 하는 제일 좋은 인도자는 구약성경이라고 했다. 이것은 예수님의 청중들이 구약성경을 잘 이해했을 것이라고 가정하는 것이다 (예, 포도원, 무화과나무, 추수, 축제들의 이미지들). 다드의 해석법의 또 다

---

25) *Ibid.*, p. 29.
26) *Ibid.*

른 요소는 예수님이 이야기들 속에서 자신의 지상사역을 해석하신 것과 우리가 비유에서 찾아야 하는 의미가 일치해야 한다고 본 점이다. 어떠한 경우이든지 비유의 의미가 비유가 아닌 예수님의 말씀에 나타난 예수님의 교훈의 일반적인 개념과 일치해야 한다는 것이다. 그러므로 예수님의 교훈이 나타내는 '일반적인 방향'을 정의하는 것이 예비적으로 해야 할 일이라고 했다.27)

다드는 예수님의 비유를 올바로 이해하는 데 한 가지 기억해야 할 것이 있다고 했다. 그것은 예수님이 비유들을 19~20세기에 사는 사람들에게 이야기하신 것이 아니고, 예수님 당시의 1세기 사람들에게 전한 것임을 알아야 한다고 했다. 이것은 비유가 예수님의 입에서 나온 때의 '삶의 정황'(sitz im Leben), 곧 비유들의 원래의 상황을 의미한다. 이러한 상황을 인지하는 것은 매우 중요하다. 듣는 자들이 어떠한 지식과 경험과 태도를 취하였는지를 이해하는 데 아주 중요하다. 다드는 비유가 나타난 현 위치가 연대기적 고찰보다는 논리적이고 신학적인 고찰로 만들어진 것으로 보았다. 그러므로 때로는 예수님의 생애 중 어느 시기에 이러한 특별한 비유가 전해졌는지 정확히 결정하기란 어렵다고 했다. 그는 이러한 경우에 다음 두 가지를 힘써 이해해야 한다고 강조했다. ① 예수님의 지상사역 기간에 비유를 들은 자들의 마음속에서는 이미 비유에 대해서 이와 같은 생각들이 일어나기 시작했을 것으로 추측해야 하고, ② 예수님의 교훈이 나타내는 일반적인 방향을 인식해야 한다.28)

다드는 이러한 전제와 해석법의 원리들을 양식비평에서 제시하는 것과 함께 예수님의 비유를 조사했다. 다드는 예수님의 지상사역이 단지 '실현된 종말론'만으로 구성되었다고 인식하고 예수님의 비유 하나하나를 실현된 종말론 견해에 따라 해석했다. 다드는 무화과나무의 비유(막 13:28~30), 선한 종과 악한 종의 비유(마 24:45~51), 열 처녀의 비유(마 25:1~13), 그리고 기다리고 있는 종의 비유(눅 12:35~38)와 같은 비유들이 앞으로 임할 종말

---

27) *Ibid.*, p. 27.
28) *Ibid.*, p. 32.

적 심판을 표시하는 것이 아니고, 예수님의 지상사역에 임한 환경과 위기를 표시한다고 했다.29) 이와 같이 다드는 이미 카둑스(A. T. Cadoux)가 제시한 것을 완성시켰다. 카둑스는 비유를 예수님의 생애의 환경에 초점을 맞추어 해석하려는 원리를 세웠다.30) 스미스(B. T. D. Smith)도 다드처럼 카둑스의 해석원리를 따르게 되었고,31) 그 후에 나타난 많은 비평학자들은 다드가 발전시킨 카둑스의 방법을 사용하여 왔다. 그러나 다드는 하나님 나라의 비유에 집중시켰으므로 '편중된 특성'을 띤 해석이 되고 말았다.

다드가 비유들을 해석하기 위해 사용한 방법인 종말론적 해석법을 좀더 살펴보고자 한다. 그는 예수님이 하나님 나라가 임하셨다는 개념을 설명하려고 비유들을 사용하셨으며, 이때 상상할 수 없는 것이 일어났다고 했다. 즉 역사가 영원한 것의 도구가 되어 절대적인 것이 육신과 피로 옷을 입었다.32) 이런 상상할 수 없는 것이 일어난 것이 '비밀'(μυστήριον)이었고, 이 비밀이 몸과 피로써는 계시되지 않고 다만 하늘에 계신 하나님 아버지께서 나타내셨다고 한다.33)

그리고 '하나님 나라의 비밀'은 나타나는 환경이 있다. 즉 비유가 사용되고 설명하는 환경은 여러 가지 모습을 띠고 있다. 그 가운데 하나는 성취된 시간(the hour of fulfillment)이다. 유대인들은 하나님이 이 세상에서 자기의 주권을 행하실 것으로 믿고 소망했다. 예수님은 그 소망을 성취시키는 시간이 임했고, 하나님이 성취하셨다고 선언했다는 것이다. 강한 자가 넘어졌고 악의 세력이 무너졌으며, 감춰진 하나님의 능력이 나타나고, 생산적인 힘이 시간 속에서 추수를 맞이했다고 한다. 예수님은 개혁자로 이 땅에 오신 것이 아니며, 예수님이 이 땅에 오신 것으로 하나님과 인간 사이의 새로운 출발이 시작되었다. 이것이 하나님 나라가 임한 것이다. 예수님은 그물의 비유, 겨자씨의 비유, 혼인잔치의 비유, 탕자의 비유 등 여러 비유들을 사용

---

29) *Ibid.*, p. 174.
30) A.T. Cadoux, *The Parables of Jesus, Their Art and Use*(New York, 1931).
31) B.T.D. Smith, *The Parables of the Synoptic Gospels*(Cambridge, 1937).
32) C.H. Dodd, *The Parable of the Kingdom*(Fount Paperbacks, 1978), p. 127.
33) *Ibid.*, p. 128.

하여 하나님 나라가 이와 같이 임한 것으로 설명하셨다고 본다.

비유 환경의 또 다른 모습은 하나님 나라가 심판을 가지고 임한 것이다. 하나님 나라는 인간들을 시험하고 가려낸다. 종교 지도자들에게는 그들이 취한 태도로 인하여 심판이 내려지게 된다. 그들의 이기주의, 배타주의, 하나님의 목적에 부합하지 않은 것, 소경된 태도들로 인해서 하나님 나라의 심판이 그들에게 내려지게 된다. 예수님은 이 사실을 달란트 비유와 충성치 못한 종들의 비유를 사용하여 설명하셨다. 그리고 하나님은 최고의 선물을 인간에게 주셨다. 곧 하나님 나라가 예수님이 오심으로 이 세상에 임했다는 것이다.

이렇게 임한 하나님 나라에 인간들은 응답을 해야만 된다. 즉 임하신 하나님 나라를 받아들이는 행동이나 그것을 거절하는 행동이 삶의 모든 것을 결정하며, 동시에 인간의 운명을 정한다는 것이다. 하나님이 최고의 선물을 주셨고, 그것을 받느냐 거절하느냐 둘 중 하나를 택해야 할 환경에 인간 모두가 처해 있다는 것이다. 이 결정은 어느 누구도 피할 수 없는 것이다. 비록 하나님 나라에 관한 사건들의 의미가 오랜 시기 동안 인간에게 감춰졌던 바이지만, 마치 밤이 지나 낮이 오듯이, 또 뿌린 씨가 앞으로 자라야할 시간이 있어야 하지만 이미 추수는 임박했다. 인간에게 충격을 줄 위기 안에서 때때로 인류 역사가 중대한 의미를 나타내고 있다. 이것이 주님의 심판이 땅 위에 있는 사실이다.34)

다드는 한 걸음 더 나아가 문학적 관심에서 두 가지 점을 강조한다. 문학적 관심의 한 가지는 비유의 사실주의에 관한 것이다. 율리허는 비유들이 일상생활에서 취한 생생하고 단순한 이야기들이라고 단언했다. 다드는 율리허의 이러한 단언을 더욱 발전시켜 유사(similitude) 혹은 이야기는 경험의 세계에서 관찰할 수 있는 그림들이라고 했다.35) 또 하나의 문학적 관심은 비유의 언어적 특성과 문학 양식에 관한 것으로 중요한 논제를 던졌다. 비유의 중심점에는 자연 혹은 일반 생활에서 끌어온 은유 혹은 직유가 놓여

---

34) *Ibid.*, pp. 131~145.
35) *Ibid.*, pp. 9~10.

있다고 했다. 비유 안에 있는 은유나 직유의 생생한 것, 혹은 생소한 것이 비유를 듣는 자들을 사로잡는다고 한다.36) 그리고 그림처럼 상세히 설명된 은유가 비유의 단순한 양식이다. 이것이 율리허가 말하는 유사이며, 후에 불트만(Bultmann)이 말한 유사와 같은 것이다. 그리고 은유나 직유가 그림처럼 더욱 상세히 설명한 것이 '이야기'(a story)이고, 이야기가 이렇게 성립되면 그림을 대신하게 된다. 이것은 율리허가, 그리고 후에는 불트만이 말한 '비유'와 같은 것이다. 이야기의 양식을 취한 비유의 길이는 짧거나 긴 이야기에 다 들어 있다(예, 감추인 보배와 탕자의 비유). 다드는 은유와 유사 곧 은유가 하나의 그림으로 발전된 것과, 비유 곧 은유나 직유가 이야기로 발전된 것 사이에 선을 명백히 그을 수 있는 차이란 볼 수 없다고 했다. 이 세 가지 양식들이 같은 방향 안에서 기능을 하고 있으며, 셋이 함께 '상상하게' 만들며, 세세한 것들로 가능한 한 환경을 명확히 밝히려는 것이다.37)

그러나 다드도 율리허처럼 비유와 풍유의 구별을 인정하고 그 차이를 다음과 같이 논의했다. 비유는 추상적이 아닌 구체적인 그림에서 진리를 보는 마음의 자연스런 표현이고, 풍유는 풍유적 신비화(allegorical mystification)이다.38)

다드는 비유가 풍유가 아니라고 하면서 풍유와 구별하고 있다. 그러나 은유와 직유에서는 명확히 선을 달리 긋고 비유와는 구별할 수 없다고 주장했다.39) 다드는 비유를 은유 및 직유와 비교할 때, 표상적 언어(figurative language)가 아닌 추론어로 요점을 설명하는 것 혹은 예증 이야기(example story) 같은 것으로 보았다. 다시 말하면 비유는 예증 이야기로서 문자적 의미 그대로 이해하고 문자로 표현된 것을 취해야 하며, 풍유는 문자 그대로 상징적으로 표현된 것으로 취해야 한다고 했다. 여기서 문자로 표현된 것이란 개념적으로 알려지고 확고한 것으로 문자적이 아닌 말로 보이는 것을 가리킨다. 즉 상징은 뜻이 명료한 대의(univocal tenor)를 나타내는

---

36) *Ibid.*, pp. 5~7.
37) *Ibid.*, p. 7.
38) *Ibid.*, p. 4.
39) *Ibid.*, p. 18.

수단이라고 했다. 다드는 비유가 오직 하나의 요점을 나타낸다는 율리허의 견해를 수용하고 비유의 의미를 다음과 같이 결론 내렸다. 단순한 하나의 은유, 혹은 정성 들여 만든 유사, 혹은 예증 이야기나 비유가 모두 단 하나의 요점을 비교하고 있다. 그러나 비유와는 다르게 풍유는 그 세세한 점들이 각각 구별된 은유이고, 각기 구별된 의미를 나타낸다고 보았다.40)

다드와 예레미아스(J. Jeremias)가 율리허의 '단일 요점'(the single point) 방법을 취했지만 그 요점을 예수님의 종말론에서 찾고 있다. 다드는 하나님 나라의 비유를 연구하면서 실현된 종말론을 세웠지만, 예레미아스는 '아직 실현되지 않은 종말론'(an eschatology of yet and not yet)을 세우고, 예수님의 지상 사역이라는 특별한 상황에서 비유를 해석하려고 노력했다. 그리하여 예레미아스는 '단일 요점' 방법뿐 아니라 '단일 환경'(a single situation) 방법도 사용했다. 이처럼 예레미아스는 다드의 의견을 철저하게 발전시켰다. 따라서 예레미아스는 비유에서 예수님이 '실제로 하신 말씀들'(ipsissima verba)로 확인할 수 있는 것들을 찾았다.41)

예레미아스는 다드가 예수님의 비유를 종말론적 메시지의 일반적 상황 안에 두고 있는 것에서 큰 충격과 영향을 받았다. 그러나 예레미아스는 다드의 실현된 종말론에 동의하지 않았다. 예레미아스는 예수님의 종말론이 실현된 것이 아니고, 실현되어가는 과정에 있는 종말론으로 보았다. 이것은 종말적인 것들이 현재 확립되었지만, 앞으로 미래에 실현된다는 것이다. 다드와 예레미아스의 종말론의 차이점은 비유 해석에서 뚜렷이 드러난다. 은밀히 자라는 씨의 비유(막 4:26~29)를 예로 들면, 다드는 그의 실현된 종말론에 근거하여 이 비유가 듣는 자들에게 닥친 현실의 위기를 마지막 추수로 묘사한 것이라고 해석했다. 즉 추수 때가 임했고, 추수 때가 올 것을 기다리던 일이 지나고, 모든 것은 예수님에 대한 현재의 결단에 달렸다는 것을

---

40) *Ibid.*, p. 134; cf. Paul Ricoeur, "Biblical Hermeneutics," pp. 99~100.

41) J. Jeremias, *The Parables of Jesus*(New York: Charles Scribner's Sons, 1972, 1947).

이 비유가 가르치고 있다는 것이다.[42]

그러나 예레미아스는 이 비유를 실현되어 가는 종말론에 근거하여 '큰 보증'(the great assurance)이라는 주제 하에 논의하면서, '인내한 농부'의 비유라 부르고자 했다. 예레미아스에게는 이 비유가 현실 위기보다는 하나님의 때가 앞으로 임하리라는 것을 확증하는 보증이라는 점에 눈을 두게 한다고 했다. 이와 같이 동일한 비유에서 다드는 임박한 위기를 보았고, 예레미아스는 지속적인 보증(patient assurance)을 보고 있다. 이처럼 다르게 보게 된 근본 이유는 서로 다른 종말론을 세웠기 때문이다.

비록 예레미아스가 종말론에서 다드와 다른 입장을 보이지만, 예레미아스의 비유 연구는 율리허와 다드의 비유 연구 결과를 더욱 발전시키고 성숙하게 한 분수령이다. 즉 예레미아스는 율리허와 다드가 시작하고 발전시켜 온 일을 완성한 것이다. 예레미아스는, 예수님의 비유가 풍유가 아니라 생생하고 단순한 그림이며, 하나의 요점을 말하려고 만든 이야기라는 율리허의 견해를 받아들였다. 그런데 율리허와 예레미아스 사이에 세월이 흐르면서 예수님의 비유 연구는 하나님 나라에 대한 이해로 영향을 받게 되었다. 이와 같이 하나님 나라에 대한 논쟁이 예수님의 비유 해석에 영향을 주게 된 것은 율리허의 '자케'(Sache)가 하나님 나라의 비유에 관심을 보였던 주제이기 때문이다.

그리고 다드가 『하나님 나라의 비유』라는 책을 1935년에 출간한 후로는 비유 해석이 하나님 나라에 대한 이해와 직접 연관이 있다는 것을 누구나 다 인식하게 되었다. 동시에 하나님 나라에 대한 이해가 비유 해석에 직접 연관이 된다는 것도 인식하게 되었다. 예레미아스가 이 사실을 인식하고, 다드의 실현된 종말론을 보완한 것이 '실현되어가는 진행적인 종말론'이다. 예레미아스는 예수님의 종말론을 이와 같이 이해하는 것이 예수님의 비유를 이해하는 데 필요한 열쇠라고 주장하게 되었다. 예레미아스는 예수님의 비유들이 "실현되는 과정에 있는 종말론을 충분히 인정하고 있다"고 단언했다.[43]

---

42) C.H. Dodd, *op.cit.*, p. 144.

예레미아스는 다드에게서 특별히 다음과 같은 점을 채용했다. 다드가 강조한 것 가운데 하나는 예수님의 종말론을 이해하는 것이 비유를 해석하는 데 필요한 열쇠라고 한 것이다. 예레미아스는 이것을 그대로 받아들이고 자신의 해석법의 하나로 삼았다. 다드가 강조한 다른 하나는 비유를 예수님의 지상 사역이라는 역사적 맥락에 놓고 해석한 것이다. 이것을 '삶의 정황'이라고 하며 예수님의 삶의 정황을 의미한다. 다드의 이러한 견해를 따라서 예레미아스는 비유를 예수님의 지상 사역 안에 있는 가설적 상황(hypothetical situation)과 연결한다. 여기서 예레미아스가 가설적 환경이라고 한 것은 예수님에 대한 당시의 상황으로, 열심히 들었던 자들, 적대감을 가졌던 반대자들, 질문하는 제자들과 그밖의 여러 다른 성격을 가진 무리들을 직면한 상태를 의미한다. 그런데 이것을 가설의 환경이라고 부르게 된 이유는 예수님의 지상사역의 상황에 대한 역사적 지식을 확실하지 않은 것으로 보았기 때문이다.44)

예레미아스는 율리허와 다드의 견해를 발전시키고, 동시에 한 걸음 더 나아가서 열 가지 방법의 기구들을 만들고, 그것들을 비유에 적용하였다. 그는 열 가지 방법적 기구들을 사용하여 초대교회의 삶의 정황과 예수님의 삶의 정황을 구별해 보려고 노력했다.45) 그리고 예레미아스는 다드가 오로지 종말론적 하나님 나라에 몰두한 나머지 예수님의 지상 사역 안에 반영된 비유 중에서 충돌되는 모습을 자신의 강조점으로 선택했다고 말하는 것을 비판했다. 예레미아스는 이렇게 보이는 비유들은 복음의 변호를 위하여 몰래 말씀하신 것으로 보았다.

예레미아스는 전달되는 과정에서 확대 또는 추가된 것을 비유에서 제거하려고 엄격한 역사비평 방법을 발전시켰다. 이것이 곧 예레미아스의 열 가지 '변형법칙'이고, 이것을 사용하여 순수한 본문을 찾으려고 했다. 순수

---

43) Jeremias, *op.cit.*, p. 230.

44) Norman Perrin, *Jesus and the Language of the Kingdom: Symbol and Metaphor in New Testament Interpretation*(Philadelphia: Fortress Press, 1976), p. 98

45) Jeremias, *op. cit.*, pp. 113~14.

한 본문을 찾기 위해 세운 열 가지 규칙은 이렇다. ① 비유를 헬라어로 번역한 것은 비유의 의미 변화가 불가피하다. ② 이런 이유로 표상 자료(representational material)도 종종 이와 더불어 '번역'(translated)되었다. ③ 비유를 수식하기 위해 즐겨 사용한 증거를 찾을 수 있다. ④ 때때로 구약의 구절과 민담(folk-story)의 주제들이 비유의 자료를 만드는 데 영향을 주었다. ⑤ 예수님의 반대자들 혹은 큰 무리들 몰래 이야기한 비유를 초대교회가 기독교 공회에 적용한 것이 있다. ⑥ 이러한 적용은 권면적인 것인데 특히 강조점이 종말론적인 것에서 권면으로 바뀌게 된다. ⑦ 초대교회에서는 비유를 자기들의 실제 환경과 관련시켰다. 즉 초대교회의 실제 환경의 중심점은 선교적 동기와 재림의 지연이었으며, 이러한 중심 주제와 연결시켜 비유를 해석했다. ⑧ 초대교회가 권고하기 위해서 점차 비유를 풍유적으로 해석했다. ⑨ 초대교회가 비유들을 수집하고 혼합했다. ⑩ 초대교회가 비유를 틀(a setting)에 집어넣음으로써 종종 비유의 의미가 바뀌게 되었고 특히 일반화하는 결론(generalizing conclusion)을 추가시켜 많은 비유들이 보편적으로 공통된 의미를 얻게 되었다.[46]

예레미아스는 이 열 가지 규칙에 영향을 받은 자료들을 제거하면 '예수님의 실제의 산 음성'을 찾을 수 있다고 믿었다.[47] 그러나 사실상 예레미아스가 얻은 것은 단지 가설적 본문에 불과했다. 예레미아스는 가설적 본문을 다음과 같이 분류했다. ① 지금은 구원의 날이다. ② 죄인들을 위한 하나님의 자비 ③ 큰 보증 ④ 너무 늦었다. ⑤ 때의 도전(the challenge of the hour)이다.

근래에는 비평학자들이 예레미아스의 분류는 사용하고 있지 않지만, 그의 가정본문(the ur-parable texts)은 사용하고 있다. 비평학자 가운데 중요한 인물인 크로산(John Dominici Crossan)만이 예레미아스의 가정본문을 사용하지 않고 원본문(the original texts)을 재건하려고 노력했다.[48]

---

46) *Ibid.*
47) *Ibid.*, p. 114.
48) John Dominici Crossan, *In Parables: The Challenge of the Historical Jesus* (New York: Harper and Raw, 1973); "Parable and Example in the Teaching of

예레미아스가 가정한 것 가운데 하나는 초대교회가 비유를 풍유화했다는
점이다. 이 가정은 위에 열거한 열 가지 규칙 중 여덟 번째에 해당한다.

예레미아스는 예수님이 비유를 일차적으로 자신의 반대자들에게 이야기
하신 것이기 때문에 비유는 논쟁적이요 변증적이라고 전제한다. 그러나 이
전제는 지나치게 단순화한 것으로, 비유에 대한 포괄적인 적용이었다. 위에
열거한 나머지 규칙들도 단지 주관적인 가정에 근거한 것으로, 확실한 지지
를 찾기란 매우 어렵다.

예레미아스는 본문비평학을 발전시켰다. 그는 예수님의 비유들이 기독교
공동체의 전승 안에서 재해석된 것으로 보고 비유의 본문비평을 시작한 것
이다. 그리고 본문비평을 시작한 또 다른 이유는 예수님께서 처음 이야기하
신 비유들이 복음서 저자들이 발견한 원자료(source) 안에 기록하는 전달
과정에서 많은 변화가 일어났다고 인정한 사실에 있다. 예레미아스에게 큰
영향을 받은 학자들은 복음서 저자들이 복음서를 기록할 때 본문에서 제외
시킬 수 없는 부분일 경우에는 더 많은 편집이 일어났다고 부연한다. 그러나
비유의 본문을 재해석하고 변경하고 편집하는 순서가 엉터리가 아니고 일
정한 규칙을 따른 것으로 예레미아스는 보며, 따라서 그 순서를 재건할 수
있다고 믿었다. 그리고 그 순서를 재해석의 결정적 방법(a definite method)
이라고 했다.

이러한 재해석의 결정적 방법은 다음의 네 가지 점들을 포함한다. ① 풍
유화하는 사건(the act of allegorization)이 있다. ② 풍유화는 예수님의
비유를 재해석하는 데 사용한 초대교회의 방법이다. ③ 도덕화하는 결론을
추가한 것과 ④ 비유에 틀(a setting)을 제공한 것들이다. 이외에도 비유들
이 초대교회의 전승 가운데서 전달될 때, 비유의 본문에 영향을 준 것들은
다음과 같다고 했다. ① 언어 문제에 관하여는 예수님이 아람어를 사용하셨지
만 초대교회는 헬라어로 본문을 전달했다. ② 청중이 바뀌었다. 팔레스타인
세계에서 헬라인의 세계로 바뀌고, 또 유대인들에게 직면했던 하나님 나라가
주님의 재림이 늦어지면서 이방인 전도에 직면한 그리스도인들에게로 옮겨졌

Jesus," *Semeia* 1(1974) 63~104.

다. ③ 비유들을 이야기처럼 윤색(embellishment)한 과정이다.

예레미아스는 이 세 가지 요소에 비추어 비유 본문의 전달 역사(the history of the transmission)를 재건했다. 여기서 말하는 본문의 전달 역사란 구두양식을 취했던 예수님의 메시지가 복음서에 나타난 대로 기록된 양식으로 전환하는 역사를 의미하는 것으로, 예레미아스는 비유의 본래 양식을 재건했다고 생각한다.

예레미아스는 비유의 연구와 관련하여 고대 유대교 특히 초기 랍비문학을 탐구했다. 예레미아스는 팔레스타인과 예수님 당시의 유대교를 연구하는 데 일생을 보내면서 비유를 예수님의 지상사역이라는 맥락에 놓으려고 했다. 이리하여 예레미아스가 일생 동안 연구하고 결론내린 바는, 비유들이 '특별한 경우를 위한'(occasional) 본문들이라고 했는데, 이것은 특별한 상황에서 만난 사람들에게 이야기한 것을 뜻한다. 여기에는 비유를 말씀하신 예수님과 비유를 듣는 자들이 함께 역사와 문화와 경험의 모든 면을 나누었다는 억측이 깔려 있다. 율리허와 다드가 발전시킨 주장은 비유들이 일상생활에서 끌어온 현실의 그림들이요 이야기들이라는 것이다. 그러나 현실적인 그림들과 이야기들이 나온 근원인 실생활은 로마제국 초기 팔레스타인에 살고 있던 농부의 생활이다. 그러므로 우리가 그림들과 이야기들이 나온 근원인 실생활을 이해할 때라야 비유들을 역사적으로 올바로 이해하게 된다는 것이다.[49]

끝으로, 예레미아스의 해석법 전체를 다시 요약하면, 예레미아스의 전제는 초대교회가 예수님의 비유들을 교회 환경에 적용했다는 것이다. 그런데 초대교회 환경은 헬라적 환경과 이방인에 대한 선교와 예수님의 재림 지연이 그 특징이라는 것이다. 그리고 초대교회가 비유를 해석하는 데 사용한 방법 가운데 하나는 풍유적 해석법이라고 생각했다. 풍유적 해석에서 특별한 자리를 차지하고 있는 것은 기독론적 풍유화였다. 즉 도적, 신랑, 집주인, 상인, 왕들이 그리스도 예수를 해석하는 데 사용한 풍유의 언어였고, 여기에

---

49) cf. Norman Perrin, *op.cit*,. pp. 104~105.

그리스도의 자기 계시(the self-revelation of Christ)가 가리어져 있으며, 약
간의 힌트가 소수의 비유에만 주어진다고 보았다. 이와 같이 예레미아스는
풍유적 해석을 이차적인 것으로 보고 비유들은 원래 풍유적 해석과 무관하
다고 주장했다.

예레미아스의 해석법의 결론은 예수님이 자신을 일반 은유들(the
common metaphors)로 제한한다는 것이다. 예수님이 이와 같이 자신을 제
한시킨 일반 은유 중 거의 대부분이 구약성경에서 끌어온 것들이라고 했다.
아버지와 왕과 재판관이라는 말들은 하나님을 뜻하는 은유들이요, 아들들
과 종들과 빚진 자들이란 하나님께 대한 인간의 관계를 뜻하는 은유들이요,
포도원과 무화과나무와 양의 무리는 하나님의 백성을 뜻하는 은유들로 보
았다. 추수는 말세의 끝이고, 지옥은 불과 흑암, 혼인잔치와 큰 만찬은 구원
을 뜻하는 은유로 보았다.

이와 같이 비유가 단 하나의 요점을 나타낸다는 주장을 율리허·다드·
예레미아스가 전통으로 세웠고, 풍유적 요소 혹은 풍유적 해석을 비유의
확실성을 결정해 내는 표준으로 삼았다. 율리허·다드·예레미아스는 비유
를 예수님의 인간 실존 이해를 들여다보는 창문으로 보았다.50) 이러한 율리
허·다드·예레미아스의 주장들을 근대 비평학자들 가운데 여러 학자들이
지금도 수용하고 있다.51)

---

50) Jeremias, *op.cit.*, pp. 23~114.

51) 예. J.D. Crossan, *In Fragments: The Aphorism of Jesus*(San Francisco:
Harper, 1983); *In Parables: The Challenge of the Historical Jesus*(New York:
Harper, 1973); James E. Breech, *The Silence of Jesus: The Authentic Voice of the
Historical Man*(Philadelphia: Fortress Press, 1983); B.B. Scott, *Jesus,
Symbol-Maker for the Kingdom*(Philadelphia: Fortress Press, 1981); *Hear Then
the Parables*(Philadelphia: Fortress Press, 1990).

3. 최근의 해석법

1. 논의의 주제

최근의 비평학자들은 예수님의 비유에 관하여 세 가지 주제를 중심으로 논쟁을 벌이고 있다. ① 예수님의 비유들이 하나, 혹은 하나 이상의 요점을 가지고 있는가? ② 예수님의 비유는 비유와 풍유의 정반대인가 아니면 종합인가? ③ 비유의 목적(막 4:10~12)은 무엇인가 하는 문제이다.[52]

비유가 단 하나의 요점을 나타낸다는 주장은 비평학자들의 규범이 되어 왔다. 그러나 극소수의 비평학자들은 그 규범을 거부하고 있다. 예를 들면 펑크(Robert W. Funk) 교수는 율리허 · 다드 · 예레미아스의 견해를 따라 풍유를 거절했으나, 비유가 은유와 같은 것이라고 하면서 율리허를 함축적으로 공격하는 비유의 프로그램을 발전시키고 있다. 또한 다드가 직유와 은유는 교환할 수 있는 양식이라고 한 것을 거부하고, 직유는 설명적(illustrative)이고 은유는 '의미 창조'(creative of meaning)라고 했다. 따라서 펑크는 비유가 단일 요점을 설명하는 단순한 교훈적 이야기가 아니라 본체론적 실재(an ontological reality)에 관한 특권이 부여된 말(privileged speech)이라고 했다.[53] 크로산은 비유의 역설적인 면과 여러 종류의 특성을 강조했다.[54]

---

52) 세 번째 주제에 관한 논쟁은 1장에서 취급한 것을 참고할 것.

53) Robert W. Funk, *Language, Hermeneutics, and word of God*(New York: Harper and Row, 1966), pp. 136~38; cf. N. Perrin, *op. cit.*, pp. 127~41.

리차드스(A. Richards)는 단일 요점 주장에 불만을 표하고 비유들이 하나의 의미를 갖는다고 결론짓는 주장에 대하여 비유를 파괴하는 것이라고 반대했다. 그는 말들과 함축된 이야기(connotative narrative)가 자연스럽게 여러 종류의 요점들을 향하여 움직인다고 했다.55)

율리허·다드·예레미아스의 규범, 곧 비유의 확실성을 결정하는 규범은 풍유화한 것에 달려있다고 이미 언급했다. 다시 말하면 율리허·다드·예레미아스의 풍유 반대론(allegory-antithesis)이 최근의 비평학자들 가운데서 강한 비판을 받기에 이르렀다. 이러한 논쟁은 20세기 초반부터 일어났다. 예를 들면, 피빅(Paul Fiebig)은 율리허가 풍유를 배척한 것은 아무런 근거가 없다고 항의하였다. 피빅은 율리허가 비유와 풍유를 날카롭게 구분한 것에 대해서 반대하고 상당수의 랍비들의 비유에는 직유, 은유, 풍유가 섞여 있다고 주장했다.56) 그리고 랍비들의 비유가 대개 풍유적이거나 은유적이라고 지적하면서 비유들이 장르로서 반드시 풍유적인 것도 은유적인 것도 아니라고 한다. 그러므로 율리허의 주장은 아무런 근거도 없다는 것이다. 그는 비유 장르에서 풍유적인 것과 은유적인 것 양자가 혼합될 수 있다고 했다.57)

사실상 율리허는 비유의 풍유적 해석에 대하여 과민하게 반응하고 예수님의 비유 안에 풍유적 요소가 나타나 있는 것을 거부했다. 그는 복음서에 풍유적인 세부묘사나 풍유적 해석이 나타날 경우, 무조건 그 신빙성을 거절하고 그것들은 초대교회에서 조작한 것으로 취급했다. 율리허가 이 같은 잘못을 범하게 된 근본원인은 구약성경보다 아리스토텔레스에 의존하여 비유를 정의한 까닭이다. 그리고 구약에 사용한 히브리어 마샬(מָשָׁל)은 많은

---

54) John Dominici Crossan, *Cliffs of Fall*(New York; Seabury Press, 1980).

55) A. Richards, *The Philosophy of Rhetoric*(London: Oxford University Press, 1936). p. 48; cf. Umberto Eco, *Semiotics and the Philosophy of Language* (Bloomington: Indiana University Press, 1984), p. 103.

56) Paul Fiebig, *Altjüdische Gleichnisse und die Gleichnisse Jesu* (Tübingen-Leipzig: J.C.B. Mohr, 1904), pp. 25~73; pp. 99~100.

57) cf. B.B. Scott, *Here Then the Parables*, p. 44.

것을 나타내는 포괄적인 언어이다.58) 율리허가 예수님의 비유들 중에서 관찰한 단일 요점은 항상 일반적인 도덕 진리였다. 율리허는 자유주의자였고, 자유주의 신학이 우세한 시대에 책을 썼다. 그러므로 예수님의 비유에 대한 율리허의 해석 방법인 단일 요점설에서 19세기 자유주의 신학의 일반적 교리를 자연스럽게 보게 된다.

탈버트(Mary Ann Tolbert)는 풍유를 반대하는 주장을 온건하게 거절하고 어떤 비유들은 풍유적 요소를 담고 있을 수도 있으며, 풍유적 요소를 담은 비유들이라고 해서 자동적으로 이차적인 것이라고 볼 수 없다고 주장했다.59) 정도의 차이는 있지만 탈버트보다 한 걸음 더 나아가 비유를 풍유처럼 보는 비평학자들도 나타났다. 어떤 비평학자들은 히브리 셈족의 특수한 배경을 근거로 풍유를 인정하는 견해도 세웠다. 부제(Christian Bugge)는 아리스토텔레스가 아닌 구약성경과 랍비 문학이 예수님의 비유를 해석하는 배경이라고 주장했다.60) 그리고 현대의 풍유 연구가 새로운 빛을 비추었는데, 그것은 조심스럽게 작성된 풍유에서 세세한 묘사들은 풍유가 묘사하는 사실적인 것과 상징적인 세계 안에 포함되어 있다는 것이다.61)

부셸(M. Boucher)은 내러티브 비유(narrative parables) 중 대다수를 풍유로 볼 수 있다고 단언했다.62) 부셸은 여러 가지 요점들이 비교되었다는

---

58) 1장에서 마샬의 의미에 대해 설명한 것을 참고할 것.

59) Mary Ann Tolbert, *Perspectives on the Parables: An Approach to Multiple Interpretation*(Philadelphia: Fortress Press, 1979), pp. 17~28.

60) Christian Bugge, *Die Haupt-Parabeln Jesu*(1903); cf. Paul Fiebig, *op.cit.*; W.O.E. Oesterley, *The Gospel Parables in the Light of Their Jewish Background* (London: SPCK; New York: MacMillan, 1936); Robert M. Jhonston and H.K. McArthur, *They Also Taught in Parables*(Grand Rapids: Zondervan).

61) E.T. Tinsley, "Parable, Allegory, and Mysticism," in *Vindications*, ed. Anthony Hanson(London: SCM; New York: Morehouse-Barlow, 1966), p. 179; Graham Hough, "The Allegorical Circle," *Critical Quarterly* 3(1961) 199~209; Northrop Frye, *Anatomy of Criticism*(Princeton: University Press, 1957); Leland Ryken, *How to Read the Bible as Literature*(Grand Rapids: Zondervan, 1984); E.T. Tinsley, "Parable and Allegory: Some Literary Criteria for the Interpretation of the Parables of Christ," *Ch Q* 3(1970) 32~39.

62) M. Boucher, *The Mysterious Parable*(Washington: Catholic Biblical Assoctation

점이 그 진술을 풍유로 만드는 것이 아니고, 어느 진술이 문자적이고 풍유적인 의미를 갖게 되면 본질상 그것은 풍유적이라고 옹호했다.63) 부셀은 또한 풍유가 의미를 나타내기 위한 장치이지 문학양식은 아니라고 했다. 그러므로 비유에 개별 은유들이 들어있지 않을지라도 비유의 전반적인 요점이 문자적 의미를 벗어나게 되면 그 비유는 풍유가 될 수 있다는 것이다.64) 클라우크(Hans-Josef Klauck)는 여러 가지 문학 장르에 적용되며 본문에 상징적 차원(a symbolic dimension)을 제공하는 '풍유,' 저자가 의도하지 않은 시대착오나 감추어진 의미를 본문에 넣어 '풍유화시키는 것'(allegorizing), 단순한 양식으로 이미 풍유인 본문을 풍유화시키는 확장, 윤색(embellishment)이라는 '풍유화'(Allegorisiung)로 각각 구별했다.65) 클라우크에 따르면 예수님의 비유 가운데 다수의 비유들은 '풍유들'이고, 그 가운데 어떤 것들은 약간 '풍유화시키는 것들'이라고 했다. 그러나 초대교회 교부들처럼 풍유화시킨 것을 예수님의 비유들에서는 볼 수 없다고 했다. 그는 비유들이 율리허가 주장한 것처럼 보편적인 일반 진리라든지, 아니면 예레미아스의 주장처럼 환경적으로 특별한 주요 요점을 표시하는 장치라는 의견에 반대했다. 그리고 비유들은 고대 로마 수사학자 퀸틸리안(Quintillian)의 전통인 '수사학적 풍유들'(rhetorical allegories)이라고 강조했다.66) 도나휴(John Donahue)는 위의 비평학자들처럼 비유와 풍유를

---

of America, 1977).

63) *Ibid.*, pp. 20~21; cf. Mary Ann Tolbert, *op.cit.*, p. 28; G.B. Caird, *The Language and Images of the Bible*(Philadelphia: Westminster Press, 1980), pp. 160~67.

64) cf. C.L. Blomberg, *Interpreting the Parables*(Downers Grove: IVP, 1990), p. 43.

65) Hans-Josef Klauck, *Allegorie und Allegorese in synophischen Gleichnistexten* (Münster: Aschendorff, 1978), pp. 85~91.

66) *Ibid.*, pp. 112~146; cf. Charles E. Carlton, "Parable and Allegory Revisited: An Interpretative Review,"*BQ* 43(1981); John Drusy, "The Sower, the Vineyard, and the Place of Allegory in the Interpretation of Mark's Parables," *JTS* 24(1973) 369~67; *The Parables in the Gospels*(London: SPCK; New York: Crossroad, 1985).

거의 동일한 것으로 보지는 않았지만 풍유를 철저히 배척한 율리허·다드·예레미아스의 전통이 불공정하다고 생각했다.67) 왜냐하면 비유에서 왕, 포도원, 종들과 같은 말들이 성경적 유산을 반영하고, 이러한 이미지들이 각각 개별 요소들로 하나님, 이스라엘, 혹은 선지자들이라고 하는 개별적인 의미를 표시하기 때문이었다. 도나휴는 율리허·다드·예레미아스의 단일 요점설을 거절하고, 비유들 안에서 '하나의 중심 초점'(one central focus)을 찾고 있다.68) 사이더(John W. Sider)는 율리허를 반대하고 비유는 '명제적 유비'(propositional analogy)와 같다고 제안했다.69) 비유가 명제적 유비와 같다는 것은, A와 B가 같은 것은 a와 b가 X에 관하여 같다는 양식의 등식을 의미한다. 복음서에 기록된 예수님의 모든 비유에는 유비가 들어 있고, 그 유비는 '등식'(equation) 혹은 '예증'(example) 유비라고 논의했다. 사이더 교수에 따르면 '등식'이란 특수한 보조관념(a particular vehicle)을 특수한 원관념(a particular tenor)과 연관시키고 있는데, 일반류의 주제처럼 인식한 일반적 모습을 사용한다고 했다. '예증'은 특수한 경우로 구성된 보조관념(a vehicle)을 일반류인 원관념과 연관시키는 것이다. 여기서 보조관념이라는 말은 비유의 줄거리를 가리키며, 원관념이라는 말은 그 이야기가 의도한 의미를 뜻한다. 또한 사이더 교수가 말한 '등식'은 '확대된 은유'(extended metaphor)70)를 뜻하고, '예증'은 '확대된 제유'(extended synecdoche)를 말하는 것이다. 그는 또한 비유를 바르게 해석하려면 비유가 가진 요소들이, 유비 안에서 보여진 것처럼, 어떠한 영적 사실들과 비교되었다는 점을 인정해야 한다고 주장한다. 그리고 비유 하나하나에 몇 가지 비교들이 들어있다고 결론지었다. 그러므로 여러 가지 유비

---

67) John Donahue, *The Gospels in the Parables*(Philadelphia: Westminster Press, 1988).

68) *Ibid.*, p. 12; cf. R. Funk, *op.cit.*, p. 196; A. Fletcher, *Allegory: The Theory of a Symbolic Mode*(Ithaca, N.Y: Cornell University Press, 1964), pp. 9~22.

69). John W. Sider, "The Meaning of Parable in the Usage of the Synoptic Evangelists," *Bib* 62(1981), p. 460; "Propositional Analogy in the Gospel Parables," *NTS* 31(1985) pp. 1~23.

70) Boucher, *op.cit.*

들이 비유 안에 들어 있으므로 이야기 비유(the story parables)들이란 사실 풍유라고 결론을 내린다.[71]

비유와 풍유에 대한 오늘날의 견해를 보면 한 극단에서는 비유와 풍유가 서로 대조적이라고 주장하고,[72] 다른 극단에서는 비유가 곧 풍유라고 주장하고 있다.[73] 이 두 극단 사이에서 벌어지고 있는 논쟁은 단편적으로 풍유의 의미가 포함된 의미론적인 것이다. 풍유를 거절하는 비평학자들은 비유 하나하나 안에 있는 상징들을 인정하고, 그 상징들이 상징들 자체보다 다른 것들을 가리키며, 예수님의 청중이 그것을 이해했다는 것도 인정하고 있다. 그런데 사실상 풍유는 정확히 이렇게 가리키는 작용을 하고 있다. 물론 이 논쟁이 단지 의미론적 정의만 논의한 것은 아니다. 비평학자들의 비유 논쟁에는 문학적 비판과 비교종교학이라는 중요한 이슈가 들어 있다. 풍유의 정의에 동의하는 비평학자들도 풍유의 기능과 가치와 합법성에 대해서는 의견이 서로 갈린다. 이러한 의견 차이로 결국 예수님이 실제로 풍유를 사용했다는 점에 의구심을 갖게 했다.[74] 그러나 풍유를 반대하는 비평학자들의 결론도 일관성이 있는 것은 아니다. 예를 들면 다드는 악한 농부의 비유에서 포도원은 이스라엘, 농부는 유대인의 지도자들, 종들은 선지자들, 외아들은 예수님을 나타낸다고 해석했다. 그리고 예레미아스는 탕자의 비유에서 탕자의 아버지의 사랑이 하나님의 사랑의 이미지를 계시한다고 했다.[75]

2. 실존주의 전망

여기서는 불트만(R. Bultmann)과 불트만 학파의 비유 해석 원리를 간단

---

71) Sider, *op.cit.*, p. 22.

72) B.B. Scott, *op.cit.*

73) Leland Ryken, *op.cit.*, C.L. Blomberg, *Interpreting the Parables*(IVP, 1990).

74) cf. Birger Geshardson, "The Narrative Meshalim in the Synoptic Gospels," *NTS* 34(1988)339~63; David E. Suter, *Tradition and Composition in the Parable of Enoch*(Missoula: Scholars Press, 1979); H. Räisänen, *Die Parabeltheorie im Markusevangelium*(Helsinki, 1973).

75) Jermias, *op.cit.*, p. 128.

히 설명하고자 한다. 불트만의 기본적인 해석 원리는 '인간 실존'의 가능성을 이해하는 것이다.76) 여기서 '실존'이라는 말은 '내적 인간'을 뜻하기보다는 이 세상에서 역사적 만남(encounter) 속에 있는 인간을 의미한다. 이러한 인간은 본질적으로 언어학적 존재로서 자기의 말을 사용하여 역사에 놓인 자기의 위치를 이해하려는 존재를 가리킨다.77) 불트만과 그 학파에 따르면 비유가 그러한 실존 이해를 제시한 것으로 보았다. 그들이 비유를 이렇게 이해하게 된 동기는 비유들이 구체적으로 역사적 만남을 통하여 인간의 실존적 가능성을 극적으로 표현한다고 인식하기 때문이다.78) 여기서 그들은 비유가 두 가지 존재론적 가능성을 제공한다고 주장했다. 즉 실존의 획득 혹은 실존의 상실, 다시 말하면 진정한 실존 가능성이나 혹은 거짓된 실존 가능성이 그것이다.79) 비유는 각 실존이 실체적으로, 곧 실존이 현실적으로나 구체적으로 획득 또는 상실이라는 점을 묘사하고 있다는 것이다.80)

불트만은 '내러티브 규칙'(narrative laws)들을 반영시켰다.81) 그 규칙들은 비유의 세 가지 주된 사항과 관련이 있다. ① 진술의 문체, ② 인물 묘사(characterization), ③ 진술을 이야기하는 방식 혹은 구성이다.

문체상 비유는 다음의 네 가지 특색을 지닌다. ① 서술이 간결하며 단지 필요한 인물만 나타나고, 소식은 암시적으로 보고된다. ② 일군의 사람들이 하나의 인격과 같이 취급된다. ③ 연극 무대 이중성(stage duality)의 규칙이 적용되어 두 인물이 동시에 상호 작용한다. ④ 듣는 자가 한 번씩 단 하나의 전망에 초점을 맞추도록 요구한다.

---

76) Rudolf Bultmann, *Hermeneutics*, pp. 235~253.

77) Ibid., p. 260; cf. James M. Robinson, "The Formal Structure W. Klassen and G.F. Snyder(New York: Harper and Row, 1962) 93~94.

78) Dan O. Via, *The Parables: Their Literary and Existential Dimension* (Philadelphia: Fortress Press), p. 40.

79) *Ibid.*, p. 41.

80) Bultmann, *The History of the Synoptic Tradition*(Oxford: Blackwell; New York: Harper and Row, 1963)(1921), pp. 166~205.

81) *Ibid.*, pp. 188~92; Eta Linnemann, *Jesus of Parables*(New York: Harper and Row, 1966), pp. 8~16.

인물 묘사는 다음과 같은 네 가지에 적용된다. ① 속성들이나 감각하는 것이나 혹은 감정으로 인물 묘사가 이루어진 것이 매우 적지만 사람들이 행한 것이 그들의 성격을 나타내고 있다. ② 동기가 명확히 표현된 것이 매우 드물다. ③ 보조 인물들이 세세하게 묘사되어 있지 않다. ④ 등장인물을 들여다보는 문이 주어졌으면 그것은 '독백' 형식이나 직접 말의 형식으로 나타나며, 흔히 독자와 진행된 질문 양식으로 제시된다.

진술 방식 혹은 플롯은 다음의 세 가지로 나타난다. ① 반복하는 것이 활동을 유지하는 방식이다. ② 비유에서 '끝을 맺는 강조'(end stress)의 규칙을 따라서 끝맺는 말들에는 흔히 비난하는 것이 들어 있다. ③ 결론이 없거나 어떤 문제는 해결하지 않은 채 남겨둔다.

이처럼 불트만이 발전시킨 '내러티브 규칙'을 본받아 온 비평학자들은 어떤 점에서는 내러티브를 다르게 말한다. 예를 들면 스콜레스(Robert Scholes)와 켈로그(Robert Kellogg)는 내러티브의 네 가지 요소들을 거론한다. ① 의미, ② 성격, ③ 구성, ④ 요점이 그것들이다.82) 여기서 비평학자들이 사용한 '구성'과 '인물'(character)이라는 말의 의미를 간략히 정의할 필요가 있다. 아리스토텔레스에 따르면 '구성'은 '사건들의 배열'을 의미하지만83) 스콜레스와 켈로그에 따르면 내러티브 문학이 나타낸 역동적이고 연속적인 요소를 뜻한다.84) 여기서 역동적 요소란 이야기 안에 있는 활동과 움직임을 조심스럽게 관찰함으로 찾게 되고, 연속적인 요소는 앞부분이 계속되는 것, 혹은 미래 활동을 이야기하는 것을 통하여 한 부분이 어떻게 다른 부분과 연결되어 있는가에 초점을 둔 것이다. '인물'이라는 말은 행위자(agent)를 나타내는 말로서, 이야기 안에 나타난 '활동자' 혹은 '행하는 자'를 의미한다. 즉 이야기는 어떤 사람이나 그 사람의 행동, 말, 행하지 못하는 것을 대상으로 구성된다. 인물 묘사는 이야기 안에서 진술자가 '인물,' 곧 행위자에게 생명을 불어넣는 방식을 취한다. 진술자가 명백한 묘사를 통하

---

82) Robert Scholes and Robert Kellogg, *The Nature of Narrative*(New York: Oxford University Press, 1966).

83) Aristotle, *Poetics*, 1450b.

84) Scholes and Kellogg, *op.cit.*, p. 207.

여 '인물'이 무엇과 같은지를 이야기해 주는 것으로 인물의 성격을 묘사한다. 예를 들면 누가복음 18:2의 재판관은 하나님을 두려워하지 아니하고 사람을 무시한다는 말씀이 인물 묘사이다. 비유에서 인물 묘사는 이야기해주는 것보다는 보여주는 것을 통하여 드러난다. 비유 안에 나타난 중심 인물을 정의하는 데 매우 중요한 작업 중 하나는 누구를 중심으로 그 이야기가 구성되어 있는지, 혹은 구성을 더욱 밝히는 것을 결정하는 행동이 무엇인지 찾아내는 것이라고 했다.85)

비아(Dan O. Via)는 불트만을 따라서 각각의 비유가 어떻게 실존을 획득하는가 혹은 근본 인간의 가능성을 상실하는가를 극단적으로 묘사하고 있다고 말했다. 불트만은 신약성경이 존재론적 경향(ontological reflection)을 담고 있다고 말한다.86) 그는 또한 믿음을 존재론적 가능성이라고 했다.87) 그리고 비아에 따르면 존재론적인 것과 존재적(ontic)인 것, 곧 무엇이(ontological) 어떻게(ontic) 실존의 가능한 것으로 비유에서 행동과 해석이라는 하나의 배열(one configuration) 속에 통합되어 나타난다고 했다.88)

비아는 율리허·다드·예레미아스의 단일 요점 해석 원리를 거절하면서 그러한 견해는 '인위적으로 제한된' 해석이라고 비난했다.89) 그는 단일 요점설을 비난하고 그 견해는 단일 요소를 고립시켜 그것을 '지시물'(referent)에 직접 관련시킴으로써 비유의 기초적 통일성(the basic unity)을 파괴했다고 한다. 또한 비아는 '풍유화'도 거절했다. 풍유 안에서 비유 안에 나타난 다른 요소들의 의미는 비유 안에 있는 요소들이 아니고 비유 밖에 있는 요소들에 의하여 결정된다고 했다. 그렇지만 비아는 비유가 풍유가 되는 것은 아니지만 풍유적 요소들을 지닐 수 있다고 보았다. 또한 비아는 우리가 원래

---

85) *Ibid.*, p. 177.

86) Bultmann, *Theology of New Testament* 1, pp. 198~228.

87) *Ibid.*, "The Historicity of Man and Faith," in *Existence and Faith*, pp. 96~108.

88). Via, *op.cit.*, pp. 41~42.

89) *Ibid.*, p. 3.

환경(the original situation)이 어떠한 것인가를 확실히 인식할 수 없으므로 다드와 예레미아스의 방법은 비유가 가지고 있는 근본 인간 요소를 무시했다고 특히 비난했다.90) 그리고 율리허·다드·예레미아스의 주장을 비난하고 그들의 방법은 비유가 현재에 대하여 아무 말도 하지 않는 것으로 남겨두었는데, 마치 미술 작품이 나타낼 미학적 성질을 무시한 것과 같다고 했다. 비아는 미술가 자신이 이해한 것보다 작품을 더 좋게 만들듯이 비유의 목적도 실존을 더욱 깊이 이해시키는 것이라고 했다.91) 이와 같이 실존주의 전망에서 비유의 해석 목적이 본문을 새로운 용어로 번역하여 본문의 언어가 '실존적 사건'(an existential event)이 되게 한다고 논했다.92)

비아는 '실존'을 원래적 요소(the original factor)로 보고, '실존'에 초점을 맞추어 비유를 취급한다. 그는 비유에 사용된 '구성'을 '희극적' 구성과 '비극적' 구성으로 나눈다. 이렇게 나누는 근거는 진술의 절정이 구원 혹은 심판에 초점을 두고 있다는 것에 따른 것이다.93) 그래서 그는 실존에 초점을 맞추고서 비유 구성의 움직임이 위로 향하면 '희극적 구성'이라 하고, 아래로 향하면 '비극적 구성'이라고 분석했다. 그는 비유를 미학적 대상(aesthetic object)처럼 완전히 자족하고 자치권이 있는 통일된 것으로 보았다. 비아는 비유를 해석하기 위하여 어떤 맥락에 놓인 절대성을 인식하고서 자기가 찾는 맥락을 예수님의 메시지가 아닌 자기 시대에 나타난 실존주의 맥락으로 돌려놓았다.94) 그래서 비유들이란 종말론의 실존적 의도(the existential intention)를 갖는 미학적 표현으로 보았다. 그는 이 점을 비유가 종말적 대심판이 암시한 실존의 상실을 지금 일어나고 있는 인간의 현실존 속에 놓음으로써 되찾을 수 없는 실존의 상실, 곧 종말적 심판이 역사에서 한 사건이 되고 있다고 하였다.95)

---

90) *Ibid.*, p. 22.

91) *Ibid.*, p. 39.

92) *Ibid.*, p. 52.

93) cf. B.B. Scott, *Jesus Symbol-Maker for the Kingdom*(Philadelphia: Fortress Press, 1981), pp. 40~47.

94) cf. G.V. Jones, *The Art and Truths of the Parables*(London: SPCK, 1964).

비아의 동역자 린네만(Eta Linnemann)도 실존주의의 시각에서 비유를 해석했다. 린네만의 해석 방법은 예레미아스의 전제와 해석법 그리고 훅스(Ernst Fuchs)가 비유에 사용한 실존론적 해석법을 통합한 것이다.96) 린네만은 유사와 비유와 예증(illustration)과 풍유를 서로 구별한다.97) 그는 예수님의 비유를 갈등의 비유로 보고 예수님이 반대자들의 동의를 얻으려고 비유를 말씀하셨다고 했다. 그래서 린네만은 믿음이 필요한 것이 아니라 실존의 가능에 대한 선이해(先理解)가 반드시 필요하다는 전제를 내세웠다.98) 이 점에서 린네만은 불트만을 추종하고 있다. 불트만은 앞에서 우리가 기독교 개념을 이해하려면 믿음을 소유하는 것이 전제되어야 한다는 사실을 거부했다.99) 이것은 성경 본문을 이해하는 데 믿음이 필요하지 않다는 말이다. 불트만과 린네만 그리고 실존주의자들에 따르면 믿음이란 필요한 것이 아니라 실존이 얻게 될 수도 있고 상실할 수도 있으며, 진짜(authentic)와 가짜(inauthentic)가 정확하게 다르다는 선이해가 필요하다고 했다.100) 그러나 린네만은 율리허 · 다드 · 예레미아스의 단일 요점론을 수용하고 비유는 단 하나의 비교를 나타내며, 비유 안에 나타난 모든 적용들은 예수님 이후 초대교회가 추가한 것이라고 확증했다.101)

동시에 린네만은 훅스(Ernst Fuchs)의 입장에 동의하고서 비유란 '언어 사건'(a language event)이며 환경을 변화시킨다고 했다. 이것은 비유를 들은 사람이 비유를 말한 사람과 함께 이해할 수 있는 새로운 가능성을 만든다는 것이다.102) 비유가 언어 사건으로 그런 새로운 가능성을 만들어 낼 뿐만 아니라 듣는 자의 결단을 촉구한다는 것이다. 듣는 자가 부득이 결단해

---

95) Via, *op.cit.*, p. 188.

96) Eta Linnemann, *Jesus of Parables*(New York: Harper and Row, 1966).

97) *Ibid.*, pp. 2~8.

98) *Ibid.*, pp. 42~43.

99) Bultmann, "Historicity," p. 101; "The case for Demythologizing," in *Kerygma and Myth*, II, p. 187.

100) Linnemann, *op.cit.*, p. 47.

101) *Ibid.*, pp. 23~24.

102) *Ibid.*, p. 30.

야 할 때 그 결단의 선택은 새로운 이해를 거절하는 것이고, 듣는 자가 거절하면 반대자가 된다는 것이다. 다시 말하자면 비유가 비유 안에서 듣는 자들의 견해를 제시해서 반대를 받아들이게 한다는 것이다. 비유 안에 두 가지 견해가 맞물려 있고, 이러한 상황 하에서 비유를 이야기하는 자와 그 비유를 듣는 자 사이에 새로운 이해의 가능성이 열린다는 것이다. 그러므로 린네만은 우리도 비유가 만들어진 같은 사건에 참여할 수 있다고 강조한다. 이와 같이 린네만은 율리허를 강하게 변증하고 지지한 비평학자였다. 따라서 린네만도 율리허와 동일한 잘못을 범하고 있다. 즉 율리허처럼 하나의 요점 방법론을 취함으로 비유 안에 있는 매우 중요한 요점들을 놓치고 비유의 의미를 약화시켰다.

비아가 비록 린네만처럼 실존주의 전망에서 비유를 해석하려고 했지만 율리허의 방법 곧 비유와 풍유를 뚜렷이 구별하는 것을 거부했다. 비아는 비유와 풍유를 확고하게 구별하는 것이 단지 하나의 요점 혹은 많은 요점의 비교를 문제로 삼은 데서 나온 억측으로 보았다. 비아는 예수님의 이야기들이 섞여있는 양식들을 사용한 것을 보이고 있기 때문에 비유와 풍유의 노골적인 구별은 독단적인 것이라고 했다. 그리고 비유는 하나의 중심 요점과 다른 요점들을 포함하고 있고, 모든 요점들을 고려할 것을 요구하고 있다고 보았다. 비아는 풍유가 비유보다 많은 요점이나 상황을 나타내는 것은 사실이지만, 비유와 풍유 사이에 선을 긋는 구별은 불가능하다고 했다. 그러므로 만일 비유와 풍유 사이에 다른 점이 있다면 다만 정도의 문제이지 종류의 차이는 아니라는 것이다.

불트만은 아버지나 왕과 같은 이미지가 풍유적이 아니라 은유적이라고 했지만103) 이는 잘못된 해석이고, 그러한 이미지의 언어들은 구약 혹은 유대교에서 상징적 의미를 가진 말들이다. 따라서 예수님의 비유를 들은 사람들은 그러한 이미지 언어를 상징적인 말로 인식했고, 이것이 비유의 풍유적 요소이다.104) 비아는 비록 비유가 풍유는 아니지만 풍유적 작용을 한다고

---

103) Bultmann, *The Synoptic Tradition*, p. 198.
104) A.M. Hunter, *Interpreting the Parables*(Philadelphia: Westminster Press,

보고서 비유와 풍유의 차이는 비교상의 문제라고 했다.105)

비아는 예수님의 비유와 하나님 나라와 그리스도인의 믿음을 서로 연관시키고 실존주의적 전망에서 하나님 나라의 임함은 인간 자신을 초월한 곳에서 믿음이 인간에게 임하는 가능성이요, 하나님의 행동이라고 했다. 그리고 예수님이 믿음을 위한 모델이라고 했다. 예수님의 비유들이 예수님의 믿음의 내용을 말해주는 간접적 실마리라고 했다. 즉 비유들은 예수님의 믿음이 품은 여러 가지 모습들에 대한 상상의 형태(imaginative configuration)를 제시한다는 것이다.106) 이처럼 비유를 실존주의적 전망에서 해석하고 율리허 · 다드 · 예레미아스의 단일 요점을 수용하거나 거부했을 때, 그들의 공통된 전제는 비유가 사실적인 이야기가 아니라 다만 자유롭게 조작한 소설과 같은 이야기로 본 것이다.107)

이제 비아가 율리허의 비유 해석법에 대해 비난한 네 가지 점을 지적하고 실존주의적 전망을 마치고자 한다. ① 율리허는 모든 풍유 요소들을 배척한다. ② 비유를 이해하는 데 아리스토텔레스의 카테고리를 모델로 삼았다. ③ 비유를 일반적인 도덕 원리로 축소했다. ④ 각 비유에서 비교의 단일 요점을 집요하게 고집했다.108)

3. 오늘날의 비유 해석법

최근에 와서 많은 비평학자들이 비유 연구를 비유의 은유적 특성만 아니라 진술 분석이 비유 해석에서 어떻게 공헌할 수 있겠는가에 집중하고 있다. 그러한 비유 연구 동향을 살펴보면 이미 사용해온 양식비평 및 편집비평과

1960), pp. 95~96.

105) Via, *op.cit.*, pp. 14~15; cf. J. Arthur Baird, *The Justice of God in the Teaching of Jesus*(Philadelphia: Westminster Press, 1963), pp. 26~28,63,260.

106) Via, *op.cit.*, p. 194; cf. Van Harvey and Schubert Ogden, "How New Is the New Quest of the Historical Jesus?" in *the Historical Jesus and Kerygmatic Christ*, pp. 221~239.

107) Via, *op.cit.*, p. 38.

108) *Ibid.*, pp. 2~22.

더불어 '신해석학'(new hermeneutics)과 '구조주의'(structuralism), 또는 '기호학'(semiotics)과 수사학(rhetoric)의 방법들을 사용하고 있다. 양식비평은 비유를 카테고리로 분류한 것에 따라 평론(an essay)을 발전시키고 있다. 편집비평은 복음서 저자들의 신학적 상황과 강조를 검토하는 데 관심을 보인다. 이 검토를 '제3의 삶의 정황'(the third Sitz im Leben)의 검토라고 한다. 그러나 '제3의 삶의 정황'이라는 말 자체가 무엇을 의미하는지 불분명한 용어이다. 편집비평학자들은 삶의 정황을 셋으로 구분하여 예수님의 삶의 정황(제1의 삶의 정황), 초대교회의 삶의 정황(제2의 삶의 정황), 복음서 저자들의 삶의 정황(제3의 삶의 정황)으로 나눈다. 편집비평학자들은 비유를 해석하면서 이 세 가지 다른 삶의 정황을 비유에 적용하고 있다.

그렇게 적용한 예를 들면, 누가복음 19:12~27에 나오는 이 비유의 중심되는 관심은 그리스도인의 청지기직에 관한 교훈이라고 한다. 그러나 누가는 이 비유를 자신의 삶의 정황이 갖는 특별한 환경과 필요에 적용시킨다는 것이다. 다시 말하면 편집비평해석에서는 누가복음 19:12~27에 기록된 비유가 예수님이 본래 가르치신 그 비유가 아니라는 것이다. 누가의 삶의 정황은 예수님의 삶의 정황에서 멀리 떨어져 있고, 역사적 예수와 믿음의 그리스도 사이에는 간격이 있다고 한다. 그래서 이 비유는 믿음의 그리스도와 관련이 있지 역사적 예수와는 무관하다고 본 것이다. 누가와 다른 복음서 저자들이 비유를 제3의 삶의 정황인 저자들의 삶의 정황이라는 빛 아래서 해석하고 그들 자신의 환경에 적용했다는 것이다.[109]

따라서 편집비평학자들은 우선 저자들의 삶의 정황이 어떤 것이었는지 결정해야 한다고 보았다. 또 그들은 저자들의 삶의 정황을 주님의 재림이 늦어진 일이라고 가정했다. 누가복음 19:12~27에서 누가는 비유를 주님의 재림 지연에다 방향을 맞추었다고 한다. 즉 누가는 이 비유와 편집을 통해서 예수님의 재림이 늦어질 것을 가르치고 있다는 것이다. 그러므로 예수님의 제자들은 재림이 늦어지는 동안 청지기로서의 할 일을 충성스럽게 행해야 할 것을 강조한다는 것이다.[110]

---

109) Hans Conzelmann, *Die Mitte der Zeit*(Tübingen, 1954).

양식비평과 편집비평은 예수님의 비유들과 관련하여 복음서에 기록된 비유들을 비유들의 정황에서 깨끗이 씻어내고 모든 가능한 수식들과 풍유화를 떼어내는 것이었다. 비평학자들은 이러한 절차를 통해 예수님의 지상사역과 초대교회의 역사적 정황을 확립했다고 주장한다. 또 한편 비평학자들은 복음서에 기록된 예수님의 비유들을 비교하면서 복음서의 비유 본문들과 저자들의 신학적 혹은 논쟁적 성향을 가져온 공동체들에 대한 학설들을 발전시킬 수 있었다고 주장했다. 그리하여 그들은 복음서에 기록된 비유들에서 예수님의 비유들과 복음 저자들이 편집한 비유들을 구별하고 있다.

편집비평학자들은 비유들이 복음서에 나타난 배경(setting)과 원래 아무 상관도 없다고 결론을 내렸다. 복음서 저자들이 자기 시대에 특별한 메시지를 전하기 위해 비유를 사용했다는 것뿐이다. 복음서 저자들은 예수님의 삶에 나타난 역사적 사건들을 기록하는 일에는 전혀 관심이 없었고, 새로운 정황과 그 정황의 문제들에 관해서 말한 믿음의 그리스도를 제시한 것이라고 주장했다. 그렇게 결론 내린 전제를 토대로 각각의 비유 본문에 대하여 비평적 해석을 가했다. 따라서 비평학자들은 복음서의 모든 문맥 안에서 또는 비유가 기록된 그 장 안에서 비유를 해석해야 한다는 것을 의식적으로 무시하고 있다.111) 어떤 비평학자들은 고의로 비유와 복음서의 문맥 사이에 움직이고 있는 상호관계에 초점을 맞추고서 비유 자체와 복음서의 구성 아래 놓인 원리들을 이해하려고 노력했다.112)

양식비평과 편집비평은 위에 언급한 대로 비유 중에서 예수님의 비유를 찾고 있다. 예수님의 비유와 동일하냐 하는 문제로 비유를 연구하는 것이

---

110) Robert H. Stein, *The Method and Message of Jesus' Teaching* (Philadelphia: Westminster Press, 1978), p. 55.

111) 예. Eta Linnemann, *Jesus of the Parables*; Via, *Parables: Their Literary and Existential Dimension*; Crossan, *In Parables*.

112) 예. Jack Dean Kingsbury, *The Parables of Jesus in Matthew 13: A Study in Redaction Criticism*(Atlanta: John Knox Press, 1969); Charles E. Carlston, *The Parable of the Triple Tradition*(Philadelphia: Fortress Press, 1975); Kenneth E. Bailey, *Poet and Peasant: A Literary-Cultural Approach to the Parable in Luke* (Grand Rapids: Eerdmans, 1976).

19세기의 '구탐구'(the old quest)와 20세기의 역사적 예수 탐구에 깊이 영향을 받은 방법이다.113) '구탐구'와 '신탐구'는 방법론에서 크게 다르지 않다. 구탐구는 역사적 예수의 생활을 실제로 기록했느냐 하는 데 관심을 보인다. 신탐구는 자료가 예수님의 실제 생활을 다시 상술하는 데는 불충분했다고 생각한다. 따라서 신탐구를 시도하는 학자들은 예수님의 의식 혹은 예수님의 믿음과 충성에 대하여 다소 이해할 수 있다는 가능성을 고려하고 있다.114)

이처럼 예수님의 비유 연구는 역사적 예수의 메시지에 대한 소식에 관심을 보이고 있다. 이 연구에 참여한 비평학자들은 가능한 한 각 비유의 '원본문들'(the most primitive texts)에 다가서려고 애쓴다. 그들은 원본문에 이르기 위해, 복음서에 나타난 비유들을 확장하거나 힘들여 고친 것으로 여겨지는 부분들을 모두 제거하는 일에 매진했다. 그런 노력의 결과를 가리켜 '원비유 본문들'(ur-parable texts)이라고 말한다. 이 '원비유 본문들'이란 복음서에 나오는 변형된(variations) 비유들의 근원에 해당하는 것이다. 그러나 실은 원본문들이 존재했다는 증거는 일체 없고, 그러한 주장은 단지 가설에 불과할 뿐이다.115) 그러나 이것이 가설임에도 불구하고, 지금도 예수님의 비유에 관심을 둔 사람들은 역사적 강조에서 멀리 떠나 오로지 문학적 강조에 근거한 비유 고찰에 집중하고 있다. 예를 들면, 비아는 자신의 책 처음 다섯 장에서 비유를 탐구하려는 특징을 논하고 단지 마지막 장에서 역사적 예수를 논의한다.116)

편집비평학자들은 비유들을 복음서의 비유로 취급하는 데 집중했다. 그들은 복음서에 기록된 이야기들을 비교해서 복음서의 신학적 혹은 논쟁적

---

113) cf. James M. Robinson, *A New Quest of the Historical Jesus*(London: SCM Press, 1959).

114) Amos Wilder, *Early Christian Rhetoric: the Language of the Gospels* (Cambridge: Harvard University Press, 1971), pp. 80~85.

115) Mary Ann Tolbert, *op.cit.*, p. 20.

116) Via, *op.cit.*, pp. 170~210; cf. Crossan, *op.cit.*; Robert Funk, "The Parable as Metaphor," in *Language, Hermeneutic, and the Word of God*(New York: Harper and Row, 1966); N. Perrine, *op.cit.*

관심사와 편집자들의 의도를 이해하려는 것이라고 주장했다. 따라서 그들의 탐구는 비유장(마 13장과 막 4장)에 집중되었다. 킹스베리(Jack Dean Kingsbury)는 마태복음 전체에서 저자의 의도를 찾아, 그 의도를 마태복음 13장과 연결시키고 비유의 기능을 탐구했다.117) 편집비평학자들은 역사적 예수를 재건하는 방향으로 가는 것이 아니라, 정반대 방향인 복음서 저자들이 사용한 전통과 초대교회가 가졌던 관심사로 방향을 틀고 있다.

(1) 신해석학(New Hermeneutics)

최근의 비평학자들이 비유 연구에 사용한 해석법은 '새로운 해석학'이다. 신해석학파에 따르면, 비유들은 종교의 특별한 진리 가운데 하나를 설명하기 위해 일상생활에서 끌어온 단순한 이야기도 아니며, 그렇다고 현실 생활 환경과 대응하는 다른 쪽 곧 저 멀리 있는 영적 환경을 세세히 보여주는 풍유들도 아니라고 단언한다. 비유는 은유라서 명제적 언어로 바꾸어 쓸 수도 없고 몇 가지 요점들로 축소할 수도 없다고 주장했다. 다시 말하면 신해석법의 비평학자들은 비유의 의미를 설명할 수 없다고 본 것이다. 그리고 그들은 다음과 같은 의견을 제시한다. ① 비유들은 계시로써 하나님 나라를 지적하는 것이 아니다. ② 비유들은 풍자(ironic)와 흉내(parody)와 해학(burlesque, satrical imitation)과 같은 비유적 표현들을 사용하여 전통 종교와 도덕을 파괴한다. ③ 복음서 저자들도 동일하게 비유들을 잘못 이해하고 그들의 편집 활동을 통해 비유들의 의미를 약화시켰다. ④ 비유들은 복음서에 나타난 것만큼 위경 '도마복음'(Gospel of Thomas)에도 나타난다. ⑤ 비유의 원본문(the original texts)을 찾으려는 탐구는 그 시작부터 잘못되었는데, 그 까닭은 구두로 이야기를 전한 자들이 그들의 진술들을 구두로 전할 때마다 달리 이야기했기 때문이다.118)

---

117) Jack Dean Kingsbury, *op.cit.*, p. 10; cf. Willie Marxen, "Ridaktiongeschichtliche Erklärung der sogenanten Parabeltheorie des Markus," *Zeitschrift für Theologie und Kirche 52*(1955); Madeleine Bouches, *The Mysterious Parable: A Literary Study*(Washington: Catholic Biblical Association of America, 1977).

118) B.B. Scott, *Hear Then the Parables*(Philadelphia: Fortress Press, 1989);

　신해석학은 복음서 중에서도 예수님의 비유에 집중한다. 이렇게 비유에 집중하는 이유는 예수님이 그 시대에 나타난 전통적 믿음에 도전하는 교훈을 전할 때 일관되게 이러한 양식을 사용했다고 보기 때문이다. 비유에서 예수님은 청중에게 보편적이며 우주적인 진리를 말한 다음 그 진리를 청중에게 해석한 것이 아니다. 예수님은 특히 직설적 명제(straightforward propositions)보다는 은유로 말씀하셨다. 신해석법이 본래 문학비평학은 아니었지만 해석법으로 바뀌게 된 것은 현대철학의 발전에 힘입은 바이다. 신해석학은 1960년에 신약학계에 나타났는데, 특히 다음의 비평학자들과 관련이 있다. 훅스(Ernst Fuchs), 에벨링(Gerhard Ebeling), 가다머(Hans Georg Gadamer) 그리고 융겔(Eberhard Jüngel) 등이다.

　신해석학은 성경본문을 해석하는 진행의 주관성(subjectivity)을 강조하는 운동으로서 전통적으로 객관성(objectivity)을 탐구해온 것을 반대하고 주관성을 강조한다. 이 신해석학은 해석자라는 주관과 본문이라는 객관 사이에 있는 구별을 없애고, 본문과 해석자를 평행선에 일치시키려는 것이다. 다시 말하면 본문이 독자를 해석하는 방향에 초점을 맞추는 것이다. 따라서 신해석학은 해석자의 전제를 문제로 삼는데119) 단지 독자는 본문을 해석하는 모습을 쳐다보고 본문을 보기 전에 자신이 무엇을 기대하는가를 발견하게 된다는 것이다.

　그처럼 단지 독자가 본문 해석 방향을 바라본다는 점에는 '해석학적 순환'(a hermeneutical circle)을 확립하는 것이 들어있다. 해석자는 '해석학적 순환'을 통하여 본문을 자기 위에 올려놓고 자기가 본문을 오해하면 고치고, 다른 사람에게 본문을 애써 설명하려는 것이 포함된다. 이처럼 '해석학적 순환'은 세 가지 절차를 거친다. 곧 ① 본문을 보기 전에 선이해한 것을 가지고 본문을 만나며, ② 새로 생긴 이해는 본문과 상호작용하여 발생하며, ③ 본문을 더 읽고 다시 종합(further synthesis)한다는 것이다. 이 세 가지 활동이 '해석학적 순환'을 구성하는 중심 요소들이다.120)

Dan O. Via, *op.cit.*; Robert W. Funk, *op.cit.*; John Dominici Crossan, *op.cit.*
　119) 이것이 '언어사건'(a language event)이라는 그들의 용어이다.

(2) 구조주의(Structuralism)

'신해석학'은 이야기 기록(narrative writing)에서 저자의 본뜻을 저버리지 않고 비(非) 이야기 형식으로 해석하는 것을 거부한다. 그러므로 비유에서 여러 가지 요점들을 탐구하는 것이 불합리하다고 주장했다. 구조주의는 비유의 제일 중요한 의미를 본문의 형식상의 모습에 따라 결정하려고 하지 않는다. 구조주의 학자들은 해석자가 본문의 심층구조를 분석하여 감추어진 의미를 찾아야 한다고 주장한다. 구조주의 혹은 기호학(semiotics)은 최근에 소개된 해석법으로 아직 미숙한 상태에 있다.121)

구조주의는 기호학의 한 형태이고, 기호들(signs)의 상호관계를 구조체계와 그 체계의 생성과 사용 속에서 연구하는 학문이다. 구조주의는 기호학과 바꿔 말할 수 있을 정도까지 기호체계의 모든 연구와 동일화되고 있다.122) 언어학 자체가 모든 구조주의적 혹은 기호학적 분석을 위한 모델이 되고 있다. 기호학은 기호와 기호체계 및 기호의 실행과 수용을 연구한

---

120) '신해석학'(the new hermeneutic)을 발전시킨 비평학자들의 참고서적. Norman Perrin, *Jesus and the Language of the Kingdom*(Philadelphia: Fortress Press, 1976); Wolfgang Harnisch, "Die Metaphor als Leuristinungen zur Hermeneutik der Gleichnisreden Jesu," *VF 24*(1979) 53~89; Paul Ricoeur, "Biblical Hermeneutics," *Semeia 4*(1975) 27~148; *the Rule of Metaphor*(Toronto: University of Toronto Press, 1977); J.J.A. Mooij, *A Study of Metaphor*(Amsterdam: North Holland 1976); Pheme Perkins, *Hearing the Parables of Jesus*(New York: Paulist Press, 1981); Antony C. Thiselton, "The New Hermeneutic," in *New Testament Interpretation*, ed. I. Haward Marshall(Grand Rapids: Eerdmans, 1977); Eta Linnemann, *Parables of Jesus: Introduction and Exposition*(London: SPCK. 1966); Ernst Fuchs, *Studies of the Historical Jesus*(London: SCM, 1964); E. Jüngel, *Paulus und Jesus* (Tübingen: Mohr, 1962); Robert W. Funk, *Language, Hermeneutic, and word of God*(New York: Harper and Row, 1966).

121) cf. Jonathan Culler, *Structuralist Poetics*(Itaca: Cornell University Press, 1975); Jean-Maric Benoist, *The Structural Revolution*(New York: St. Martin's, 1978); Daniel Patte, *The Gospel according to Matthew, A Structural Commentary on Matthew's Faith*(Philadelphia: Fortress Press, 1987); *What is Structural Exegesis?*(Philadelphia: Fortress Press, 1976); David C. Greenwood, *Structuralism and the Biblical Texts*(New York: Mouton, 1985).

122) J. Culler, *op.cit.*, p. 6.

다.123) 이와 같이 기호학은 넓은 분야의 학문이고, 언어학은 기호학의 한 분야이다.124) 모든 인간 체계의 사회적 작용에서 의미가 있는 기호들이 기호학적 논의의 주제이다. 기호란 언어가 기호학적 학설 안에서 신호자와 신호한 것의 연합임을 의미한다. 신호자의 수준이 표현의 수준이 되고 신호한 것의 수준이 내용의 수준(the plane of content)이 된다.125) 예를 들어 신호자와 신호한 것과 신호의 관계를 설명하면, 검은 돌은 단지 신호자이지만 그 돌의 무게를 달아보면 돌은 일정한 무게를 나타낸다. 이것이 신호가 된다. 그래서 그 돌은 신호가 된다. 이처럼 검은 돌은 여러 가지를 뜻하는 신호 속에 들어 있다. 옛날에는 검은 돌이 사형선고란 의미의 신호였다.126)

구조주의가 기호학의 한 분야가 된 것은 '신비평'(new criticism)에서 비롯한 것이다. 신비평은 거의 배타적으로 구조에 초점을 맞추고, 해석자에게 도움이 될 저자의 생활이나 시대에 대한 내용을 연구하는 것에 별로 가치를 두지 않았다. 이러한 새로운 비평을 형식론(formalism)이라고도 한다. 형식론은 언어학과 인류학에서 발전된 것으로서, 그것을 구조주의라고 한다. 이처럼 구조주의는 오랜 기원을 가진 해석학으로, 본문의 역사적 배경을 고의적으로 무시하고 모든 시대의 문화에 나타난 꾸며낸 혹은 소설적인 진술 안에 재차 나타난 모습들을 보여주려는 데 주력한다.

이런 해석의 탐구는 본문을 이렇게 분석하는 것이 저자의 의식적 상호작용과 아무 상관없이 본문의 근본 의미를 나타낼 수 있다는 기본 전제를 깔고 있다.127) 이것이 구조주의가 주장하는 핵심 관심인 진술의 표면에 깔린 의미의 '심층구조들'에 관심을 가지고 있다는 점이다. 구조주의 학자들은 이

---

123) Ferdinand de Saussure, *Course in General Linguistics, ed. Charles Bally and Albert Sechehaye*(New York: McGrow-Hill, 1959).

124) Susan Wittig, "The Historical Development of Structuralism," *Soundings 58*(Summer, 1975), pp. 146~163.

125) Roland Barthes, *Elements of Semiology,* tr. by Annette Savers and Colin Smith(Boston: Beacon Press, 1967), p. 39.

126) *Ibid., Mythologies*, tr by Annette Lavers(New York: Hill and Wang, 1972), p. 113.

127) Jonathan Culler, *op.cit.*; Jean-Marie Benoist, *op.cit.*

‘심층구조’가 무감각 수준에서 저자의 마음속에서 활동하는 밀접한 형식(kinship pattern)의 일반 부호(a common code)로 표현된다고 믿는다. 그러므로 그들이 본문의 의미 단위들(the meaningful units)을 동일화시키는 것을 찾아서 본문의 더 심오한 구조와 의미에 이르려고 애쓴다는 것이다.

구조주의가 동반한 미학비평(aesthetic criticism)은 본문 표면에 더 관심을 두고서 본문을 문학 양식들에 비추어 이해하려는 학문이다. 미학비평 학자들은 비유를 미학적 대상 혹은 시간과 상관없는 미술 작품처럼 대하고 있다.

구조주의와 미학적 비평에서는 여러 가지 새로운 단어들이 생겨났다. 즉 언어 사건(language event), 다양한 가치(polyvalence), 의미의 복합성(plurisignificant), 희극적 비유(comic parable), 은유적 비유(meta parable), 비극적 비유(tragic parable), 자목적적(autotelic), 모방적(mimetic), 변호적 풍유(ludic allegory), 수사 혹은 비유적 용법(trope) 등이다.

구조주의 언어학자들은 비유에 은유적 특성이 들어 있기 때문에 그 자체로서 어떤 역사적 맥락에서 독립된 힘을 지니고 있다고 본다. 그러므로 비유는 그 속에 포함한 ‘언어 사건’의 실재를 청중들에게 직접 전해 줄 수 있다는 것이다. 이는 비유가 예수님의 비유들이어서가 아니라 단지 비유라는 사실 때문이다. 비유에 은유적 방법이 사용되었다는 점에서 볼 때, 예수님의 비유는 청중들에게 어떤 정보를 전달하는 연설류가 아니라고 한다. 이 말이 뜻하는 바는 예수님의 비유들이 듣는 자들의 지식 저장소에 내용을 더해 주려는 것이 아니고, 듣는 자들의 태도에 영향을 미쳐 그들로 결국 결정하게 한다는 것이다. 비유에는 그처럼 듣는 자들의 태도를 정하고 바꾸게 하는 능력이 들어 있으므로, 비유는 단순히 어떤 내용을 전달하는 문학 양식이 아니라 오히려 ‘언어 사건’이라는 것이다. 다시 말하면 비유는 언어 사건으로서 독자로 하여금 판단하고 결정하게 하는 실존의 새로운 가능성으로 이끈다는 것이다.

구조주의와 미학비평은 비유를 ‘자목적적인’(autotelic) 것으로 본다. 이것은 비유들이 그 저자들의 의도와는 무관하다는 뜻이다. 이것을 ‘의도적

허위'(intentional fallacy)라고 칭했다. 그리고 그러한 비유가 듣는 자들에게 미친 결과들에 대해서는 '감정적 허위'(affective fallacy)라고 불렀다. 비유의 미학적이고 자목적의 특성 때문에 비유는 그 자체가 목적으로 간주되어야 하며, 비유에는 고유의 목적이 들어 있다는 것이다. 그리고 비유의 문학양식으로 인하여 비유가 우리를 해석할 수 있고, 또 해석할 내적 능력을 지니고 있다고 한다. 신약성경의 비유들을 이런 식으로 이해할 때, 그 비유들은 예수님이 가르치신 어떠한 진리들, 예를 들면 하나님 나라 혹은 자기 자신에 관한 진리들을 가르치는 데 사용한 표현수단 정도로 생각하면 안 된다는 것이다. 예수님의 비유들은 그저 하나님 나라에 관한 의미를 전달하는 도구에 불과한 것이 아니다. 오히려 예수님의 비유들은 듣는 자들과 관계를 갖고서 그들로 하여금 실존적 경험(즉 '언어 사건')에 참여하도록 강제하는 것으로 이해해야 한다고 했다. '언어 사건'에 참여한다는 것은 청중들이 판단과 결단에 이르도록 이끌어주는 것을 의미한다. 결국 청중이 비유를 해석하는 것이 아니라 오히려 비유가 청중을 해석해주고, 하나님의 심판과 은혜에 비추어 자신들을 이해할 필요가 있는 것으로 그들에게 보여준다는 것이다.

그러므로 이들의 주장을 요약하면, 예수님의 비유들을 읽을 때 독자들은 비유가 단순히 연구 대상물이 아니라 독자들로 하여금 언어 상황에 직면케 하여 결단에 이르게 하는 '개방적 실재들'(open-ended realities)이라는 사실을 인식하게 된다는 것이다.

이렇게 주장하는 구조주의와 미학비평학자들은, 율리허·다드·예레미아스의 단일 요점 논의법과 견해를 달리 한다. 즉 비유가 '다양한 가치'(polyvalence) 혹은 '의미의 다양성'(polysignificant)를 지닌다고 주장한다. 이러한 주장의 기본 전제는 이렇다. 비유가 '언어 사건'이 되는 방식이란 듣는 자 혹은 읽는 자마다 틀리기 때문에 같은 비유의 의미도 각 개인마다 달라질 수밖에 없다는 것이다.

구조주의 언어학자들은 단일 요점 논의를 비판하면서 "귀 있는 자는 들을 것이요"(막 4:9)라는 말씀이 뜻하는 바란, "청중들은 각자가 듣기 원하는 방식으로 이 은유(혹은 비유)를 해석하라"는 뜻으로 풀이한다. 그러나 마가가 이해한 대로, 비유란 분명히 예수님께서 자기의 메시지 곧 '말씀'을 가르치시는 데 사용하신 수단이었다. 그러한 사실은 예수님이 제자들에게 비유의 의미를 해석해주신 데서도(막 4:33~34; 7:14~22) 나타난다. 여기서 예수님은 자신의 비유가 '자목적적인'(autotelic) 것이 아님을 분명하게 보여주신다. 예수님이 비유를 설명하실 때 다른 해석들까지 동시에 주셨다고 추측할 수는 없다. 그러므로 구조주의 비유 해석은 비유들이 베풀어진 역사적 상황을 전혀 고려치 못한 눈먼 접근이다.

구조주의 해석법은 비유들의 구조를 분석하는 데 도움을 준다. 비유들이 여러 대구법 구조 체계를 가지고 있는 것은 사실이다. 예를 들면 잃은 양의 비유(눅 15:1~7)가 '교차대구법'(chiasmus) 혹은 '반전 대구법'(inverted parallelism) 구조를 사용하고 있다.[128] 그리고 구조주의 방법은 '내러티브 비유'(a narrative parable)라는 비유의 한 종류를 말하면서, 생활의 비유라고 할 때는 적어도 주요한 세 관계자가 포함되는 것으로 밝혔다.[129] 내러티브 비유는 적어도 두 가지 극적인 장면을 갖는다. 이 주장이 고려의 대상은 되지만, 비유라는 것이 '신호'(a sign) 곧 신호를 보내는 자(a signifier)와 그의 신호 사이의 통일(the unification)로 정의되고, 그 신호가 언어 실체 밖에 있는(in extralinguistic reality) 실존을 가진 대상(object) 또는 사건(event)을 뜻한다는 비유의 정의에는 반문이 일어난다. 비유의 이야기 전체가 그러한 의미의 신호인가 혹은 이야기를 구성하는 각각의 개별 어구가 분리된 신호이고 이야기 전체는 그 신호들의 응집(a conglomeration)인가? 이 질문에 답은 주지 못한 채 가설적 논의에서 구조주의적 혹은 기호학적 해석법으로 끝나고 만다.[130]

---

128) Kenneth E. Bailey, *op.cit.*, pp. 144~156.

129) R.W. Funk, *op.cit.*, pp. 30~48; 포도원 일군의 비유(마 20:1~15), 달란트 비유(마 25:14~30). 열 처녀 비유(마 25:1~13), 큰 잔치 비유(눅 14:16~24), 선한 사마리아인의 비유(눅 10:30~35), 탕자의 비유(눅 15:11~32), 불의한 청지기의 비유(눅 16:1~9), 무자비한 종의 비유(마 18:23~34), 악한 농부의 비유(마 21:33~40, 막 12:1~9, 눅 20:9~16), 부자와 나사로의 비유(눅 16:19~31).

(3) 수사비평(Rhetorical Criticism)

일반 문학연구자들이 고대 혹은 현대 문학 본문들을 해석하는 데 사용한 '문학비평 양식'(the modes of literary criticism)을 수사비평에서도 사용한다. 그리고 성경 비평학자들은 수사비평을 근래에 와서 비유 성경해석법에도 사용하게 되었다.131) 수사비평은 미학비평과 관련이 깊어서 수사비평을 넓은 의미로 미학비평이라 부르기도 한다.

수사비평은 비유를 미학적 대상으로 본다. 비유가 미학적 경험을 불러일으킬 수 있는 능력이라는 뜻이다. 여기서 말하는 미학적 경험은 비유 곧 미학적 대상에 대한 자동적인 경험(the experience of intransitive)이며, 비지시적(non-referential) 혹은 무의식 수준(rap attention)에서 작용하는 경험을 의미한다. 자동적인 경험 곧 비지시적이고 무의식적인 상태에서

---

130) Susan Wittig, "A Theory of Multiple Meaning," *Semeia 9*(1977), pp. 84~87; Mary Ann Tolbert, *op.cit.*, pp. 1~20; Dan O. Viaia, "The Prodigal Son: A Jungian Reading," pp. 21~43; B.B. Scott, "The Prodigal Son: A Structural Interpretation," pp. 45~73; David Tracy, *Blessed Rage for Order*(New York: The Seabury Press, 1975); Frederik Ferre, *Language, Logic, and God*(New York: Harper and Row, 1961); Max Black, *Models and metaphor*(Ithaca: Cornell University Press, 1962); T.K. Seang, *Structuralism and Hermeneutics*(New York: Columbia University Press, 1982); Christopher Norris, *Deconstruction: Theory and Practice*(London; New York: Metteuen, 1982); P. Pettit, *The Concept of Structuralism: A Critical Analysis*(Berkeley: University of California Press, 1977); R.C. Culley, *Studies in the Structure of Hebrew Narrative*(Scholars Press, 1976); R. Barthes et al., *Structural Analysis and Biblical Exegesis: Interpretational Essays*(Pittsburgh: Pickwick, 1974); S. Wittig, ed., *Structuralism: An Interdisciplinary Study* (Pittsburgh: Pickwick, 1975); A.M. Johnson, Jr. ed. and tr. *the New Testament and Structuralism*(Pickwick, 1976).

131) Pheme Perkins, *Hearing the Parables of Jesus*(New York: Paulist Press, 1981); David Robertson, "Literature, the Bible," *IDBSup*, 547~51; Morroe C. Beardsley, "Style and Good Style," pp. 3015; Richard Ohmann, "Literature as Sentence," pp. 149~57; James Muilenburg, *Form Criticism and Beyond*: P. Trible, "Wisdom Builds a Poem: Ten Architecture of Proverbs 1: 20~33," *JBL 94*(1975) 509~18; "The Gift of a Poem: A Rhetorical Study of Jeremiah 31:15~22," *Andover Newton Quarterly 17*(1977) 271~80.

미학적 대상 곧 비유 자체로 말미암아 경험활동이 시작된다는 것이다.

비유를 이와 같이 본 수사비평은 18세기의 벵겔(J. A. Bengel)에 이르러 신약성경 구절 중에 '교차대구법'이 나타난 것으로 보았다. 19세기에 젭(John Jebb)은 성경 구절들의 구조를 연구하다 첫 행이 마지막 행과 대구가 되어야 하고, 둘째 행이 내향 대구법(introverted parallelism)을 이루는 것을 참고해서 글을 썼다.132) 젭과 동시대의 바이스(Thomas Bays)도 시편에서 문학 구조를 찾고 있었다.133) 포비스(John Forbes)는 1854년에 젭이 남긴 일을 더 발전시켰다.134) 그후 얼마 지나 스코틀랜드 학자 밀리간(William Milligan)이 유대교 외경에서 구조를 관찰하였다.135)

20세기에 이르러 버니(C. F. Burney)가 1925년에 대구와 리듬과 운문(rhyme)에 대하여 연구한 것을 발표했다.136) 1930년대에 여러 비평학자들이 신약 안에서 문학 분석의 주제를 언급했다.137) 1940년대 옴스테드(A. T. Olmstead)138)가 문학 구조에 관심을 두었고, 1965년에 블라히(John Bligh)가 갈라디아서 전체를 구조화된 문학 양식들로 정리했다.139)

수사비평이 이처럼 18세기에 등장하지만 비평방법으로는 1969년에 뮬렌벅(James Muilenburg)이 성경문학회(Society of Biblical Literature) 회장으로 강연한 것에서 시작되었다고 볼 수 있다.140) 뮬렌벅은 연설을 통해 대표적이고 전형적인 양식을 강조하고, 동시에 성경 구절이 독특한 작품으

---

132) John Jebb, *Sacred Literature*(London, 1820).

133) Thomas Bays, *Key to the Book of Psalms*(London, 1825).

134) John Forbes, *The Symmetrical Structure of Scripture*(Edinburgh, 1854).

135) William Milligan, *Discussion on the Apocalypse*(London, 1893).

136) C.F. Burney, *The Poetry of our Lord*(1925).

137) R. Bultmann, *Synoptic Tradition*, p. 70; T.W. Manson, *Teaching of Jesus*, pp. 50~56; M. Goguel, *The Life of Jesus*, pp. 296~303; Streeter, "Poems of Jesus," *The Hibbert Journal*, 32(1933~34), 9~16; V. Taylor, *Form of the Gospel Tradition*(1935), pp. 88~100.

138) A.T. Olmstead, *Jesus in the Light of History*(1942).

139) John Bligh, *A Structural Analysis of St. Paul's Epistle to the Galatians* (Detroit: University of Detroit Press, 1966).

140) James Muilenburg, "Form Criticism and Beyond," *JBL 88*(1969), pp. 1~18.

로 만들어지게 된 설득력 있는 상황(the persuasive context) 속에서 성경 구절을 들여다보도록 권했는데, 이런 탐구를 수사비평이라고 했다. 그리고 베츠(Hans Dieter Betz)가 처음으로 이 수사비평법을 사용하여 갈라디아서를 주석했다.

수사비평법은 우리가 가지고 있는 본문 자체에 초점을 맞추어 본문 자체에서 나오는 힘 있는 호소의 토대와 저자의 의도를 찾아내려고 노력한다. 다시 말하면 수사비평은 구체적인 환경 안에서 호소적인 기능을 소유한 본문의 문학적 사건들과 설득시키는 능력에 초점을 맞추고 있다. 그리고 수사비평의 궁극 목표는 저자의 의도를 밝혀내고, 본문을 통하여 저자의 의도가 청중에게 어떻게 전달되었는지를 찾아내는 데 있다.

수사비평을 신약성경에 전반적으로 적용시킨 점에서는 케네디(G. A. Kennedy)의 공적이 크다.141) 그는 수사비평의 단계를 이렇게 제안했다.142)

① 연구할 수사학적 단위를 결정할 것. 그리고 길고 짧은 수사학적 단위는 자체 내에서 구분 가능한 시작과 끝을 가져야 하고, 그 단위가 어떠한 행동이나 논의로 말미암아 연결이 되어야 할 것.

② 연구할 단위의 수사학적 환경에 대한 정의를 세울 것. 이것은 양식비평의 '삶의 정황'(the Sitz im Leben)이지 역사적 환경과는 다른 것이다. 수사학적 환경이란 사람과 사건들, 그리고 실제 또는 잠재적 긴급성(potential exigence)을 제공하는 대상들과 관련하여 구성된 복합체이다.143) 케네디는 실제 저자들이나 실제 독자들을 잠재 저자들이나 잠재 독자들과 서로 구별하지 않고 있다.

③ 본문 안에서 자료 정돈 양식을 결정할 것. 여기에서 두 가지 독특한 용어가 소개된다. 첫째는 '웅변술'(elocutio)이라는 말로서, 언어학적 요소들이 문장과 단락 수준으로 배열된 것을 의미하고 문맥 안에서 그 요소

---

141) G.A. Kennedy, *The Art of Persuasion in Greece*(Princeton, 1963); *The Art of Rhetoric in the Roman World*(Princeton, 1972); *New Testament Interpretation Through Rhetoric Criticism*(Chapel Hill, 1984).

142) G.A. Kennedy, *New Testament Interpretation*, pp. 33~38.

143) *Ibid.*, p. 35.

들의 작용을 정의하려는 노력이다.144) 둘째는 '배치'(disposito)라는 말
인데 본문 전체와 행을 다시 나누는 것을 뜻한다.145)
④ 본문 전체를 재조사하는 것이다.

수사비평이 양식비평과 편집비평에서는 다음과 같이 다르다. 양식비평이
상징(τοποι)에 관심을 보이는 점에서는 수사비평과 같지만, 본문의 구조 속
에서 원자료(source)를 찾아내려는 데 주로 관심을 집중시킨다. 편집비평은
수사비평의 특수한 양식이라고 볼 수 있으며, 편집자의 손길을 찾아낼 본문
들을 취급한다. 다시 말하면 편집비평은 편집자의 의도, 특히 그의 신학적
의도에 관심을 쏟는다. 이런 점에서 수사비평법은 편집비평학을 돕고 있다.
그러나 수사비평은 우리가 지금 가지고 있는 본문이 한 저자의 저작 또는
편집의 결과냐 하는 점에 대하여는 관심을 기울이지 않고 저자 또는 편집인
의 관점으로 본문을 바라본다. 이와 더불어 수사비평을 탐구한다. 이런 면에
서 수사비평이 성경 연구의 한 분야로 계속 발전해오고 있다.146)

144) *Ibid.*, p. 37.

145) *Ibid.*; cf. Lloyd F. Bitzer, "The Rhetorical Situation," *Philosophy and Rhetoric 1*(1968), pp. 1-14.

146) cf. V.K. Robins, *Jesus the Teacher: A Socio-Rhetorical Interpretation of Mark*(Philadelphia: Fortress Press, 1984); Amos N. Wilder, "The Rhetoric of Ancient and Modern Apocalyptic," *Interpretation 25*(1971) 436~53; J.D. Hester, "The Rhetorical Structure of Galatians 1:11~2:14," *JBL 1~3*(1984) 223~33; J.K. Newmax, "Esse Vidatur Rhythm in the Greek New Testament Gospels and Acts of the Apostle," *Illinois Classical Studies 10*(1985) 53~66; C. Forbes, "Comparison, Self-Praise and Irony: Paul's Boasting and the Conventions of Hellenistic Rhetoric," *NTS 32*(1986) 1~30; A.H. Snyman and J.V.W. Cronie, "Toward a New Classification of the Figures(EXHMATA) in the Greek New Testament," *NTS 32*(1986) 113~21; J.T. Kirby, "The Syntax of Romans 5.2: A Rhetorical Approach," *NTS 33*(1087) 283~6; "The Rhetorical Situation of Rev 1~3," *NTS 34*(1988) pp. 187~207; Lloyd Bitzer, "The Rhetorical Situation," *Philosophy and Rhetoric 1*(1968) 1~14; G. Kennedy, *Classical Rhetoric and Its Christian and Secular Tradition from Ancient to Modern Times*(Chapel Hill: University of North Carolina Press 1980); F.J. Exber, *The Form of the Ancient Greek Letter: A Study in Greek Epistography*(Diss. Catholic University of America, 1923); J.L. White,

수사비평학자들의 주요 관심사 중 하나는 구절들의 연속적인 배열과 전개 과정, 혹은 각 구절이 발전되는 가운데 일어나는 이동과 단절을 표시하려고 사용한 여러 가지 수사학 방법들을 관찰하는 것이다.147) 그 중에서 제일 중요한 것이 병렬 혹은 교차대구법의 반복이다. 예를 들면, 마가복음 4:33, 34에 나타난 병렬반복(the parallel repetition)이다.

33: 이러한 비유를(a)　예수님이 그들에게 말씀하시고(b)
34:　　한　　비유를(a′) 예수님이 그들에게 말씀하시고(b′)

위의 예처럼 말씀이 병렬반복 체계 혹은 패턴을 사용하여 병렬에 나타난 각 요소를 비교해 볼 수 있게 했다.
　마가복음 2:27은 교차대구적인 반복을 사용한다.

안식일이(a) 사람을(b) 위하여 만들어졌고,
사람이(b′) 안식일(a′)을 위하여 만들어진 것이 아니다.

위의 예처럼 교차대구적 반복으로 단어 혹은 절들을 묘사하고 있는데, 설명된 단어 혹은 절들이 그 단위 안에서 다시 역순으로 반복된다.148) 교차대구법에서 반복된 단어들이 순서대로 나오지 않고 처음부터 역순으로 나타날

The Form and Function of the Body of the Greek Letter: A Study of the Letter-Body in the non-Literary Papyri and in Paul the Apostle(Scholars Press, 1972); A.H. Snyman, "Style and the Rhetorical Situation of Romans 8:31~39", *NTS 34*(1988) 218~231; W. Waellver, "Where is rhetorical criticism taking us?" *CBQ 49*(19--) 448~63; "Greek Rhetoric and Pauline Argumentation," in W.R. Schoedel and R. Wilden(eds.), *Early Christian Literature and the Classical Intellectual Tradition, In Honorem Robert Grant*(Theologie Historique 53; Paris, 1979) 177~88.
　147) James Muilenburg, *op. cit.*, p. 10.
　148) cf. Nils W. Lund, *Chiasmus in the New Testament*(Chapel Hill: University of North Carolina Press, 1942).

수도 있다. 예를 들면 목적 - 동사 - 동사 - 목적과 같은 문법적 구조가 교차대구법을 만들고 있다. 완전히 발전된 교차대구법은 흔히 어떤 요소와 하나의 단어와 절 혹은 문장을 포함하는데 순서는 a, b, c, b′, a′와 같은 패턴을 취한다.149)

(4) 동양문화적 해석(Oriental exegesis)

베일리(K. E. Bailey)가 '동양문화적 해석'(Oriental exegesis)이라는 용어를 다음과 같이 세 가지로 정의했다.150) ① 동시대의 보수적인 농부들의 문화, ② 본문의 동양 번역들, ③ 비유에 타당한 고대 문학이다. 이 세 가지의 원자료에서 얻은 정보의 배경과 관련시켜 비유를 해석하도록 요구하고 있다. 다시 말하면 '동양문화적 해석'이라는 말은 문화적으로 제한된 본문을 연구하는 방법이다. 이 방법은 고대 문학과 동시대의 농부들과 동양의 번역들에서 얻은 문화적 통찰에 서구의 학문을 합쳐서 만든 비평적 도구를 사용하고 있다.

베일리가 그러한 해석법을 비유 해석에 적용하게 된 것은 '문화 문제'가 비유의 해석과 부딪히고 있었기 때문이다. '문화 문제'란 교회의 문화 기초가 팔레스타인에 있지 않다면 비유는 외래인들에 대한 이야기가 되고 만다. 이처럼 비유를 알리는 문화의 '외래인들'을 '문화 문제'라고 부른다.151) 역사상 많은 해석자들이 '문화 문제'를 해결하려고 노력해왔다. 초대교회 교부

---

149) cf. J.D. Crossan, *op.cit.*, pp. 96~120; P. Ricoeur, "Biblical Hermeneutics," pp. 100~101. Mary Ann Tolbert, *op. cit.*, pp. 83~90; Monroe C. Beardsley, "Style and Good Style," pp. 3~15; Richard Ohmann, "Literature as Sentence," pp. 149~57; Ivan Watt, "The First Paragraph of the Ambassadors: An Explication," pp. 266~83----last three articles are in Glen A. Love and Michael Payne, des., *Contemporary Essays on Style*(Plenview: Scott, Foresman and Co., 1969); Phyllis Tribe, "Wisdom Builds a Poem: The Architecture of Proverbs 1:20~33," *JBL* *94*(1975) 509~18, "The Gift of a Poem: A Rhetorical Study of Jeremiah 31:15~22," *Andover Newton Quarterly 17*(1977) pp. 271~80.

150) K.E. Bailey, *op. cit.*, pp. 29~30.

151). *Ibid.*, p. 27.

오리겐은 문화 문제를 풍유화시키는 것으로 해결하려고 했다. 즉 비유가 가진 세부 요소들을 풍유화함으로써 문화로 해석하는 것을 거절했다. 다른 하나의 해결책은 비유의 문화적 요소들을 토착화하는 것이다. 이 말은 해석자들이 1세기 사람들은 자기와 같이 생각했다는 가정이다. 예를 들면 1세기 때 밤중에 이웃집의 문을 두드리는 것이 지금 우리가 이웃의 문을 두드리는 것과 같다고 보는 것이다. 또 다른 해결 방법은 문화적 요소들을 일반화하는 것이다. 즉 해석자들이 모든 사람은 기초적으로 비슷하다고 가정하는 것이다. 넷째 해결책은 실존화하는 것이다. 즉 실제로 논의를 주석(exegesis)에서 해석학(hermeneutics)으로 바꾼 것이다. 이러한 것들과 몇 가지 다른 해결법을 반대한 베일리는 그 대신 '동양문화적 해석'(Oriental exegesis)을 제시한다. 동양문화적 해석은 비유의 본문에 보이는 동양 문화를 회복시키는 것이다.

베일리는 '동양문화적 해석'법을 사용하고 율리허 · 다드 · 예레미아스의 단일 요점 논의를 반박했다. 베일리는 비유가 세 가지 기초 요소들을 가지고 있다고 논의한다. ① 비유가 듣는 자들의 현실 세계 안에서 하나 혹은 하나 이상의 접촉점(referentio)을 가지고 있는데 그것을 '상징들'(symbols)이라고 부른다. ② 처음 듣는 자가 들은 이야기에 억지로 대답하게 된 응답(response)이 둘째 요소이다. ③ 셋째 요소는 처음 듣는 자가 '응답'하도록 하는 비유 안에 나타난 신학적 의도들의 연합이다. 이 연합을 '신학적 집합'(the theological cluster)이라고 불렀다.152)

율리허(· 다드 · 예레미아스)는 각 비유가 통일성을 가지고 있다고 했다. 그러므로 각 비유는 비교의 단일 요점을 가질 수 있고 그 단일 요점을 일반 도덕 원리라고 했다. 다시 말하면 비유의 통일이 비교의 단일 요점을 요구하는데, 이것이 비유가 단 하나의 의미를 갖는다는 뜻이다. 여기서 말하는 '비교 요점'(a point of comparison)이란 린네만(Linnemann)에 따르면, 비유의 논의 양식들을 의미한다. 비교 요점이 그처럼 논의 양식인 까닭은 비유들이 비교의 단일 요점을 갖는다는 것이다. 비유가 단번에 여러 가지 요점들을

---

152) *Ibid.*, pp. 37~38.

논의할 수 없다고 주장했다. 이런 이유로 린네만이 주장한 바는 비유가 무엇을 논의하는지와 비유가 무엇을 가정했는지를 우리가 구별해야 한다는 것이다. 우리가 비유에서 여러 가지 다른 의미들을 찾게 되면 비유는 듣는 자를 위하여 가졌던 의미를 놓치게 된다고 린네만은 주장했다.[153] 여기서 린네만이 말하고 있는 바는 베일리가 위에서 말한 세 가지 기초 요소들 중 첫 요소인 '접촉점'을 참고하고 있다.

그러나 카둑스(A.T. Cadoux)는 접촉점을 다르게 보고 있다.[154] 카둑스는 접촉점이 비유 안에 있는 여러 다른 상징들과 관계되어 있다고 보았다. 그러므로 비유가 여러 접촉점들을 갖는다고 논의했다. 린네만과 카둑스가 이처럼 다른 의견을 제시한 것은 린네만이 비유를 '논의 양식'(a form of argument)과 동일한 것으로 보았고, 카둑스는 비유가 단일 판단(a single judgment)을 불러일으키는 것으로 보았기 때문이다. 비유가 그런 판단을 일으키려면 여러 차례의 접촉점이 필요하다.

베일리가 말한 두 번째 기초적 요점인 '응답'에 대하여 맨슨(T. W. Manson)[155]은, 비유가 실제나 상징으로 체험한 것을 말로 표현한 그림이라고 했다. 즉 비유는 미술 작품과 같다. 비유가 세상에 나타난 하나님의 구원의 원리나 도덕적 형태를 그림처럼 그리고 있다는 것이다. 각 비유는 좋은 생활과 하나님을 더 깊이 신뢰하도록 요청한다고 보았다. 이것이 여기서 말하는 '응답'을 의미하고, 응답이 특별한 방향으로 행할 결정 혹은 세상에서 인간에 대한 하나님의 도리의 성질을 새롭게 이해한 것이 될 수 있다고 했다.

베일리가 말한 세 번째 기초 요소인 '신학적 집합'이 의미하는 바는, 비유 안에 신학 주제들이 직접적으로 드러나기도 하고, 때로는 전제되어 있다고도 말한다.

베일리는 이와 같은 의미를 가진 세 가지 기초 요소들이 비유 안에 내포되어 있다고 주장했다. 이것은 율리허가 주장한 것처럼 하나의 응답을 요구

---

153) Eta Linnemann, *op.cit.*, p. 23.
154) A.T. Cadoux, *op.cit.*
155) T.W. Manson, *op.cit.*

하는 것이 반드시 하나의 요점을 가리키는 것이라고 볼 수 없다는 말이다. 비유 안에는 '신학적 집합' 곧 신학 주제들이 서로 맞물려 있고, 비유가 담고 있는 다른 모습들이 다른 요점들을 상징하나 서로 연결되어 있다. 이와 같이 베일리가 논의한 '동양적 주석'법을 다시 말하면, 비유는 '예증'(illustration)이 아니고 '응답'을 일으키는 데 사용된 신학 연설 양식이라고 정의할 수 있다.

그리고 베일리는 다시 결론 내리기를, 비유는 비유를 듣는 청중의 생활 가운데 놓인 '지시 대상들' 혹은 '접촉점'을 지니고 있다고 한다. 그리고 비유를 듣는 청중은 메시지에 응답하도록 촉구를 받고 있다. 비유를 들은 자는 신학적 의도들의 집합을 통해 응답하도록 되어 있다.156)

이상으로 요약한 비유 연구 비평사가 말하는 바는 대다수의 비평학자들이 단일 요점 논의를 취하고 풍유적 해석을 거절한다는 점이다. 그러나 비평학자들은 예외적으로 풍유적 요소들을 지닌 소수의 비유들이 있다고 허용한다. 그렇지만 풍유적 요소들을 지닌 비유들에 대하여는 그 비유의 확실성 즉 그것이 예수님의 비유라는 사실은 거부했다. 소수의 비평학자들은 비유와 풍유의 이분법이 그리 크지 않음을 인정하고 예수님이 종종 풍유를 사용하셨다고 주장한다.157) 그리고 소수의 비평학자들은 율리허·다드·예레미아스의 단일 요점 방법을 거절하고 하나 혹은 그 이상의 요점 논의를 건전하게 세우고 있다.

---

156) K.E. Bailey, op. cit., p. 43.

157) 예. C.E.B. Cranfield, *The Gospel according to St. Mark*(Combridge: University Press, 1977), pp. 36~68; A.M. Hunter, *op. cit.*, p. 87; Ralph P. Martin, *New Testament Foundation 1*(Grand Rapids: Eerdmans, 1975).

천국-하나님 나라

비유의 분류

1. 천국-하나님 나라

예수님의 비유는 하나님 나라가 임한 것(실현된 하나님 나라)과 앞으로 임할 것(아직 실현되지 않은 하나님 나라)을 나타내는 특수한 양식이다. 이 것은 예수님께서 이 세상에 오신 사실에서부터 하나님 나라가 임하기 시작한 것을 의미한다. 그러나 이 사실은 오직 믿음으로만 분별할 수 있다. 그리고 하나님 나라가 예수님의 오심으로 임하기 시작했다고 분별하는 것은 하나님의 은혜이다. 이와 같은 하나님의 은혜가 마가복음 4:11에서는 하나님 나라의 "비밀"(μυστήριον)로 제자들에게 주어졌다고 말씀하신다. 즉 하나님 나라의 비밀을 받은 자들만이 비유의 의미를 이해할 수 있다는 것이다.

그러나 이 말씀이 제자들이 아닌 다른 사람들에게는 하나님 나라가 예언의 약속과 기대의 대상으로 알려지지 않은 비밀이라는 의미는 아니다. 마가복음 4:11에서 제자들에게 주신 "비밀" 혹은 하나님 나라의 "비밀의 지식"은 하나님 나라에 대한 실제적 지식(actual knowledge)이며, 예수님께서 오심으로 계시되어진 지식을 의미한다. 그리고 이 지식은 마태복음 11:25에서 하나님의 특별한 선물로 증거된다. 이 구절에 따르면 이 지식은 예수 그리스도 안에서 이루어지는 구원의 근본 지식(the fundamental knowledge)이다. 이 구원의 근본 지식은 하나님 나라가 메시야이신 예수님 안에 임한 것으로 아는 것을 의미한다.

그러나 여기서 말하는 "비밀"은 하나님 나라에 대한 모든 내용을 의미하는 것이 아니고, 다만 하나님 나라가 예수님의 오심으로 임하기 시작한 그 사실과만 관련된다.[1] 다시 말하면 하나님 나라의 "비밀"은 예수님이 오신

---

1) cf. J. Jeremias, *The Parables of Jesus*, p. 8; G. Bornkamm, *TWB* IV, p. 824.

역사적 사실이 하나님 나라가 임하기 시작한 바로 그 사실임을 의미한다. 이와 같은 의미로 하나님 나라의 비밀이 예수님의 제자들에게 밝히 나타났기 때문에, 예수님은 마태복음 13:16~17에서 제자들을 가리켜 복이 있는 자들이라고 하셨다. 예수님의 제자들은, 많은 선지자들과 의로운 사람들이 보기를 원했지만 보지 못한 구원의 시작을 보고 듣게 되었다. 그러므로 예수님이 제자들을 향하여 복이 있는 자들이라고 하신 것이다. 이처럼 하나님 나라의 비밀 곧 지식이란 헬라인들이 거울에 무엇을 투영해 놓은 것을 지식으로 이해하듯 어떤 사실을 머리에 담는 지적인 인식(intellectual cognition)을 뜻하지 않는다. 하나님 나라의 지식은 다음 세 가지를 포함한다. ① 실제적인 지식(practical acquaintance), ② 성품의 일치 혹은 적응에서 일어난 애정 깊은 판단(affectionate apprehension), ③ 최고의 영적 사랑(the highest spiritual love)이다.

하나님 나라 비밀의 지식은 이와 같은 것이며, 그 지식의 내용을 한마디로 표현하자면 하나님 나라의 성취가 예수 그리스도와 더불어 시작한 것으로 분별할 수 있는 통찰(insight)을 말한다. 이 통찰력으로 예수님의 비유를 이해할 수 있고, 그리고 이해하게 하는 "가장 중요한 필요조건"(the great prerequisite)이다.2)

그러면 예수님의 오심에서 시작된 하나님 나라가 의미하는 것은 무엇인가? 예수님의 비유를 해석하기 전에 우선 하나님 나라가 무엇을 의미하는지 정의할 필요가 있다. 필자는 하나님 나라에 대한 수많은 책 중에서 보스(G. Vos)가 오래 전에 발표한 하나님 나라의 정의를 고전적(classical)이고 정통적인(traditional) 것으로 본다. 그래서 여기서 보스의 정의를 요약하고자 한다.3)

하나님 나라(ἡ βασιλεία τοῦ θεοῦ)라는 용어는 왕권 혹은 왕의 지배권(kingship, kingly dominion)과 왕국을 의미한다. 하나님 나라가 왕권(kingship) 곧 왕의 지배권 혹은 하나님의 주권(the supremacy)을 의미하고,

---

2) H. Ridderbos, *The Coming of the Kingdom of God*, pp. 124~30.
3) G. Vos, *The Kingdom of God and the Church*.

구체적인 개념으로는 왕국을 의미하며, 공간적이며 실제적인 국가(a static entity)를 나타낸다. 복음서를 보면 하나님 나라는 추상적인 의미나 또는 구체적인 의미로 사용된다. 그러나 추상적 의미가 더 흔하게 사용된다.[4] 그리고 하나님 나라는 삼중의 본질을 소유한다. 이것은 하나님의 주권이 다음 세 가지 범위에서 명백히 드러나는 것을 뜻한다. 첫째는 구원-능력의 범위, 둘째는 의(δικαιοσύνη)의 범위, 셋째는 축복 상태(a state of blessedness)의 범위이다. 이와 같이 하나님의 주권이 세 가지 범위로 드러나고 역사한다는 것이 복음서에서 가르치는 "하나님 나라"의 의미이다. 이 의미를 더 자세히 설명하는 것으로 "하나님 나라"를 정의해 보자.

1. 구원-능력의 범위

하나님 나라는 구원-능력의 범위로 드러나는 하나님의 주권이다. 이 사실은 다음과 같이 상세히 설명할 수 있다. 구원-능력의 요소는 하나님 왕권의 근본 요소 중 하나다. 출애굽기 15:1부터 보면 모세는 여호와께서 원수들을 정복하신 것을 인하여 여호와를 왕이라고 찬양했다. 그때부터 구약성경에는 하나님 나라 혹은 왕국에 관하여 말씀한 것 가운데 원수를 "정복"한다는 개념이 계속되었다(예, 단 2:45).

고린도전서 15:25에 보면 그리스도의 왕권이 원수를 하나하나 계속하여 정복해 가는 과정(the process of subjecting)과 같다고 묘사한다. 이 구절에서 사도 바울은 예수 그리스도께서 마지막 원수 곧 죽음을 정복하시고 난 후에는 정복할 것이 남아있지 않으므로 자기의 왕권을 하나님 아버지께 바치신다고 했다. 정복하는 순서에서 그리스도의 왕국이 종말론적 하나님 나라보다 먼저 임하고, 마지막 원수인 죽음이 정복된 다음에 완성된 종말론적 하나님 나라가 이루어질 것이다.

구약성경에서는 하나님의 왕국이 원수의 정복 즉 정치적인 기본 개념으로 나타나는데 예수님은 여기에다 무한히 높은 가치를 더하셨다. 다시 말하

---

4) 예. 마 3:2; 4:17; 눅 17:20; 21:31; 막 11:10.

면 예수님이 구약성경에 나타난 정치적인 왕국의 개념을 영적인 왕국 개념으로 무한히 높이셨다. 예수님이 나타내신 원수의 정복은 사탄과 마귀와 죄와 악을 정복하는 것을 의미한다. 예수님이 마귀를 쫓아내신 이적들과 병든 자들을 고치시는 이적을 많이 행하시면서 위의 사실을 실제로 증명하셨다. 즉 예수님이 행하신 모든 이적들은 하나님의 왕권이 구원-능력 범위에서 드러난 것임을 증명한다.

예수님의 이적들이 이와 같이 구원-능력의 범위에서 하나님의 주권을 명백하게 드러나게 했을 때, 이 이적들은 다음과 같은 목적이 있다. 이적들은 예수님의 지상 사역을 인증(authenticate)한다. 물론 이것이 예수님께서 이적을 베푸신 첫째 목적은 아니다. 예수님이 행하신 이적의 첫째 목적은 하나님 나라가 임하신 것을 표시하는 기호(signs)이다. 즉 예수님이 베푸신 이적들은 하나님의 왕권이 이미 시행되고 있다는 것을 보여주는 것이다(마 11:5; 눅 4: 18,19). 따라서 우리는 예수님의 이적들이 하나님의 왕국의 기호들이고 하나님의 구원-능력의 공개라고 할 수 있다.

하나님의 왕권-능력은 예수님의 이적에서 두 가지 형태를 취하고 있다. 하나는 하나님의 대적들을 정복하고 파괴하며 심판하는 능력이다. 또 하나는 사람들을 자유케 하고 치유하며 구원하는 능력이다. 전자는 마귀를 쫓아내는 일에서 나타나며 두 가지 형태를 모두 띠고 있다. 그리고 예수님의 다른 이적들에서는 주로 둘째 형태인 자비를 베푸는(beneficent) 형태를 보이고 있다. 예수님께서는 포로된 자들에게 해방을 주고 자유함을 부여하셨다. 이처럼 예수님의 자비로운 행동은 사탄의 힘이 사람을 비참하게 했을 뿐만 아니라 노예로 삼았다는 것을 보여준다. 귀신들은 인간의 육체적 기관(physical organism)을 지배하고 있다.

예수님이 병든 자와 약하고 불구된 자들을 고치신 이적들을 통하여 하나님 나라는 다른 두 면 즉 영적 범위와 외적(external) 범위에 연결되어 있다는 것을 보게 된다. 영적 혹은 내적 범위에서 사탄은 우리의 육체뿐 아니라 병리학적으로(pathologically) 우리의 마음과 의지를 지배하고 죄를 짓게 하는 선동자이며, 윤리 도덕의 원천도 지배한다.

그러므로 예수님은 이적을 통해서 인간에게 근본적인 변화를 가져오게 하는 기회로 삼으셨다. 인간은 이적이 가져온 근본적 변화로 말미암아 죄의 노예에서 벗어나 하나님의 주권의 법칙이 인간의 전반적인 내적 생활 속에 새롭게 세워졌다. 이와 같이 예수님이 병 고치는 이적들을 행하시면서 병 고침이 영적 고침에 해당된다고 지적하셨다.

둘째 연결 곧 이적들이 외적 범위에서 하나님 나라와 연결이 된다는 것은 이적의 능력이 하나님의 왕권-능력을 예언적으로 나타낸 것이다. 이것은 하나님의 이적들이 종말에 나타날 하나님의 왕권-능력을 예언하고 기대하게 하는 것이다.

다시 말하면 치유 이적들은 현실 세계 곧 우주가 "새 하늘과 새 땅"으로 새롭게 될 초자연적 갱신(a supernatural renewal)을 예언하는 것으로 풀이 된다. 병 고침을 받았듯이 말세의 끝에 우주가 갱신되어 "새 하늘과 새 땅"이 되고 모든 죄악이 정복되고, 육체적인 것과 동시에 영적 세계가 새롭게 된다는 것을 예언한 것이다(마 19:28, παλιγγενεσία). 구약의 선지서에서는 이 두 가지를 분리하지 않고 하나로 취급한다.

2. 의의 범위

하나님 나라가 의의 범위에서는 하나님의 주권을 명백히 드러내는 것을 의미한다. 여기서 말하는 "의"(δικαιοσύνη, צֶדֶק)는 예수님의 가르침에서 특별한 의미를 나타낸다. 의는 율법을 주신 자이요 심판자이신 하나님께서 가지신 것이다. 이것은 도덕적 행위와 도덕적 상태가 하나님의 뜻과 하나님의 높으신 성품의 수준으로 볼 때 올바르다고 여겨지는 것을 뜻한다. 그러므로 이와 같은 의가 하나님의 도덕적 영광을 다시 산출(reproduction)하게 된다(마 5:48). 마태복음 5:48에 따르면, 의의 수준은 하나님 안에서 발견되고 의의 목표 곧 순종의 궁극적인 원인은 하나님께 있다고 가르친다. 그리고 하나님을 만족케 하려는 의도에서 의를 찾아야 하며, 그러한 순수한 의도가 모든 도덕적 실존에서 최고로 높은 목표가 된다.

예수님 당시의 유대교는 의로움에 대하여 잘못된 개념을 가지고 있었다.

유대교의 윤리학은 결의론(casuistry)적인 것으로 다음 세 가지 특성을 지니고 있었다. ① 계명(the commandments)보다 금지(the prohibition), ② 자기 의(self-righteousness), ③ 위선(hypocrisy)을 강조했다. 유대교의 이러한 의의 개념은 두 가지 원천에서 나왔다. 하나는 유대교가 하나님의 율법을 숭배하는 것으로 전락시킨 것이다. 즉 율법이 살아 계신 하나님의 자리를 대신 차지하게 되었다. 따라서 유대교에서는 하나님의 거룩하신 성품과 온전하신 뜻의 위엄과 권위가 계명들 가운데서 느껴질 수 없게 되었다. 다른 하나는 유대인들의 율법준수가 자기 중심적으로 바뀐 점이다. 즉 율법준수가 내세의 축복을 확보하는 도구가 되었다.

이처럼 유대교에서 말하는 의의 수준은 율법을 신성화시키고, 동시에 율법을 주신 인격이신 하나님을 대신하게 되었다. 율법을 순종하려는 최고의 동기가 이기심(self-interest)에 있게 된 것이다. 살아 계신 하나님은 먼 곳에 두고 얄팍한 행동으로 율법을 수락하려는 것 외에는 어떠한 필요성도 느끼지 못했다. 모든 계명들이 하나님의 성품과 뜻 안에 뿌리를 두었다고 이해하는 믿음을 상실함으로써 율법은 단지 관련 없는 교훈들의 수집, 곧 의식법령들의 모음으로 전락한 것이다. 그리고 관리하는 동기가 자기 중심적이었으므로 본래 율법의 정신이 요구하는 적극적 성취보다는 율법을 범하는 것을 피하려는 데 더욱 많은 관심을 두게 되었다.

이러한 도덕적 의식이 예수님 시대에 편만한 까닭에 예수님은 율법의 말씀을 각 계명 안에 존재하는 살아 계신 하나님의 음성으로 다시 새롭게 하셨다. 그래서 예수님은 두 가지 큰 계명인 하나님을 가장 사랑할 것과 자기의 이웃을 자기 몸과 같이 사랑하라고 명하셨다(막 12:30,31). 이 큰 두 계명을 실천하기 위한 실제적인 시험(the practical test)으로 예수님은 자신에게 누가 해주기를 원하는 모든 것을 남에게 행하라는 말씀을 주신 것이다. 이 말씀이 율법과 선지자들을 종합한 것이다(마 7:12).

의의 실제 내용은 하나님이 의롭다고 인정하심(justification)이고, 하나님의 의의 덧씌우심(imputation, חשׁב)이다. 의롭다 하심을 받는 것은 엄밀히 말하면 하나님으로부터 오는 의롭다함과 같은 것이다. 이와 같은 의미에서 칭의는 하나님 나라 안에서 주어진 하나님의 축복들 가운데 하나이다. 구약시대의 선지자들은 여호와의 왕권이 메시야 시대에 이르러 새로운 국면으로 들어갈 것으로 예언했다. 예레미아 31:33에서는 하나님이 그들의 마음에 당신의 율법을 기록할 것이라고 했다. 그리고 에스겔 36:27에서는 하나님이 이스라엘로 하여금 당신의 율법 안에서 걷게 하실 것이라고 했다. 이사야 55:1에서도 하나님은 자기 백성에게 의를 나누어주실 것이라고 예언하고 있다.

예수님은 이런 예언들을 마음에 두시고 "의에 주리고 목마른 자들은 복이 있나니"라고 말씀하셨다. 여기 표현된 심령의 상태는 산출적(productive)인 마음의 상태가 아니고 받아들이는(receptive) 마음의 상태이다. 주리고 목마르다는 것은 가난하고 겸손하다는 말씀과 평행을 이루는 말씀들이고, 자기 자신 안에 선한 것을 갖고 싶으나 갖지 못하여 하나님이 그것을 공급해 주실 것을 바라는 마음의 상태이다. 이와 같이 그들의 마음이 원하던 선한 것으로 흡족히 채워질 때 이것은 자기 자신의 노력으로 되지 아니하고 오직 하나님의 은혜로우신 행동으로 말미암아 일어난 것이다. 예수님은 이런 정의의 상태가 도래하는 하나님 나라의 한 부분과 같이 주어질 것이라고 말씀하셨다.

의의 또 다른 내용은 의 자체가 상급(μισθός)이라는 것이다. 마태복음 5:20에서 하나님 나라에 들어가는 데 먼저 필요한 것(a prerequisite)은 서기관들과 바리새인들의 의보다 더 나은 것이라야 한다고 했다. 그리고 제자들의 삶을 포도원과 추수할 밭과 일하는 품꾼에 빗댄 그림을 그려 주셨다. 예수님이 산상설교에서 지적한 상급은 도덕적으로 혹은 영적으로 관계가 없는 것이 아니라 최고의 즐거움인 것이다. 그러한 최고의 즐거움은 이미 내적인 하나님의 왕국(the internal kingdom)에 딸린 축복이다. 이러한 사실은 '마음이 청결한 자가 하나님을 볼 것이요, 의를 위하여 주리고 목마른 자가 완전히 만족함을 받게 될 것이고, 화평을 구하는 자가 하나님의 아들이라고 일컬음을 받을 것이요' 라는 말씀들에 나타난다. 그리고 이것은 상급으로 구성될 종말론적 하나님의 사랑의 본질을 묘사한 말씀이다.

예수님이 가르치신 하나님 나라의 상급 개념은 예수님 당시의 유대교의 상급 개념과는 전적으로 다르다. 예수님 시대의 유대인들이 가졌던 상급의 원리는 법률상의 요구(a legal necessity)였고, 율법을 지키는 것은 곧 상급을 받는다는 가치를 의미했다. 이것은 하나님과 율법을 지키는 자 사이의 거래 관계를 뜻한다. 그러나 예수님의 가르침에 따르면 하나님과 인간 사이에는 이러한 거래 관계가 존재할 수 없다. 이와 같은 거래 관계는 죄악으로 인하여 절대적으로 불가능하다. 이보다 더 심각한 이유는 하나님의 절대적인 주권이 그러한 거래 관계를 제거한다. 왜냐하면 하나님이 하나님으로서 인간이 할 수 있는 모든 봉사, 혹은 순종에 대한 권리를 가지고 계시기 때문이다. 누가복음 17:10에 보면 제자들은 그들에게 요구된 모든 것을 충성스럽게 행한 후에라도 무익한 종들이라고 고백한다. 물론 제자들의 수고가 쓸데없다는 뜻으로 "무익한 종들"이라고 부른 것이 아니다. "무익한 종들"이라는 말은 주인이 종들에게 기대하는 것 이상으로 종들이 할 수 없는 것처럼, 하나님의 자녀들이 주인 되신 하나님을 위하여 하나님이 자녀들에게 기대한 것 이상으로 더 잘 할 수 없다는 것을 의미한다.

달란트의 비유(마 25:14~30)에서 종들이 받은 달란트보다 배나 이익을 남기고 상급을 받게 한 원래의 달란트는 종들의 것이 아니고 주인이 종들에게 맡긴 것이다. 이 비유가 가르치고 있는 바대로 상급은 종들이 행한 것보다 더욱 많다(마 24:47; 25:21,23). 상급(restitution)은 포기하고 버린 것에 비해 100배나 된다(막 10:30). 포도원의 일꾼들의 비유(마 20:1~16)에서 볼 때 궁극적으로 상급은 값없이 주신 선물이며, 따라서 잠깐 동안만 포도원에서 일한 자도 똑같은 품값을 받게 된다. 십자가에 매달린 도적 중 하나가 예수님께 돌아갔을 때 그도 온전히 구원을 받았다.

3. 축복 상태의 범위

하나님의 주권이 드러나는 셋째 범위는 하나님의 자녀들이 들어간 하나님의 축복의 상태(a state of blessedness)를 말한다. 이것은 하나님의 왕권과 함께 모든 것들이 따라오는 것을 의미한다(마 6:33). 하나님의 주권 곧 하나님의 왕국이 축복 상태처럼 묘사되는데 그것은 하나님이 적은 무리에게 주시는 선물을 말하고 있다(눅 12:32; 마 20:23). 유비(analogy)로 말하면 고대 동양의 왕은 여러 가지 선물을 자기 백성에게 아낌없이 주는 풍습이 있었다. 이와 같이 예수님은 어떤 왕이 자기 아들을 위하여 백성에게 혼인 잔치를 베푼 모습을 인용하여 하나님 나라를 묘사하셨다(마 22:2). 하나님 나라의 측량할 수 없는 가치는 감추인 보화와 값진 진주의 비유(마 13:44~46)에서 명확히 표현된다. 즉 보화와 진주를 발견한 자는 자기의 모든 소유를 팔아 아주 귀중하고 좋은 것을 산다는 사실을 강조하고 있다(참조. 마 19:12; 막 9:43~47; 눅 18:29). 그리고 마태복음 25:34의 임금은 왕국을 가리켜 하나님의 은혜로우신 모습을 가장 구체화(embodiment)한 것이라고 했다.

이처럼 하나님 나라는 축복의 상태이며, 그 축복은 소극적(negatively)인 동시에 적극적(positively)이다. 소극적이라 함은 하나님의 왕국이 모든 악에서 해방되는 것을 말한다. 하나님의 축복 가운데 가장 중요한 축복은 죄를 사하여 주시는 은혜다. 예레미아 31:34에서 이것은 메시야 시대의 축복 중 매우 중요한 축복으로 예언된다. 이 진리를 예수님은 용서하지 아니한 종의 비유(마 18:23~35)에서 잘 가르치셨다. 이 비유에서 왕국은 어떤 왕에 비교되는데, 그 왕은 자비롭게 자기 종의 빚을 탕감해 주고 그 빚진 상태에서 벗어날 수 있게 해 주었다. 주님이 가르치신 기도 중에도 먼저 하나님 나라가 임할 것을 청원하고, 그 청원에 이어 하나님의 뜻이 이루어질 것과 죄를 사하여 주실 것을 청원하는 기도가 뒤따른다.

적극적이라 함은 소극적인 면에서 본 축복 즉 속죄 안에 나타난 의의 선물에 해당하는 하나님의 축복으로 말미암아 영적 즐거움과 만족을 얻게 된다는 것이다. 죄의 짐에서 심령이 놓임을 받고 하나님 나라로 인도함을 받은 확증이 있는 자들은 큰 평화와 안식의 상태에 들어간다(마 11:28~29; 막 5:34; 눅 7:50). 이와 같은 축복의 궁극적인 모습은 아들의 신분(sonship, υἱοθεσία)과 생명(ζωή)이라는 두 개념으로 묘사된다.

"아들의 신분"(υἱοθεσία)에 관해서 예수님은 제자들에게 "너희 아버지"(마 6:32)라고 말씀하셨다. 공관복음서에서 "아버지"라는 말은 항상 하나님과 "아들" 곧 예수님 자신과의 관계를 나타낸다. 요한복음에서는 "아버지"라는 말이 일반적으로 제자들과 관련해서도 사용된다. 그러나 요한복음에서 "아버지"라는 말을 제자들과 관련시킨 것은 보편적 혹은 일반적인 "아버지의 자격"(universal fatherhood)이라는 개념에 기초를 둔 것이 아니고, 원래 하나님과 예수님 사이에 존재한 아버지-아들 관계가 제자들에게 연장되어 적용된 것이다.

그러므로 하나님 아버지와 아들의 이 연장된 관계는 "아들 신분"(υἱοθεσία)의 독특한 가치를 보여주는 가장 강력한 확증인 것이다. 이 사실을 마태복음 11:27에서는 다음과 같이 강조하여 표시한다. ① 가장 완전한 상호간의 지식(the most perfect mutual knowledge), ② 가장 직접적인 생명의 사귐(the most direct communion of life), ③ 가장 절대적인 목적(의도)의 통일성(the most absolute unity of purpose)이다. 이 세 가지가 하나님의 왕국을 이루는 "아들 신분"을 나타내주고 있다. 마음이 청결한 자에게 주어질 최고의 선물은 종말적 하나님 나라 안에서 얼굴과 얼굴을 마주 대하고 하나님을 직접 보는 자식의 복된 환상(the beatific filial vision)을 갖는 것이다.

구약에서 생명(חַי) 개념은 성장(growth)과 번영(prosperity)과 하나님의 호의를 갖게 됨으로 발생하는 행복이 그 특징이다. 예수님은 이에 동의하시고 구약의 생명 개념을 미래에 반영시키고 있다. 생명이란 종말론적 하나님 나라에서 누릴 축복과 즐거움의 총화(total)와 같은 것이며 "기업"이다(마 8:22; 눅 15:24~32, 20:28). 주관적인 의미에서 생명은 믿는 자들에게 영적 성장과 활동이며, "사는"(lived) 것인 동시에 "상속받는"(inherited) 것이다. 예수님은 요한복음 17:3에서 생명에 대하여 정의하시기를 참되신 하나님과 하나님께서 보내신 아들 예수 그리스도를 아는 것이라고 하셨다. 여기서 하나님과 예수 그리스도를 아는 지식이란 이미 나누어 주신 것이고, 나누어 주신 생명은 종말론적인 마지막 날에 완성되어 완전히 소유하게 될 것이다. 이 언급한 지식은 지적인 인식(intellectual cognition)보다 더 깊은 의미를 가지고 있다. 이 지식은 실제적인 지식(practical acquaintance)과 성품의 일 치 혹은 적응(congeniality of nature)에서 일어나는 애정 깊은 판단과 최고 의 영적 사랑을 포괄한다. 그러므로 이 지식은 교훈의 과정(a process of instruction)이 아니라 위로부터 나는 중생이며, 이 중생으로 말미암아 근본 성격이 변화되어 낮은 지상의 감각 세계에서 영적 세계의 존재로 바뀌고 하나님을 위해서 살게 되는 새생활인 것이다. 그러므로 요한복음 14:6에서 예수님은 지상에서 하늘 생명의 대표와 화신(embodiment)이 되시므로 자 신을 가리켜 하나님께 가는 "길"이라고 했다.

탕자의 비유(눅 15:11이하)에서 탕자가 아버지께 돌아온 것은 죽음에서 생명으로 옮긴 것으로 묘사했다(15:32). 이처럼 아들의 신분(sonship, υἱοθ εσία)에서 다시 아들 됨의 위치를 회복한 것(readoption)과 생명을 다시 찾 은 것이 서로 일치된다.

하나님 나라는 구원-능력의 범위, 의의 범위, 축복 상태의 범위에서 하나 님의 주권이 명백하게 시행되는 것을 가리키게 된다. 이러한 의미로 하나님 나라는 현재 실현된(realized) 것인 동시에 아직 미실현(unrealized) 된 것이 라고 복음서는 증거한다.

이상에서 정의한 하나님 나라의 의미와 "역사적"이라는 의미를 종합한 전망(view)을 가지고 예수님의 비유를 해석하고자 한다. 여기서 말하는 "역 사적"(historical)이라는 말은 베일리가 사용한 "동양"(oriental) 문화와 같은 뜻이다. 즉 "역사적"이라는 말은 고대 근동(the Ancient Near East) 특히 팔레스타인 문화를 가리킨다. "역사"(history)와 "문화"(culture)라는 두 용 어는 서로 교환될 수 있는 말로서 같은 뜻을 나타낸다.

베일리의 "동양적 주석"과 필자의 "천국-역사적 해석"이 다른 것은 위에 서 정의한 하나님 나라의 개념을 비유의 역사적 혹은 문화적 배경의 주축 (pivot)으로 삼고서 예수님의 비유를 해석한다는 점이다. 그러나 "역사적" 혹은 "동양적 문화"(Oriental culture)라고 할 때 베일리가 의미한 것과 필자 의 해석법에는 별 차이가 없다.

"역사적"으로 비유를 해석한다는 것은 몇 가지 전제를 포함한다. 예수님의 비유는 예수님과 비유를 듣는 청중 사이에 생겨난 연극(play)과 비슷한 것이다.5) 예를 들면, 바리새인 시몬의 집에서 벌어진 장면(눅 7:36~50)처럼 우리는 연극(play) 전체를 볼 수 있고, 그 전체의 연극 속에서 비유도 말씀하고 있다.

다른 경우의 예를 들면 누가복음 18:19은 연극이 매우 짤막하며, 누가복음 17:7~10의 경우는 연극이 전혀 나타나지 않는다. 예수님과 청중 사이의 관계는 흔히 이야기를 하는 사람(a storyteller)과 이야기를 듣는 청중 사이에 일어나는 관계이다. 누군가 이야기하는 것을 들을 때 이야기를 하는 사람과 듣는 사람 사이에는 보이지 않는 마음의 교환(an invisible mental switch)이 일어난다. 만일 영국 사람이 아더(Arthur) 왕의 이야기를 할 때 어느 영국인이 들었을 경우와 에스키모인이 들었을 때는 의미가 다를 것이다. 그처럼 예수님의 비유에 관해서 우리는 에스키모인처럼 될 상황에 처해 있다. 즉 예수님의 비유를 들은 본래 청중과 우리와 사이에는 2000년 전 팔레스타인 문화라는 것이 가로놓여있다.

따라서 고대 근동문화 특히 팔레스타인 문화를 잘 알아내는 것이 예수님의 비유를 해석하는 데 우선적으로 요구되는 필요한 점이다. 고대 근동 문화를 알아내는 데 도움이 되는 것은 다음과 같다. 예수님의 비유의 문화적 모습들은 현대 중동 농부의 생활에 반영되어 있다는 것이다. 신약성경이 시리아어와 아라비아어로 번역되었을 때, 그 번역들은 언제든지 해석이다. 왜냐하면 번역자들은 먼저 본문을 번역하기 전에 본문이 무엇을 의미하는지를 결정해야 하기 때문이다.6)

---

5) A.M. Hunter, *The Parables Then and Now*(Philadelphia: Westminster Press, 1971), p. 9.

6) K.E. Bailey, *Poet and Peasant; Through Peasant Eyes*(Grand Rapids: Eerdmann, 1980) XXII~XXIII.

2. 비유의 분류

천국-역사적 해석법을 사용하여 예수님의 비유들을 해석할 때, 비유들을 분류하면 편의상 유익한 점이 있다. 지금까지 비유 해석자들은 각각 자기들이 편리한 대로 비유들을 분류하고 있다. 예를 들면 헌터(A.M. Hunter)는 주제별 분류(a topical classification)를 사용하여 비유를 분류한다. ① 하나님 나라가 임한 것을 묘사한 비유, ② 하나님 나라의 은혜를 밝히는 비유, ③ 하나님 나라의 백성을 그리는 비유, ④ 하나님 나라의 위기를 취급하는 비유이다.[7] 다드(C.H. Dodd) 교수는 비유를 세 종류로 분류한다. ① 삶의 정황(the setting in Life) 카테고리, ② 위기의 비유들(parables of crisis), ③ 성장의 비유들(parables of growth)이다.[8] 예레미아스(J. Jeremias)는 아홉 가지 일반적인 주제를 가지고 분류한다.[9] ① 지금이 오늘이다. ② 죄인을 위한 자비, ③ 큰 확신(great assurance), ④ 큰 재해(immense of catastrophe), ⑤ 너무 늦었다(may be too late), ⑥ 도전(challenge), ⑦ 제자의 신분(discipleship), ⑧ 인자의 높임(exaltation of the Son of Man), ⑨ 완성(the consummation)이다.

스코트(B.B. Scott)는 현대의 사회생활과 문화의 기본적 모습들을 기초

---

7) A.M. Hunter, *Interpreting the Parables*(London: SCM; Philadelphia: Westminster Press, 1980).

8) C.H. Dodd, *The Parables of the Kingdom*(New York: Charles Scribner's Sons, 1961).

9) J. Jeremias, *The Parables of Jesus*(New York: Charles Scribner's Sons, 1972).

카테고리로 삼고 비유를 분류한다.10) 그는 고대 지중해 사회가 수평축과 수직축이라는 두 축(axes)에 따라 나누어진 것으로 보았다. 수평축은 가족에서 퍼져나가 사회적 교환을 조직했고, 수직축은 피보호자-보호자(client-patron) 관계를 중심으로 사회의 능력교환을 조직한 것으로 보았다. 그리고 세 번째는 일상생활의 가공품(the artifacts)을 사용했다. 여기서 말하는 일상생활의 가공품이란 상징적인 말로 생활의 가치들을 의미한다.

스코트의 비유 분류를 좀 더 설명해보면, 수평축인 사회 교환축은 가족을 원형(原型)으로 한다. 지중해 사회는 가족을 중심으로 동심원(concentric circle) 밖으로 퍼져나간다. 여기서 "가족"이라는 말은 중심 사회 단위요 "내부"를 의미한다. 가족 곧 내부에서 떨어져나가면 "외부"가 된다. 가족에서 매우 멀리 바깥쪽으로 나가면 이것은 완전히 "외인"이 된다.

스코트 교수는 지중해 사회를 이렇게 관찰하고 그 사회 구조에 따라서 비유를 셋으로 분류한다. ① 수평축 즉 가족, 마을, 도시와 도시 주변에 관계된 비유로서 가족 비유, 마을 비유, 도시와 도시 인근의 비유. ② 수직축 즉 피보호자-보호자 관계, "주인과 종"의 관계로 능력 교환의 수단이 되는 비유. 이 부류에 속한 비유로는 주인이 떠났다가 다시 돌아오는 비유와 주인이 종에게 계산하는 비유가 있다. ③ 일상생활의 가공품, 그리고 집과 농토 등으로 은유적 또는 상징적 의미를 나타내는 비유. 이렇게 비유를 셋으로 분류한다.11)

구조주의(structuralism)자들 중에 크로산(J.D. Crossan)은 비유들의 구성(plots)을 검토하고 세 가지 구조, 곧 도래(advent, 출현)와 반전(reversal)과 행동(action)으로 구분하는데, 이 세 구조들이 일련의 위기(crisis)와 응답(response)과 비난(denouncement)에 근거를 둔다고 했다.

그는 이 세 구조에 따라 예수님의 비유들을 분류한다.12) "도래" 혹은 "출

---

10) Bernard Brandon Scott, *Hear Then the Parables*(Philadelphia: Fortress Press, 1990).

11) *Ibid.*, pp. 73~74.

12) J.D. Crossan, *In Parables: The Challenge of the Historical Jesus*(New York: Harper and Row, 1973); cf. Robert W. Funk, *Parables and Presence*

현” 비유는 장래를 개조하는(recasting) 비유로서 하나님의 법칙을 강조하고, “행동” 비유는 결정적 행동을 요구하는 중대한 환경을 포함하며, “반전” 비유는 사회적 지위 혹은 특권에 대한 일반적 전망을 뒤집고 있다.13)

비아(Dan Via)는 비유의 구조(plots)를 “희극”(comic)과 “비극”(tragic) 구조로 분류하는데, 이러한 분류는 비유의 스토리가 구원 혹은 심판에 초점을 맞추고 있다는 데서 착안한 것이다.14) 주인공은 비극과 희극으로 구별되는데, 비극의 주인공은 자기의 유한성(finitude)으로 말미암아 짐이 되고 당황하게 되지만, 희극의 주인공은 인류 현실(human actuality)의 현상인 것이다. 희극의 주인공은 인간이 된 사실에 갇힌 것도 아니고 인간이 된 것에 분개치도 아니하며, 희극자체는 인간이 몸을 가지고 있고 음식과 잠자는 것이 필요하며 열망도 소유한다는 모든 진리를 보여준다. 그러나 희극과 비극의 이러한 차이점을 예수님의 비극적 비유와 희극적 비유 간의 차이점으로 적용하지 않는 이유는, 비극과 희극의 비유들이 동일하게 인간의 활동 속에 인간을 두고 그림을 그린 것으로 설명하고 있기 때문이다.15)

비아는 예수님의 비유 중에 포도원 일꾼들의 비유(마 20:1~16)와 불의한 청지기의 비유(눅 16:1~9)와 탕자의 비유(눅 15:11~32)를 희극적 비유에 포함시키고, 열 처녀의 비유(마 25:1~13)와 달란트의 비유(마 25:14~30; 눅 19:11~27)와 혼인잔치의 예복 비유(마 22:11~14; 눅 14:15~24)와 악한

(Philadelphia: Fortress Press, 1982), pp. 35~54; Pheme Perkins, *Hearing the Parables of Jesus*(New York: Paulist Press, 1981), pp. 10~15.

13) cf. A. Wliser's “Servant Parables,” *Die Knechtsgleichnisse der synoptischen Evangelien*(München: Kösel, 1971); Gerhard Schneider's “Parousia Parables,” *Parasiegleichnisse im Lukasevangelium*(Stuttgart: Katholisches Bibelwerk, 1975); Heinrich Greeven's Τις εξ ωμων Parables, “Wes unter euch ---?” *Wort und Dienst 3*(1952) 86~101; C.L. Blomberg's nature parable, discovery parable, a fortiori parable, and contrast parable, “Parables,” in *ISB Ency.*, Revised, ed. G.W. Bromiley 3(Grand Rapids: Eerdmans, 1986) 658.

14) Dan Via, *The Parables: Their Literary and Existential Dimension* (Philadelphia: Fortress Press, 1967).

15) cf. Nathan A. Scott, Jr., “The Bias of Comedy and the Narrow Escape into Faith,” pp. 19~21.

농부들의 비유(마 21:33~46; 막 12:1~9; 눅 20:9~19), 그리고 용서하지 않는 종의 비유(마 18:21~35) 들을 비극적 비유에 포함시켰다.

희극적 비유는 다음 세 요소들을 갖는다고 한다. ① 비극적 행동, ② 몰락(downfall), ③ 인지 장면(recognition scene)이다. 비극적 비유도 다음 세 요소들로 구성된다. ① 비극적 행동, ② 인지 장면, ③ 몰락이다. 비극적 비유에서 둘째 요소인 인지 장면이 하나뿐이면 셋째 요소인 몰락이 먼저 나온다. 왜냐하면 몰락이 그 장면 이후로는 하나도 나타나지 않기 때문이다. 그리고 희극적 비유에서는 인지 장면이 몰락 뒤에 놓임으로써 비극을 희극적으로 만든다. 그리고 희극의 끝인 인지 장면은 한계를 뛰어 넘는다. 예를 들면 탕자의 비유에서 탕자는 아버지에게 자기가 아들의 신분을 상실한 것으로 인정하지만 아버지는 탕자를 아들로서 영접했다. 이와 같이 희극적 비유에서는 인지 장면이 비극을 희극으로 높이고 한계를 넘게 한다.16)

"비극"은 비극적 비유에서 넓은 의미로 사용되는데, 주인공을 파국(catastrophe)과 고립(isolation)으로 향하게 하는 구도를 가지고 있다. 비극적 비유가 생활의 불안정과 우연성에 관한 주제에 주의를 기울인다는 점에서 비극과 공통점이 있다.17) 물론 이처럼 예수님의 비유를 희극과 비극의 비유로 분류하는 비평학자들은 그들이 말하는 예수님의 비극적 비유가 다른 "고전적 비극"(the classical tragedy)과는 약간 차이가 난다고 인정한다. 고전적 비극에는 인간의 자유가 나타나지만, 운명이 강조된다. 이렇게 강조된 운명은 신들보다 더욱 강하게 나타난다. 예를 들면 도덕적 의미가 전혀 없는 외적인 힘들이 인간의 운명을 결정하고 있다. 인생이 고난을 받는 것은 피할 수 없다는 것이 비극의 핵심적 정의이다.18) 그러나 예수님의 비극 비

---

16) cf. Preston Roberts, "A Christian Theory of Dramatic Tragedy," *Journal of Religion 31*(1951); "Bringing Pathos into Focus," *Motive* 14(1953) 9~10.

17) cf. Nathan A. Scott, Jr.(ed.), *The Tragic Vision and the Christian Faith* (New York: Association Press, 1957), p. X; R.B. Swall, *The Vision of Tragedy* (New Haven and London: Yale University Press, 1962); Ascar Mandel, *A Definition of Tragedy*(New York: University Press, 1961).

18) *Ibid.*, pp. 20~24.

유에서는 자유가 더욱 명백하고 강하게 나타난다. 선동을 받아(instigated) 일어난 행동 혹은 신탁(divine oracles)과 가족이 받은 저주로 말미암아 결정되는 활동이 발견되지 않는다. 그러나 필연성에 대한 사색이 나타나며, 인간이 자유롭게 행하나 그 행동이 가져올 결과는 피할 수 없다는 것이다. 물론 이러한 논의는 실존주의의 전제에서 논의하는 것이다. 실존주의 학자들은 인간이 실존에 대하여 어떠한 이해를 소유하며 그 기준에 따라 자기의 실존을 손상시키지 않고 행하지만 실존에 대한 이해를 소유할 필요는 없다고 한다.

고전적 비극에 나타난 필연성의 근거와 예수님의 비극 비유에서 보이는 필연성의 근거는 동일한 것이 아니다. 고전적 비극에서 비극의 영웅은 행동의 진로를 바꾸고 장애를 뛰어 넘는다. 이 행동의 진로는 매우 중요한 것이며, 결과를 막론하고 비극의 영웅은 행동의 진로가 부르는 데 응답하여 행동으로 옮긴다. 비극의 영웅은 이렇게 행동을 시작하는데 어떠한 장애물이 진로를 가로막을지라도 자기의 목적을 달성하며 자신을 위하여 제일 확실하다고 여기는 관심(interest) 속에서 활동한다.[19] 비아나 스코트는 예수님의 비극 비유에서 주역들이 어떠한 심각한 목적으로 인해 행동을 취한 것이 아니고, 그들의 행동은 일상적인 것이라고 했다. 주역들의 실패가 어떤 "인물"(character)과 관련되어 나타나며, 그들이 거스른 인물은 그들을 실패(downfall)하게 할 수 있는 능력을 소유한 까닭이라고 했다. 이러한 능력을 소유한 인물은 하나님을 가리키며 이렇게 해서 비유 안에 있는 인간의 상호 관계가 간접적으로 하나님과 인간 간의 관계 및 죄의 성격과 심판을 지적하고 있다는 것이다.[20]

---

19) *Ibid.*, p. 20; cf. Gilbert Norwood, *Greek Tragedy*(New York: Hill and Wang), p. 178.

20) Via, *op.cit.*, pp. 110~120; N.A. Scott, *op.cit.*, p. 17; cf. H.D. Kitto, *Greek Tragedy*(Granden City: Doubleday, 1954); E.Sa.B. Cherbonnier, "Biblical Faith and the Idea of Tragedy," in *The Tragic Vision and the Christian Faith*, pp. 20~28; Preston Roberts, "A Christian Theory of Dramatic Tragedy," pp. 10~16; Gerhard Barth, "Matthew's Understanding of the Law," in *Tradition and Interpretation in matthew*(Philadelphia: Westminster Press, 1963), pp. 59~65.

이상으로 비평학자들이 비유를 분류하려고 제안한 논의를 간략히 약술해 보았다. 그리고 이제 "천국-문화적 해석"에서 기본으로 삼은 전제를 다시 언급한 다음 마감하고자 한다. 천국-문화적 해석법은 다음과 같은 전제 혹은 전망(perspectives)을 근거로 삼는다.

① "비유"라는 언어양식은 구약성경과 랍비문서에 사용된 마샬(מָשָׁל)과 같이 "은유적"(metaphorical), "사실주의적"(realistic), 역설적(paradoxical), 풍유적(allegorical)인 것인데, 이 네 가지를 하나의 문학양식으로 볼 수는 없다. 이처럼 "비유"라는 용어 자체가 포괄성을 지녔고, 의미가 하나 또는 그 이상의 요점을 나타낸다.

② 예수님의 비유의 목적은 이중적인데, "하나님 나라의 비밀"이 제자들에게는 "드러나게 되는 것"이고 불신앙의 완고한 마음을 가진 자들에게는 그 비밀이 감추어진 대로 남게 하려는 것이다. 마가복음 4:11에서 "하나님 나라의 비밀을 너희에게는 주었으나"라고 하신 말씀의 뜻은, 하나님 나라가 예수님의 오심으로 임하기 시작했다는 이해 혹은 지식을 의미한다. 이처럼 하나님 나라가 예수 그리스도의 오심으로 임하기 시작한 것을 이해할 수 있다는 것은 오직 하나님의 은혜요, 믿음으로 말미암아 분별하게 되는 일이다.

예수님의 비유를 올바로 이해하고 해석하는 유일한 열쇠는 예수님이 이 땅에 오심으로써 하나님 나라가 임하기 시작한 것으로 분별하는 것이다. 이러한 이해가 없다면 예수님의 비유가 여러 가지 잡다한 사색들을 위한 말의 수식에 불과할 뿐이고, 하나님 나라가 임한다는 것이 특별한 구원적 역사적 의미와 연결되는 것으로 이해할 수 없게 된다.

③ "하나님 나라"라는 말은 하나님의 주권이 다음 세 가지 범위에서 분명히 역사하고 나타나는 것을 의미한다. 구원-능력의 범위, 의(義)의 범위, 축복 상태의 범위이다. 이러한 의미가 "천국-문화적 해석"에서 "천국"이란 말의 뜻이다. 그리고 "문화"란 팔레스타인 문화를 말한다. 따라서 예수님 시대에 팔레스타인에 살던 사람들이 공통적으로 생활하고 체험한, 보존할 가치가 있는 모든 문명생활을 의미한다. 또한 "문화"는 세대를 거쳐 이어지고

다음 세대에 보존 전달되어 내려온 문명을 참고로 한다.

④ 예수님의 비유를 예수님과 청중 사이에 일어난 연극과 같은 것으로 보고, 청중 파악을 비유 해석의 첫 단계로 삼는다. 다음 단계는 청중이 소유한 "문화"를 되찾으려고 노력한다. 그 다음으로는 비유가 사용한 모든 문학 양식들을 확인한다. 마지막 단계로 각 복음서에 나타난 신학적 개념과 비유의 문맥에서 비유의 의미를 찾아낸다. 앞의 첫 전망에서 지적한 대로 예수님의 비유는 하나 또는 두세 가지의 요점을 가르친다.

제4부 | 비유의 해석

1. 군주의 비유(monarchic parables)

필자는 비평학자들이 제시한 여러 가지 분류들을 따르지 않고, 예수님의 비유가 하나 혹은 그 이상 여러 요점을 포함하고 있으므로 비유의 요점과 표현되는 뜻의 종류에 따라서 비유들을 분류하여 해석하고자 한다. 비유를 이렇게 분류하고자 하는 것은 다만 해석상 편한 의도 때문이지 특별한 의미가 들어있는 것은 아니다. 먼저 여러 가지 의미, 적어도 세 가지 의미를 나타내는 비유들을 해석하고 다음으로 두 가지 의미를 가진 비유들과 한 가지 의미를 가진 비유들의 순서로 해석하려고 한다. 그러나 비유 하나하나를 세밀하게 주석하려는 것이 아니고, 주로 비평학자들의 의견들을 비판하는 데 주력하고자 한다.

세 가지 뜻을 가진 비유들은 "군주의"(monarchic) 비유로 불린다. 여기서 "군주"라는 말은 통합하는 인물(the uniting character), 혹은 권력자(an authority figure)를 뜻한다. 예수님의 비유에서 통합하는 인물은 왕이나 아버지 혹은 주인이고, 두 사람(종속자, 하인) 사이에서 재판장과 비슷한 역할을 하며, 두 사람은 대조되는 위치에 있다. 이러한 비유들을 군주의 비유라고 부른 이유는 그 두 사람과 직접 관련된 주역이 왕 혹은 주인이기 때문이다.1)

---

1) Robert W. Funk, *Parables and Presence*(Philadelphia: Fortress Press 1982), pp. 25~50; J.D. Crossan, *In Parables the Challenge of the Historical Jesus*(New York: Harper and Row, 1973), pp. 52~80; Gerhard Sellin, "Lukas als Gleichniserzähler: die Erzählung von barmherzigen Samariter(Lk 10: 25~37)," *ZNW 65* (1974), pp. 180~89.

1. 가라지의 비유(마 13:24~30)

이 비유의 전반적인 문맥은 다음과 같은 반대 이미지들을 한 쌍으로 하여 짝을 이룬다. 좋은 나무와 못된 나무, 생선과 뱀, 반석 위에 지은 집과 모래 위에 지은 집, 하나님과 재물, 개와 거룩한 것, 진주와 돼지, 좁은 문과 넓은 문, 양과 염소, 알곡과 잡초이다. 이처럼 반대되는 것들을 한 쌍으로 만든 것은 마가복음 4:10~12에 예수님께서 하나님 나라의 비밀을 준 제자들과 주지 않은 "외인들"로 구분한 것과 조화를 이룬다. 가라지 비유는 바로 앞에 기록된 씨 뿌리는 비유(마 13:1~9, 18~23)와 한 쌍을 이룬다. 씨 뿌리는 비유에서 좋지 않은 땅에 뿌려진 씨와 좋은 땅에 뿌려진 씨가 한 쌍을 이루고, 가라지의 비유에서는 알곡과 가라지가 대조된다. 여러 구절에서 "많은 사람이 부름을 받은 것"과 "적은 수가 선택받은 것"이 대조되고 반대되는 주제로 한 쌍을 이룬다(마 13:47~50, 22:14, 25:31~46, 7:13~14; 눅 13:23~24, 7:22~23, 13:26~27).

이런 반대되는 이미지로 한 쌍을 이룬 문맥은 심판이 올 것을 분명하게 경고하고, 제자들에게 하나님의 뜻을 행하라고 권고한다. 이처럼 실제로 심판이 오리라는 것을 기억하게 하면서 인내할 것과 죄사함을 가르치신 복음서의 일반적인 넓은 문맥에 가라지의 비유가 직접 연결되어 있다.

예수님이 가라지의 비유를 말씀하신 동기에 대하여 다른 의견들을 제시하기도 한다. 일부 비평학자들에 의하면 이 비유가 초대교회를 염두에 두고 있다고 하면서, 비유가 생긴 동기를 다음과 같이 이야기한다. 예수님이 지나친 열심을 가진 자들, 다시 말하면 "인자"가 종말의 심판 때에 행하실 특권인 선한 자와 악한 자를 구분하는 것을 이 지상에서 이루려고 하는 열심자들을 경고하려고 이 비유를 말씀하셨다는 것이다.[2] 그러나 이 논의는 비유를 올바르게 해석하는 것이 아니다. 왜냐하면 비유에서 종들이 주인에게 제시한 것은 임시적인 분리가 아니었기 때문이다. 만일 종들이 제시한 것이 임시적인 분리(a provisional separation)였다면, 그것은 교회 안에서 같은 교인

---

2) A. Schlatter, *Der Evangelist Matthäus* (1933), p. 442.

들에게만 적용이 될 수 있다. 그러나 비유에서 나타난 분리는 알곡에서 가라지를 마지막으로 제거하는 것으로 하나님의 마지막 심판 때 일어날 최종적인 분리(the definitive separation)를 의미한다.

그리고 이 비유의 주제는 종들과 주인 사이에 분리시키는 자가 누구인가 혹은 어떠한 종류의 분리인가 하는 문제가 아니라 어느 때에 일어날 것이냐 하는 문제다. 즉 분리가 추수할 때까지 연기된 것이다.

다드에 의하면, 예수님의 제자들은 선한 자와 악한 자들의 분리가 없다면 어떻게 하나님 나라가 임할 수 있을까 염려하는 조급한 마음을 품고 있었다는 것이다. 그래서 예수님께서 이러한 의심을 해소시켜 주시려고 가라지의 비유를 베푸셨다고 한다. 그리고 그는 주인이 추수 때에 가라지가 알곡 중에 있다고 해서 추수를 미루지 않는 것처럼 하나님 나라가 임할 때에 이스라엘 안에 죄인들이 있다고 해서 미루어지거나 속도를 늦추지 않는다는 것이다.3)

물론 다드는 자신이 세운 실현된 종말론(realized eschatology)의 전제를 가지고 본문을 그렇게 관찰한다. 그러나 가라지 비유는 추수에 대하여 말하면서 분리하는 것을 미루지 않고 곧 실행되어야 할 때로 묘사한다. 다시 말하자면 가라지의 비유에 나타난 추수는 현실에서 아직 시작된 것이 아니라 앞으로 임할 하나님 나라를 이야기하고 있다. 따라서 이 비유에서는 다드의 실현된 종말론을 찾아볼 수 없다.

예수님께서는 바리새인들이 율법을 알지 못하고 범하는 죄인들이라고 저주한 사람들과도 교제하였는데, 그것이 바리새인들의 분노를 사게 한 것으로 우리는 알고 있다. 이러한 바리새인들의 분노가 예수님께서 가라지의 비유와 그물(the dragnet) 비유를 베푸시게 된 동기였다.

가라지의 비유의 확실성을 두고서 한때 비평학자들은 마태가 마가복음 비유의 단편에서 가져와 꾸며 만든 것이라고 하면서 확실성을 거절했다. 하지만 이런 논의는 도마복음이라는 위경의 연구를 통해 반박을 받게 되었다.4) 그리고 다드 교수도 비평학자들의 이런 의견을 배척하고 마태복음의

---

3) C.H. Dodd, *The Parables of the Kingdom*(New York: Charles Scribner's Sons, 1961), p. 185.

비유가 독자적이라고 논증했다.5) 그러나 다른 비평학자들처럼 다드도 가라지의 비유를 설명하는 마태복음 13:36~43이 마가의 씨 뿌리는 비유의 설명과 비교해 볼 때 이차적인 것이라고 했다. 다드가 이렇게 보는 이유는 마태복음 13:36~43에 "설교적"(homiletic)인 것과 "종말론적"(eschatological) 동기가 보인다는 점 때문이다.6) 이것은 가라지 비유의 설명을 단순히 자신의 실현된 종말론적 전망에 국한시킨 결과에 지나지 않는다.

가라지 비유의 확실성을 더 심하게 비난한 사람은 예레미아스(J. Jeremias)이다.7) 예레미아스는 마태복음 13:36~43에 합당하지 않은 말들이 있다고 했다. 그 중에 하나가 38절에 나오는 "세상"(ὁ κόσμος)이라는 말이다. 그는 이 "세상"이란 의미를 가진 아람어가 기독교 이전 시대에도 있었는지 의심한다. 그러나 예레미아스 자신이 확신을 가지고 의심한 것이 아니기 때문에 문제가 되지는 않는다. 그러므로 우리는 의심할 필요 없이, 그러한 의미를 가진 아람어 "알마"가 나타났으리라고 짐작할 수 있다.

이렇게 우리가 확신할 수 있는 이유는 "밭은 세상"이라는 말이 다른 구절과 조화를 이루고 있기 때문이다(11:27, 13:31,32, 24:14, 28:18,19; 요 3:16, 4:42). 예수님의 복음이 모든 곳에 선포되어야 하는데, 물론 즉시 그처럼 되는 것이 아니고(10:5,6), 점진적으로 모든 곳 곧 온 세계에 공포되는 것이다.

"밭은 세상"이라는 말은 이스라엘을 벗어나 온 세계에 미칠 선교사역을 전제하고 있다(10:16~18, 28:18~20). 이 말은 10:5~6에 나타난 협의의 명령인 예수님의 지상 사역 동안에 국한된 열두 제자의 사역에 배타적으로 연결된다는 것이 확증된다. 여기서 실제로 "밭"이라는 말은 교회를 의미한다. "밭" 곧 교회가 세상 안에서 실현된 하나님 나라인 것이다. "세상"이

---

4) B.B. Scott, Jesus, Symbol-Maker for the Kingdom(Philadelphia: Fortress Press, 1981); Hear Then the Parables(Philadelphia: Fortress Press, 1990); Jack Kingsbury, The Parables of Jesus in Matthew 13(Atlanta: John Knox Press, 1969), p. 152. n. 135.

5) C.H. Dodd, *op.cit.*, pp. 137~183.

6) *Ibid.*

7) J. Jeremias, *The Parables of Jesus*, pp. 64ff.

하나님의 주권 하에 있고, 하나님 나라에 대한 메시지가 온 세상에 공포되므로 예수님이 "밭은 세상"이라고 설명하신 것이다.

여기서 예수님은 하나님 나라가 우주적이며 지금 실현되고 있다는 것, 곧 교회가 이루어질 것을 나타내셨다. 초대교회 교부들도 이렇게 이해하고 있었다.8) 칼빈도 "세상"이 제유(synecdoche, 사물의 한 부분으로 전체를 나타내거나, 한 단어로 그와 관련된 모든 것을 나타내는 표현방법, 또는 그 반대)로 교회를 나타낸 것이라고 했다. 이것은 하나님 나라의 구원-능력의 범위 안에서 하나님의 주권이 나타나심을 의미하며, 교회는 이 같은 하나님의 주권이 나타나심으로 말미암아 일어난 실현이요 결실인 것이다.

예레미아스가 가라지 비유의 설명(마 13:36~43)을 예수님의 확실한 말씀으로 인정하지 않는 또 하나의 이유는 38절에 나타난 "악한 자"(ὁ πονηρός)가 마귀(διάβολος)라는 뜻을 가지고 있다는 점이다. 예레미아스는 세상이라는 말처럼 "악한 자"라는 아람어가 마귀의 명칭으로 사용된 것이 아니라고 했다. 그러나 예레미아스가 단언하듯 확증을 내세울 수 있는 논의는 아니다. 예수님의 가르치심 중에 마귀가 흔히 나타나며(마 4:1, 5:37, 6:13), 사단의 자녀들과 그를 따르는 자들은 마귀의 아들들로 표현된다. 성경에서 마귀 곧 "악한 자"라는 말은 비방자(slanderer), 참소자(accuser, 욥 1:9; 슥 3:1,2; 계 12:9,10), 대적 마귀(adversary, 벧전 5:8)를 뜻한다.

마귀가 "악의 왕자"(prince of evil)라는 생각이 일반적인 믿음이었기 때문에 예수님은 그 믿음이 옳은 것으로 인정하시고, "마귀"(διάβολος)를 만나게 되었다(마 4:1,5,8, 13:39, 25:41; 요 3:8,10; 유 9; 계 2:10, 20:2; 마 5:37). 마귀는 하늘에서 쫓겨난 뒤 분노와 질투와 악으로 가득 차게 되었다. 그리고 자기의 증오를 하나님의 백성에게 나타내며, 특별히 자신을 예수 그리스도 안에 나타내고 구원역사를 이루시려는 하나님께 그 증오를 돌리고 있다. 그러므로 마귀의 목적은 자기의 대원수 메시아를 속이려고 광야에서 예수님을

---

8) 예. Augustine, Breviculus Collationis cum Donatistis; Ad Donatistas Post Collationen --- 선한 자와 악한 자가 교회 안에 섞여 있음이 교회에 필요한 "표지"(sign)라고 했다.

시험한 것이다. 예레미아스가 논증한 대로 비록 아람어.문서에서 "악한 자"(ὁ πονηρός)가 누구를 가리키는지 확증하지 못할지라도 예수님 자신이 확증이 되신다.

예레미아스가 가라지 비유의 설명을 거부한 또 하나의 이유는 마태복음 13:38에 기록된 "천국"(ἡ βασιλεία)이라는 말이 제한(qualification)하는 단어가 없으므로 세상적 정권을 표시하는 것이지 하나님 나라를 의미하는 것이 아니라고 주장했다. 예레미아스가 이 같이 주장하는 근거로는 히브리어 말쿠트(מַלְכוּת)를 제한하는 말이 없으면 세상적 정권을 가리키기 때문이라고 한다. 예레미아스는 그러한 근거에서 "천국의 아들들"(οἱ υἱοὶ βασιλείας, 38절)이란 말이 참된 하나님 나라의 백성을 표시한다고 보는 것은 매우 이상하다고 했다. 예레미아스가 "천국의 아들들"이란 말을 그처럼 이상하게 본 또 하나의 이유는, 같은 말이 마태복음 8:12에서는 정반대의 의미를 나타내는 것으로 보기 때문이다. 즉 마태복음 8:12의 "천국의 아들들"은 하나님 나라에 들어갈 자격을 상실한 유대인들을 의미하고 있다고 본다.

그러나 본문을 더 자세히 살펴보면 "천국의 아들들"이란 말이 어떤 문제를 남기지 않는다는 사실이 드러난다. 38절에서 "…좋은 씨는 천국의 아들들이요"라고 한다. "천국의 아들들"이라는 말은 독립된 말이 아니며, 본문은 "좋은 씨"를 곧 "천국의 아들들"이라 말한다. 38절의 "좋은 씨"는 먼저 하나님의 말씀이고, 이 말씀이 온 세상에.공포되어야 할 것이다. 그 좋은 씨의 결실이 "천국의 아들들" 안에 나타나는 정도에 따라 천국의 아들들은 좋은 씨 자체와 동일한 것이 될 것이다.

이러한 진리를 함의하는 "좋은 씨는 천국의 아들들"이라는 말은 예수님의 "생략법"(elliptical) 표현들 중 하나이다. "…의 아들들"(οἱ υἱοί τῆς)이라는 말 중에서 "…의"라는 말은 사람들이 하나님 나라나 혹은 "악한 자"에게 매여 있는 더욱 깊고 가까운 관계를 나타낸다.[9]

---

9) H.N. Ridderbos, *Matthew* (BSC. Grand Rapids: Zondervan Publishing House, 1987), p. 266.

예레미아스가 마태복음 8:12을 바로 해석한 것은 사실이다. "나라의 본 자손들"에서 소유격 "의"는 "종속된"(belonging to) 혹은 "예정된"(destined for)이라는 의미일 수 있다.10) 그러므로 "나라의 본 자손들"은 유대인을 나타내고, 그 유대인들은 자기들을 아브라함의 아들들(3:9~10) 곧 혈통에 의한 권리로 말미암아 나라에 속한 자들로 인식한 유대인들을 의미한다. 이 구절에서 예수님은 그 같은 유대인의 전제와 전망을 염두에 두시고 하신 말씀이다.

이처럼 예수님이 비록 같은 언어를 사용하셨더라도 의미는 다른 것이다. 같은 말을 다른 의미로 사용할 수 있는 용법을 거부할 필요는 없다. 8:12의 문맥은 한 백부장의 산 믿음을 다루고 있다. 구원을 확증한 백부장의 믿음은 혈통과 권리로 아브라함의 자손이라고 주장하는 유대인들의 불신과 대조를 이룬다. 그 같이 불신하는 유대인들 곧 "나라의 본 자손"들이란 유대인 종족으로 태어나 메시야의 왕국을 바라보고 언약의 권리만 소유한 자들을 뜻한다. 하지만 그런 외적 유대인들이 언약의 권리를 상실했다는 것을 8:12이 증거하고 있다. 반면 13:38의 "천국의 아들들"이란 참된 이스라엘 곧 메시야의 왕국에 참여하게 된 참된 아브라함의 자손임을 의미한다.

예수님이 8:12에서 다른 용어를 사용하시지 않고 13:38에 사용한 것과 똑같은 용어를 사용하신 것은 혈통적, 법적 권리를 가진 아브라함의 자손이 "본 자손"으로서 왕국의 많은 특권들(the kingdom privileges)을 소유하고 내려왔기 때문이다.11) 즉 유대인들이 하나님의 계시와 약속을 받은 것이다. 8:12의 "본 자손들 혹은 자녀들"이라는 말은 유대인 하나하나가 배척을 받을 것이라는 뜻이 아니고 대다수가 바깥 어두운 데 버림받을 것을 말하는 것이다. 여기서 예수님의 지상 사역 중 처음으로 이스라엘이 부정적으로 묘사된다.12)

예레미아스가 가라지 비유의 설명을 인정하지 않는 또 하나의 이유는 천

---

10) *SBI*, 476~78; 마 9:15~23:15.

11) 시 147:20; 사 63:89; 암 3:2; 롬 9:4; 엡 2:12; Wm. Hendriksen, *Matthew*(Grand Rapids: Baker Book House, 1973), p. 397.

12) H.N. Ridderbos, *op.cit.*, p. 164.

사들이 "그 나라에서… 불법을 행하는 자들을 거두어 내어"(41절)라고 한 대목 때문이다. 그는 가라지를 거두는 일을 천사들에게 맡긴다는 것을 이상하게 보았다. 그러나 이 말이 그처럼 이상한 것도 아니고 다른 성경구절과 조화되지 않는 것도 아니다. 계시록 14:14~16에 보면 "인자" 자신이 알곡을 거두고 14:17~20에 보면 포도 수확을 천사들에게 맡기고 있다. 마태복음 24:31에는 인자가 재림하실 때 천사들을 보내는데 "저희가 그 택하신 자들을 하늘 이 끝에서 저 끝까지 사방에서 모으리라"고 한다. 그러므로 마태복음 24:31은 계시록 14:14~20과도 조화를 이룬다. "인자"가 자기의 택한 자들을 모으는 데 종속적 혹은 부차적인 기능(a subsidiary function)을 천사들에게 맡기지 못할 이유가 어디 있겠는가? 마태복음 13:40은 부차적인 일 곧 "가라지를 거두는" 일을 천사들에게 맡길 것으로 말하고 있다.

마태복음 13:24~30, 36~43의 가라지 비유와 설명은 예수님께서 말씀하신 확실한 비유라는 점은 의심할 이유가 조금도 없다. 25절에서 "원수"(ὁ ἐχθρός)라는 말에 정관사가 붙기 때문에 고정된 "그 원수"로 보아야 하겠지만, 이 말이 "셈족어 방식"이므로 고정적 의미를 나타내지 않는 그냥 원수(an enemy)로 이해해야 한다. 이렇게 해석할 것을 28절이 확증하고 있는데, 28절에는 원수라는 말 앞에 정관사가 붙지 않는다. "가라지"(ζιζάνια)는 "곡식"(σῖτος)과 밀접한 관계가 있고 자라는 초기에는 이 둘을 분간하기 어렵다.

이 비유는 다음의 세 가지 교훈을 전하고 있다. ① 하나님께서 자기의 공회, 곧 실현된 하나님 나라에 의로운 자와 악한 자가 함께 공존할 것을 이 세상 끝날까지 허락하신다. 이 공존 현상은 다른 비유들에도 나타난다 (마 13:47~50, 22:9~10, 25:31~46).[13] ② 종말의 끝에 악한 자들은 의로운 자들과 분리되어 심판을 받고 영원한 저주에 들어간다. ③ 의롭다함을 받은 자들은 하나님의 전에 인도되어 영원히 하나님의 축복을 누리게 된다. 이처럼 가라지의 비유는 추수 때가 이를 때까지 곡식과 가라지가 공존하는 것을

---

13) cf. Jack Dean Kingsbury, *The Parables of Jesus in Matthew 13: A Study in Redaction Criticism*(Richmond: John Knox Press, 1969).

종들은 그냥 그대도 놔두고 그 추수 때까지 인내하고 기다려야 한다는 것, 의롭다함을 받은 자가 받는 용서, 그리고 가라지가 당할 대심판, 이 세 가지 요점을 함축하고 있다.

가라지의 비유에서 종말론은 서로 견해가 나누게 된다. 의로운 자와 악한 자가 이 세상 끝까지 공존한다는 것은 무천년설에 적합한 것으로 보인다. 그러나 후천년자들도 이 비유가 후천년설을 지지한다고 본다. 그러나 밭에서 가라지가 곡식으로 변하는 일이 없으므로 이 세상이 기독교화 된다는 후천년설의 주장은 난관에 봉착할 수밖에 없다.

후천년설은 이 난점을 다음과 같이 해결하려고 한다. 인간의 한 세대(one generation)는 이전의 한 세대를 계속 이어 내려오는 것인데, 각 세대 안에는 부단한 변화(constant change)가 일어나고 있다. 그리고 인류 모두가 이 세상에 타락한 인생으로 들어온 까닭에 모두 다 가라지이고, 가라지로 시작한 것이 변화되어 곡식 곧 의롭다함을 받은 자가 된 것이다.14) 세대주의자들은 이 비유에서 휴거를 찾는다. 물론 이런 것을 찾는 것은 불가능하다. 본문에 "추수 때에 내가 추수꾼들에게 말하기를 가라지는 먼저 거두어 불사르게 단으로 묶고 곡식은 모아 내 곳간에 넣으라 하리라"고 하였기 때문이다. 세대주의는 휴거한 후에 예수님이 천년 동안 악한 자들을 통치한다는 것이다. 그러나 가라지 곧 악한 자들이 불에 태워졌으므로 악한 자들이 남아 있는지 문제가 된다. 이 어려움을 해결하려고 세대주의는 가라지를 불태우려고 곁에 묶어 놓고 먼저 곡식을 거둘 것이라고 한다. 그러나 그러한 해석은 마태복음 13:41~43(36~43)과 충돌이 일어난다. 마태복음 13:41~43은 마지막 대심판을 묘사한다.

2. 잃어버린 양의 비유(눅 15:1~7; 마 18:12~14)

누가복음 15장은 하나의 주제가 들어있는 문학적으로 매우 잘 구성된 단위이다. 그 주제는 예수님이 "세리와 죄인들"을 영접하고 교제하시므로 이

---

14) Boettner, *Millennium*, p. 128.

에 비난하자 비유적 교훈으로써 자신의 태도를 정당화시키는 것이다. 15장에 나오는 짧은 두 비유(15:4~7, 8~10)와 한 가지 긴 비유(15:11~32)는 잃었던 것을 다시 찾은 자가 경험하는 즐거움을 동일한 요점으로 모두 가지고 있다. 이 비유들의 적용은 그러한 즐거움이 하나님께서 잃었던 것을 다시 찾았을 때 느끼시는 즐거움을 반영하는 것이다.

누가복음 15:1~7의 문학구조는 세 연(聯)으로 되어 있다. 첫째 연은 셋째 연과 관련이 있고, 둘째 연은 그 앞뒤 연에서 도출한 다른 시적 장치를 사용한다. 이것을 다음과 같이 분리하여 설명할 수 있다.

A. 어느 사람이 양 일백 마리가 있는데
B. 그 중에 하나를 잃으면
C. 아흔 아홉 마리를 들에 두고
  1. 그 잃은 것을 찾도록 찾아다니지 …
    2. 또 찾은 즉
      3. 즐거워 어깨에 메고
        4. 집에 와서 그 벗과 이웃을 …
      3.′ 말하되 나와 함께 즐기자
    2.′ 찾았노라
  1.′ 나의 잃은 양을
A.′ 내가 너희에게 이르노니 …하늘에서는
B.′ 죄인 하나가 회개하면
C.′ 회개할 것 없는 의인 아흔 아홉보다 …

이러한 구조를 취하고 있는 이 본문은 다음과 같은 의미론상의 대응(the semantic correspondence)을 보여준다.15)

---

15) G.V. Jones, *The Art and Truth of the Parables: A Study in Their Literary Form and Modern Interpretation*(London: SPCK, 1964), pp. 73~75.

1. 어느 사람
2. 하나
3. 아흔 아홉
   A. 잃은
      B. 찾은
         C. 즐거워
            D. 회복
         C'. 즐거워
      B'. 찾은
   A'. 잃은
1'. 내가 너희에게 이르노니
2'. 하나
3'. 아흔 아홉

잃어버린 양의 비유는 마태복음 18:10~14에도 나타난다. 마태복음 18:1~14은 "어린아이들"에 대하여 관심을 나타내고 있지만(2,6,10,14절) 매우 다른 측면에서 관심을 보이고 있다. 1~4절은 어린아이들과 같이 될 것, 5~9절은 어린아이들을 돌보아 줄 것, 10~14절은 잃은 어린아이들을 사랑할 것을 이야기한다. 이처럼 누가복음 15:1~7에 기록된 잃어버린 양의 비유와 마태복음 18:12~14의 비유를 서로 비교하면 다른 점이 많이 드러난다. 그러므로 비평학자들은 마태 또는 누가 중에 어느 것이 더 원본에 가까운가에 대하여 논쟁을 벌였다. 어떤 비평학자들은 지금 있는 마태와 누가복음의 본문 둘 다 원본 비유(the original parable)를 보존하지 않은 것으로 본다.16) 그러나 대다수의 비평학자들은 둘 중에 하나를 원본으로 간주한다. 예를 들면 불트만은 누가복음의 잃어버린 양의 비유를 이차적인 것이라고 생각한다.17) 그러나 예레미아스는 누가의 본문이 원본에 더 가깝다고 했다.18)

---

16) 예. B.B. Scott, *Hear Then the Parables*, p. 410.
17) R. Bultmann, *Synoptic Tradition*, pp. 171~199; cf. Dodd, *The Parables of*

예레미아스가 이렇게 생각하는 이유는 배교자들(the Christian apostates) 을 찾아 권면하여 회복시킬 목적으로 마태의 본문을 기독교 공동체(the Christian community)에 추가시킨 것으로 보고 있다.19)

비평학자들은 이처럼 다른 두 가지 의견으로 갈리고 있다. 린네만(Eta Linnemann)은 불트만을 따라서 누가의 잃어버린 양의 비유를 이차적인 것 으로 다음과 같이 말한다.20)

① 누가는 "그가 그것을 찾을 때"라고 하고 마태는 "만일 그것을 찾으면" 이라고 말한다. 그래서 린네만은 "만일"이란 말이 더 현실적(realistic)이라 고 볼 때 누가의 말보다 마태의 말이 원문이며, 초대교회가 확실하지 않은 것을 조명하고 "선한 목자"를 풍유화하여 비유 안에 집어넣은 것이라고 했 다. 그러나 린네만은 "만일"(ἐαν)의 또 다른 사용법을 무시했거나 참고하지 않고서 이처럼 주관적으로 판단한 것이다. 누가의 말과 마태의 말은 서로 조화를 이루는데, 신약에서 "만일"(ἐαν)은 "언제"(when) 또는 "…때"와 같 은 의미를 나타낸다.21) 그리고 린네만은 누가복음 15:4에서 "…그가 그것을 찾을 때까지" 찾는다는 표현을 부자연스런 것으로 보았다. 그러나 그 당시 풍속에서 목자는 자신이 양을 팔아먹지 않았다는 것을 증명하려면 산 양이 든 죽은 양이든 찾아내야 했다.22)

② 린네만은 누가복음 15:5에 목자가 자기의 '어깨에 양을 메고'라는 표현 은 추가된 세밀한 수식으로 본다. 이 같은 린네만의 이해는 바른 것인가? 이 비유의 구조를 살펴보면 그의 의견이 틀렸다는 것이 명백하다. 사실상 이 비유의 구조가 15:5의 말을 요구하고 있고, 이 비유의 문학구조가 요구한

Kingdom, p. 193; Linnemann, *The Parables*, p. 69.

18) J. Jeremias, *The Parables*, pp. 181~185; cf. J.D. Derrett, "Fresh Light on St. Luke XVI: II: Dives and Lazarus and the Preceding Saying," *NTS* 7(1961) 36 4~80, 36.

19) J. Jeremias, *op.cit.*, p. 40.

20) Eta Linnemann, *Jesus of Parables*(New York: Harper and Row, 1966), pp. 67~70.

21) *BAGD* 210; 요 12:32.

22) 암 3:12

"즐거이"라는 말이 반복되어야 할 것을 다른 말로 표현한 것이다. 이 비유의 이러한 구조가 15:5이 나중에 추가된 것이 아님을 명백히 증거한다.[23] 린네만은 율리허·다드·예레미아스의 하나의 요점 논리를 따르는 까닭에 비유의 자세한 요점들이 지니고 있는 신중한 의미를 볼 수가 없었다.

③ 목자가 광야에 양을 버려두고 마을로(사람이 거하는 곳) 돌아가는 것은 있을 수 없는 일이라 하여 이 말의 확실성을 의심했다. 그러나 이와 같은 린네만의 논의는 베두인(the bedouin)과 농부들을 혼동하고 있는 것이다. 베두인들은 광야에 살면서, 밤이 되어도 마을로 들어가지 않고 광야에서 양무리와 함께 밤을 지낸다. 하지만 농부들(the peasants)은 마을로 돌아가 밤을 집에서 보낸다.

④ 다시 찾은 양 한 마리 때문에 온 동네 사람과 함께 즐겁게 축하하는 것이 부자연스럽다고 한다. 린네만의 이런 생각은 그 당시의 문화적 배경을 잘 모르는 데서 나온 것이다.

⑤ 누가의 비유가 풍유적 해석(an allegorical exposition)이라고 한 린네만의 의견은 시적 구조를 무시하고 참조하지 않은 경솔한 생각에 지나지 않는다. 예수님이 자신의 비유 결말을 명확히 설명하는 것으로 끝내지 않았다고 하는 것은 불합리하다.[24] 사실 마태의 비유는 쉽게 관찰할 만한 시적 구조를 가지고 있지 않으며, 아람어 대응구(an Aramaic wordplay)도 없으므로 마태와 누가의 잃어버린 양의 비유를 비교할 수가 없다. 그리고 "풍유적 해석"이 비유 본문을 이차적인 것으로 단언할 근거도 되지 않으며, 사실 이 비유는 풍유적인 특성을 지니고 있다.[25]

예레미아스는 마태의 비유가 목자의 즐거움을 강조하는 누가의 비유와 같지 않고, 제자들에게 끊임없이 찾을 것을 강조한다는 이유로 이차적인

---

23) K.E. Bailey, *Poet and Peasant: Through Peasant Eyes*(Grand Rapids: Eerdmans, 1980). p. 152.

24) G.V. Jones, *The Art and Truth of the Parables*(London: SPCK., 1964), p. 150.

25) *Ibid.*, pp. 135~166; Raymond Brown, "Parable and Allegory Reconsidered," *Nov Test* 5(1962), pp. 36~45.

것으로 보았다. 그리고 마태의 비유에서는 목자가 잃은 양을 다시 찾기까지 끊임없이 찾는 것처럼 제자들도 잘못된 형제를 찾아 다시 돌아오게 하는 것이 하나님의 뜻임을 가르치는 것으로 보았다. 이처럼 마태의 비유는 누가의 비유와 강조점이 다른 까닭에, 예레미아스가 언어학적 근거에서 누가복음 15:7c을 누가의 편집(Lucan redaction)으로 보고 나머지 본문은 누가 이전(pre-Lucan) 전통으로 봄으로써 누가복음 15:1~7이 마태복음 18:12~14보다 더 원본이라고 주장했다. 예레미아스에 따르면 마태복음 18:12~14은 흩어져 있는 이야기들을 모은 내러티브(narrative)에서 가져온 가공 작품(artificial composition)이요, 마가복음 9:35~50에 나오는 "마가의 수집자료"(a Marcan collection)를 더 확장시킨 것으로 본다.26) 그리고 처음에는 예수님의 비유가 누가의 비유에 나타난 것처럼 예수님의 반대자들을 향해 말한 것이었는데, 마태의 비유는 이러한 변증적 비유를 권고(hortatory)의 비유로 전환시켜 제자들을 향해 말한 것으로 되어 있다는 것이다.27)

비평학자들 중에서 어떤 학자는 예레미아스가 논의한 마태복음 18:12~14과 누가복음 15:1~7의 차이는 문제를 삼을 필요가 없고, 마태와 누가의 잃은 양의 비유를 통해 "일반 청중"에게 목자에 대하여 배울 것을 예수께서 말씀하신 것이라고 주장한다.28) 마샬(I.H. Marshall)은 예레미아스의 논의를 온건하게 비판하고 동시에 수용하면서 본래는 하나였던 비유가 마태복음 18:12~14과 누가복음 15:1~7로 각각 나뉘어 들어가 다른 전통 안에서 다르게 발전한 것으로 보았다.29)

그러나 우리는 예레미아스의 입장을 다음과 같이 비판할 수 있다. 예수님의 비유는 단순하며 동시에 매우 복잡한 것이기 때문에 한 가지 이상 여러 상황에 적용될 수 있다.30) 그런데 예레미아스는 어떤 근거로 예수님이 같은 비유를 제자들의 상황에도 적용하시고, 바리새인들과 서기관들의 상황에도

---

26) Jeremias, *op.cit.*, p. 29.

27) *Ibid.*, p. 31.

28) Borsch, *The Parables*, pp. 59~60.

29) I.H. Marshall, *Luke*(Grand Rapids: Eerdmans, 1978), pp. 600~601.

30) David Hill, *The Gospel of Matthew*(Grand Rapids: Eerdmans, 1987), p. 274.

다시 적용하시는 것이 가능하지 않다고 할 수 있겠는가? 예레미아스는 예수님이 사용하신 여러 용법(multiple usage)과 초대교회가 사용한 여러 용법을 구별해 내는 어떤 방법적 근거들을 발견했는지도 의문이다. 언어학적으로 마태복음 18:12~14과 누가복음 15:1~7을 분석하면 두 비유의 양식의 차이가 뚜렷이 드러난다. 따라서 올바른 이해는 예수님이 비슷한 두 비유를 다른 환경에서 말씀하신 것으로서, 마태복음 18:12~14과 누가복음 15:1~7의 비유를 하나의 같은 환경에 적용한 것이라고 볼 수가 없다.31)

누가복음 15:1~7의 비유의 의미를 바로 이해하려면 다음 몇 가지 문화적 요소들을 참고해야 한다. 누가복음 15:6에서 "그 벗과 이웃을 불러"라는 말씀은 식사를 대접하는 것임을 의미한다. 예수님 시대의 풍속에서 어떤 사람을 식사에 초대하는 것은 명예와 화평을 주는 것, 신임, 형제애(brotherhood)와 용서를 의미했다. 다시 말하면 식사를 함께 나누는 것은 생명을 나눈다는 뜻이다. 예수님이 "세리와 죄인들"로 더불어 식사를 하신 것도 예수님의 지상사역과 메시지의 표현이고(막 2:17), 또 종말론적 식사로서 이 세상이 끝나고 임할 잔치를 기대하는 경축(마 8:11)을 의미한다. 이 경축에 성도의 공동체가 이미 표명되었다(막 2:19). 식탁교제(table fellowship)에서 성취된 것 곧 구원의 공동체 안에 죄인들이 들어온 것은 하나님의 구원하시는 사랑의 메시지를 보여주는 가장 의미 깊은 표현이다.

오늘날도 중동사회에는 고귀한 사람이 수많은 사람들에게 음식을 대접하는 풍속이 있고, 그것이 그의 관대함을 나타내는 표시다. 이러한 풍속에서 식사는 대접을 표시하는 특별한 신호이다. 본문에서도 예수님이 "세리와 죄인들"로 더불어 그러한 사회적 친교를 하신 것을 명확히 보여준다. 그러므로 "세리와 죄인들"로 더불어 사귀려 하지 않은 바리새인들은 "세리와 죄인들"과 사귄 예수님을 향해 매우 분노하였다. 이에 관한 랍비의 교훈(a rabbinic injunction)은 이렇다. "지혜로운 자가 가라사대, 토라에 죄인들을 가까이 데리고 오지 않듯이 그들과도 사귀지 말지니라."32)

---

31) cf. D.A. Carson, *Matthew*(EBC. Grand Rapids: Zondervan Publishing House, 1987), p. 400.

누가복음 15:2에 나타난 대로 예수님은 "세리와 죄인들"로 식사를 함께 하셨을 뿐만 아니라, 그들을 대접하는 주인 노릇도 하셨다. 마가복음 2:15에 "그의 집에 앉아 잡수실 때에 많은 세리와 죄인들이 예수와 그 제자들과 함께 앉았으니"라는 말씀은 누가복음 15:2의 "이 사람이 죄인을 영접하고 음식을 같이 먹는다 하더라"는 말씀과 평행을 이룬다. 이것은 마가복음 2:15~16이 예수님께서 음식을 같이 잡수실 때 주인 노릇하셨다는 증거이다. 누가복음 15:2 말씀에서 "영접하고"(δέχομαι)라는 말은 손님을 환대하는 것(hospitality)을 의미한다.33) 예수님이 "세리와 죄인들"을 접대하는 것은, 그들과 음식을 비공식적으로 같이 하는 것이나 혹은 그들의 초대를 받는 것, 예를 들면 여리고의 삭개오의 초대를 받은 것보다 훨씬 더 바리새인들의 전통에 위배되는 행동인 것이다.

또 하나의 문화적 요소는 누가복음 15:4에 나타난다. "너희 중에 어느 사람이 양 일백 마리가 있는데, 그 중에 하나를 잃으면…"이라고 하신 말씀에서 일백 마리 양을 가진 사람은 부자로서 목자를 고용하였거나 "대가족" 중에 어느 한 사람으로 일백 마리를 돌보게 한 것이다. 일반 가정은 양을 5~15마리 가량 기르는데, 몇 가정이 자기 양들을 합해서 목자를 고용하는 것이다. 목자 자신도 몇 마리의 양을 소유하면서 가족의 일원으로 일하는 것이다. 여기 "있는데"(ἔχων)라는 말은 신약에서 책임을 지고 살핀다는 의미이다.34) 그러므로 "일백 마리가 있는데"라는 표현은 "그가 일백 마리에 대하여 책임을 지고 있다"는 뜻을 나타내는 것이지, 그가 양 일백 마리를 소유했다는 것은 아니다. 그러나 이 비유에서 거론한 "어느 사람"은 목자로 고용된 사람을 의미하지 않는다. 그리고 이 목자는 "외인"(a stranger)도 아니다(요 10:11). 이 목자는 대가족의 일원이요, 대가족에 대해서 책임을 지고 있는 사람이다.

바리새인들을 향해 말씀하신 비유에서 목자가 누구냐 하는 문제는 해석상 어려움이 있다. 구약성경에서는 모세가 목자로 나타나고, 랍비문서에서

---

32) Mechilta 57b on Exod 18:1.

33) 눅 9:5,53; 10:8,11; 16:4,9; 22:17. προσδέχομαι가 δέχομαι의 동의어이다. W. Grundmann, *TDNT II*, 57.

34) *BAGD 33*.

는 모세가 잃은 어린 양을 찾게 되면 그가 애굽에서 이스라엘을 구출할 것으로 하나님께서 계시하셨다고 한다.35) 에스겔은 왕을 목자라고 하였고, 하나님도 목자로 생각했다(시 23). 이처럼 목자란 어떤 인물을 나타내는 고상한 상징(a noble symbol)이다.

그러나 "목자"라는 은유가 하나님의 칭호(title)로 나타나는 것은 매우 드물다.36) 그렇지만 은유적으로 하나님께 적용하여 자기의 양무리들 앞에 서서 목장으로 인도하시는 것으로 묘사되기도 했다.37) 이처럼 목자는 긍정적인 은유이고 양의 무리를 먹이고 돌보며 보호하는 지도자를 의미한다. 이런 의미에서 하나님은 목자이시고 이스라엘은 하나님의 양무리다.

목자와 양무리 개념이 이스라엘의 전통에서 두드러진 역할을 하게 된 것은 이스라엘의 전통이 유목이고 또 양을 치는 것이 그들 생활의 중심이었기 때문이다. 그러나 예수님 시대에서는 농업 경제가 이스라엘 생활의 중심이었다. 이러한 변화로 예수님 시대의 유대인들은 목자들을 사회 주변부 구성원(society's marginal element)으로 취급하고, 양 치는 일은 천대받는 직업(the forbidden occupation)의 하나로 전락했으며, 목자들은 마치 강도처럼 여겨졌다. 이는 랍비의 말에서 확증된다. "사람이 자기 아들에게 당나귀 모는 자 혹은 낙타를 모는 자 혹은 이발사 혹은 선원 혹은 목자 혹은 소매상인이 되도록 교훈하지 말지니, 그와 같은 일들은 강도의 직업이기 때문이다."38)

탈무드는 증인의 자격에 대하여 논하면서 목자를 세리와 동류로 분류하고 믿을 수 없는 자들로 취급했다. 이렇게 목자들이 신임을 받지 못한 까닭은 그들이 남의 목장이나 땅의 경계를 고의로 넘어가 꼴을 자기 양들에게 먹이는 것 때문이라고 설명했다.39) 그래서 예수님이 이런 부정적인 이미지

---

35) *Shemoth Rabba iii.* 1.

36) 창 49:24; 48:15; 시 23:1; 80:1.

37) 시 23; 68:7; 렘 50:19; 23:3; 31:10; 50:19; 겔 34:11~22; 사 40:10; 49:9; 미 4:6~8; 7:14.

38) M. Qidd. 4.14; M.B. Qam. 10.9; Danby Mishna, 329, 347; TBK XI.9, 370; Gen. R. 32 on 7:19; M. Qidd 4.4; M. Bekh 4.4; SBI, 318~19.

39) b.San. 25b; Jeremias, *op.cit.*, pp. 132, 304, 311; J.D.M. Derrett, "Law in the New Testament: the Parable of the Prodigal son," *NTS 14*(1967), 56~74.

를 가진 목자를 은유로 사용해서 본문의 비유를 말씀하셨다는 것에 대하여 부인하는 비평학자들도 있다. 그러나 우리는 그런 부정적인 1세기 목자의 은유를 예수님께 적용할 수도 없고 또 적용할 필요도 없다. 왜냐하면 예수님은 당시 유대인들의 잘못된 습관과 구약을 잘못 해석하는 랍비들을 시정하고 계시기 때문이다. 따라서 이 비유와 목자 은유는 구약성경에 비추어 보아야 한다. 이 비유에 대한 구약의 배경은 에스겔 34장과 시편 23편이 분명하다. 그리고 이 비유에서 찾는다는 것과 잃어버렸다는 주제는 에스겔 34장과 서로 상통한다.

비유 본문 중에 그 당시 문화에 비추어 해석상 또 하나의 어려운 점은 "아흔 아홉 마리를 들에 두고"라는 표현이다. 목자는 어떠한 일이 생길지라도 양무리를 홀로 남겨두는 법이 없다. 그래서 이 말씀을 다음과 같이 해석하기도 한다. 예를 들면 예레미아스는 목자가 잃은 양을 찾으러 갈 때에 다른 사람에게 아흔 아홉 마리의 양을 돌봐달라고 부탁했거나, 혹은 양들을 보호하기 위해서 굴 속에 넣어놓고 찾으러 갔다는 것이다.[40] 이런 설명은 매우 가능성이 높다고 할 수 있다. 베일리(K. Bailey)는 양의 소유자인 대가족의 굴 속에다 양들을 데려다놓고 목자가 잃은 양을 찾으러 떠났다고 한다.[41] 이 해석은 예레미아스의 해석과 비슷하고 또 가능한 의견이다. 페린(Norman Perrin)이 전형적인 비평학적 해석을 제시하였는데, 목자가 평상시 습관을 망각하고 그냥 양들을 들에 방치한 채 잃은 양을 찾으러 간 것으로 해석했다.[42]

에스겔 34:6에 보면 목자는 양들을 모든 산과 높은 언덕에 둔다. 물론 이 말씀은 상징적인 말씀으로 하나님의 양 곧 이스라엘이 온 땅에 흩어질 것을 예언한 것이다. 그러나 에스겔 34장, 특히 6절과 시편 23편이 비유의 배경을 이루고 있으며, 그 당시 일반적인 목자의 생활과 연결이 된다.[43] 그 당시만

---

40) Jeremias, *op.cit.*, p. 133; E.F.F. Bishop, "The Parable of the Lost or Wandering Sheep," *Anglican Theological Review* 44(1962) 44~57, 50.

41) Kenneth Bailey, *op.cit.*, pp. 149~50.

42) Norman Perrin, *Rediscovering the Teaching of Jesus*(New York: Harper and Row, 1967), pp. 99~101.

아니라 지금도 두 부류의 종족(tribe) 곧 유랑 종족과 농부의 종족이 있다. 유랑 종족의 목자들은 자기 양들을 밤이 되더라도 그냥 광야에 둔 채 밤을 지낸다. 그러나 농부의 목자들은 밤이 되면 목장 주변에서 사는 농부의 집 마당에 양들을 데려다 놓는다. 이 비유에 "집에 와서"(6절)라는 말은 그 목자가 농부의 목자라는 점을 가리키는 것이다. 그러므로 "목자가 양들을 들에 두고 양의 무리를 떠났다"는 말은, 농부의 목자가 광야에서 양들을 세어보니 양 한 마리가 모자라는 것을 발견하고 같이 양을 치던 목자에게 남은 양들을 농부의 집 마당으로 몰고 가도록 부탁하고 자기는 잃은 양을 찾으러 떠난 것으로 보아야 한다.

마지막으로 해석상 어려운 표현은 "…하늘에서는 회개할 것 없는 의인 아흔 아홉을 인하여…"라는 말씀이다. 여러 주석가들은 "회개할 것 없는 의인"이란 말이 풍자 혹은 비꼬는 말(irony or sarcasm)을 반영하는 것으로 보고 "의인"(δικαίοις)이란 "스스로 의롭다" 하는 자를 의미한다는 보았다.44) 그러나 "의인"을 이렇게 해석하는 것은 복음서에서 말하는 "의인"의 의미와 조화를 이루지 못한다.45) 비유에서 아흔 아홉 마리의 양에 대한 묘사는 그 양들이 아무런 흠이나 거짓이 없다는 것을 제시하고 있다. 누가복음에서 "의인"이란 말은 하나님 앞에 의로운 자로 인침을 받은 자들 곧 이스라엘 안에서 구원을 기다리고 있는 경건한 자들을 나타낸다.46) 따라서 "의인"이란 말은 죄 없는 자를 의미하는 것이 아니고 그들의 소망을 하나님께 의탁하고 있는 자들을 가리킨다.

그러므로 이 비유에서 예수님은 다른 성경구절에서 위선자라고 비난한 사람들을 직접적으로 언급하신 것이 아니고, 일반적인 넓은 의미에서 유대인들을 "의인"이라고 하신 것이다. 예수님은 15:1~2이 가진 문제를 말씀하실 때 그를 비난하는 "바리새인과 서기관들"이 하나님의 백성이라 자처하

---

43) 참고. 왕상 22:17.

44) 예. Peter R. Jones, *The Teaching of the Parables*(Nashville: Broadman, 1982), p. 172; K. Bailey, *op.cit.*, p. 155.

45) 예. 마 5:45; 10:41; 막 6:20.

46) 눅 1:6; 2:25; 23:50.

는 주장에 정면으로 도전하지 않으시고 그들로 올바른 인식과 태도를 갖게 끔 온화하게 인도하시려고 그와 같이 말씀하신 것이다(7절).47)

예수님은 이 비유에서 다음과 같은 몇 가지 훈계를 우리에게 주셨다. 목자들이 잃은 양을 찾으러 나가듯이 하나님께서 솔선해서 잃어버린 죄인들을 찾고 계신다. 또 하나의 교훈은 아흔 아홉 마리 양들이 무사할지라도 한 마리의 잃은 양을 찾아나서는 것을 무가치하게 볼 수 없듯이, 이미 믿는 자들이 아무리 많다고 할지라도 우리는 거기에 만족하지 않고 계속해서 더 많은 잃은 사람들을 구원하기 위해서 복음 선포에 노력해야 할 것이다. 그리고 이 두 번째 교훈에서 잃은 양을 찾음으로써 즐거움을 갖게 되었듯이 잃은 자, 죄인 하나가 구원받는 것은 경축할 즐거움이 된다. 비유의 적용(15:7,10)은 땅에서 일어난 기쁨에 해당되는 하늘의 기쁨을 이야기하고 있다. 기쁨은 누가복음의 현저한 특성들 중의 하나이다. 즉 세례요한의 탄생이 가져온 기쁨(1:14), 마리아의 기쁨(1:47), 예수님의 탄생이 가져온 큰 기쁨(2:10), 제자들의 이름들이 하늘에 기록된 기쁨, 예수님 자신이 성령 안에서 기뻐하신 기쁨(10:20~21), 예수님이 행하신 영광스러운 것들로 인한 청중의 기쁨(13:17), 예수님의 승천하신 후에 임한 제자들의 기쁨(24:52) 등이다.

잃은 양의 비유가 이와 같이 세 가지 교훈을 말하고 있는 것을 다음 네 가지의 신학적 주제와 연결시킬 수 있다.48) ① 목자의 기쁨, ② 다시 찾는 수고에서 일어난 기쁨, ③ 은혜로우신 사랑, ④ 회개이다.49)

잃어버린 동전의 비유(눅 15:8~10)는 바로 앞에 기록된 잃은 양의 비유와 거의 동일하다.50) 따라서 잃은 양의 비유의 해석이 이 비유에도 해당될

---

47) E.E. Ellis, *The Gospel of Luke*(Grand Rapids: Eerdmans, 1981), pp. 196~97; B.T. Smith, *The Parables of the Synoptic Gospels*(Cambridge: University Press, 1937), p. 194; J. Alexander Findley, *Jesus and His Parables*(London: Epworth, 1950), p. 76.

48) cf. P.J. Bernadicou, "The Lucan Theology of Joy," *Science et Esprit 25* (1973), pp. 75~98.

49) cf. T.W. Manson, *The Sayings of Jesus*, pp. 283~284.

50) 비평학자들 중에서는 이 두 비유 중 하나는 전통으로 인해서 구성되었거나(R. Bultmann, *Die Geschichte der synoptischen Tradition*, Göttingen, 1968, p. 185), 혹

것이다. 그 당시의 문화상황에 대하여 위에서 말한 것에 조금 더 덧붙이면, 농부의 마을은 거의 자급자족이 이루어져 필요한 옷들을 만들고, 식량도 자급하고 있었다. 따라서 현금은 귀한 것이며 잃어버린 동전은 농부의 가정에서 가치가 매우 높다.51) 농부의 가정에서 현금은 여자의 보석이나 신부의 혼인 지참금으로 추측한다.52)

그러나 베두인 여자와 마을의 여자는 구별할 필요가 있다. 베두인 여자들은 자기들의 베일에다 달랑달랑 걸고 다니는 돈이 혼인 지참금이지만, 마을의 여자들을 그렇게 하지 않았다. 이 비유에서 말하는 동전은 목걸이의 일부일 것이다. 마을의 여인들은 돈으로 목걸이를 장식하여 걸었다. 그 돈이 없어지면 목걸이의 아름다움이 전부 망가진다. 마을의 여자들은 밖에 나가는 일이 매우 적어 돈이 집 안에서 없어진 것이 확실하다.53)

"등불을 켜고"라는 말은 밤이 되어 캄캄한 것을 암시하는 것이 아니라, 문이 없어 햇빛이 들어오지 않으므로 낮에도 방이 어둡다는 것을 나타내는 표현이다. "집을 쓸며"라는 말은 비로 쓸면 잃은 돈이 소리를 내게 되어 찾기가 쉽다는 뜻이다.

잃은 양의 비유가 드러내는 두 가지 이미지가 잃어버린 동전의 비유에 더욱 강하게 나타난다. 잃은 것의 가치가 커지는 것은 백 개 중에 하나를 잃은 것이 아니라 열 개 중에 하나를 잃었기 때문이다. 또한 잃은 돈은 그 액면가보다 훨씬 큰 가치가 있을 것이다. 찾는 범위도 좁아지는데, 광야가 아니고 집 안에서 찾는 것이다.

은 누가 자신이 어느 하나를 근거로 해서 작성했다고 한다(H. Conzelmann, *Die Mitte der Zeit, Tübingen*, 1964, p. 103). 그러나 이러한 의견은 예수님이 같은 비유를 다른 환경에는 적용할 수 없다는 가설에 근거한 것이다. 어느 비평학자는 이 비유가 감추인 보화 비유와 비슷한 메시지를 가지고 있다고 했다(N. Perrin, *op.cit.*, pp. 101~102). 그러나 두 비유의 환경이 평행을 이루고 있지 않으며, 이 두 비유는 서로 상관이 없이 다른 환경들에서 말씀하신 비유들이다.

51) A.M. Rihbam, *The Syrian Christ*(Bosten: Houghton Miffiln, 1916), p. 153.
52). E.F.F. Bishop, *Jesus of Palestine*(London: Lutherworth, 1955), p. 191.
53) Jeremias, *op.cit.*, pp. 359~376.

3. 탕자의 비유(눅 15:11~32)

이 비유는 성경학자들로부터 많은 관심과 아주 높은 평가를 받고 있다. 비평학자들은 이 비유를 "지금까지 이야기해 준 이야기들 중에 제일 광대한 짧은 이야기"이며, "예수님의 비유들 중에 제일 광대한 비유"라고 한다.54) 그래서 이 비유는 다른 명칭도 가지고 있다. "잃은 아들"(Der Verlorene Sohn, 독일어 성경)의 비유, 아버지 사랑의 비유,55) 힘이 없는 전능의 아버지 비유 등이다.56) 이 비유가 이처럼 비평학자들에게 크게 주목을 받으면서 본문의 확실성도 의문시 되었다. 본문의 확실성에 관하여 특히 25~32절(큰 아들의 이야기)을 문제로 삼는다. 많은 비평학자들은 25~32절을 나중에 덧붙인 삽입(interpolation)으로 보았다. 그러나 어구삽입으로 볼 수 있는 본문의 증거는 없다. 어떤 비평학자는 누가의 작품(a Lucan composition)으로 보기도 한다. 그 이유는 이 비유가 탕자에 대한 아버지의 용서와 자비를 주제로 삼고 있는데, 큰 아들에 대한 이야기를 다루는 25~32절이 그 주제와 상관이 없고 또 없어도 될 것 같은 첨부라는 것이다. 다시 말하면 25~32절은 불필요한 11~24의 확장이라는 것이다.57)

샌더스(J.T. Sanders)는 11~24절과 25~32절로 나누면서 다른 비유들에는 두 부분으로 된 이 같은 것이 없고, 둘째 부분(25~32)에 누가의 사상이 집중하므로 25~32절의 확실성이 의심된다고 했다. 샌더스는 예수님이 잃

---

54) J.E. Compton, "The Prodigal's Brother," *Exp Time* 42(1930~31), p. 287; J. Fitzmyer, *Luke X ~XXIV*(AB. Garden City: Doubleday), p. 1083; F. Sommer, *The World's Greatest Short Story: A Study of Present-Day Significance of the Family Pattern of Life*(Os Wega, Kans: Carpenter Press, 1948); Geraint Jones, *The Art and Truth of the Parables*(London: SPCK. 1964), pp. 167~205; D.O. Via, *The Parables: Their Literary and Existential Dimension*(Philadelphia: Fortress Press, 1967), pp. 162~76.

55) J. Jeremias, *The Parables of Jesus*, p. 128.

56) E. Schweizer, *The Good News according to Luke*(Atlanta: John Knox Press 1984), p. 246.

57) 예. R. Bultmann, *The Synoptic Tradition*, p. 198; cf. Dan O. Via, *op.cit.*, p. 167.

어버린 자들과 교제하지 못하게 한 본래의 비유를 누가가 바리새인들을 공격하기 위한 것으로 바꾸어 16장에 나타난 주제 발전에 가교로 사용했다고 한다. 그러나 이 비유가 두 부분으로 구성되기는 하지만 하나의 요점을 갖는다고 논증했다.58) 이러한 샌더스의 주장은 현재 아무도 받아들이지 않고 있다.59)

한편 비평학자들 중에 누가복음 15:11~32의 통일성을 변증한 학자들이 나타났다. 예를 들면 탈버트(Mary Ann Tolbert)는 다음과 같은 근거를 들어 15:11~32의 통일성을 인정한다.60) 즉 다음과 같이 두 개로 분할된 평행들(the parallels)이 큰 아들의 이야기의 확실성을 지적하고 있다. ① 탕자와 큰 아들이 집에서 좀 떨어진 곳에서 집으로 돌아오는 것, ② 두 아들이 밖에서 아버지를 만난 것, ③ 두 아들이 밖에서 아버지께 상호 작용한 것, ④ 두 아들에게 아버지가 마지막 말을 한 것이다. 32절에 24a절의 반복이 나타남으로써 네 번째 평행을 하나의 행동과 동기로 만들 뿐 아니라, 하나의 말(one of diction)로 만들고 있다. 이 두 개의 분할 구조가 서로 뒤얽혀 있고, 주제와 구조에서 매우 조심스럽게 평행이 이루어진다. 구조 분석에서도 큰 아들의 이야기가 어구삽입이 아닌 확실한 예수님의 말씀이라는 것을 증거한다는 것이다.61)

탈버트는 다음과 같은 구조 분석으로 결론을 세웠다. 11~24절과 24~32절 사이에서 다음과 같은 구조적 평행을 찾았다. 이 두 분할구조에서 각각 네 개의 단위로 이야기체 강화(ND, narrative discourse)와 직접적 강화(DD, direct discourse)가 번갈아 나타난다.62)

---

58) J.T. Sanders, "Tradition and Redaction in Luke XV, 11~32," *NTS 15*(1968~69), 433~438.

59) J.J. O'Rourke, "Some Notes on Luke XV. 11~32," *NTS 18*(1971~72) 431~433; cf. J. Jeremias, *op.cit.*, pp. 172~181.

60) Mary Ann Tolbert, *Perspectives on the Parables:, An Approach to Multiple Interpretations*(Philadelphia: Fortress Press, 1979), pp. 95~101.

61) *Ibid.*, p. 101.

62) *Ibid.*, pp. 98~100.

A.	ND	작은 아들이 집을 떠남,	12b~16
B.	DD	작은 아들이 집으로 돌아가기로 결정함,	17~19
C.	ND	아버지의 영접,	20
D.	DD	작은 아들의 고백과 아버지의 응답,	21~24a
A´	ND	큰 아들이 집으로 돌아옴,	24b~26
B´	DD	종의 설명,	27
C´	ND	아버지의 응답,	28
D´	DD	큰 아들의 비난과 아버지의 응답,	29~32

그리고 15:11의 비유의 첫 구절 자체가 첫 번째 분할(11~24)의 계속(sequel)일 것을 요구한다. 그렇지 않다면 "두 아들"이라는 말이 아무 의미 없는 말이 된다고 보았다.[63]

쇠트로흐(L. Schottroff)도 이 비유의 통일성을 지지했다.[64] 그리고 탈버트처럼 이 비유가 누가 자신의 작품이라고 주장했다. 이 비유의 주제는 회개와 용서인데, 누가는 이 주제를 기쁨으로 이끌고 있으며, 그러한 주제가 누가의 신학(Lucan theology)으로서 특히 사도행전에 나타난다고 쇠트로흐는 지적했다. 그러므로 비유가 누가의 마음을 반영한다는 것이다. 큰 아들은 자신의 능력에 의지하는 종교를 나타내며, 일반적인 인간관계에서 볼 수 있는 아버지의 사랑에 의지하는 것을 미처 보지 못하고 있다. 따라서 바리새인들도 큰 아들에게 나타난 자신들의 모습을 알아보지 못한다고 한다. 만일 바리새인들이 큰 아들에게서 자신들을 알아본다면 이것은 바리새인들이 깨닫지 못한 것, 곧 예수님이 하나님의 구원을 죄인들에게 가져오신 분으로 알게 된다는 것이다. 또 바리새인들의 종교는 독선적(self-righteousness)이었으나, 이 비유에서 큰 아들의 종교는 그런 식으로 나타나지 않는다는 것이다.

---

63) cf. A.T. Cadoux, *The Parables of Jesus: Their Art and Use*(London: J. Clarke, 1930), p. 123; Alex Stock, "Das Gleichnis von Verlorenen Shon," in *Ethische Predigt und Altagoverhalten*(1977), pp. 82~86.

64). L. Schottroff, "Das Gleichnis vom verlorenen Sohn," *ZTK 68*(1971) 27~52.

　　이런 논의의 큰 약점은 예수님 자신의 구원론을 참고하지 않고 있다는
사실이다. 예수님의 교훈은 죄와 회개에 관심을 두고 있다. 그리고 쇠트로흐
는 예수님의 교훈과 누가 자신의 사색 사이에 어떤 연속성이 있는지를 전혀
생각도 않고 질문도 하지 않는다. 쇠트로흐는 이 비유가 누가 자신의 작품이
라고 주장하는 한 근거로서 누가 자신이 회개를 강조하는 데 관심을 두었다
고 제시한다(5:32, 15:7, 17:3~4). 물론 누가 자신이 그처럼 회개를 강조한
것은 사실이지만, 이 비유에는 "회개"(μετανοέω, μετάνοια)라는 단어가 사
용되지 않는다.65)

　　이 비유의 통일성을 인정하는 학자들은 작은 아들의 위기, 아버지의 응답,
큰 아들의 응답으로 삼중 분할하거나(a threefold division)66) 혹은 작은 아
들과 큰 아들에 관한 이야기라는 두 부분으로 나눈다.67) 이와 같이 이 비유
를 둘로 나누어 병렬(παράταξις)로 관찰한다. 병렬은 접속사 없이 절 따위를
늘어놓는 구조를 사용하며, 듣는 자들이나 읽는 자들로 네러티브를 매우
빠른 속도로 보게 하고 행동에 강조점을 두는 문체를 의미한다. 병렬 외에
종속절들이 원동사들과 겸하여 사용된 것도 주목한다. 이것을 다음과 같이
설명할 수 있다.

	분사	동사
13절	모아 가지고 συναγαγών	그가 떠났다 ἀπεδήσεν
14절	탕진해 버리고 δαπανήσαντος	그가 궁핍한지라 ἤρξατο ὑστερεῖσθαι

---

65) cf. I. Howard Marshall, *The Gospel of Luke*(Grand Rapids: Eerdmans, 1979),
pp. 605~606; Jeremias, *op.cit.*

66) 예. Robert Funk, "Structure in the Narrative parables of Jesus," *Semeia 2*
(1994) 51~73, 63.

67) 예. B.B. Scott, *Hear Then the Parables*(Philadelphia: Fortress Press, 1990),
pp. 106~108.

15절   가서   그가 붙여 사니
       πορευθείς   ἐκολλήθη

이 비유에는 문화배경과 관련된 몇 가지 문제점이 있다. 유대인이나 아랍인들은 아버지가 살아있는 동안 아들들이 아버지의 재산을 유산으로 나누어 받는 법이나 습관이 없다. 아들이 유산을 아버지에게 요구하면 아버지를 매우 모욕하는 것이 된다.[68] 우리는 구약성경에서 두 가지 습관을 볼 수 있다. 하나는 구두유언이다. 구두유언은 구약과 신약성경에서 관찰된다. 열왕기하 20:1에 구두유언이 나타나며, 구두유언은 본인이 임박하여 죽게 될 때에 한다. 또 하나는 어떤 사람에게서 상속권을 박탈하기 위하여 특별한 선물을 그에게 주는 습관이다. 예를 들면, 창세기 25:6에 아브라함이 그두라에게서 얻은 아들들로 이삭과 함께 상속자가 되지 못하게 하려고 그들에게 특별한 선물을 주어 다른 지방으로 보내는 것을 볼 수 있다. 그리고 이어지는 그 다음 구절(25:7)에 아브라함이 죽는 장면이 나온다. 즉 아브라함이 상속권을 박탈하기 위해 그두라의 아들들에게 선물을 준 일은 그가 죽기 직전에 일어난다.

유대인의 위경인 벤시락(Ben Sirach) 33:20~24은 지혜로운 부모라면 아들에게 재산을 나누어주지 않아야 한다고 강력하게 반대한다. "아들이나 아내나 형제나 친구에게 네가 살아 있는 동안, 네 자신이 지배할 힘을 지니고 있는 동안은 넘겨주지 말 것이며, 남에게 네 재산을 주지 말 것이라. 준 후에 마음이 바뀌어 다시 돌려주라고 구하지도 말아라. 너희가 사는 동안 아무나 네 자리를 차지하지 못하게 할 것이니라. 오히려 네 자녀들이 네게 구하게 하는 것이 네가 자녀들의 손에서 얻을 것을 찾는 것보다 훨씬 나으니라. 너희는 아무쪼록 힘써 너희의 명예에 손상이 없게 할지니라. 네가 죽게 될 때에 네 기업을 나누어 줄 것이라." 여기에 명확히 나타난 요점은 아버지가 자녀들에게 그가 사는 동안에 재산을 나누어준다면 아버지는 그의 명예와

---

68) N. Levison, *The Parables: Their Background and Local Setting* (Edinburgh: T and T Clark, 1926), p. 156.

위치와 생활보장과 재산관리권들을 잃는 위험이 온다는 것이다. 아버지의
명예는 가족 안에서 힘인 까닭에 가족들의 생활을 보존하고 가족을 대표할
수 있는 그 힘에 달려 있었다.69)

그러나 유대인의 문서 미쉬나의 판례법은 아버지가 죽기 전에 그의 재산
을 나눌 수 있는 가능성을 염두에 두고 있다. 그러나 그 경우 아버지의 말은
유언에 가까운 것이고, 재산은 가족에게 돌려지게 된다. 판례법은 재산을
본래대로 유지하게 한다. 즉 "만일 아들이 재산을 팔았을 때, 그것을 산 자는
그 아버지가 죽기 전에는 소유할 수 없나니"라고 규정한다. 따라서 이 판례
법도 위에 본 벤시락에 나타난 사상, 곧 아버지가 당할 수 있는 좋지 못한
경험을 피하게 하려는 것이다.70)

또 하나의 예를 여기 인용하면, "만일 누구든지 자기 자녀에게 그의 재산
을 서면으로 배당하려면 오늘이나 죽은 후 그는 글을 쓸지어다…. 만일 그와
같이 누구나 자기 재산을 자기 아들에게 배당하면 아버지가 그것을 팔 수
없는데, 이는 그 재산이 이미 아들에게 넘겨졌기 때문이고, 아들도 그 재산
을 팔 수 없거늘 그 재산이 아직도 자기 아버지의 관할 아래 놓여 있기 때문
이다. 아버지가 그 땅의 산물을 거둬서 자기가 원하는 자들을 먹일 것이나,
그가 남긴 것은 그의 상속자들에게 속한다."71) 이 말도 위에 벤시락에서
말하는 것과 비슷한 의미를 보이고 있다. 하나의 강조점은 아버지가 살아계
시는 동안에는 자기 재산으로 혜택 받을 권리를 보장해 주려는 요구가 있다
는 것이다. 어떤 비평학자는 여기 인용한 말이 탕자의 비유 내면에 깔려있는
법적 환경을 가장 명확히 설명한다고 보았다.72)

미쉬나에는 특별한 경우에 아버지가 죽기 전에 재산을 넘겨주는 것에 대
하여 언급은 하지만, 아버지가 작은 아들의 압력을 받고 그처럼 재산을 넘겨
준 경우에 대하여는 말하지 않는다. 위에 언급한 대로 구약성경과 유대인의

---

69) cf. Mishnah Boba Bathra 8; Danby, *Mishnah*, 376~78.
70) cf. A. Yaron, *Gifts in Contemplation of Death*(Oxford: the Clarendon Press,
1960), p. 79.
71) Baba Bathra, VIII, 7.
72) J. Jeremias, *op.cit.*, p. 128.

문학에 따르면 두 가지 방식으로 재산 혹은 특별한 선물을 나누어주고 있다. 즉 구두유언과 특별한 선물제공이다. 특별한 선물을 제공하는 경우는 다음과 같은 의미를 나타낸다. 아버지의 생애 중에 나누어 준 특별한 선물일 경우에는 아들이 소유권을 갖게는 되지만 재산 자체는 팔 수 없다. 만일 아들이 재산을 팔았다면 그 재산을 산 사람은 그 아들의 아버지가 죽기 전에는 산 재산을 실제로 소유할 수가 없다. 그 재산을 산 자일지라도 용익권 혹은 사용권(the usufruct)은 갖지 못하며 용익권은 아직도 살아있는 아버지의 것으로 남는다. 탕자의 비유에서도 큰 아들만이 상속자인 것으로 암시되어(31절) 있으며, 앞에 언급한 법적 입장이 이 비유에 나타나 있다. 즉 큰 아들이 비록 상속자일지라도, 아버지가 용익권을 소유하고 있다(22~23, 29절).

탕자의 행동에서 주목할 만한 것은 그의 요청이 이중적이라는 점이다. 탕자가 재산을 분할해 주도록 요청하자 그 요청은 허락된다. 그러나 그 요청이 허락되었더라도 자기의 몫을 처분할 권리는 없다. 비록 분할받은 재산이 자기의 소유이기는 하지만 팔 수는 없었다. 그러므로 탕자가 다시 요구한 것은 아버지를 졸라서 처분할 권리까지 포함한 재산 분할을 요구한 것이다. 그 당시의 법적 관습은 이미 살핀 미쉬나의 증거대로 아버지가 아들에게 재산을 나누어준 다음에도 아버지가 살아있는 동안에는 재산에서 들어온 수입으로 자신과 가족들의 생활을 유지한다. 따라서 탕자의 이중 요구가 함축하는 바는 아버지가 죽을 때까지 그는 기다릴 수가 없고, 그에게는 아버지가 이미 죽은 것이나 다름없다는 뜻이다.[73]

더욱 주목할 만한 것은 아버지의 행동이다. 아버지가 그 당시 법적 관습을 뿌리치고, 탕자의 요구를 허락한 것이다. 그 당시 풍속에 따르면 아버지는 그 같이 요구한 자식을 파멸시키고 징계하였다. 그리고 랍비의 법률에 의하면 "선물"이 순전히 자발적이며 자유로운 의사결정으로 주어진 것이 아니라 어떤 "강압"(duress) 때문에 주어진 것이면 무효가 된다.[74] 탕자의

---

73) 참고. 눅 12:13. 히 9:16~17; Via, *op.cit.*, p. 169.
74) George Horowitz, *The Spirit of Jewish Law*(New York: Central Book, 1953), p.

비유에서 아버지는 특별한 "강압" 가운데 있었다. 따라서 아버지가 "강압"
에 의한 것이라 인정하기만 하면 탕자는 아무 것도 소유할 수 없게 된다.
그러나 아버지는 법적으로 마치 자기가 자발적으로 행동을 취하여 그의 재
산을 나누어 준 것처럼 행한 것이다.

렝그스톨프(K.H. Rengstorf)는 탕자의 비유가 예수님 당시의 팔레스타인
의 "잘라내는"(ketsatsah) 의식을 반영한다고 보았다.75) "잘라내는" 의식은
랍비문서에 다음과 같이 묘사된다.76) "…만일 누가 자기의 토지를 이방인
에게 팔면, 그의 친척들은 구운 콩과 땅콩 한 통을 가지고 와서 그것들을
어린 자녀들 앞에서 부수고, 자녀들은 그가 그의 기업에서 잘려져 나갔다고
선포한다. 만일 팔린 기업이 그에게 다시 돌아오면, 자녀들은 그가 자기의
기업에 다시 돌아왔다고 선포한다. 그리고 만일 누군가 자기에게 마땅치
않은 여자와 결혼하면 그의 친척들은 구운 콩과 땅콩 한 통을 가지고 와서
자녀들 앞에서 부수고, 자녀들은 부서진 콩과 땅콩을 주워 모으면서 그는
자기의 가족에서 떠나 잃어버린 자라고 선포한다. 그 사람이 그 아내와 이혼
하면 자녀들은 그가 자기의 가족으로 다시 돌아왔다고 말할 것이다."77)

다른 랍비문서도 그와 같은 풍속을 언급하지만 항아리 부수는 것을 말하
고 있다.78) 이러한 풍속이 예수님 시대에도 행해지고 있었다. 그러므로 렝
그스톨프는 "잘라내는" 공식적 행동이 탕자 비유의 배경이 되었다고 한다.
하지만 그러한 의식을 행하게 하는 두 가지 일, 즉 땅을 이방인에게 파는
일과 불결한 이방여인과 결혼하는 일이 탕자의 비유에는 반영되어 있지 않
다. 탕자가 집을 떠날 때 이방인에게 재산을 팔았다거나 혹은 잃었다는 일은
나타나지 않는다. 탕자가 집을 떠날 때 그러한 의식을 행할 수 있는 두 조건

374.

75) K.H. Rengstorf, *Die Re-Investitur des Verlorenen Sohnes in der
Gleichniserzählung Jesu Luke 15:11 ~32*(Cologne: Westdeutscher Verlag, 1957).

76) *Ruth Rabba VII*, 11 on 4:7.

77) L. Rabinowitz, *Midrash Rabbah*, ed. H. Freedman and M. Simon(London:
Soncino, 1938), p. 87.

78) P. Kid, 1, 5; P. Ket, 26d; P. Kid, 60c; P. Ket, 11.10.

을 위반한 것도 아니다. 다시 말하면 탕자가 집을 떠날 때는 아직 이방인들과 아무런 관계도 맺고 있지 않다.79)

렝그스톨프가 24절과 32절에서 작은 아들을 '죽었던 아들'이라고 한 말에서 연역적으로 해석해 냈지만 "잘라내는" 실제의 행동이 비유 안에 암시된 것도 아니고, 아버지의 태도가 탕자를 배척했다고 암시하는 것도 아니다.80) 그렇지만 탕자 비유의 문화를 이해하고 주님 시대의 팔레스타인 사회를 통찰하는 데는 이러한 관습을 아는 것도 도움이 된다. 가족의 재산을 이방인에게 넘기는 것은 매우 심각한 일이다. 사회적 결속을 위반한 아들은 매우 과격한 취급을 당한다. 비유에서 탕자가 돌아올 때는 가족의 재산에서 받은 자기의 몫을 이방인들에게 탕진해 버렸다. 마을 사람들이 즉시 이 사실을 알게 되면, 그들은 마을 길가에 모여 항아리를 부수고 탕자를 마을 공동체의 결속에서 잘라낼 것이다. 탕자가 행한 것은 자기 아버지께만 잘못 행한 것이 아니고 그 마을 공동체와 대가족에게까지 잘못을 저지른 것이 된다.

11, 12절에 큰 아들이 두 번 언급되어 나타난다. 12절에 보면 큰 아들도 자기의 몫을 받았다. 그렇게 이해할 수 있는 근거는, 만약 큰 아들이 살림을 나눠 받지 않았다면 자기의 태도를 두 가지 방향 중 하나를 취해야 할 것이기 때문이다. ① 큰 아들은 동생이 요구한 바를 반대하는 뜻으로 자기의 몫을 거절했어야 할 것이다. ② 혹은 큰 아들이 아버지와 탕자 사이에 서서 화해시켰어야 할 것이다. 그러나 큰 아들의 침묵은 화해시키는 역할을 거절한 것을 뜻한다.81) 큰 아들이 침묵을 지켰고, 그것은 아버지와의 관계에 대한 어려움을 암시하고 있다. 12절에 "아비가 그 살림을 각각 나누어주었더니"라고 한 것으로 볼 때, 큰 아들도 동생처럼 재산을 나누어 받은 것이다. 큰 아들은 동생의 요구가 불법이며 합당치 않은 것을 잘 알고 있었다. 그렇다면 큰 아들은 아버지께 대한 진실된 충성을 확증하려고 큰 소리로 외치며 나눠준 살림을 거절했어야 한다. 그러나 그렇게 하지 않고 그도 동생처럼

---

79) K. Bailey, *op.cit.*, pp. 167~168.
80) cf. I. Howard Marshall, *Luke*, p. 606.
81) cf. b. Kit, 28b.

살림을 물려받았다.82)

탕자의 비유는 아버지와 두 아들로 구성된 매우 작은 가정을 보이고 있다. 어머니와 딸들은 나타나지 않는다. 그 당시 유대인의 풍속에 따르면 어머니와 딸들의 생활 보장은 아들들의 상속권보다 우선이었다. "만일 아버지가 죽고 아들들과 딸들이 남고 유산이 많다면, 아들들이 그것을 기업으로 받고 딸들은 생활유지비를 받는다. 그러나 만일 유산이 적으면 딸들이 생활유지비를 받고 아들들은 구걸하러 집을 떠날 것이다"라는 기록에서 엿볼 수 있다.83)

대다수의 학자들은 탕자의 비유를 "야곱과 에서의 순환"(the Jacob-Esau cycle)에 비추어 해석한다.84) 비평학자들은 야곱과 에서의 순환을 큰 아들과 작은 아들 순환이라고 하면서, 가인과 아벨, 이스마엘과 이삭, 에서와 야곱, 아론과 모세 등과 같은 쌍에서, 그리고 다윗과 솔로몬이 모두 작은 아들인 점에서 하나의 순환설을 만들었다. 대체로 작은 아들이 아버지의 집을 떠나려고 재산을 구하며, 작은 아들은 아버지의 마음에 드는 아들로 나타난다. 이것이 랍비문서의 전통이기도 하다.85)

구약에 보면 작은 아들을 선택한 사실이 여러 곳에 나타나는데 그것이 야곱과 에서의 순환을 만들게 한 것이 사실이다. 즉 야곱(창 27:1~45), 요셉(창 37~48장), 기드온(삿 6:1~23), 다윗(삼상 16:6~13), 유다 마카비(Judas Maccabeus, 1 Mac 3:1~9) 등이다. 하나님은 이들을 구원 역사에서 매우 귀중한 역할을 하도록 선택하셨다. 구약에서 하나님이 구원 역사상 매우 중대한 순간에 여자들(예, 드보라, 유딧)을 선택함과 같이 하나님이 작은 아들들을 선택함으로써 능력과 권위의 길에서 떠나 사는 정상적인 인간의

---

82) cf. David Daube, "Inheritance in Two Lucan Pericopes," *Zeitschrift der Savigng Stefung für Rechtsgeschichte, Romanistische Abteilung* 72(1955) 326~344.

83) M.B. Bathra, 9.1; Danby, Mishnah, 378.

84) I. Abrahams, *Studies in Pharisaism and the Gospels. Library of Biblical Studies*(New York: Ktav, 1967), I, p.11; J.D. Derrett, *Law in the New Testament* (London Darton, Longman and Todd, 1970), pp. 116~119.

85) Midrash on Psalms, 9:1.

기대를 꺾으셨다.86) 로마서 9~11장에서 사도 바울도 유대인과 그리스도인들이 "작은 아들"(야곱)의 자손이며, 선택받음이 그들의 행위로 말미암지 않고 오직 하나님의 부르심에 주목시키고(9:6~13) 있다. 그리스도인들이 유대인들과 함께 "작은 형제"의 기업을 이을 자들이라고 했다.

둘째 아들이 "허랑방탕하여"(ζῶν ἀσώτως)라고 한 표현은 그가 "분깃"을 부도덕하게 탕진했다고 명확히 표시한 말이 아니다. 그러나 중동 번역 성경들은 이 말의 의미를 분명하게 표시한다. 즉 둘째 아들이 합당하지 않은 음식에 자기의 "분깃"을 써버렸다고 번역한다. 아랍어 성경에 여러 가지 다른 말들이 사용되지만 대부분 "값이 비싼," "게으른," "화려한," "낭비하는"의 의미를 표현하는 아랍어들로 번역했다. 다시 말하자면 아랍어 성경들은 방탕자를 부도덕한(immoral) 자로 보지 않고 다만 "낭비"자로 보았다. 헬라어 본문과 대다수의 중동 번역 성경들이 탕자를 부도덕한 자로 저주하지 않았다. 이것은 30절의 큰 아들의 말을 이해하는 데 매우 중요한 배경을 제시한다.

탕자가 안식일을 지킬 수 없는 것이 분명한데 그것은 그가 불결한 동물인 돼지를 돌보았기 때문이다(15절). 랍비문서에 "누구든지 어느 곳에서든지 돼지를 기르지 말지니"라고 했다.87) 유대인들은 돼지를 마귀의 거처라고 믿었다(참고, 마 8:28~34; 막 5:11~20; 눅 8:26~39).

16절에 언급된 "저가 돼지 먹는 쥐엄열매"(κεράτιων)가 무엇을 말하는지는 해석이 다양하다. "쥐엄열매"를 고대 중동 번역 성경에서는 칼늅(kharnu˘b)이란 말로 번역하는데, 가난한 사람들이 먹던 식용에 적합한 (콩 등의) 꼬투리(an edible pod)였다. 이것은 일종의 음식이었는데 회개를 상징했다. 랍비 아하(Rabbi Aha)는 "이스라엘이 회개케 하는 데 카로브(Carob)가 필요하다"고 말했다. 여기서 카로브는 식용에 적합한 꼬투리로서 빈곤을 상징했다. 즉 이스라엘이 카로브를 먹을 정도로 빈곤해지면 회개하게 된다는 의미이다.88)

---

86) cf. Derrett, *op.cit.*, pp. 116~119.
87) M. Ba. Dem. VIII. 7.

그러나 이렇게 해석하기 어려운 이유는 일반적으로 팔레스타인 사람들이 칼늅을 즐겨 먹었다는 것이다.[89] 그래서 여러 가지 해석들이 제시된다. 그 가운데 하나는 탕자가 그것들을 먹을 수 없었다는 말은 돼지를 치는 사람들이 돼지가 먹는 음식을 탕자에게 먹지 못하게 감시했다는 의미라고 한다.[90] 혹은 본문이 단순히 탕자가 가난하다는 것을 표시하는 것이라고도 해석한다. 그러나 16절의 "배를 채우고자 하되"라는 표현에서 "하되"($\epsilon\pi\epsilon\theta\acute{u}\mu\epsilon\iota$)라는 말은 단순히 가난하다는 것보다 더욱 강한 의미를 가지고 있다. "하되"라는 말은 무한히 무엇을 하고자 하나 이루지 못한 소원을 표시하는 말이다. 또 여러 주석가들은 "쥐엄열매"를 세라토니아 실리쿠아(ceratonia siliqua)와 동일하게 본다. 그러나 세라토니아 실리쿠아는 당분이 넉넉히 들어 있어서 그것으로 당밀(molasses)을 만든다. 그러므로 기근 때에 그것을 돼지에게 먹이는 것은 상상하기 어렵다.[91]

해리스(Rendel Harris)는 중동에 두 가지의 칼늅이 있다고 관찰했다.[92] 하나는 야생(wild) 칼늅이고, 다른 하나는 시리아(Syrian)의 칼늅이다. 야생 칼늅은 가시가 있는 관목(shrub)으로서 화목으로 사용했다. 야생 칼늅은 열매를 맺지만 그 열매가 딱딱하기 때문에 보통 때는 사람들이 그것을 먹지 않으나 기근 때는 먹는다. 시리아의 칼늅 열매는 달콤하고 딸기 같아서 사람들은 평상시에도 그것을 따 먹는다.[93] 탕자의 비유에서 말하는 "쥐엄열매"는 자생의 칼늅을 가리키는 것으로 보인다.

17절의 "이에 스스로 돌이켜"($\epsilon\acute{\iota}\varsigma$ $\acute{\epsilon}\alpha\nu\tau\grave{o}\nu$ $\delta\grave{\epsilon}$ $\acute{\epsilon}\lambda\theta\acute{\omega}\nu$)라는 말이 아람어 '호

---

88) A. Feldman, *The Parables and Similes of the Rabbis 2nd ed.*(Cambridge: University Press, 1927), p. 124; cf. T.W. Manson, *The Sayings of Jesus*, p. 288.

89) cf. S-B II, 214.

90) Eta Linnemann, *The Parables*, p. 151.n.11.

91) Wm. Thomson, *The Land and the Book,* 2 vols(New York: Harper and Row, 1872), 1, p. 22.

92) Rendel Harris, "The Charobs of the Sea," *The Expositor, Series* 9.2(Oct. 1924), pp. 301~304.

93) E.W. Lane, *An Arabic-English Lexicon,* Book 1, Part 2(New York, 1955), p. 717a.

젤 보'에 해당하는 것이라고 했다.94) '호젤 보'라는 아람어는 "돌아온 것"이라는 의미이다. 그러므로 헬라어 본문은 "자기 자신인 그가 왔다"는 의미를 뜻한다는 것이다. 이 의견에 반대하는 견해도 몇 가지 있다. 만일 본문이 회개를 뜻한다면 '호젤 보'라는 어구는 그 의미가 비교적 약하여 헬라어 본문의 배경이 되기 어렵다고 한다.95) '호젤 보'는 대체로 "의견을 바꾸는 것" 혹은 "다시 고려해 보는 것"을 나타내기도 하고 때로는 "회개"도 뜻한다.96)

랍비문서에서는 보통 회개를 도브(דוב)라는 말로 표현하고 도브는 히브리어 슈브(שוב)와 같은 말이다. 시리아 말에서도 회개는 도브라는 말을 쓰는데 시리아역 성경에서는 누가복음 15:17에 도브를 사용하지 않고 있다. 베자사본(codex Bezae, D)은 누가복음 18:4에서 15:17에 사용된 말을 그대로 사용했는데, 마음이 변한 것을 의미하고 있다.

우리는 17절의 헬라어 본문이 가지고 있는 아람어 어구(phrase)를 확실하게 증거할 수는 없지만 탕자의 잘못은 이중적이다. 탕자가 이방인에게 "붙여" 살고 돼지를 치게 됨으로 말미암아 그는 유대교를 버렸다. 그리고 자기의 분깃을 소비함으로써 아버지께 잘못을 저지른 것이다. 그가 분깃을 다 소비했으므로 아버지가 늙어 일을 못하게 될 때 그 아버지를 받들 수가 없게 되었다.97) 이러한 상황에 놓인 탕자가 "이에 스스로 돌이켜 가로되… 내가 일어나… 지금부터는… 나를 품꾼의 하나로 보소서 하리라 하고…"(17~20절) 말한다. 이 같은 탕자의 말에는 법률상의 요소가 들어 있다고 보기도 한다.98) 예레미아스는 "이에 스스로 돌이켜"라는 표현이 탕자의 회개를 가리킨다고 보았다.99) 그러나 크리드(John Creed)는 이 말이 일반 헬라인의

---

94) S-B; BAGD 310.

95) M. Jastrow, *A Dictionary of the Targumim, Talmud Babli and Jerushalmi and the Midrashic Literature*(New York: Pardes, 1950), 1, p. 446.

96). K. Bailey, *op.cit.*, p. 174.

97) cf. Derrettt, *op.cit.*, p. 111.

98) Dan O. Viaia, "The Prodigal Son: A Jungian Reading," *Semeia 9*(1977) 21~43.

99) J. Jeremias, "Zum Gleichnis vom Verlorenen Sohn, Luke 15, 11~32," *TZ 5*(1949) 228~231, 229.

관용어이고 "다시 한번 생각해 보는 것"(to have second thoughts)을 뜻한다고 했다. 100)

위의 몇 가지 제안들 중 법률상의 의미가 그 당시 문화와 조화를 이룬다. 즉 두 가지 요점에서 법률상의 의미가 어울리는 것이다. 그 당시의 "하인" 중에는 다음과 같은 세 부류의 하인들이 있었다. ① "노예"(둘로스, δοῦλος)는 주인의 재산의 일부이고, 동시에 주인의 식객 가운데 하나였다. ② 파이데스(παῖδες)는 낮은 계급의 하인이고, "노예"보다 아래 계층에 속했다. ③ 미스디오스(μίσθιος)는 "고용된 하인"으로 주인의 가족 밖에 있으며 주인의 재산도 아니다. 고용된 하인은 임시로 자기 주인 된 사람의 일에는 아무런 관심도 보이지 않는다. 임시로 고용되었으므로 그의 처지는 불확실하다. 그러나 고용된 하인은 다른 두 종류의 하인과는 달리 자유인이다.101)

탕자는 "고용된 하인" 품꾼이 되리라 생각했다. 고용된 하인으로 동네 안에 방을 얻어 독립된 생활을 하면서 자신이 탕진한 분깃을 갚을 수도 있을 것으로 생각했다. 그래서 탕자는 자기의 아버지께 고용된 일꾼의 하나로 삼아 주십사고 부탁한 것이다. 그리고 탕자는 아버지께 자기의 실수를 고백하려는 의도를 가졌다. 탕자는 자기의 실수를 물질의 손실로 인식한 것이다. 그래서 탕자는 고용된 하인이 되어 손실된 분깃을 위하여 품삯으로 저축해서 아버지께 다시 지불하거나 혹은 노동으로 갚을 것으로 생각한 것이다.102)

또 하나의 법률적 요소는 그 당시 랍비들의 회개의 개념이다. 랍비들은 회개를 하나의 일(a work)로 보았다. 그리고 그들의 회개 개념은 하나님의 호의를 얻을 수 있는 일을 의미했다. 회개하는 일은 진실해야 하고 죄에서 온전히 떠나 다시 같은 죄를 범하지 않으려는 결심을 포함했다. 랍비들은 악한 법령을 취소시킬 수 있는 세 가지를 가르치고 있었다. 그 하나가 회개

---

100) John Creed, *The Gospel according to St. Luke*(London: Macmillan and Co., 1930), p. 199.

101) W.O.E. Oesterley, *The Gospel Parables in the Light of their Jewish Background*(London: SPCK, 1938), p. 186.

102) K. Bailey, *op.cit.*, p. 178.

였고, 나머지가 기도와 자선(almsgiving)이었다.103)

탕자의 아버지와 비슷한 일이 한 랍비문서에 들어있다. "왕에게 아들 하나가 있었는데, 그 아들이 아버지에게서 멀리 떠나 방황하고 있었다. 그의 친구가 그에게 아버지께 돌아갈 것을 간청했을 때, 그 아들은 '내가 아버지께 돌아갈 수 없다'고 대답했다. 그러므로 그의 아버지가 사람을 보내어 아들에게 '네가 돌아올 수 있는 만큼 돌아오라. 내가 나머지 길을 마중 나가 너를 만날 것이다'라고 했다. 이처럼 하나님께서 '나에게 돌아오라 그리하면 내가 너에게 돌아갈 것이니라'"고 기록한다.104)

탕자의 아버지의 행동이 중동의 아버지들의 행동과 비교해 볼 때 지나치다고 할 수 있다.105) 아버지는 자기 아들이 돌아오면 그 아들을 마을 사람들이 어떻게 취급할지 잘 알고 있다. 그러므로 아버지는 자기 아들을 보호하려고 다음과 같은 행동을 취하게 된 것이다. 아버지가 밖으로 나가 돌아오는 탕자를 향하여 달음질을 했다. 동양 아버지나 귀족은 어디서든지 달음질을 하는 것이 아니었다. 왜냐하면 이 같은 행동은 점잖지 못한 것으로 여겼기 때문이다. "사람의 걷는 모습이 그가 어떠한 사람인지를 나타낸다"고 말한 유대인의 문서가 이를 입증한다.106) 이런 행동에는 많은 군중이 비난하려고 모이게 된다.107)

다음으로 탕자의 아버지는 마을 밖에서 공공연히 탕자와 화해하는 행동을 취했다. 아버지가 탕자를 향해 달려나가 만나 화해를 표시하므로 탕자는 아버지의 영접하는 보호를 받으며 마을 안으로 들어오게 된다. 탕자는 아버지가 창피함을 뿌리치고 보인 예기치 않은 사랑을 직접 목격하게 된다. 아버지의 행동이 말을 대신한 것이다. 즉 영접하는 말은 없으나 아버지가 보인

---

103) Midr. Ps 18:3; C.J.G. Montefiore, *Rabbinic Literature and Gospel Teaching* (London: Macmillan and Co., 1930), p. 404.

104) C.J.G. Montefiore, *A Rabbinic Anthology*(London: Macmillan and Co., 1938), p. 321.

105) cf. Gustav Stähling, "Phileo," *TDNT 9*, 114~146.

106) Ben Sirach. 19:30.

107) A.B. Bruce, *The Synoptic Gospels*(Grand Rapids: Eerdmans), p. 582.

사랑의 행동이 말보다 더욱 뜻 깊은 것이었다. 아버지가 탕자의 뺨에 입을 맞춘 것은 동등함의 표시이며, 탕자는 아버지의 손이나 발에 입을 맞추지 않았다.108) 베일리(Bailey)는 동양의 아버지가 자기 아들과 동등하다고 하는 생각은 있을 수 없는 일이라 하고, 아버지가 탕자에게 입을 맞춘 것은 화해와 용서를 의미한다고 했다. 그리고 중동과 팔레스타인 사람들은 무너진 화해를 다시 세우려 할 때는 간단한 예식을 공적으로 실행하여 화해를 선언하였는데, 그것은 공개적으로 뺨에 입을 맞추는 것이었다고 증거했다.109)

탕자는 랍비들이 가르친 회개 개념을 가지고 아버지께 돌아온다. 이런 탕자의 의도는 모독을 무릅쓰고 보여준 아버지의 사랑으로 말미암아 산산이 부서졌다. 두려움과 근심에 감싸였던 탕자는 완전히 압도되는 예기치 못한 구출을 체험한다. 탕자가 즉시 깨닫게 된 것은 아버지와 자기의 관계를 스스로 해결할 방법을 제시할 수 없었다는 것이다. 탕자가 깨닫게 된 것은 탕진한 재산이 문제가 아니라 스스로 고칠 수 없는 파괴된 관계가 문제였다. 즉 아버지와 자기 사이의 새로운 관계는 아버지께로부터 오는 선물이라는 것이었다. 자기 품삯으로 소비한 재산을 아버지께 다시 돌려드리려고 생각한 것이 아버지를 망령되이 생각하는 것이라고 탕자는 이제야 깨닫게 된다. 그러므로 탕자가 할 수 있는 말은 "내가 …감당치 못하겠나이다"(나는 … 가치가 없는 자입니다)라는 말이며 탕자에게서 나와야 할 당연한 대답이다.110)

21~22절에서 탕자의 아버지가 하인들에게 세 가지 명령을 내린다. 탕자에게 예복(the ceremonial robe)을 입힌 것은 상급의 표(a mark of high distinction)이다. 왕은 신하들을 명예롭게 할 때 값비싼 옷을 그들에게 하사했다. 새로운 옷을 수여(investiture)하는 것은 메시야 시대를 상징한다. 이사야 61:10에 "내가 여호와로 인하여 크게 기뻐하며 내 영혼이 나의 하나님

---

108) Eta Linnemann, *The Parables*, p. 77.
109) K. Bailey, *op.cit.*, p. 182; 창 33:4.
110) Bailey, *op.cit.*, pp. 183~184; Via, *op.cit.*, p. 174.

으로 인하여 즐거워하리니 이는 그가 구원의 옷으로 내게 입히시며 의의 겉옷으로 내게 더하심이 신랑이 사모를 쓰며 신부가 자기 보물로 단장함 같게 하셨음이라”고 했다.111) 예수님은 탕자의 아버지가 탕자에게 입힌 제일 좋은 옷을 용서함에 비교하셨다. 이러한 비교는 마태복음 22:11~13에도 나타난다.

아버지가 종에게 내린 그 다음 명령은 탕자의 손에 가락지를 끼우고 신을 신기라는 것이었다. 가락지는 인장(a signet) 가락지를 가리키는데 탕자를 신임할 수 있다는 뜻을 나타낸다. 인장 가락지는 권위 부여를 의미한다.112) 신은 탕자가 자유인이라는 것을 나타낸다. 탕자는 자유인 곧 회복된 아들로서 하인처럼 맨발로 다니지 않게 된 것이다.

아버지의 세 번째 명령은 살진 송아지를 잡아 음식을 준비하라는 것이었다. 염소나 양을 취하지 않고 송아지를 택한 것은 마을 사람들이 저녁식사에 초대된 것을 의미한다. 그 당시 상황에서 송아지 한 마리는 몇 시간 내로 먹지 않으면 곧 썩게 된다.113)

이처럼 아버지는 공공연한 행동으로 탕자를 용서하고 아들의 신분을 본래대로 회복시켰으며114) 아버지 자신의 명예 안에 복구시켰다.115) 다시 말하자면 아버지가 탕자를 명예의 대상으로 삼음으로써 재산을 탕진한 일로 인하여 상실한 아들의 자리로 다시 복귀시킨 것이다.116)

25~32절은 큰 아들에 관한 이야기다. 청중은 큰 아들을 하인 혹은 노예로 보지 않고 이기적인 자로 보게 되며 충직하지 못한 자로 이해하게 된다. 청중들에게 큰 아들이 이 같이 비치는 것은 동생인 탕자를 부당이득자(a

---

111) 참고. 마 5:3; 11:5; 눅 4:18; 7:33; L.C. Gockett, “The Old Testament in the Gospel of Luke with Emphasis on the Interpretation of Isa 61: 1~2,” Brown University, 1966; Jeremias, *op.cit.*, p. 189.

112) 창 41:42; 에 3:10; 8:2; Jeremias, *op.cit.*, p. 130.

113) Bailey, *op.cit.*, p. 186; cf. Jeremias, *op.cit.*, p. 130.

114) J. Jeremias, *op.cit.*, p. 130.

115) B.B. Scott, *Then Here the Parables*(Philadelphia: Fortress Press, 1990), p. 118.

116) K. Rengstorf, *op.cit.*, pp. 18~51.

profiter)인 것처럼 보면서, 자기는 아버지께 마치 노예처럼 명령을 위반하지 않은 충성된 아들인 것으로 생각했기 때문이다. 그러므로 큰 아들은 자기 동생을 정반대 처지에 두고 아버지께 "당신의 아들"(30절. '아들'-한글개역)이라고 했다.

그러나 아버지는 큰 아들을 동료로 여기고 "너는 항상 나와 함께 있으니 내 것이 다 네 것이로되"라고 했다(31절). 큰 아들은 이처럼 아버지가 항상 자기편에 있다는 것을 깨닫지 못하고 있었다. 만일 큰 아들이 그것을 알았다면 아버지의 승인을 받을 필요가 없었다. 큰 아들은 자기의 것을 위하여 스스로 노예가 된 것 같다. 큰 아들에 대한 아버지의 응답은 큰 아들이 단 하나의 참된 상속자라는 단순한 법적인 문제를 넘는다. 아버지는 큰 아들을 "아들"($\tau\acute{\epsilon}\kappa\nu o\nu$)이라고 불렀다(31절). 이 "아들"이란 말은 "나의 사랑하는 아들"(my dear boy)이라는 뜻으로 매우 사랑스러운 말이다.117)

큰 아들에 대한 아버지의 행동도 매우 놀랍다. 아버지가 집 밖으로 나와서 큰 아들에게 간청한다. 신명기 21:18~21, 곧 고대 유대법에 따르면 아버지는 배반한 아들을 사형에 처할 권한을 가지고 있다. 잠언에서 이 점을 강조하고 있다.118) 아버지가 마을 사람들을 대접하던 일을 멈추고 분노한 큰 아들을 달래려고 집 밖으로 나간 행동은 탕자를 향하여 달음질한 것 못지 않게 그 당시 사람들의 상식을 뒤엎는 것이다.

큰 아들은 자기의 원망을 아버지에게 쏟아 놓았다. 탕자의 고백이 삼중적 특성을 지닌 것처럼 큰 아들의 원망도 삼중적이다. 즉 ① 내가 여러 해 아버지를 섬기고 명령에 불순종한 것이 없었다. ② 아버지가 나에게 염소 새끼라도 주어 친구와 더불어 즐겁게 한 일이 없었다. ③ "이 당신의 아들"이 돌아오니 당신이 제일 살진 송아지를 잡았다. 이 큰 아들도 탕자였던 동생처럼 행동을 취한 것이다. 큰 아들의 이해가 노예의 이해와 비슷한 것이었다. 즉 그의 말 그대로 큰 아들은 아버지를 위하여 여러 해 동안 스스로 노예가

---

117) *BAGD*, 808; Albrecht Oepke, "Pais" *TDNTS*, 636~54; T.W. Manson, *op.cit.*, p. 290.

118) 예. 잠 10:1; 17:21,25; 19:18,26; 20:20; 22:15; 23:22~25; 28:24.

되어 염소새끼 하나도 아버지에게 요구하지 못했다. 탕자가 아버지와 자기 사이의 무너진 관계를 회복하려면 노예가 되어야 하는 줄로 알고 있었던 것처럼 큰 아들도 노예처럼 행동하고 있었다.119)

큰 아들도 가족의 결속을 무너뜨렸다. 큰 아들이 탕자를 "나의 동생"이라 하지 않고 "이 당신의 아들"이라고 불렀다. 작은 아들이 재산을 탕진한 것이 가족의 결속을 끊은 것처럼 큰 아들의 독선도 가족의 결속을 끊은 것이다. 탕자에 대한 아버지의 행동이 탕자가 자신을 노예와 동일하게 여긴 것을 끊고 가족 안에서 탕자의 위엄을 강조하고 있듯이, 아버지가 큰 아들에게 "아들아"(τέκνον)라고 부른 것도 그에게 동등한 권리와 위엄을 부여하고 있다. 그리하여 아버지가 큰 아들을 생명의 축제로 초청한다.

탕자 비유의 해석 역사에서 주후 1세기에는 다음과 같이 여러 방법으로 의견이 나뉘었다. 아버지는 하나님 혹은 예수님을 나타낸다는 데는 모두 동의한다. 그러나 두 아들이 누구냐 하는 점에서는 다른 네 의견으로 나타났다. ① 큰 아들을 천사, 작은 아들을 인류로 해석하는 "영지주의화 접근"(a gnosticizing approach), ② 두 아들을 의로운 자와 죄인으로 해석하는 "도덕적 견해"(an ethical view), ③ 두 아들을 이스라엘과 이방인으로 해석하는 "인종적 견해"(an ethnic view), ④ 엄격한 성도와 약한 율법적 성도로 대조하는 "참회적 견해"(a penitential view)로 나뉜다.120)

최근에는 하나의 요점을 말하지만 여러 가지 다른 해석이 나왔다. ① 비유의 중심 목적은 죄인이 어느 정도로 타락했을지라도 회개하도록 격려하는 것이다.121) ② 그러나 첫째로 강조하는 바는 큰 아들을 꾸짖는 것이며

---

119) K. Bailey, *op.cit.*, p. 176; W.O.E. Oesterley, *op.cit.*, pp. 185~87.

120) Yves Tissot, "Patristic Allegories of the Lukan Parable of the Two Sons," in *Exegesis*, ed. Bovon and Rouiller, p. 366; cf. Daniel Patte, "Structural Analysis of the Parable of the Prodigal Son: Toward a Method," in *Seniology, ed. Daniel Patte*(Pittsburgh: Pickwick, 1976), p. 141; B.B. Scott, "The Prodigal Son: A Structuralist Interpretation," *Semeia* 9(1977), p. 65.

121) Michael Wilcock, *The Saviour of the World: the Message of Luke's Gospel* (Downers Grove: IVP, 1979), pp. 149~52; Wm. F. Arndt, *The Gospel according to St. Luke*(St. Louis: Concordia, 1965), p. 350.

다른 사람이 구원받은 것을 즐거워해야 한다는 것이 요점이라고 한다.122)
③ 어떤 학자들은 두 부분의 구절을 서로 연결하는 아버지의 배역이 중심
요점이라고 했다. 비유의 주제가 두 아들에게 보인 아버지의 대단한 사랑과
인내 속에 계시되어 있다는 것이다.123) ④ 예레미아스는 비유를 통하여 예
수님이 "소외된 사람들"(outcasts)과 교제한 것을 합당하다고 확증하고 큰
아들과 같은 자가 되지 말도록 유대인 지도자들에게 도전한 것이 중심 요점
이라고 했다. 이런 것들이 하나의 요점 논의의 대표적인 것이다.

그러나 적어도 사실 세 가지 요점을 아버지와 두 아들의 이야기에서 찾을
수 있다. 탕자와 같이 죄인이 언제나 회개하고 하나님께 돌아올 수 있다.
이것은 곧 하나님의 주권이 구원-능력의 범위에 나타난 것이며, 하나님 나
라가 이루어지고 있다는 사실이다. 예수님께서 "세리와 죄인들"과 교제하신
것 자체가 하나님 나라가 임한 것을 선포하는 것이다. 하나님 나라가 예수님
의 지상 사역에서 임하고 있다.

비유에서 아버지가 탕자에게 나아가 화해를 청한 것처럼 하나님은 온 인
류에게 속죄함을 제공하신다. 이것은 하나님의 주권이 의($\delta\iota\kappa\alpha\iota\sigma\sigma\acute{\nu}\nu\eta$)의 범
위 안에 나타난 사실을 의미한다. 이로 말미암아 죄인이 속죄함 받고 의롭다
함을 받아 하나님의 백성이 된 것을 볼 때 탕자가 다시 아버지의 아들로
회복된 것에 대하여 시기한 큰 아들처럼 되지 말라는 것이다. 오히려 누구든
지 회개하고 하나님께 돌아온 죄인을 보게 되면 매우 크게 즐거워해야 할
것이다.

---

122) F.W. Danker, *Jesus and the New Age: A Commentary of St, Luke's Gospel*(Philadelphia: Forterss Press, 1985), p. 275; Charles H. Talbert, *Reading Luke*(New York: Crossroad, 1982), p. 147.

123) Helmut Thielicke, *The Waiting Father*(London: J. Clarke; New York: Harper and Row, 1959), pp. 17~40; Eduard Schweizer, *The Good News according to Luke*(Atlanta: John Knox Press, 1984), pp. 247~48; I.H. Marshall, *Luke*(Grand Rapids: Eerdmans, 1978), p. 604.

2. 군주의 비유(2)

1. 부자와 나사로의 비유(눅 16:19~31)

현대 학자들은 이 비유를 타당한 비유(parable proper)로 보지 않고 하나의 "예화"(an example story)로 본다. 그 이유는 이렇다. 첫째로, 비유에 나타나는 활동이 이 세상의 사건에 국한하지 않고 다음 세상의 사건들로 이어지고 있는 유일한 비유이다. 둘째는 비유의 인물들이 이름을 가지고 있다.[1] 셋째로 이 비유의 인물들이 "영적으로 서로 대응하는 인물들"(spiritual counterparts)을 상징하는 것으로 나타나지 않고 동일한 환경에 놓인 다른 사람들, 즉 어떤 부자들, 어떤 가난한 자들과 하나님 앞에서 살고 있는 어떤 사람들을 대표하는 것처럼 보인다는 것이다. 예레미아스(J. Jeremias)는 이 비유를 위기의 도전(the challenge of crisis)이라는 범주 안에 넣고 양날의 비유(a double-edged parable)라고 불렀다. 이 비유의 특색은 강조점을 두 번째 초점에 맞추고 있다는 것이다.[2]

이 비유에 유일하게 나사로라는 고유명사가 나오고 비유의 영역이 지상에서 하늘로 이어지고 있다. 예수님의 비유 가운데서 이 비유만 이런 특성들을 지니고 있으므로 비평학자들은 이 비유의 역사적 배경과 원자료에 대하여 부정적으로 비판해왔다. 대다수의 비평학자들은 이 비유가 민간전승과 연결되어(the folkloric contacts) 있다고 보며, 예수님께서 주신 것이 아니라

---

1) 나중에 생긴 전통에서는 부자도 이름을 갖게 되었는데, 보통 디베스(Dives)라는 이름이 붙었다. cf. Henry J. Cadbury, "A Proper Name for Dives," *JBL 81*(1962) 399-402.

2). T.W. Manson, *Saying of Jesus*, p. 298.

사람들의 이야기 가운데서 나온 것으로 본다. 그리고 이 비유는 원래 부유함의 위험과 하나님이 권세자를 낮추고 낮은 자를 높이신다는 전통을 누가에게 전해준 사람들 가운데서 생긴 것이라고 했다. 예를 들면 브라운(R.E. Brown)은 이 비유의 내러티브 배후에는 예루살렘 교회의 가난한 사람들에 관한 전통이 있었다고 한다.3) 누가가 그러한 전통들을 더욱 날카롭고 적절하게 만들었다는 것이다.4)

불트만(R. Bultmann)은 이 비유의 결론이 예수님이나 초대교회에서는 원래 발생할 수 없었던 것으로 보고, 이 비유는 예수님의 전통에 유대인의 전통을 가져다 붙인 것으로 주장했다.5) 그러나 크로산(John Dominic Crossan)은 불트만의 의견에 반박하고 이 비유를 원래 초대교회의 삶의 정황에서 생긴 것이라고 했다.6) 불트만은 자기 의견을 뒷받침하는 근거로 그레스만(Hugo Gressmann)의 민간설화(folktale)보다는 유대인의 전설이 이 비유의 원천이 되었다고 하면서 그것을 다음과 같이 요약했다. 즉 어느 부자의 아내가 죽어 지옥(Hades)에 가서 고통을 당하고 있는데, 그의 아내가 겪고 있는 지옥의 지독한 고통을 그 남편에게 알려서 회개하게끔 요청한다는 내용이다.7) 초대교회가 접한 부와 빈곤의 상태를 연구한 비평학자들 중 어떤 이들은 불트만의 이 의견에 찬성을 보냈다.8)

데렛(J.D.M. Derrett)은 유대인의 "해석적 설화"(the midrashic tales)들 중에서 아브라함을 섬긴 종 엘리에셀(창 15:2)과 이 비유의 나사로라는 이름들이 언어학적으로 같은 뿌리라는 것을 발견했다. 유대인의 해석적 설화에 따르면 엘리에셀은 이 땅에서 몸을 변장하고 다니면서 하나님의 백성들이

---

3) R. E. Brown, *The Birth of the Messiah: A Commentary on the Infancy Narratives in Matthew and Luke*(New York: Doubleday, 1977), pp. 350~55.

4) John Donahue, *The Gospels in Parables*(Philadelphia: Fortress Press, 1988), p. 170.

5) R. Bultmann, *Synoptic Tradition*, p. 203.

6) John Dominic Crossan, *In Parables: The Challenge of the Historical Jesus* (New York: Harper and Row, 1973), p. 67.

7) Bultmann, *op.cit.*, pp. 196~97.

8) 예. David Mealand, *Poverty*, pp. 39~49.

가난한 사람과 나그네 된 사람들을 어떻게 취급하고 있는가 하는 상태를 아브라함에게 보고한다는 것이다. 이러한 유대인의 전설이 이 비유에 반영되었는데, 특히 나사로가 가난한 거지가 된 것(16:20), 나사로가 아브라함의 품에 안기게 된 것(16:22), 부자가 아브라함에게 특별한 간청을 한 것(16:27)에 그 전설이 반영되었다고 주장한다.9)

그러나 많은 비평학자들은 그레스만(Hugo Gressmann)이 애굽인들과 유대인들의 전설들을 수집한 것을 토대로 이 비유의 원자료 문제를 해결해 보려고 했다는 것이다. 그레스만은 이 비유가 주후 1세기에 전해오던 애굽인들의 이야기에서 생긴 것이며 그리고 유대인들의 전설도 애굽인들의 전설에서 나온 것이라고 했다.10) 여기서 말하는 애굽인들의 전설은 주후 1세기 후반에 기록으로 남겨진 본문인데, 전설에 나오는 세트메 카무아스(Setme Khamuas)가 주전 1250년경 멤피스(Memphis)의 대제사장이었으므로 이 본문은 매우 오래 된 전설에 기초를 둔 것으로 추측한다. 세트메와 그의 아들 시-오시리스(Si-Osiris)의 이야기는 다음과 같이 요약할 수 있다.11)

어떤 애굽인이 아멘테(Amente) 곧 죽음의 영역에 있었는데 지상으로 돌아가도록 허락을 받았다. 이것은 지상에서 에티오피아(Ethiopia) 마술사가 애굽인들의 마술사들보다 능력이 더 있다는 주장을 없애기 위한 것이었다. 그래서 그는 아이를 낳지 못하는 세트메(Setme) 부부의 아들로 다시 태어나 시-오시리스(Si-Osiris)라는 이름으로 불리었다. 그가 열두 살 되었을 때, 자기의 할 일을 완수하였으므로 아멘테로 다시 돌아갔다. 그러나 그가 아멘테로 돌아가기 전에 아버지와 함께 두 사람의 장례식을 볼 기회가 있었다. 하나는 부자의 죽음으로 성대하게 거행한 장례식이었다. 다른 하나는 가난

---

9) J.D.M. Derrett, *Law in the New Testament*(London: Darton, Longman, and Todd, 1970), pp. 78~79.

10) Hugo Gressmann, *Von reichen Mann und armen Lazarus*(Berlin: Verlug der Königel Akadlmie der Wissenschapten, 1918), pp. 46~48.

11) 참고. F. Ll. Griffith, *Stories of the High Priests of Memphis: The Sethom of Herodotus and the Demotic Tales of Khamuas*(Oxford: Clarendon, 1900).

한 자의 죽음으로 아무런 예식도 없이 땅에 묻혔다.

이 두 장례를 본 아버지는 아들 시-오시리스에게 가난한 자보다 부자처럼 되기를 원한다고 했다. 그러나 그의 아들은 아버지의 운명이 아멘테에서 부자의 운명보다 가난한 자의 운명과 같이 되기를 바란다고 했다. 그리고 이 소원을 정당화시키고, 사후 생활에서는 운명이 거꾸로 바뀐다는 것을 증명하기 위하여 아들은 아버지를 아멘테의 일곱 장소로 여행을 시킨다. 첫 세 장소에 대한 기록은 분실되어 없다. 넷째와 다섯째 장소에서는 죽은 자들이 형벌을 받고 있었고, 다섯째 장소는 부자가 사는 곳이었다. 여섯째 장소에는 신들과 신들의 시종들이 거하는 곳이고, 일곱째 장소는 오시리스가 있는 곳으로 오시리스 앞에 심판대가 있고 가난한 자는 오시리스 옆에 있는 높은 자리에 있었다.

시-오시리스는 자기가 본 것을 아버지께 설명하는데 죽은 자들은 세 계급으로 나뉜다고 했다. 즉 악한 행위보다 선한 행위가 더 넘치는 가난한 자와 같은 자들의 운명, 부자처럼 선한 행위보다 악한 행위가 넘치는 부자와 같은 자들의 운명, 선한 행위와 악한 행위가 똑같은 자들의 운명이다.

앞에 언급한 애굽 전설과 비슷한 전설이 유대인들의 일곱 번역에 남아 있다.[12] 그 중에 제일 오래된 번역이 팔레스타인 탈무드(Palestinian Talmud, Y, Sanh, 23C; Y. Nag, 77d)이다.[13] 이 번역은 세리장 바르 마야유(Bar Ma'yau)와 아스케론에 거주한 가난한 율법학자에 관한 이야기이다. 이 두 사람은 같은 날 세상을 떠났다. 그들이 죽자 세리장의 장례식은 호화롭게 치러졌지만, 가난한 율법학자는 아무런 예식도 없이 평범하게 치러졌다. 가난한 학자의 친구가 이런 극단적인 대조에 대해서 번민을 한다. 심히

---

12) 참고. M. Gaster, *The Example of the Rabbis*(London-Leipzig: Asia Publishing Co., 1924), pp. 119~20, 243; S. Lieberman, "On Sins and Their Punishment," in *Texts and Studies*(New York: Ktav, 1974), pp. 33~48; M. Himmelfarb, *Tours of Hell: An Apocalyptic Form in Jewish and Christian Literature*(Philadelphia: University of pennsylvania, 1983), pp. 29~31, 78~82.

13) G.A. Wewers, *Übersetzung des Talmud Yerushalmi 4/4*(Tübingen: Mohr, 1981), pp. 148~9.

괴로워하던 중, 그 날 밤 꿈에서 학자는 낙원에 거하고 세리장은 지옥에서 고통을 당하는 모습을 보게 되었다. 세리장은 형벌을 당하면서 갈증이 나자 강물을 마시려고 애를 쓰지만 마실 수가 없었다. 그리고 가난한 학자의 그 친구는 미리암(Miriam)이라는 어떤 여자가 형벌을 받고 있는 방을 보았다. 한 전설에 따르면 미리암의 젖이 공중에 매달려 있었고, 다른 전설에 의하면 그의 귀가 문의 돌쩌귀에 매달려 있었다. 여기서 학자의 친구는 가난한 학자가 그의 일생 동안에 단 한번의 죄만 범했지만, 부한 세리장은 일생 동안 단 한번의 선행밖에 없다는 것을 알게 되었다. 그래서 세리장은 단 한번의 선행으로 호화로운 장례식을 상급으로 받았고, 가난한 율법학자는 단 하나의 범죄로 평범한 장례식을 상급으로 받게 되었다.

이 전설이 말하는 바는 의로운 자는 작은 범죄로 인하여 이 세상에서 형벌을 받고 오는 세상에서는 하늘나라의 축복을 누리지만, 악한 자는 작은 선행으로 인하여 이 세상에서 상급을 받으나 오는 세상에서는 형벌을 받게 된다는 원리이다.

또 하나의 전설도 애굽의 전설과 비슷한 것이 있는데 루시안(Lucian)의 갈루스(Gallus)와 카타플러스(Cataplus)라는 이야기다. 이 전설에서 가난한 사람은 미실루스(Micyllus)이고, 부자는 갈루스라는 사람이다. 카타플러스 전설은 대화 양식으로 되어 있는데 죽은 자들이 지옥으로 여행하는 것을 묘사한다. 죽은 자들은 헤르메스의 인도를 받아 스틱스 강을 건너 심판을 받고 라다만트스(Rhadamanthus)에게 형벌 혹은 축복을 받는다. 이 대화는 여행을 하는 세 영혼에 집중되어 있다. 세 영혼은 견유학파(Cynic)에 속한 철학자의 영혼, 구두를 만드는 가난한 미실루스의 영혼, 부한 폭군 메가펜테스(Megapenthes)의 영혼이다. 이들의 죄를 심문한 다음 철학자와 가난한 자는 청결함이 드러나서 축복의 섬으로 보내졌지만, 폭군은 형벌을 받아야 할 것으로 판결이 났다. 폭군 메가펜테스는 죽고 싶지 않았는데, 그것은 지금까지 가지고 있던 너무나 많은 것을 잃게 될 처지였기 때문이다. 그러나 가난한 구두공 미실루스는 죽음을 맞아들였는데, 그는 아무것도 잃을 것이 없었기 때문이다.

  루시안(Lucian)은 부유함은 도덕적으로 비난할 만한 생활이고 가난함은 도덕적으로 비난할 점이 없는 생활로 보았다. 부자는 부정한 수단으로 재산을 모아서 불의하게 살게 될 가능성이 매우 크다는 것이다. 그래서 부자는 특히 향락적인 잔치를 자주 벌이고 성적으로 문란한 생활을 하게 된다는 것이다. 부자 메가펜테스도 자제(self-control)하는 것이 결핍되었다고 본다. 그와는 반대로 가난은 전심전력 일하도록 도와주고 단순한 생활과 자제를 갖게 한다고 했다. 가난한 율법학자 미실루스가 비난받을 만한 점이 없는 것은 메가펜테스를 멸망시킨 방탕하고 쾌락적인 생활을 못하도록 가난이 미실루스를 보호했다는 것이다.

  그러나 루시안은 이 세상 생활에서의 부와 가난을 죽음 이후에 올 심판에 어울리지 않게 만든 것이 아니다. 그는 애굽인들의 전설처럼 자기의 전설을 도덕화했다. 즉 부자가 저주를 받은 이유는 부로 말미암아 사람이 악한 생활, 특히 쾌락적 생활을 추구하도록 만들기 때문이다. 가난한 자가 인정받은 이유는 가난으로 말미암아 사람이 높은 덕을 가진 자들로 다듬어 때문이라고 했다.14)

  애굽인들의 전설에는 죽은 자들의 영역에서 다시 돌아오는 것이 언급된다. 또 신을 경외하지 않는 부유한 부부의 이야기도 나온다. 그 사람의 집에는 지옥으로 인도하는 문이 있었다. 그 문으로 들어가지 말라고 경고했는데도 그의 아내가 호기심을 참지 못하고 문 안을 들여다봄으로 지옥으로 끌려간다. 그의 아내는 지옥에서 다시 나올 수가 없었다. 그런데 남편이 지옥으로 가서 아내를 찾아 데려오겠다고 할 때 어떤 거인이 그를 도와주기로 약속한다. 남편 대신에 한 청년이 거인과 함께 지옥으로 내려간다. 청년은 그 사람의 아내가 심히 고통당하는 것을 보고 다시 돌아와 남편에게 이야기한다. 그 남편에게 회개하고 그러한 비참한 형벌을 피하라고 권면한다.15)

---

14) Ronald F. Hock, "Lazarus and Micyllus: Greco-Roman Background to Luke 16:19-31," *JBL* 106/3(1987), pp. 447-463,455,462; cf. W.S. Kissinger, *The Parables of Jesus: A History of Interpretation and Bibliography*(ATLA Bibliography Series 4: Metuchen, NJ: Scarecrow, 1979).

15) I. Levi, "An receuil de Contes Juifs inedits," *REJ 35*(1897), pp. 76~81; cf.

대체로 죽은 자가 다시 현 세상으로 돌아온다는 사상은 두 가지 형태를
취한다. 첫째는 일시적인 죽음의 개념이다. 전설 혹은 이야기들에서 어떤
사람이 죽었다가 수일 후에 다시 소생하여 죽음의 세상에서 당한 경험을
설명하는 경우이다.16) 한 예를 들면 플라톤은17) 엘(Er)이 전쟁터에서 죽었
지만 며칠 후에 장례식 장작더미(funereal pyre) 위에서 다시 깨어난 다음
자기가 몸을 떠나 혼으로 죽음의 영역에서 보았다는 것을 상술하고 있다.
엘이 처음 죽어서 도착한 곳은 심판받은 영혼들이 거하는 곳이었고, 죽음의
영역에서 진행되는 것을 잘 지켜보고 그것을 지상으로 다시 돌아가 전하라
는 명령을 받았다고 한다. 플라톤이 이 이야기를 영혼의 운명에 관한 자기의
생각을 근거로 하여 선한 자는 하늘에서 축복을 누리고 악한 자는 "지옥"에
서 형벌을 받는다고 하였다.

페리피세오스(Periphyseos)는 조로아스터(Zoroaster)가 죽고 다시 소생
하는 사이에 지하세계(Hades)를 방문했다는 이야기를 기록한다.18) 그리고
플루타르크(Plutarch)는 테스페시우스(Thespesius)가 무감각한 상태로 변
해 그가 죽은 것으로 여겼지만 사흘만에 소생했다고 기록한다. 소생한 테스
페시우스는 장차 올 내세의 생활에서 형벌의 공포를 목격한 자기의 생활을
이야기한다.19)

죽은 자가 다시 현세로 돌아온다는 전설이 갖는 또 하나의 양식은 유령(a
ghost) 혹은 꿈이다.20) 죽은 자의 혼이 자기의 의지(volition)나 마술의 힘으

M. Gaster, *op.cit.*, pp. 122,245.

16) R.A. Moody Jr., *Life after Life*(New York: Bantam, 1975); J.C. Hampe, *To Die is Gain the Experience of One's own Death*(London: Darton, Longman and Todd, 1979); C. Zalesky, *Otherworld Journeys: Accounts of Near-Death Experience in Medieval and Modern Times*(New York: Oxford University Press, 1987), pp. 257~66.

17) Plato's Story of Er. Pamphylian, *Republic 10*, 614B~621B.

18) J. Bidez and F. Cumont, *Les Mages Hillenisis*, vol 1(Paris: Soiété d' Editions 'Les Belles Lettres, 1938), pp. 112~13; J.D.P. Bolton, *Aristeas of Proconnesus*(Oxford: Clarendon, 1962), pp. 159,203.

19) Plutarch, *De sera* 22~33.

20) L. Collison-Morley, *Greek and Roman Ghost Stories*(Oxford: Blackwell, 1912).

로 다시 소생한다는 것이다. 21) 혼이 유령이나 꿈으로 나타나는 것은 여러 가지 목적을 달성하려는 의도가 있다고 한다. 이렇게 나타난 혼은 슬퍼하는 친척들을 위로하거나22) 절박한 위기가 임했다는 것을 예고하기도 한다.23) 혹은 사람들이 "무당과의 영교에 의한 점"(necromancy, 강신술)을 혼의 신탁의 힘(an oracular power)을 빌어 어떤 소리를 들으려고 부르기도 한다.24) 그리고 죽임 당한 자의 혼은 자기의 죽음을 알리려고 나타나거나 혹은 자기를 죽인 사람에게 나타나 괴롭히기도 한다.25)

길가메시 서사시(the Epic of Gilgamesh)26)에는 엔키두(Enkidu)가 자기 친구 길가메시를 위하여 임무를 다하려고 지하세계로 내려간다. 그가 지하세계에서 살고 있어서 떠날 수는 없었지만 유령으로 지상에 올라가 길가메시에게 보고할 것을 허락받는다. 엔키두는 길가메시에게 지하세계에서 죽은 자들이 당하는 운명을 자세히 설명했다. 지하세계는 선을 위해 상을 주는 곳도 악을 위한 형벌의 장소도 아니라 죽은 자들이 접하는 비교적 좋기도 하고 나쁘기도 한 거처라고 한다.

앞에 언급한 전설과 비슷한 유대인 혹은 그리스도인에게 내려오는 전설이 있다. 바로 제인(Jannes)과 잠브레스(Jambres)의 책이다.27) 이 전설을 간단히 말하면 모세를 반대한 죄로 제인이 형벌을 받고 죽은 다음 곧 그의 어머니도 죽게 된다. 그의 동생 잠브레스가 죽은 어머니를 형 제인의 무덤

---

21) W.O.E. Oesterley, *Immortality and Unseen World: A Study in Old Testament Religion*(London: SPCK, 1921), pp. 124~40; R. Garland, *The Greek way of Death*(London: Duckworth, 1985), pp. 2~3,133; L. Collison-Morley, *op.cit.*, pp. 33~44.

22) F. Cumart, *After Life in Roman Paganism*(New York: Dover, 1959), p. 61.

23) Pliny, *Ep.* 5.5.

24) 참고. 삼상 28:7~25; Herodotus 5.92.

25) Plutarch, *Cimon* 6; Suetonius, *Nero* 34.

26) C.J. Gadd, "Epic of Gilgamesh, Tablet XII," (1933), pp. 127~43; A. Heidel, *the Gilgamesh Epic and Old Testament Parallels*(Chicago: the University of Chicago Press, 1949), pp. 93~101.

27) J.H. Charlesworth(ed.), *The Old Testament Pseudepigrapha*, vol 2(1985), pp. 437~42; *The Pseudegrapha and Modern Research with a Supplement* (SBLSCS75; Chico: Scholars Press, 1981), p. 134.

옆에 묻는다. 그리고 잠브레스는 마술책을 사용하여 지하세계에서 자기 형의 그림자를 지상으로 불러올린다. 제인의 혼이 지상으로 올라와 나타나자 그 혼은 자기의 죽음이 모세와 아론을 반대한 대가요 마땅한 형벌이라고 말한다. 그리고 자기는 지금 지하세계에 살고 있는데 그곳은 큰 불이 타는 곳이며 멸망의 구멍이라서 다시 지상으로 올라 갈 수 없는 곳이라고 설명한다. 그러므로 그는 잠브레스에게 자기가 당한 운명에 빠지지 않도록 지상에 사는 동안 선한 생활을 해야 한다고 말한다. 지하세계는 좋은 것이 아무 것도 없고 다만 컴컴한 곳이니 아들과 친구들에게 선을 행하라고 권면한다. 그리고 지하세계는 비록 왕일지라도 그들의 사회적 위치로 대접을 받는 곳이 아니라고 이야기한다.

이상에서 언급한 전설들이 이 비유의 직접적 혹은 간접적인 배경이 된다는 논의가 있다. 따라서 그러한 논의를 이제 평가하려고 한다.

첫째로, 전설은 대개 부자와 가난한 자의 장례로 시작된다. 이야기들은 그들의 장례가 정반대라는 데 요점이 있다. 전설 이야기들의 초점은 죽어서 그들이 당하는 운명이 지상 생활 상태에 의해 정반대가 되는 것보다는 오히려 죽었을 때 이 세상에서 다르게 장례가 치러지는 것을 근본 요점으로 삼는다. 그러나 성경의 비유에서는 부자의 장례는 언급하지만 나사로의 장례는 언급하지 않은 것(16:22)을 볼 때, 전설들이 가지고 있는 동기를 암시한다고 할 수 있을지 모르겠으나, 애굽인들이나 유대인들의 전설처럼 이 비유가 장례를 중심 기능(the key role)으로 삼지는 않고 있다. 이 비유는 나사로와 부자가 죽은 후에 당한 생활 상태를 초점으로 강조한다. 나사로와 부자가 사후세계에서 보내는 생활은 그들이 이 세상에서 지내던 생활과는 역전된 것이었다.

둘째로, 애굽인들과 유대인들의 전설에서는 부자와 가난한 자 두 사람의 장례를 관찰하는 인물이 등장해서 그들의 운명이 거꾸로 된 사실을 보고한다. 그러나 성경의 비유에는 그러한 인물이 나타나지 않는다. 비유를 듣는 자들 혹은 읽는 자들에게 나사로와 부자가 죽은 후에 어떻게 된 것을 보고하거나 상황을 관찰하는 특별한 인물이 안 나타난다. 이 비유는 애굽인과 유대인의 전설에서 사용한 계시 방법과는 전혀 다른 계시 방법을 마음속에 그리게 한다.

셋째로, 애굽인들과 유대인들의 전설에서 가난한 자의 사후의 운명은 자기의 선행이 악행보다 훨씬 많아서 상급을 받게 된다는 것이다. 그리고 부자의 사후 운명은 그의 악한 행실이 선행보다 훨씬 많은 결과이다. 유대인들의 전설에서는 이러한 사상을 적용하고 있는데, 부자의 호화로운 장례는 그의 단 하나의 선행에 대한 상급으로 주어진 것이며 가난한 자의 보잘 것 없는 장례는 그가 범한 단 하나의 악행에 대한 형벌로 주어진 것으로 본다. 다시 말하자면 이 전설들은 부한 자는 부유했으므로 죽은 후에 고통의 삶을 살게 되고, 가난한 자는 이 세상에서 가난한 생활을 했으므로 죽은 후에 좋은 생활을 보상받는다는 것이다. 그러나 이 비유에서는 나사로의 선행이나 부자의 악행을 근거로 삼고 있지 않다. 비유는 매우 다른 이유로 사후의 운명이 달라진 것을 설명한다. 16:25은 단순히 그 이유를 "얘 너는(부자) 살았을 때에 네 좋은 것을 받았고 나사로는 고난을 받았으니 이것을 기억하라. 이제 저는 여기서 위로를 받고 너는 고민을 받느니라"고 설명한다. 이처럼 전설들과 비유 본문 사이에는 이런 독특한 차이가 있는 까닭에 결론적으로 전설들은 우리 비유의 배경이 될 수 없다.28)

비평학자들 사이에서는 이 비유의 본문을 몇 가지 다른 부분으로 구분한다. 그래서 이 비유를 적어도 두 부분으로 나누는데, 첫째 부분은 운명이 달라진 것(16:19~26)이고 둘째 부분은 나사로가 돌아올 수 있느냐 하는 문제(16:27~31)이다. 이 둘째 부분(16:27~31)은 예수님이 유대인들의 전설에 추가한 것29) 혹은 초대교회가 유대인들의 전설에 추가한 것,30) 혹은 누가가 예수님의 비유에 추가한 것으로 본다.31) 그러나 전설들과 이러한 구별들을

---

28) cf. R.F. Hock, *op.cit.*, p. 449; Richard Bauckham, "The Rich Man and Lazarus: the Parable and the Parables," *NTS* 37(1991), pp. 225~246.

29) Jeremias, *The Parables of Jesus*, p. 186.

30) D.L. Mealand, *Poverty and Expectation the Gospels*(London: SPCK, 1980), p. 48.

31) L. Schottroff and Q. Stegemann, *Jesus and the Hope of the Poor*(New

비교하여 볼 때 그 근거가 확실한 의견은 아니다. 애굽인들과 유대인들의 전설에서는 죽은 자의 운명을 산 자에게 계시하는 것이 빠뜨릴 수 없는 필수적인 부분이다. 비록 그러한 전설들을 배경으로 삼지는 않았으나 죽은 자의 운명을 산 자들에게 계시하고 있는 것이 비유 후반부의 중심 사상이다. 물론 비유에서는 죽은 자의 운명을 산 자들에게 계시하는 것이 전설들에서 사용된 것과는 전혀 다르게 사용되고 있지만, 이것이 비유 후반부 첫 부분의 주제와 실질적인 관계를 맺고 있다는 것을 우리에게 지적하고 있다. 애굽인들 혹은 유대인들의 전설들이 이 비유와 평행을 이룬다는 의견을 떠나서 비유의 본문을 조사하면 후반부가 전반부와 평행을 이루며 비유 본문 전체가 한결같다는 것을 인정할 수 있다.

그리고 비평학자들은 부자가 부요한 생활로 인하여 사후에 고통을 당하게 되고 나사로가 이 세상에서 가난했으므로 죽은 후 보상을 받았다는 것은 주석하는 데 매우 큰 난관이므로 그 어려움을 해결하는 방법으로 애굽인들의 전설이 비유의 근본자료가 되었다고 주장한다. 애굽인들의 전설은 널리 알려진 이야기이므로 사실상 예수님이 그 이야기를 취한 것이라고 한다.[32] 그러나 이러한 논의는 평행을 이루는 이야기를 잘못 사용하고 있는 것이다. 애굽인들의 전설에서는 운명이 뒤바뀌는 주제(motif)를 다루었기 때문에 예수님이 그것을 바탕으로 같은 주제를 사용하였다고 가정할 수 없다. 예수님이 애굽인들과 유대인들의 전설을 알고 있었다 할지라도 예수님이 의식적으로 그 전설들의 주제를 빌려 그것을 사용했다고 가정할 근거가 비유 안에 나타나지 않는다. 이 비유에 나오는 것은 분명히 새로운 이야기이고 지금까지 남아있는 전설에서는 찾아볼 수 없는 이야기이다. 중요한 것은 그처럼 새로운 이야기 즉 비유 안에서 동일 주제가 어떻게 작용하고 있는지를 찾아보는 것이다.

이 비유와 애굽인들의 전설 사이에 나타나는 평행은 비평학자들이[33] 제

York: Orbis, 1986), p. 25.

32) 예. Jeremias, *op.cit.*, pp. 178~9,183.

33) H. Gressmann, *op.cit.*; J.L. Griffith, *Stories of the High Priests of memphis* (Oxford: Clarendon, 1900), pp. 42~43; J. Jeremias, *The Parables*, p. 183; E.

시한 것처럼 그렇게 강력한 것도 아니고 설명적인 것도 아니다. 16:19~26이 비유 전반부의 평행을 강조한 데서도 매우 중요한 차이가 드러난다. 예를 들면 유대인의 전설에서는 부자와 가난한 자의 장례가 극히 다른 것으로 지적된다. 그런데 이 땅에서 치른 장례식과는 반대로 지하세계에서는 뒤바뀐 운명으로 인해 구경꾼이 크게 경악해 한다. 뿐만 아니라 이렇게 경악한 구경꾼에게 지하세상을 여행하게 한다. 그러나 부자와 나사로의 비유는 장례의 차이를 문제로 삼은 것이 아니다. 물론 비유에서는 지하세상 여행을 언급한 것도 아니다. 애굽인들의 전설은 부자와 나사로의 역전된 운명을 설명해 주는 가치조차 없는 것이다.

앞에 언급한 전설들에 비하면 이 비유는 다음의 두 가지 면에서 다른 점이 있다. 즉 사후에 영혼이 당하는 운명을 가족들에게 전해달라는 대목을 보면, 실제로 살아있는 사람에게 알려주는 과정이 묘사되지 않는다. 그리고 죽은 자가 다시 돌아온다는 이야기도 없다는 점에서 산 자를 위하여 죽은 자가 다시 돌아오는 주제를 사용한 여러 전설들과 차이가 있다. 이 비유에서는 돌려보내 달라는 요청을 거절한 것만 말하고 있다.

그러면 예수님이 이 비유를 말씀하시고 무슨 교훈을 우리에게 주셨는가? 어떤 학자에 의하면 예수님 자신과 청중들이 알고 있는 두 사람의 실제 운명을 자세히 이야기했다고 한다. 따라서 누가복음 16:19~31의 이야기는 비유가 아니라고 주장한다.[34] 그러나 이 의견은 본문이 예수님의 다른 비유들처럼 비유의 시작하는 공식(formula)을 보지 못한 결과이다. "어떤 한 사람"(τις ἦν… "한 부자가" – 한글개역)이라는 표현은 비유를 시작하는 공식의 하나이고, 부정 대명사 "한 사람"이라는 말은 랍비들의 비유 시작 공식과 평행을 이루며 실제의 두 사람을 생각한 것이 아님을 나타낸다.[35]

그리고 비유가 "은유"적인 것이 아니라 "실례"(example)에 근거를 두고

Schweizer, *Luke*, p. 172; J.A. Fitzmyer, *Luke*, p. 127; H. Marshall, *Luke*, p. 633.

34) 예. David W. Gooding, *According to Luke*(Grand Rapids: Eerdmann, 1987), p. 227.

35) Robert C. Mcquilkin, *Our Lord's Parables*(Grand Rapids: Zondervan, 1980), p. 187.

있다는 주장이 바른 의견처럼 보일 수 있지만 이것은 다만 한 가지 요점에만 제한된다. 비유에 나타난 아브라함은 유대인들의 조상으로서 다른 권위 있는 인물들을 향해 하나님을 대신하여 말하고 있다. 비유의 주제가 된 인물인 어떤 부자와 나사로는 부유한 자와 가난한 자를 대표하는 등장인물이 아니라, 다만 자신의 소유를 가지고 하나님 앞에서 합당한 태도를 취한 자와 부당한 태도를 취한 두 종류의 사람들을 나타낸다. 30절에 부자의 형제들에게 주어진 기소(indictment)는 그들이 회개하지 않은 점을 보여주며, 동시에 회개하지 않는 것이 부자가 가지고 있는 근본문제라는 사실을 나타낸다. 유대인들이 잘 알고 있는 하나님의 교훈 가운데 하나는 풍족한 것을 자비를 베푸는 데 사용하도록 명령한 하나님의 율법이다. 그러므로 누구를 막론하고 유대인들이 경제적 혹은 물질적 도움이 필요한 가난한 자를 매일 직접 보면서도 돕지 않고 쾌락과 방탕한 생활을 한 것은 용서받지 못할 태도이다.36)

"나사로"라는 고유명사 자체가 "하나님이 도우신다"는 의미를 나타냄으로37) 하나님의 주권 역사를 함축한다고 하겠다. 즉 나사로라는 말이 그의 경건함을 표시하는 행위를 주목하게 한다는 것보다는 나사로가 자기의 무력한 상황을 불만없이 받아들이고 있다는 점에서 하나님의 주권이 역사하신다는 것을 뜻하는 고유명사인 것이다. 즉 나사로라는 말은 단순히 힘이 없는 자를 구원하신 하나님의 주권을 나타낸다. 다시 말하면 나사로처럼 무력한 자일지라도 하나님의 주권이 그러한 자들에게 역사하시면 구원을 받고 사후에 하나님의 전으로 인도함을 받는다는 사실을 계시하고 있다.

22~31절은 마지막 영원한 종말의 상태에 대한 진리를 계시한 것이 아니고 "중간상태"(the intermediate state)를 나타내고 있다. 23절의 "음부"(ἄδης)라

---

36) David P. Secombe, *Possession and the Poor in Luke-Acts*(Linz: Studien Zum Neuen Testament und seiner Umwelt, 1982), pp. 176~77.

37) Jeremias, *op.cit.*, p. 185. "나사로"라는 말이 아브라함의 종을 나타내는 말로 볼 수도 있다(창 15). C.H. Cace, "Lazarus and the Lukan Deuteronomy," *NTS* 15(1968~69), pp. 323~25, 혹은 예수님이 죽음에서 다시 살리신 나사로를 가리킬 수도 있다. R. Dunkerley, "Lazarus," *NTS* 5(1958~59), pp. 321~27.

는 말이 그것을 증명한다. 신약성경에서는 "음부"와 "게에나"(γέεννα) 혹은 "유황 못"(ἡ λίμνη τοῦ πυρός)을 뚜렷하게 구별하고 있다.38) "아브라함의 품에 들어가고"(εἰς τὸν κόλπον Ἀβραάμ)라는 말은 하늘나라의 하나님 전에서 즐기게 될 사실을 은유적으로 표시한 말이다.

나사로 유형의 가난한 자들과 정반대되는 부자 유형의 사람들은 회개하지 않는 자들로서 피할 수 없는 형벌을 받게 된다. 구약성경에 보면 힘이 없는 가난한 자와 고아와 과부를 돌보는 것이 산 믿음을 증명하는 표준이었고, 마태복음 25:40,45과 야고보서 2장, 특히 2:13과 요한일서 3:18 등이 같은 진리를 나타낸다.

그러나 흔히 비평학자들은 예수님의 비유가 하나의 요점을 가지고 있다고 주장하면서 이 비유가 다음 세상에서 거꾸로 바뀔 운명을 가리키는 것은 아니라고 한다. 한 예를 들어, 포겔스(W. Vogels)에 따르면 부자는 소유하고 있던 것에서 소유가 없어지므로 갈망하는 입장으로, 나사로는 소유하지 못하고 갈망하던 입장에서 소유하는 입장으로 옮겨지는 것이라고 한다. 그리고 이 비유의 요점은 이 세상에서 부자의 화려하고 사치한 생활이 다음 세상에서는 고통의 생활로 바뀌고, 나사로의 빈곤과 고통스러운 생활은 다음 세상에서 높임을 받은 생활로 바뀌게 되었다고 한다.39)

호겔은 이 비유가 "교차법"(chiastic)의 문학구조를 사용하여 바뀌는 운명을 두 차례 병렬시킨 것을 기본으로 삼고 논의한 것이라고 한다. 물론 이러한 문학구조를 사용하지만 비유 자체가 운명이 그렇게 바뀌는 이유를 "교차법"으로 설명하는 것은 아니다. 그러므로 앞에 말한 필자의 해석은 부자와 나사로와 아브라함 등을 은유와 구약에 나타난 하나님의 율법에 기준을 두고 해석한 것이다. 다시 말하자면 함축적인 표준(implicit criterion)을 보충해서 해석하고 있다.40) 에스터리(W.O.E. Oesterley)는 흥미 있는 말을

---

38) cf. 4 Ezr. 7:85,93; S-B. II, p. 228; IV, p. 1040.

39) W. Vogels, "Having or Loosing: A Semiotic Analysis of Luke 16:19~31," *Eglise et Theologie* 20(1989), pp. 43~45.

40) cf. K. Grobel, "Whose name was Neves," *NTS* 10(1963~4), p. 374; A. Plummer, *A Critical and Exegetical Commentary on the Gospel according to St.*

했는데, 만일 부자가 매일 잔치나 만찬을 즐기는 생활을 했으니 하나님의
창조명령인 노동명령(the decree of labor) 곧 엿새 동안 힘써 일할 것을 지
키지 않은 자라고 했다.[41] 어쩌면 그가 재산을 불의하게 모아 부자가 되었
을 수도 있다고 추측했다.[42] 반면에 나사로는 빈곤했을 뿐만 아니라 경건한
자라고 논의하기도 했다.[43]

이미 언급한 필자의 해석, 즉 하나님의 주권이 구원 범위 안에 역사하여
나사로를 도우신 것과 부자가 회개치 않는 것이 사후에는 나사로의 축복과
부자의 형벌이라는 결과로 나타났다는 점은 바로 하나님의 정의를 지적하
는 것이며 또 하나의 비유의 요점이다. 다시 말하면 사후에 인간이 당면하는
상황은 하나님의 정의에 합당한 것이다. 25절이 이것을 증명한다. 일반적으
로 유대인들이 믿어 온 바는 다음 세상이 이 세상의 부정을 바로 세운다는
것이었다. 회개치 않고 이 세상에서 쾌락적인 생활에 몰두하면서도 가난한
자들을 불쌍히 여기지 않고 돕지 아니한 부자들은 사후에 하나님의 정의에
따라 형벌을 받게 된다.[44] 이 비유는 예수님께서 하나님 나라가 지금 일반
생활에 임했다고 선포했지만 무시되고 있으며, 그것이 보이지 않는 위협
(the unnoticed menace)이 될 것이라고 밝힌다.[45]

이 비유는 16:14~18과 직결되는 설명의 계속으로 볼 수 있다. 16:19~26
은 14~15절을 해석하여 부유한 것이 반드시 하나님의 축복의 표시는 아니
라는 사실을 나타낸다. 그리고 16:15에 "…너희 마음을 하나님께서 아시나

Luke(ICC, Edinburgh: T and T Clark, 1901), p. 390; J.A. Fitzmyer, *The Gospel
according to Luke* (X~XXIV)(AB 28B; *Garden City: Doubleday*, 1985), p. 1132.

41) W.O.E. Oesterley, *The Gospel Parallels in the Light of Their Jewish
Background*(London: SPCK, 1936).

42) J.D.M Derrett, *Law in the New Testament*(London: Darton, Longman and
Todd, 1970), p. 90.

43) 예. Oesterley, *op.cit.*, p. 209; Jeremias, *op.cit.*, p. 185; H. Marshall, *Luke*, p.
632.

44) cf. Richard Bauckham, "The Rich man and Lazarus: The Parable and the
Parallels," *NTS* 37(1991), pp. 225~246.

45) cf. B.B. Scott, *Hear Then the Parables*(Philadelphia: Fortress Press, 1990),
pp. 158~59.

니 사람 중에 높임을 받는 그것은 하나님 앞에 미움을 받는 것이니라"는 말씀을 예증을 들어 설명한다. 16:27~31은 16:16~18에서 진리인 하나님의 말씀이 영원히 유효하다는 점을 증명하고 있다. 17절의 "그러나 율법의 한 획이 떨어짐보다 천지의 없어짐이 쉬우리라"고 하신 말씀을 비유에서 예로 들어 부자의 저주에서 증거한 것처럼 가난한 자를 도와주는 계명(신 15:9~11)이 지금도 유효하다고 확증한다. "모세와 선지자들에게" 즉 하나님의 말씀을 "듣지 아니하면 비록 죽은 자 가운데서 살아나는 자가 있을지라도" 그의 "권함을" 받을 수 있겠는가? 결단코 받지 아니하리라는 예수님의 선언이다.46) 이것은 하나님께서 아브라함과 모세와 선지자들을 통하여 자신과 자신의 뜻을 계시하셨으므로 그 계시를 무시한 자들은 그들이 후세에 당할 운명을 감히 항의할 수 없다는 뜻이다.47)

또 한편에서는 이 비유를 "양날의 비유"(the double-edged parable) 중의 하나로 보고 이 비유에서도 단 하나의 요점을 찾는다. 양날의 비유들은 두 번째 부분에 강조점을 둔다고 하여48) 예수님이 표적 요구를 거절하는 근거로 이 비유를 말씀하셨다고 주장했다. 즉 부자가 이 지상생활에만 국한하는 쾌락생활을 한 것으로 묘사되어 있어 부자는 다음 세상이 없다고 믿고 부활도 없다(30)고 주장한 자라고 추측할 수 있다는 것이다. 이것이 뜻하는 바는 부자가 사두개적(the Sadducean) 정신을 대표하는 것이고, 표적에 대한 요청은 사두개인들에게서 나온 것이라고 주장했다.49) 이와 같은 논의가 앞에서 이미 말한 대로 문맥상(16:14~18) 합당한 것이지만, 그렇다고 하여 이 비유가 이것 하나만 요점으로 삼고 있지도 않다. 이 비유의 문맥에서 지적된 예수님의 반대자는 바리새인들이다(16:14). 그들이 표적을 요구한 일도 있

---

46) Charles Talbert, *Reading Luke*(New York: Crossroad, 1982), pp. 156~59.

47) Thorwald Lorenzen, "A Biblical Meditation on Luke 16:19~31," *Exp T* 87(1975), pp. 39~43; C.L. Blombery, *Interpreting the Parables*(IVP, 1990), p. 206.

48) T.W. Manson, *Sayings of Jesus*, p. 298.

49) Jeremias, *op.cit.*, p. 130. "자색 옷"(πορφύρα)과 "고운 베옷"(βύσσος)이라는 말이 비록 부와 직권(職權)을 의미할지라도, 이 말들이 사두개를 나타낸다는 것은 반의어적(ironical)이다. 다만 부자가 도시의 엘리트 가운데 속한다는 것을 암시한다. T.W. Manson, *op.cit.*; 삿 8:26; 에 8:15.

고, 예수님은 그것을 거절했다(눅 11:29~32; 마 12:38~42; 막 8:12). 이 비유에서 표적을 거절하신 이유는 제일 큰 표적인 부활도 바리새인들에게는 아무런 효과가 없었기 때문이다. 하나님의 말씀에 순종치 않은 자는 제일 큰 이적인 부활로도 회개하지 않을 것이고, 하나님의 말씀이 유일하게 회개시키는 원천이라고 이 비유는 가르친다. 표적을 요구하는 것 자체가 회개하지 않는 증표이며, 믿음 없이 구실을 찾는 것(an evasion)에 불과하다.

끝으로 부언하면 이 비유는 사후의 영원한 생존에 대하여 묘사하는 것이 아니라 중간 상태를 말하고 있다. 만일 이 비유가 영원한 생존을 묘사하고 있는데 형벌 받아 지옥에 들어간 자들에게 말을 할 수 있고, 대심판을 받고 있는데 아브라함이 하나님의 대변인이며 천당에 사는 성도들이 "음부"로 여행하기를 원할 수도 있다고(26절) 이야기한다면 주님의 다른 가르침과 일치하지 않게 된다

2. 진실한 종과 불의한 종의 비유(마 24:45~51; 눅 12:41~48)

비평학자들 중 여러 학자들은 이 비유가 예수님이 말씀하신 것이 아니고 초대교회가 만든 것이라고 주장한다. 이 비유의 확실성을 이렇게 거부하는 근거는 초대교회가 예수님의 재림을 기다리는 삶의 정황과 이 비유가 꼭 들어맞기 때문이라는 것이다. 그들은 예수님이 부활하신 후의 초대교회 환경에 적합한 비유를 말씀했다고 상상하기 어렵다고 한다. 그리하여 이 비유는 초대교회의 작품으로 결론을 내렸다.[50] 그들은 이 비유에서 예수님이 자신의 재림을 기대했는가 [51] 아니면 기대하지 않았는가[52] 하는 가정을 가지고 이 비유의 확실성을 논의했다. 그러나 스코트(B.B. Scott)는 다음의 몇 가지 이유를 들어 확실성을 인정한다.[53]

---

50) 예. Erich Grüsser, *Das Problem der Parusierverzögerung, in den synoptischen Evangelien und in der Apostelgeschichte*(Berlin: Alfred Töpelmann, 1960), pp. 3~75,84~85; S. Schulz, *Q: Die Spruchquelle der Evangelisten*(Zurich: Theologischer Verlag. Zurich, 1992), pp. 268~77.

51) I.H. Marshall, *Luke*, p. 534.

52) Jeremias, *op.cit.*, p. 48.

① 비유의 맺는말에 한글개역성경은 "엄히 때리고"(διχοτομήσει)라고 번역하는데 이 말은 사실 "형벌" 혹은 "둘로 자르는 것"을 뜻하며 매우 심한 형벌을 나타낸다. 형벌이 그처럼 심한 것은 종의 잘못된 행동에 비추어보면 충격을 줄 정도의 분리(disjunction)로 예수님의 비유 문체의 특성이다.

② 이 비유의 문체와 구조가 예수님의 비유라는 확실성을 드러낸다. 즉 첫 부분에 3인칭 해설자가 지혜로운 종의 행동을 묘사하는데 "복"(the beatitude)이라는 말을 사용한 것과 그리고 "진실로"라는 말씀으로 하신 권고의 말이다. 그리고 둘째 부분은 강조하는 부분이고 거기서 체계가 바뀐다. 즉 해설자가 내적 독백(an interior monologue, "마음에" ἐν τῇ καρδίᾳ, 48절)으로 전환시킨다. 이 독백은 듣는 자에게 종의 결정을 관찰할 수 있는 특권적인 입장을 제시한다.

③ 결론(51절)은 연속적인 평행(a parallel series)으로 다음과 같이 발전되어 나간다.

49절　"동무들을 때리고"
　　　　"먹고"
　　　　　"마시고"
　　　　　　"술 취하게 되고"

50절　"그 종의 주인이 이르러"
　　　　"생각지 않은 날에"
　　　　　"알지 못하는 시간에"

51절(결론)
　　　　"그 종을 두 조각으로 잘라…"

---

53) B.B. Scott, *Hear Then the Parables*(Philadelphia: Fortress Press, 1990), pp. 210~12.

이 구조는 주인이 이르게 됨으로써 긴장을 불러일으키고 주인이 늦어짐으로 종은 시험을 받게 된다. 주인과 종의 모델(the patron-client model)을 사용한 비유들은 하나님 나라가 주인과 그 종의 관계와 같다는 은유적 연결망(network)을 기초로 하여 전개된다. 비유에서 주인이 떠나고 다시 돌아오는 것이 주인과 종의 은유적 네트워크의 특수한 부분이 된다. 주인이 떠나면 종에게는 시험이 되며, 그 시험은 주인이 종에게 부탁한 것을 포함한다. 그리고 주인이 돌아오면 결산 혹은 회계보고, 피할 수 없는 탄핵(the inevitable denouncement)이 따른다. 이 은유적 네트워크에는 이중적 활동이 포함된다. 즉 떠나면 시험이고 돌아오면 결산이다. 이러한 은유 구조 곧 주인의 떠남이 종의 시험이 되는 경우가 예수님의 다른 비유들과 밀접한 관계를 가지고 있다. 하나님 나라가 지금 임한 것으로 인정하지 않는 것을 주인이 종에게 부탁한 임무를 종이 인정하지 않는 것에 비유한다.

이 비유는 어떤 사람이 여행을 할 때 자기 종에게 한 임무를 부탁하고 떠나는 양식을 반영한다. 여행을 마치고 돌아온 후 임무를 실천했는지 혹은 안 했는지 가려내어 주인이 명한 대로 행한 종은 상급을 받고 그렇지 못한 종은 형벌을 받는다. 이러한 양식 혹은 구조가 '기다리고 경계하는 비유들'(예, 달란트 비유, 마 25:14~30)의 기초이다.

그와 같이 예수님의 비유들이 설정하고 있는 상황이 유대인 지도자들을 공격하고 있다.54) 구약성경을 통해서 이 비유를 들은 자들과 읽은 자들은 종들의 이미지가 유대인 종교지도자들을 말하는 것으로 잘 이해하고 있다. 예수님은 유대 종교지도자들을 불의한 종들에 비교하시고 듣는 자들에게 권면하신 것으로 이해할 수 있다. 예수님이 이 비유를 말씀하시고 하나님 나라가 그의 지상 사역에서 시작이 되었다는 것과, 지금이 회개할 때라는 것과 그의 메시지를 배척하는 자들은 하나님 나라에서 제외되는 위험에 빠질 것이라고 경고하셨다. 이 비유는 마치 칼(pillory)을 두 손과 목에 채워 여러 사람 앞에 그 정체를 보이듯 직접적으로 유대인 지도자들을 불의한 종들로 지적한다.55)

---

54) Jeremias, *op.cit.*, p. 48.

본문의 "충성되고"(πιστός)라는 말은 "믿음직한" 혹은 "의지가 되는" 것을 뜻하며, 지도자에게 없어서는 안될 성품이다.56) "양식"(τροφή)을 나눠준다는 말은 두 가지 의미를 포함할 수 있다. 즉 공동식사에 관한 일(행 6:1~3; 고전 11:17~22)과 은유적으로는 가르치는 것과 배우는 것을 의미한다(고전 3:2). 은유로 "양식"은 "영적 양육"(히 5:12~14)을 의미한다. 이 비유에서는 "양식"이 육적 양육을 위하여 취하는 음식을 의미할 것이다.

둘째 종을 "술친구들로 더불어 먹고 마시게 되면"(49절)이라고 묘사한 표현은 그 당시 술 취하는 것이 문제가 되는 것을 배경으로 하고 있다.57) 그리고 "엄히 때리고"(διχοτομήσει)라고 번역한 한글개역성경은 잘못된 것이다.58) 직역하면 "둘로 자르리라"는 의미인데, 이 비유에서는 은유적으로 하나님 나라에서 잘라내어 버림받는다는 것을 뜻한다.59) 이 비유는 대심판을 말하고 있다. 하나님은 대심판 때 충성된 종들에게는 영원한 축복으로 상급을 주시고 불의한 종들 곧 악한 자들에게는 영원한 형벌을 주신다. 따라서 악한 종들 즉 불의한 종들이 대심판 때 자기들의 악하고 충성치 못하다는 것을 알아차릴 때는 이미 때가 늦은 것이다.

3. 열 처녀의 비유(마 25:1~12)

이 비유의 확실성에 관하여 어떤 비평학자들은 긍정적인 태도를 보이지만60) 대다수의 비평학자들은 부정적이다.61) 부정적인 입장의 비평학자들

---

55) C.H. Dodd, *The Parables of the Kingdom*(New York: Charles Scribner's Sons, 1961), p. 120.

56) 참고. 고전 4:17; 골 1:7; 엡 6:21; 딛 1:9; 고전 4:1~2.

57) 참고. 고전 5:11; 6:10; 딤전 3:3,8; 딛 1:7; 벧전 5:3.

58) cf. I.H. Marshall, *Luke*, p. 543.

59) 참고, 마 18:17; 고전 6:7~8; Eduard Schweizer, *The Good News according to Matthew*(Atlanta: John Knox Press, 1975), p. 463.

60) 예. C.H. Dodd; J. Jeremias.

61) 예. Bultmann, *Synotpic Tradition*, p. 119; Günther Bornkamm, "Die Verzögerung Parusie," in *Geschichto und Glaube* 1, pp. 46~55; Erich Gräeser, *Des Problem der Parusierverzögerung in den synoptischen Evangelien und in der*

은 이 비유의 확실성을 거부한 몇 가지 이유를 제시했다. 그 하나는 이 비유
가 보여준 결혼 관습이 그 당시의 결혼 관습과 조화되지 않는다는 것이다.
신랑이 늦게 도착한 것이 설명될 수가 없고, 신부가 언급되지 않았으며, 밤
늦게 잔치를 하게 된 것도 그 당시 결혼 관습과 맞지 않는다는 것이다. 열
처녀가 마치 신랑을 맞으러 나가는 것처럼 보이지만(25:1), 신랑이 도착했을
때 결혼식이 거행될 집으로 직접 바로 오는 것도 그 당시 결혼 관습으로
볼 수 없다는 것이다. 그러므로 마태 혹은 마태가 취한 전통이 이 비유를
만든 것이라고 했다.62)

그러나 이 비유에서 그 당시의 결혼 관습을 세밀하게 묘사한 것을 찾으려
하는 것은 시작부터 잘못이다. 이 비유는 그 당시의 결혼 관습을 배경으로
하여 몇 가지 요점을 뽑아 비유의 윤곽으로 삼았다. 비유가 제시하는 결혼식
윤곽을 보면 그 당시의 결혼식과 조화되는 것이 드러난다.63) 당시의 결혼
예식은 신랑집에서 거행이 되며 신랑과 그의 친구들이 신부를 데려오는 것
으로 시작된다. 처녀들은 신부의 동행자들인데 신랑이 도착할 것을 기다리
고 있다가, 신랑이 도착하면 신부에게 인도하고 다시 신랑집으로 신랑과
신부를 동반하여 가기도 한다.

또 하나의 문제는 이 비유가 나타내는 사상이 혼합적이라고 주장하면서
비유의 확실성을 거부했다. 큄멜(Kümmel)에 따르면 13절은 마태가 추가한
것이며, 준비보다 경계(watchfulness)를 강조하나 준비와 경계가 혼동되어
있다고 한다.64) 그러나 준비와 경계는 서로 관련된 주제이고 서로 바꿀 수

---

iaApostelgeschichte(Berlin: Alfred Topelmann, 1960), pp. 125~27; Karl Konfried,
"The Allegory of the Ten Virgins(Mt 25:1~13) as a Summary of Matthean
Theology," *JBL* 93(1974), pp. 415~28.

62) John Drury, *The Parables in the Gospel's History and Allegory*(London:
SPCK 1985), p. 103; Eta Linnemann, *Jesus of the Parables*(New York: Harper and
Low, 1966), pp. 124~128.

63) A.W. Argyle, "Wekking Customs at the Time of Jesus," *Exp Time* 86(1974~
75), pp. 214~15; Jeremias, *op.cit.*, pp. 51~53, 171~75; Jan Lambrecht, *Once More
Astonished: The parables of Jesus*(New York: Crossroad, 1981), pp. 156~63.

64) W. Kümmel, *Promise and Fulfilment*, p. 57; Jeremias, *op.cit.*, p. 41.

있는 주제들이다.

예레미아스(J. Jeremias)는 신랑이라는 은유가 메시야를 의미하도록 사용된 일이 구약에 나타나지 않으므로 이 비유의 확실성을 인정하기를 주저했다.65) 이러한 은유 사용은 사도 바울을 통하여 교회에 들어왔다고 주장했다. 그러나 사실상 이 은유 사상은 구약에 나타난다. 즉 여호와 하나님과 이스라엘의 관계를 흔히 신랑과 신부의 관계처럼 묘사하고 있다.66)

어떤 비평학자들은 비유에서 신랑이 늦게 온 것을 강조하여 상징적으로 예수님의 재림이 미루어진 것을 뜻하므로 초대교회의 정황과 맞다고 하면서 이 비유의 확실성을 의문시했다.67) 사실상 이 비유가 신랑의 더디 옴을 강조하지만 그 비평학자들이 주장하는 의미를 표시한 것은 아니다. 지혜롭지 못한 다섯 처녀들이 준비 없이 있다가 신랑이 도착하자 그들은 비로소 준비할 시간을 허락해 달라고 하나 허락되지 않는다. 미련한 다섯 처녀는 위기의 순간을 마땅히 경계해야 함에도 경계하지 않았고 그것이 이 비유의 초점이자 목적이 된다. 그리고 긴 시간 간격(a long interval)이 있을 것을 깨닫지 못하고 준비하지 않아 기름이 부족한 상황에 빠지게 된 것을 보여주는 구조가 된 것뿐이다.

이 비유의 확실성을 의심하는 또 하나의 이유는 이 비유가 풍유적이라는 것이다. 그 이유는 그리 심각한 것이 아니다. 앞에서 "비유"를 정의할 때 예수님의 비유가 여러 가지 다양한 문학성을 포함했고, 그 중에 하나가 풍유 문학체다. 이 비유에서 중심된 풍유적 요소는 기름과 등불을 켜는 것이다. 다섯 처녀가 제해진 이유는 그들이 잠을 잤기 때문이 아니고 등불이 켜 있지 않았기 때문이다. 예수님은 우리의 빛을 사람 앞에 비취게 하라고 경계하셨다(마 5:14~16). 의롭다함을 받은 자가 하나님 나라에서 해처럼 빛나야 될 것이라고 예수님은 요청하신다(마 13:43). "빛"은 선행 혹은 합당한 도덕적 성질(proper moral disposition)과 회개의 상징이다(막 4:21; 눅 11:33). 이와

---

65) *Ibid.*, pp. 41~42; *TWNT*, IV. pp. 1005~6.
66) 겔 16:7~; 호 1~3.
67) 예. Bornkamm, *In the Memoriam*, pp. 119~20; Grüsser, *Problem*, p. 126.

같은 의미로 "빛"이라는 상징어는 닫은 문의 비유(눅 13:24~30)가 확증을 하는데 이 비유는 열 처녀의 비유와 평행을 이룬다.

랍비문서에서 기름 자체를 흔들어 서로 섞는 것은 하나님의 율법인 토라에서 배운 것을 선행과 섞는 것 곧 실천하는 것을 의미한다.68) 일반적으로 비평학자들은 이 이야기를 "비유"로 보고69) 풍유라는 주장에70) 반대했다. 그들이 "비유"라고 하는 이유는 이 비유가 예수님의 가르치심의 주제를 예증하며, 예수님이 전한 하나님 나라에 응답하지 않는 유대인 지도자들에게 하신 말씀으로 본 것이다.71)

비아는 이 비유를 "비극적 비유"(a tragic parable)라고 부르고, 이 비유의 핵심은 미련한 다섯 처녀가 그들의 의무대로 충분히 준비치 못한 것을 추궁하려는 데 있다고 했다. 그 처녀들이 위기의 상황을 책임 있게 맞이하지 못한다면 다른 기회는 없다는 것이다. 이처럼 이 비유가 사실적인 상황을 예증하므로 이것은 "풍유"가 아니라 "비유"라고 주장했다.72)

이 비유도 몇 가지 요점을 담고 있다. 열 처녀들은 슬기로운 다섯 처녀와 미련한 다섯 처녀라는 두 그룹으로 나뉘고, 미련한 처녀들이 배척받은 것은 예수님의 재림시에 선한 자와 악한 자가 분리되는 때를 반영한다.73) "주여, 주여"라는 그들의 부르짖음과 배척당함은 산상설교의 교훈이 끝날 때 주님이 하신 말씀인 마태복음 7:15~23을 생각나게 한다. 예수님의 이름으로 예언하고 귀신을 쫓아냈을지라도 하나님의 뜻을 순종치 아니한 자들은 예수

---

68) Num R. XIII. 15,16; Karl P. Donfried, "The Allegory of the Ten Virgins (Matt 25:1~13) as a Summary of Matthean Theology," *JBL* 93(1974), pp. 415~28; T.W. Manson, *The Saying of Jesus*, p. 244.

69) Jeremias, *The Parables*, pp. 174~75; Dan O. Via, *The Parables: Their Literary and Existential Dimension*(Philadelphia: Fortress Press, 1967), p. 125.

70) Jan Lambrecht, *Once More Astonished: The Parables of Jesus*(New York: Crossroad Publishing Co., 1981), pp. 146~63; Eta Linnemann, *Jesus of the Parables*(New York: Harper and Row, 1966), p. 126; Pheme Perkins, *Hearing the Parables of Jesus*(New York: Paulist Press, 1981), p. 104.

71) Jeremias, *op.cit.*

72) Via, *op.cit.*

73) 참고. 마 13:36~43; 25:31~46.

님으로부터 "내가 너희를 도무지 알지 못하니 불법을 행하는 자들아 내게서 떠나가라"는 말씀을 듣는다(참고, 마 25:11~12). 다시 말하면 미련한 다섯 처녀처럼 준비해야 할 것을 준비하지 못하면 회복할 수 없는 저주에 빠지게 된다.

이 비유는 예수님의 재림이 미루어진 시기에 살고 있는 우리를 책임 있는 제자신분(responsible discipleship)으로 부르고 있다. 조심(vigilance)할 바는 미래를 그냥 기다리지 말고 실제로 현재 열심히 일해야 한다. "세월을 아끼라"(골 4:5)는 사도 바울의 표현이 바로 이런 뜻이다. "조심"과 "경계"는 주님의 재림의 때를 단지 깨어 기다리고 있는 것을 뜻하지 않고 지금 현재 준비하는 것을 의미한다. "경계하는 것"(watching), "기다리는 것"(waiting), "준비하는 것"은 심판과 따로 구별된 것이 아니고, 적어도 마태복음과 밀접히 연결되어 있는 말들이다.

마태복음 24:45~51의 비유에서는 종들이 기다리는 시간을 허비하고 낭비해서 주인의 신임을 얻지 못했고, 열 처녀의 비유에서는 미련한 다섯 처녀들이 준비하지 아니함으로 실수한 것이다. 은혜로운 장래에 대한 주제넘은 태도가 현재를 잘못 사용하는 것만큼 위험스러운 것이다. 종말을 목격하면서도 주인의 명령에 복종(passivity)하지 않은 것은 준비하지 않고 주인의 돌아오는 것이 더디다고 생각하여 마시고 흥청거린 악한 행실과 다름없는 것이다.[74] 슬기로운 다섯 처녀처럼 우리도 주님의 재림을 위하여 지금 준비해야 한다는 것을 이 비유는 강조한다.[75]

예수님의 비유들이 단 하나의 요점을 가르친다는 관점에서는 이 비유가 앞으로 임할 예수님의 재림을 위하여 준비하도록 경고하는 비유라고 해석한다. 주님의 재림의 순간을 신랑이 나타난 것에 표현되었다고 보았다. 나머지 세세한 점들은 준비한 자들의 지혜와 준비치 못한 자들의 어리석음을 강조하는 보조적인 것뿐이라고 했다.[76]

---

74) cf. John Donahue, *The Parables in the Gospels*, p. 105.
75) Craig L. Blomberg, *Interpreting the Parables*(IVP, 1990), p. 195.
76) C.H. Dodd, *op.cit.*, pp. 173~74.

실존론적 해석에서는 이 비유를 다음과 같이 해석한다. 어리석은 다섯 처녀의 행동은 예수님의 역사적 환경에 나타난 어떤 행실의 유형을 가리키지만 다섯 처녀들이 혼인잔치 예식에서 제외된 이야기에서 그 행실은 실존적 의미를 갖는다는 것이다. 다시 말하면 어떤 방향으로 행동한 자들은 그들이 구한 것 그 자체를 잃는다는 것이다. 그러나 비유의 결론은 예수님의 환경에 있는 어떤 것을 지적하지 않고 듣는 자들이 자기들의 행실을 그들의 환경에 이미 있는 것과 연결시켜 관찰케 하고 있다. 이것을 다시 설명하면, 듣는 자들에게 그들의 실존에 새로운 전망을 보여주고 있다는 것이다. 이 말은 이 비유로 예수님께서 듣는 자의 환경에 대한 소식을 전하는 것이 아니라 듣는 자의 환경에서 오는 실존적 인식을 들게 하는 지적이라는 뜻이다.[77]

실존적 해석에 의하면 이 비유에서 문이 닫힌 것은 하나님 나라에서 제외되는 것을 뜻한다거나 또는 종말의 끝이 오기 전에 하나님께 응답할 기회가 다시 주어지지 않는 것을 말하는 것이 아니라고 한다. 비유가 모든 사람에게 진실이 될 것을 묘사하는 것이 아니라, 비유는 실존적 의미를 가진 가설적, 상상적 작품이라고 했다. 이 비유가 이런 성격을 지니고 있으며, 인간의 실존 가능성 중 하나가 실존을 잃어버릴 수 있다는 것이다. 위기에 책임 있게 대하지 아니하면 다음 기회가 없다는 것이다. 이것이 의도하는 바는 요구하는 자원(resource)을 충분히 이해하지 못하고 추구하게 되면 성취될 순간을 놓치게 된다는 것이다.[78] 이런 실존주의자의 해석은 본문을 억지로 실존주의 원리에다 갖다 맞추고 있는 셈이다. 단지 이러한 해석도 있다는 것을 여기 소개하는 것뿐이다.

4. 두 빚진 자의 비유(눅 7:41~43, 36~50)

이 비유는 한 여자가 속죄함을 받게 된 사실과 연결되어 그 여인이 죄 사함 받은 사실을 예증하려고 예수님께서 하신 말씀이다. 비유 자체가 세

---

77) Dan O. Via, *op.cit.*, pp. 38~39.
78) *Ibid*, p. 125.

절로 이루어진 짧은 비유이지만 군주의 비유에 속한다. 군주의 비유라고 부르게 된 것은 비유의 두 중심인물을 통합시키는 인물이 주인 혹은 왕이므로 그와 같은 명칭을 붙이게 되었다.[79]

예수님이 질문하신 것과 예수님을 청한 자의 대답에서 시몬 자신은 적게 사함받은 자로, 여인은 많이 사함받은 자로 드러난다. 44~47절이 이것을 표시하며, 이 비유를 여러 종류의 죄인들을 용서하시는 하나님의 사랑을 설명하는 풍유처럼 취급한다. 그러므로 어떤 비평학자들은 이 비유를 이차적인 것으로 본다.[80]

스미스(B.T.D. Smith)는 다음 몇 가지 이유를 들어 이 비유의 확실성을 거부했다. ① 누가만이 예수님께서 바리새인들의 환대를 받은 것으로 보고 하지만 다른 복음서에는 바리새인들이 매우 강력하게 예수님을 반대한다. ② 마가복음 14:3~9에 기록된 사건은 이 비유를 포함하지 않고 있다. ③ 예수님을 초대한 주인이 예수님을 대하는 것과 이에 대한 예수님의 불평을 현실적인 것으로 보기 힘들며, ④ 결론은 그 여자의 사랑이 그 여인에게 사죄를 가져다준 것을 보이는 반면에 비유는 사죄에 뒤따르는 사랑을 이야기하고 있다는 것이다.[81]

앞에서 제시한 스미스의 네 가지 이유들 중 첫째 이유는 사실과 다르며, 누가복음과 다른 복음서들 사이에 이러한 차이점이 증거되지 않고 있다. 시몬이 예수님을 손님으로 식사에 초대한 것은 공적인 일로 보았기 때문이거나[82] 혹은 바리새인들이 여러 경우에서 예수님의 흠을 잡으려고 애를 쓴

---

79) Robert W. Funk, *Parables and Presence*(Philadelphia: Fortress, 1982), pp. 29~54; Gerhard Sellin, "Lukas als Gleiehniserzähler: die Erzählung vom barmherzigen Samaiter (Lk 10:25~37)," *ZNW* 65(1974), pp. 180~89; J.D. Crossan, *In Parables: The Challenge of the Historical Jesus*(New York: Harper, 1973), pp. 53~78.

80) 예. Joseph A. Fitzmyer, *The Gospel according to Lk I~IX*(AB. Garden City: Doubleday, 1981), p. 687; Heinz Schürmann, *Das Lukasevangelium*, vol. 1(Freiburg: Herder, 1969), p. 436.

81) B.T.D. Smith, *the Parables of the Synoptic Gospels*(Cambridge: University Press, 1937), pp. 213~16.

82) Jeremias, *op.cit.*, p. 126.

것처럼 시몬도 예수님과의 대화에서 흠을 잡으려고 식사에 초대했을 수도 있다.83)

둘째 이유는 평행이 확실하지 않으며 의심스러운 비유(막 14:3~9)에 호소하고 있다.84) 그리고 셋째 이유는 역사적 비평에서 세울 수 있는 결론으로 지나친 억견의 가정에 불과하다.

넷째 이유는 비유와 비유의 내용 사이에 즉 47~48과 50절 사이에 긴장이 있다는 것을 뜻하게 된다. 이 긴장을 완화시키려고 이 구절들은 여인이 이미 언젠가 믿음을 소유한 자인데 지금 예수님이 그 사실을 다만 공개하고 그 믿음이 가져온 속죄함을 그 여인에게 보증한 것이라 가정할 수밖에 없다.85) 하지만 그러한 해석이 바르다고 할지라도 그 해석에 근거해서 비유의 확실성을 거절한 것은 합당하다 할 수 없다.

이 비유의 구조는 일곱 장면을 계단식 평행(the step parallelism)을 사용하여 다음과 같이 서술한다.

1. 서론(바리새인, 예수, 여자), 36~37
  2. 여인이 사랑을 쏟아 놓음, 38
    3. 대화(시몬이 여인의 행위를 오해함), 39~40
      4. 비유, 41~42
    3.' 대화(시몬이 제대로 판단한 대답), 43
  2.' 여인이 사랑을 쏟아 놓음, 44~46
1.' 결론(바리새인, 예수, 여인), 47~50

이와 같은 구조를 윤곽으로 한 이 비유는 여러 면에서 그 당시의 문화적 배경을 포함한다. 바리새인들은 쿰란 공동체처럼 식사를 별도로 취급하지

---

83) Norval Geldenhuys, *Commentary on the Gospel of Luke* (London: Marshall, Morgan, and Scott, 1950), p. 235.

84) Robert Holst, "The one Anointing of Jesus: Another Application of the Form-Critical Method," *JBL* 95 (1976), p. 435.

85) Jeremias, *op.cit.*, p. 127.

않고 있다. 그러나 "식사하는 모든 것에 의식적 청결"(ritual purity)을 요구하였다.86) 바리새인이 앉아 식사를 하려고 할 때 불결한 음식이나 사람들로부터 자신을 구별하는 것은 매우 중대한 일이었다. 예수님이 시몬의 초청을 받으셨을 때 바로 그러한 사회 속에 들어가신 것이다. 트리스트람(H.B. Tristram)은 그 당시의 식사 대접을 다음과 같이 묘사했다.87)

식사 대접은 공적 행사였다. 길고 낮은 식탁 혹은 큰 나무 그릇들이 방안 중간에 배치되고 낮은 침상들은 양편에 놓이며 그 침상을 손님들이 계급에 따라 차지하고 왼쪽의 팔꿈치로 비스듬히 기댄다. 그리고 발은 식탁에서 멀리 놓는 자세를 취한다. 손님들이 방으로 들어올 때 신은 벗어 방문 앞에 놓고 들어간다. 그 당시 양말이 있었는지는 알려져 있지 않다. 종들은 침상 뒤에 서서 얕고 넓은 물동이를 바닥에다 놓고 손님들의 발에 물을 붓는다. 이와 같은 예를 갖추지 아니한 경우는 그 손님이 매우 낮은 신분이라는 것을 뜻하게 된다. 그리고 발은 항상 앉아 있는 손님 뒤로 두게 되는데 동양사회에서는 발을 불결하고 불쾌한 것으로 생각해 왔기 때문이다. 구약성경에 보면 최후의 승자가 피정복자에게 주는 최고의 모욕은 원수를 발등상으로 삼는 것이었다.88) 모세는 자기의 신을 벗어야 했고(출 3:5), 세례 요한은 예수님 앞에서 신의 끈을 풀 가치도 없는 자라고 고백했다(눅 3:16).

시몬은 그 당시 통용된 예의도 예수님께 갖추지 않았고, 예수님의 발을 씻기지도 않았으며, 입맞춤의 인사도 하지 않았다. 손님이 방으로 들어올 때 뺨에 입을 맞추지 않은 것은 경멸 혹은 모욕의 표시이거나 적어도 자기가 손님보다 높은 위치에 있음을 표시하는 것이었다. 시몬은 기름을 붓는 것도 빠뜨렸는데, 이는 손님을 가볍게 모욕하는 일이기는 하나 기름을 붓는 것은 상례였다.89) 이처럼 이 비유에서 시몬은 당시의 예절 풍습에 맞추어 예수님을 초대한 것도 아니다. 가령 랍비가 어느 집에 방문하면 그 가족의 모든

---

86) J. Neusner, "Pharisaic Law in New Testament Times," *Union Seminary Quarterly Review* 26(1971), p. 340.

87) H.B. Tristram, *Eastern Customs in Bible Land*(1894), pp. 36~38.

88) 시 110:1; 60:8; 108:9.

89) 신 28:40; 룻 3:3; 시 23:5.

남자는 정문 앞에 서서 기다리고 있다가 랍비가 오면 그의 손에 입을 맞춘
다. 그리고 집안에 들인 다음 첫째로 행하는 것은 손님의 발을 씻어주는
것이었다.

다음으로 여자가 남자들 앞에서 머리를 푸는 것은 탈무드에 따르면 이혼
을 당하게 되는 중요한 근거가 된다.90) 그 이유는 여자가 다른 남자 앞에서
머리를 푸는 것은 친밀하다는 표현이었다. 랍비들은 가슴을 드러내는 것과
머리를 푸는 것을 같은 범주에 속한 행위로 취급했다.91)

이 비유의 셋째 장면은 대화인데, 시몬이 여인의 행위를 오해하였으며(3
9~40) 여인의 회개의 정당성을 배척했다. 시몬은 그 여인을 아직도 "죄
인"(39절)으로 인식했다. 그러므로 그 여인은 공동생활에서 아직 회복을 받
지 못한 것이다. 그 여인이 이런 박대를 받았지만 이 대화의 목적은 "죄인들"
과 "의인들"로 나누는 그 당시 사회의 고정 관념을 넘어서서, 이 여인과 같
은 사람들에게 사랑과 자비를 베푸는 공동체로 영접하게 하려는 것이었다.

누가복음에는 한 남자와 한 여자로 구성된 연속된 한 쌍이 있다. 예를
들면 4:25~27에서 믿음의 두 영웅은 믿음으로 응답하고 하나님의 은혜의
유익을 받게 되는 사람들의 모형이 되는 예증이다. 15:3~10에서는 한 남자
와 한 여자가 잃어버린 것을 찾고 있다.92) 그리고 7:36~50에서도 한 남자와
여자가 비교되는데 그 여자는 방 안에 앉아있는 남자들이 이 여인을 평가한
것보다도 더 고상한 인격을 가졌으나, 그 남자는 남들이 그를 높이 평가하지
만 천한 인격을 소유한 자였다.

그리고 세 번째 행동도 이중 대비(a double contrast)를 취하고 있다. 감람
나무의 기름을 손님의 머리에 붓는 것은 상례였는데 그 이유는 그 기름이
값싸고 흔했기 때문이다. 머리가 사람의 관부(冠部)이고 기름 부을 가치가
있다고 여긴 것이다. 이와 대비되게 여자는 예수님의 발에다 매우 값 비싼
향유를 부었다. 사실 발에 기름을 붓는 자는 없었다. 그러므로 예수님의 발

---

90) Tosefta Sotah 59; P.T. Gitta 9, 50d; Jeremias, *op.cit.*, p. 126, n.57.
91) B.T. Sanhedrin 45a; Sonc. 294.
92) 참고. 눅 13:10~17; 14:1~6; 18:1~5.

에 향유를 부은 여인의 행동은 듣는 자들에게 이중으로 중요한 의미를 주는 것이다.

향유를 예수님의 발에 부은 행동으로 여인은 시몬보다 탁월함을 드러낸다. 이와 동시에 본문은 듣는 자들 혹은 독자들에게 두 큰 죄인의 그림을 제시하고 있다. 한 죄인은 율법 없이 죄를 범한 사람이고 다른 죄인은 율법 안에서 범죄한 자이다. 율법 없이 혹은 율법 밖에서 죄를 범한 이 여인은 자기의 많은 죄를 용서받고 크고 깊은 사랑으로써 속죄함에 응답했다. 율법 안에서 범죄한 죄인은 시몬이고, 그는 자기 생애에서 악의 본질을 사실 깨닫지 못한 자였다. 시몬은 자신을 영적으로 매우 적게 빚진 자로 여겼고, 은혜가 필요치 않은 것으로 생각했다. 이러한 결과 은혜를 받지 못한 시몬은 사랑을 보여줄 수가 없었다. 이러한 대조는 잃어버린 양의 비유나 탕자의 비유나 성전에서 기도한 두 사람의 비유(눅 18:9~14)에서도 찾아볼 수 있다.

그런데 47절 하반절에 사용한 "호티"(ὅτι)를 어떻게 해석하느냐에 약간 어려움이 따르며 어떤 선택이 요구된다. 즉 호티를 "원인"으로 해석하면 "여인이 많이 사랑한 고로 그의 많은 죄가 용서함을 받았다"로 이해될 수 있다. 그러나 호티를 결과로 해석해서 "연속적인"의미로 보는 것이 합당해 보이므로 "그러므로"라고 해석할 수 있다.93) 여인이 많은 죄 사함을 받고 그러므로 예수님을 극진히 사랑하여 그것이 여인의 행동에 나타나게 된다. 예수님은 이 여인이 더 이상 더러운 죄인이 아니며, 자기의 죄악이 얼마나 큰 것이었는지를 알고 자기를 용서하신 하나님의 은혜를 깨달은 용서받은 여인으로 지적하신다. 이 여인이 그와 같이 은혜를 깊이 인식함으로써 비싼 향유 곧 감사의 사랑을 쏟아 붓는 행동을 취하게 된 것이다.94)

"사함을 받은 일이 적은 자는 적게 사랑"한다는 말은 두 가지 다른 방향으로 읽을 수 있다. ① 예수님이 "시몬아 네가 의로운 자다. 너의 죄가 적고

---

93) Jeremias, *op.cit.*, p. 127; A.T. Robertson, *The Grammar*, p. 101; BAG, p. 593; Plummer, *op.cit.*, p. 213.

94) cf. 1Kg, 8:62~.

따라서 빚진 것 같은 그 죄를 사함 받는데 하나님의 은혜가 적게 요구된다"라고 말씀하신 것이라고 우리는 가정할 수 있다. ② 그러나 이렇게 해석하는 것보다 더 합당한 해석은 "시몬아 네가 많은 죄를 범했다. 그러나 네가 그것을 인식하지 못하고 있고 회개하지 아니한다. 그러므로 네가 용서함을 받지 못하였고 자연히 사랑하지 못한다"라고 하는 것이다. 예수님은 이처럼 시몬의 실수를 그림을 보듯 생생한 언어로 표현하셨다. 예수님은 이 같은 사실적인 묘사로 교만과 완고한 마음, 적개감과 비판적 사고들을 들춰내신다. 그리고 예수님의 이 비유는 실제로 무엇이 더러운 것인지를 이해하지 못하는 것과 죄인을 배척하는 것과 무감각과 하나님의 용서하심의 성질을 오해한 것과 여성을 차별하는 것까지도 지적한다.95)

시몬처럼 자신의 영적 상태를 좋게 여기고 흉악한 죄를 사함 받은 것으로 깨닫지 못한 자가 더 불쌍한 처지(a more pathetic state)에서 구원받은 자들을 멸시할 일은 아니다. 이밖에도 몇 가지 신학적 전망(the theological motifs)이 있다. 사죄는 거저 주시는 하나님의 은혜이다. 다시 말하면 믿음으로만 구원을 얻는다는 것이다. 하나님이 주신 은혜로 믿음으로 말미암아 이루어진 구원을 받으면 그 즉시 사랑의 마음이 값비싼 행동으로 움직이게 된다. 그러한 사랑의 행실은 받은 은혜에 대한 감사이지 무엇을 더 얻어내려는 노력이 아니다. 그리고 이 비유에는 죄인들이 이 같은 속죄로 말미암아 바라지 않은 사랑을 받은 것에 대해서 속죄의 대행자에게 값비싼 것으로 표현하여 증명하는 것이 포함된다.

5. 끄는 그물의 비유(마 13:47~50)

이 비유는 가라지의 비유(마 13:24~30)의 주제를 되풀이한다. 하나님 나라가 "끄는 그물"(σαγήνη)과 비슷하다. "끄는 그물"은 두 배 사이에 친 그물이나 혹은 배 한척이 길게 펴서 밑으로 끄는 그물을 뜻할 것이다. 어느 그물

---

95) Kenneth E. Bailey, *Poet and Peasant: Through Peasant Eyes*(Grand Rapids: Eerdmans, 1980), pp. 18~19.

을 말하는지 확실하지 않지만 그물은 좋은 고기나 못된 고기를 함께 잡아 끌어오게 된다. "못된"고기($\tau\grave{\alpha}\ \sigma\alpha\pi\rho\grave{\alpha}$)는 정결하지 아니한 고기를 뜻한다(레 11:10~11). 즉 비늘이 없는 고기와 식용에 적합하지 않은 해산물들이 불결한 것들에 속한다.

이 비유는 가라지의 비유와 더불어 종말에 올 심판을 주제로 삼고 있다. 종말적 대심판은 하나님 나라 완성 때에 있을 하나의 종말론적 사건이다. 이 비유에서 갈라내는 것은 대심판과 대비된다.

"그물에 가득하매 물가로 끌어내고 앉아서 좋은 것은 그릇에 담고 못된 것은 내어버리느니라"(48절). 갈라내기 전에는 그물에 "좋은 것"과 "나쁜 것"이 함께 섞여있다. 가라지의 비유에서는 조속한 분리를 분명히 거절하고, 추수가 오기까지 인내하도록 명한다. 끄는 그물의 비유에서는 그와 같은 조속한 분리와 인내를 요구한 것으로 나타나지 않으나, 물가로 조심스럽게 그물을 끌어내고 차분히 "앉아서"라는 말이 비슷한 의미를 암시한다. 하나님께서 확정하는 갈라내는 순간이 있다. 그물에 "가득하매"($\dot{\epsilon}\pi\lambda\eta\rho\acute{\omega}\theta\eta$)라는 말이 이 순간을 의미하고 그 순간이 올 때까지 인내를 요구한다. 마치 보리가 익어야 추수할 순간이 찾아오듯이 그물이 "가득하매" 그물을 물가로 끌어와서 좋은 것과 못된 것을 갈라내어야 할 순간도 임하는 것이다. 다시 말하자면 "세상 끝"(13:40,49)에 대심판으로 의롭다 함을 받은 자들이 악한 자들과 분리되어 하나님 앞에서 영생을 누리지만 악한 자들은 영원한 형벌을 받게 된다. 악한 자들이 영원히 당할 형벌의 고통을 "풀무불에 던져 …거기서 울며 이를 갊이 있으리라"(13:50)고 표현했다. 이러한 해석이 이 비유를 해석해온 전통이다.[96]

일반적으로 여러 비평학자들은 하나님 나라를 이 비유에서 선한 자와 악한 자가 함께 섞인 사회와 같은 것으로 보고 있다.[97] 물론 하나님 나라는

---

96) Trench, Goebel, Swite; B.F.C. Atkinson, *The New Bible Commentary*(1953), p. 79; N.B. Stonehouse, *The Witness of Matthew and Mark to Christ*, p. 238; H. Martin, *The Parable of the Gospels*(1937), p. 79.

97) 예. W.O.E. Oesterley, *The Gospel Parables in the Light of their Jewish Background*, p. 85; C.J. Cadoux, *The Historical Mission of Jesus*, p. 114.

"세상 끝"에 일어날 종말론적 분리가 없이 이 세상에서 지금 이루어지고 있는 중이다. 이 비유에 나타나 있는 하나님 나라는 지금 이 세상에서 이루어진 것, 그리고 이루어지고 있는 것이 "세상 끝"에 드러날 갈라냄이 있기까지 순전히 의롭다함을 받은 자들로만 구성된 "실현된 하나님 나라 곧 주님의 몸 되신 교회"는 아니다.[98]

다드(C.H. Dodd)는 흥미있는 관찰을 했다. 즉 이 비유를 올바로 해석하는 단서가 예수님이 "나를 따라 오너라 내가 너희로 사람을 낚는 어부가 되게 하리라"(막 1:17)고 하신 말씀이라고 한다. 이 말씀에서 예수님은 고기 낚는 은유를 사용하여 그의 제자들에게 행할 일을 가르치신 것이다. 끄는 그물의 비유에서 고기 낚는 은유를 사용하시고, 그물을 끄는 도중에는 고기를 갈라내는 법이 없고, 또 좋은 고기와 나쁜 고기가 필연적으로 함께 섞여 있지만, 고기가 그물에 가득 차면 갈라낼 순간이 온다는 사실을 은유로 그리고 풍유적으로 사용한 것이다. 그러나 불행하게도 다드는 예수님이 풍유를 사용하지 않으셨다고 단정하고 이 비유를 무시했다.[99]

6. 두 아들의 비유(마 21:28~32)

어떤 비평학자는 이 비유가 세례요한의 전도를 가리키는 것으로 보았지만[100] 문맥은 그것을 지지하지 않는다. 방금 예수님은 유대인의 지도자들에게 세례요한을 어떻게 보는지 질문했다.[101] 이 비유를 해석하는 데 필요한 열쇠는 "그 둘 중에 누가 아비의 뜻대로 하였느뇨"라고 하신 31절의 말씀이다. "아비의 뜻"이라는 표현은 항상 예수님이 자기를 따르는 자들에게 주신 교훈의 문맥에 나타나는 말씀이다.[102] 이 비유에서 대조는 "가겠나이다"고

---

98) cf. G.E. Ladd, *New Testament Theology*, p. 101.

99) C.H. Dodd, *op.cit.*, p. 140.

100) Julias Schniewind, *Das Evangelium nach Matthäus*(Göttingen: Vandenhoeck und Ruprecht, 1936), p. 217.

101) 랍비문서에 평행된 것, *Sifre to Dt*, Trans. J. Neusner(Scholars Press, 1987), pp. 175~76.

대답한 아들과 그리고 "싫소이다"라고 한 후에 "뉘우치고 간" 아들 사이에 있다. 이 대조는 항상 참된 제자들과 거짓된 제자들 사이에 놓여있는 것으로 산상보훈 마지막 부분에도 나타난다(마 7:21). 이처럼 예수님을 참되게 따르는 것은 존경의 호칭(honorific titles, κύριε, 마 21:30)을 사용하는 것으로 되지 않고 하나님의 뜻을 행하는 것으로 되는 일이다(마 23:7~10).103)

이 비유도 군주의 비유 장르에 속하는데, 아비가 그의 뜻을 행한 아들과 말만 하고 행치 아니한 아들에 대해서 주인이나 왕과 같은 위치에 있다. 그리하여 이 비유도 다음과 같은 세 가지 요점들을 말씀한다

① 아비처럼 자기의 아들들을 일하러 보낸 인물은 하나님을 뜻하고, 하나님이 우리를 아들로 삼으신 궁극적 의도는 우리가 하나님의 뜻을 행하는 데 있다.

② 끝내 불순종한 아들처럼 어떤 사람들은 하나님의 뜻을 행한다고 약속하고 행치 않은 자들이 있다. 이들은 사실상 하나님의 자녀들이 아니며 결국 "세상 끝"에 하나님으로부터 배척을 받게 될 것이다.

③ 아비의 말에 순종한 아들처럼 어떤 사람들은 처음에는 반역하나 나중에는 회개하고 하나님의 뜻에 순종하며 행하는 자들이 있다. 이것은 참된 하나님의 아들의 표적이고 그들은 구원을 받게 된다.104)

7. 장터에 앉은 아이의 비유(마 11:16~19)

예레미아스는 이 비유를 큰 재해(catastrophe)의 비유 범주에 속하는 것으로 본다. 즉 심판을 공포하고 경고를 부르짖고 위기가 임박했으므로 회개할 것을 요청하는 주제를 가진 비유 중 하나로 보았다. 이 비유에서 아이들의 한 부류는 대조된 역할, 곧 결혼식과 장례식을 제안하는 역할을 하고, 다른 부류는 응답하지 않는 유대인들을 대표하며 결혼식과 장례식을 제시

---

102) 마 6:10; 7:21; 12:50; 18:14.
103) John Donahue, *op.cit.*, p. 88.
104) C. Blombery, *op.cit.*, p. 188.

한 아이들 사이에서 판사와 같은 역할을 한다. 이러한 구조의 이 비유도 군주의 비유 가운데 하나이다.

주석가들이 논의해온 문제는 일군의 아이들이 두 가지 놀이를 제안하여 예수님과 세례요한을 대표하고, 유대인의 지도자들이 춤을 추며 즐거워하지도 않고 비탄하지도 않았다는 것이다.105) 혹자는 유대인들이 세례요한의 엄격한 메시지를 경솔한 것으로 만들려고 애썼고, 예수님의 관대한 (permissive) 메시지를 엄격한 율법주의로 돌리려고 노력했지만 둘 다 비협력적인 것으로 발견했다고 논의했다.106) 이 두 가지 주장 중 하나만 선택하기는 어렵다. 둘째 주장이 타당하게 보이는 것은 세례요한과 인자에 대한 예수님의 설명이 아이들의 불평한 말의 순서와 평행을 이룬다는 점이다. 반면에 첫째 주장에서 타당하게 보이는 점은 예수님의 결론에 사용한 말들인데, 유대인들이 예수님과 세례요한에게 응답했지 예수님과 세례요한이 유대인들에게 응한 것이 사실 아니다.

이 비유로 예수님이 유대인들에게 충고하는 것은 두 가지 원리이다. ① 유대인들은 회개할 메시지 곧 복음전파를 미워하며 하나님의 사자들과 어린아이들이 하는 놀이를 하고 있다. 사실 속죄의 기쁜 소식을 율법적으로 제한하지 말고 즐겁게 경축해야 할 것이다. ② 그리고 속죄의 소식을 매우 심각하게 취할 것이며 무시할 수 없다는 원리이다.

---

105) Dieter Zeller, "Die Bildlogik der Gleichnisses Mt 11:16~17/ Lk 7:31~32," *ZNW* 68(1977), pp. 252~57; Fitzmyer, *Lk I ~IX*, pp. 678~79.

106) Olaf Linton, "The Parable of the Children's Game," *NTS* 22(1976), pp. 159~79; I.H. Marshall, *op.cit.*, pp. 300~301.

3. 군주의 비유(3)

1. 용서하지 않은 종의 비유(마 18:21~35)

이 비유는 앞에서 취급한 비유들과 달리 구조상 동등한 두 인격이 주인이나 왕과 관련되어 있지 않고, 종과 동관인 두 인격이 주인에게 연속하여 계산하는 장면을 담는다. 이것을 그림으로 그리면 주인 혹은 왕, 그 다음에 종, 마지막으로 동관인 종이 무대에 나타난다. 앞에서 다룬 비유들과는 달리 이 비유의 첫 장면은 주인과 종 사이에 계산이 이루어지고, 둘째 장면은 종과 동관인 종 사이에 계산이 이루어진다. 이 비유에서는 주인이 아닌 종이 비유의 모든 에피소드에 나타나 결정자 혹은 모든 에피소드를 통합시키는 통합자가 된다.

이 비유는 세 에피소드로 구성된다. ① 24~27절 – 주인과 종, ② 28~31절 – 종과 동관인 종, ③ 32~34절 – 종과 주인이다. 이 세 에피소드는 서론(23절)과 결론(35절) 사이에 놓인다. 용서하지 않은 종은 탕감 받은 액수와 관련해서 그의 동관인 종과 대조를 이룬다. 그리고 용서하지 않은 종은 남을 탕감하는 그의 주인의 태도와 관련해서 대조를 이룬다.

비평학자들 중에서는 이 비유의 확실성을 의심하고 23~34절은 원래 21~22에 연결되어 있던 것이 아니라고 주장했다.[1] 또 하나의 주장은 마태복음 18장 전체가 여러 가지 다른 원자료에서 얻은 자료들로 구성된 것이라 가정하고 21~22절이 23~35에 연결된 것은 마태 자신이 만든 것이라고 했다.[2]

---

1) Eta Linnemann, *Gleichnisse*, p. 111.
2) Dan O. Via, *The Parables: Their Literary and Existential Dimension*

그리고 그 자신과 그의 가족을 팔아서 빚을 갚도록 요구한 것은 이방인의 색채를 띤 것이요 꾸며낸 것이라고 했다.3)

그러나 본문을 아무런 전제없이 읽으면, 21~22절과 23~35절의 연결이 느슨한 것을 관찰할 수 있다. 이처럼 연결을 치밀하지 않게 하는 것은 유대인의 비유 작품의 전형적인 형태이다. 이에 비추어보면 위에 제시한 비평학자들의 논의는 다만 주관적인 것일 뿐이다.4)

실존주의 해석자들은 이 비유를 다음과 같이 평가한다. 두 종 곧 많이 빚진 종과 적게 빚진 그의 동관이 자신들에게 닥친 곤경을 해결할 기회를 허락받든지 혹은 그 기회를 수용할 수 있는 이해력(receptivity)을 제공받음으로써 실존을 위하여 놀라운 새로운 가능성을 재차 열어놓고 있다는 것이다. 만일 새로운 환경이 내재화되어 있지 않고 다른 가능성을 열어놓지 않는다면 새 환경은 없어진다고 했다. 실존주의 해석자들은 33절의 "마땅치"(ἔδει)라는 말에 초점을 맞추어, 이 "마땅치"라는 것이 신적 필요성을 의미한다는 것이다. 물론 이 말을 그렇게 해석하는 것이 잘못된 것은 아니다.5) 그러나 이 말의 의미가 실존적 사실의 불가피성을 제시한다는 것은 실존주의라는 전제에 근거한 주관적 해석이다.6) 다시 말하자면 33절이 가르치고 있는 바는 남을 용서하는 것이 독립적으로 일어나는 것이 아니고, 실존의 질서(an order of existence)라는 것이다. 용서하지 않은 종의 실존은 비참하게도 은혜에 합당하게 응답하지 아니한 결과라는 것이다.7)

실존주의 해석이 타당하게 해석한 것도 있다. 즉 다른 비평학자들 사이에서는 우리가 남을 용서하는 것같이 하나님이 우리를 용서하신다는 것을 이 비유가 가르친다고 했다. 다시 말하자면 우리가 남을 용서하는 것이 우선하

(Philadelphia: Fortress Press), p. 138.

3) *Ibid.*; Günther Bornkamm, *Jesus of Nazareth*, p. 86.

4) W.O.E. Oesterley, *The Gospel Parables in the Light of their Jewish Background*(London: SPCK, 1938), pp. 93~95.

5) 참고. 마 23:23; 막 8:31; 13:7; 눅 22:7; 24:26; 요 3:14.

6) Via, *op.cit.*, p. 142.

7) *Ibid.*, pp. 143~44.

고 하나님의 용서하심은 우리가 용서하는 것을 근거로 삼아 마치 조건이 되어 하나님의 용서하심이 이루어진 것처럼 해석했다.8) 실존주의 해석자들은 이러한 해석을 거부하고 하나님의 용서하심이 우리에게 용서할 수 있는 수용력을 부여한다고 보았다.9)

어떤 비평학자들은 용서하지 않은 종의 비유와 포도원 일꾼들의 비유(마 20:1~16)의 주제는 동일하며 "정의"(δικαιοσύνη)를 주제로 삼는다고 했다.10) 구약에서는 여호와의 "의"(צְדָקָה)를 선언했고,11) 그의 의를 찾으라(사 5:1~7)고 권면한다. 그리고 "의"는 구원의 도움을 강조하는 부가적인 의미를 함축한다. 즉 여호와 하나님이 협박 받은 자기 백성을 구원하러 오시는 것 혹은 이스라엘 사회 안에서 보호를 받지 못한 자들을 지키시는 것이 의로움이다(시 82:3~4, 103:6). 그리고 하나님이 자기의 율법을 지키지 아니하는 자 혹은 다른 신을 숭배하는 자들을 형벌하심이 의로움이다. 이와 같이 "의"는 다차원을 지닌 용어로서 믿음의 중심 개념과 관련이 있다. "의"라는 용어는 위에 말한 것과 "의로운 심판," "한결같은 사랑과 자비와 충실"(호 2:19~20; 마 23:23)도 포함한다.

세례요한은 예수님의 지상 성직을 위하여 "의의 도로" 오시는 것을 준비했다(마 21:32). 산상설교에서 예수님은 "의"를 위하여 주리고 목마른 자들을 축복하시고(마 5:6), 의를 위하여 핍박을 받는 자들을 높이 칭찬하셨다(마 5:10). 예수님의 말씀을 듣고 순종하는 자들의 의가 바리새인들의 의보다 더 나아야 할 것이라고 하셨다(마 5:20). 하나님의 율법을 지키는 것은 겉으로 지키는 것이 아니어야 하며, 하나님과 이웃을 사랑하는 정점에 이르도록, 마음을 새롭게 함으로 지켜야 한다(마 5:21~48, 22:34~40). 예수님

---

8) 예. Jeremias, *The Parables*, pp. 213~14; A.M. Hunter, *Interpreting the Parables*(Philadelphia: Westminster Press, 1960), p. 71; T.W. Manson, *Sayings of Jesus*, p. 213.

9) Via, *op.cit.*, p. 143.

10) 예. G. Bornkamm, "The Better Righteousness," in *Tradition and Interpretation in Matthew*, pp. 24~32; John R. Donahue, "Biblical Perspectives on Justice," in *the Faith that Does Justice*, ed. by Hauhey, pp. 68~112.)

11) 대하 12:6; 느 9:8; 시 7:9; 103:17; 116:5; 렘 9:24; 단 9:14.

자신은 하늘나라의 의를 선포하시고 의를 승리로 이끄시는 "고난의 종"이 시다(마 12:18~21; 사 42:1~4). 바리새인들은 "율법과 의와 자비와 믿음"을 등한시한 것으로 비난을 받았다(마 23:23). 예수님이 선포하신 하나님 나라 는 하나님 앞에서 "의"를 세우는 길이다. 용서하지 않은 종의 비유가 이러한 의미의 "의"를 주제로 삼고 있는 것이라면 그 해석에 어려움이 없을 것이다.

구약과 신약이 가르치는 "의"(δικαιοσύνη)란 하나님의 성품과 하나님의 뜻이 표준이 되어 그 표준으로 재보았을 때 올바르다고 인침받을 도덕적 상태를 의미한다. 바리새인들과 예수님 당시의 유대인들이 공통적으로 인 식한 "의"는 그들의 형식주의적인 윤리 즉 계명보다 금지와 자기 의와 위선 을 강조한 것이다. 그들의 의의 표준은 신격화시킨 율법이었지 율법을 주신 하나님 자신이 아니었다. 이것은 율법을 지키려는 동기가 자기 의에 중심을 둔 것을 의미한다. 이와 같이 지배적인 동기가 자기 의에 중심을 두고 있었 으므로 적극적으로 율법의 정신이 요구하는 바를 이루기보다는 율법을 어 기지 않으려는 데 관심을 더 깊이 두었다. 그리하여 율법 준수 자체가 본래 부터 존재하는 가치이고 하나님의 축복을 받을 가치가 있는 것으로 본 것이 다. 바리새인들과 일반 유대인들은 이처럼 "의"로운 자와 하나님 사이에 어떤 이해 관계(commercial relationship)가 성립하는 것으로 인식해 왔다.

"의"에 대한 바리새인들의 이러한 인식이 이 비유에 반영되어 나타난다. 이 비유 초두에 종이 왕에게 와서는 청원하는 방식으로 갚을 수 없는 빚을 갚겠다고 기간 연장을 요구한다. 이것이 그 종의 청원 중에 나타난 잘못이 다. 그 종은 자비를 청원하지 않고 자기의 비참한 형편을 해결하는 길이 자기가 생각한 "의"를 회복할 수 있는 것으로 인식한다. 그의 의는 빚만 갚 고 의무를 만족시키는 것이었다. 의에 대한 그 종의 인식이 일반적으로 이해 하는 의의 의미, 곧 공동체 내에서 맺고 있는 상호관계가 상업적 관계를 기준으로 하여 정의된 의의 개념이었다. 왕이 자비를 베풀고 그 종의 막대한 빚을 탕감해 주었지만 이 종은 "의"를 자기중심적인 의에 근거하여 인식했 기 때문에 올바른 의의 진리 곧 왕이 보여준 자비를 조금도 이해하지 못했 다. 그러므로 이 종은 자기에게 매우 적은 빚을 진 동관에게 자기의 "의"를

적용한 것이다.12)

위에 언급한 하나님의 "의"가 이 비유의 전반부에 나타나며 이것이 비유의 요점 가운데 하나라는 것도 앞에서 증명했다. 또 하나의 요점은 하나님의 용서하심이 어떠한지를 보이고 있는 것이다. 처음 등장한 종이 지고 있는 빚은 그의 무절제한 성격을 드러낸다. 이 무절제한 성격을 이해하려면 그 당시의 업무처리 상황을 참고하면 도움이 될 것이다.13) 그 당시 세금계약은 좋은 돈벌이가 되는 일이었다. 그 이유는 계약자가 세금에다 자기의 수수료를 가산해서 세금을 징수하는 하도급계약(subcontract) 방식을 취하여 일반 세리들과 세리장들을 많이 채용했기 때문이다. 각 세리장들도 세금에다 자기의 수수료를 가산한 금액을 거두어 들였다.

이 비유는 매우 큰 액수의 세금 징수를 언급하고 있다. 헤롯 왕이 모은 세금의 총액은 900달란트라고 한다.14) 요세푸스(Josephus)는 로마제국 시대에 헤롯 가문이 유대나라에서 해마다 거두어들인 세금은 600달란트였다고 말한다.15) 이 비유에서 종이 계약한 액수가 있었고, 그가 거둬들인 세금을 왕에게 바치려고 했을 때 자기가 계약한 액수보다 매우 적게 걷혔다. 이렇게 엄청나게 적게 걷힌 것은 기근이나 흉년, 혹은 이와 비슷한 원인이 그 이유가 되었을 것이다. 그 종이 세금 징수에 무능했기 때문이라고 말할 수 없는 것은 무능한 종이 그와 같은 막대한 액수의 계약을 할 리가 없기 때문이다. 왕이 그 종을 감옥에 집어넣겠다고 한 협박은 계약된 세금을 찾는 방법이 아니고, 그 당시 계약자가 계약을 실행에 옮기지 못하면 받는 정상적인 형벌이었다.16) 이 종이 빚을 다 갚을 때까지 참아 줄 것을 요청한 것은 다음 해의 세금 징수 때 지금 갚지 못한 액수도 가산시켜 줄 것을 청원한 것이다. 이러

---

12) cf. Via, *op.cit.*, p. 143; Donahue, *The Parables in the Gospels*, pp. 76~77; Eta Linnemann, *Jesus of the Parables*(New York: Harper and Raw, 1966), pp. 111~13.

13) cf. J.D. Derrett, *Law in the New Testament*(London: Darton, Longman and Todd, 1970), pp. 35~40.

14) Eta Linnemann, *op.cit.*, p. 108.

15) Jeremias, *Jerusalem in time of Jesus*, pp. 124~26.

16) Derrett, *op.cit.*, p. 37.

한 청원은 종종 세리장들의 생활에도 나타난다.

이와 같이 이 비유의 환경은 이방인의 환경을 참고한 것으로 보인다. 왕은 이방인의 왕이고 막대한 금액은 제국의 큰 재정을 상상하게 하며, "빚"(τὸ δάνειον, 27절)은[17] 세금 징수 청부(tax farming, 세리직)의 상황을 암시한다.

이 비유는 복음서에 이미 계시된 주제, 곧 용서를 요점의 하나로 삼고 있다. "우리가 우리에게 죄지은 자를 사하여 준 것같이 우리 죄를 사하여 주옵시고"(마 6:12)라고 가르치신 주님의 기도와 "너희가 사람의 과실을 용서하지 아니하면 너희 아버지께서도 너희 과실을 용서하지 아니하시리라"(마 6:15)고 이미 가르치신 교훈을 이 비유를 말씀하실 때 기억하셨을 것이다. 예수님이 하나님 나라를 선포한 데 이어 이 비유는 듣는 자와 읽는 자로 하여금 예수님의 소환 곧 "회개할지어다"(μετάνοια)라고 하는 부르심에 초청한다. 이 비유에 나타나신 하나님은 호세아 2:19에 계시된 하나님이고, 정의와 확고부동한 사랑과 자비와 공의가 서로 결합되어 있다. 다시 말하면 이 비유의 왕의 이미지 배후에 계신 하나님은 듣는 자들에게 남을 용서하도록 권면하고 있고, 우리는 하나님으로부터 용서함을 받은 자들이므로 남의 허물을 용서하는 것이 마땅하다는 가르침이다.

예수님의 지상 성직에서 이 비유는 유대인 지도자들을 향해 전한 논쟁적인 공격이었다. 이렇게 그들을 공격하신 것은 그들이 하나님의 자비와 사랑을 받고도 남을 용서할 줄 몰랐기 때문이다. 이 비유에서 두 종이 진 빚은 엄청 차이가 나지만 그것은 전혀 의미 있는 것이 아니다. 다만 막대한 빚을 탕감 받은 자가 매우 적게 빚진 동관인 종을 용서하지도 자비도 베풀지 못한 것이 얼마나 심각한 의미를 지니는지 표시할 뿐이다.

이 비유의 전반부에서는(24~27) 측량할 수 없는 무한한 사랑과 자비의 하나님이 마치 왕이 자기의 종을 용서하는 것처럼 죄를 용서하시는 것을 하나의 요점으로 삼고 있다. 이 비유의 중간 부분에서는(28~30) 종이 하나님의 은혜와 자비를 배척하는 것이 무엇보다도 불합리하다고 강조한다. 곧

---

17) *BAGD*, p. 171.

무한한 용서를 받고도 그렇게 무자비하게 동관인 종을 멸시하는 자는 살아 있을 가치가 없다는 것이다. 그러므로 마지막 부분에서는(31~34) 그런 무자비한 종에게 두려운 운명이 기다리는 것으로 나타난다. 그리고 "주인이 노하여 그 빚을 다 갚도록 저를 옥졸들에게 붙이니라"(34절)는 말씀이 "연옥"론을 말한다고 주장하는 사람도 있지만 그런 뜻은 찾을 수 없다. 26절과 29절 그리고 30절과 34절이 평행을 이루는 것은 주목할 만한 것으로 왕의 용서함과 종의 완강함(incorrigibility)을 대조시키며, 34절은 최종적 심판이 정당하다는 것을 강조하는 표현이다. 참된 예수님의 제자들이라면, 용서함을 받고도 받지 아니한 것처럼 행동한, 비유에 나오는 종과 같은 행동을 취할 수가 없다. 비록 하나님의 용서가 그처럼 광대한 것이지만, 남을 용서할 줄 아는 생활을 하여 하나님의 용서를 마땅히 실천하는 자만이 참된 제자이고 실제로 용서함을 하나님께 받았다는 것을 드러내는 일이다.

이 비유는 이렇게 세 가지 장면으로 구성되며 이상의 세 가지 요점들을 계시한다. 구조상 이 비유는 처음에 이미 말한 대로 군주의 비유 중 하나이며, 세 장면에서 주인 ↔ 종 ↔ 동관 종의 세 인물의 구조를 취하고 있다.[18]

첫 장면(24~27)

```
          /     (A)   주인
  주인  ──      (B)    종
          \     (C)   주인
```

둘째 장면(28~30)

```
          /     (1)    종
  종  ──        (2)  동관 종
```

---

18) F.H. Braukelmann, "Eine Erklärung des Gleichnisses vom Schalksknecht (Matt, 18:23~35)," in *Parrhesia: Karl Barth zum achtzigsten Geburtag*(Zürich: EVA-Verlug, 1966), pp. 262~63; B.B. Scott, *Hear Then the Parables*(Philadelphia: Fortress Press, 1990), p. 272.

\　　　(3)　종

셋째 장면(31~34)

/　　(A′)　주인
주인 ──　　(B′)　종
\　　(C′)　주인

이 비유의 문맥은 사람이 용서하는 것이 하나님께 가까이 가는 데 우선적으로 있어야 할 조건이지만 이것이 하나님께서 우리를 용서하시는 데 필요한 조건은 아니라는 것이다(마 6:12~15; 막 11:25). 만일 제자들이 그들의 기도에 대해 하나님이 응답하실 것으로 기대한다면 하나님을 가까이하는 데 이미 있어야 할 것은 남을 용서하는 것이다(마 5:23~24). 이 조건을 다시 해석하여 실제 예증으로 주신 말씀이 5:39~48의 말씀이다. 제자들의 공동체 안에 화해와 상호관계가 강하게 있어야 할 것이다. 상호간의 용서와 용납과 화해가 하나님께 나아가 용서함을 구하는 일에 필요한 전제 조건이다(눅 7:41~42). 예수님의 제자들은 거듭난 자들이고 용서함을 받은 사람들이다. 그러므로 제자들은 일상생활 관계에서 남을 용서하는 것을 실천함으로 하나님의 용서하시는 메시지를 다른 이들과 함께 나누어야 할 것이다.

이것이 복음서 안에 나타난 좀 먼 문맥이고 직접적인 문맥은 마태복음 18: 10~14로 특별히 어린아이들에 대한 하나님의 돌보심과 호의가 주제이다. 18:15~20에서는 화해, 그리고 18:21~22에서는 무한한 용서를 주제로 삼고 있다. 비록 한없이 용서할 것을 계시하되 그 반면에는 무제한의 한계가 있고 그 한계가 이르면 무서운 심판이 온다는 것도 주제가 된다. 이와 같은 문맥을 앞에 놓고 이 비유는 그러한 주제의 결론을 내리고 있다.[19] 이 비유의 결론은 "각성한 제자도"(realized discipleship)의 특징이란 하나님의 사랑의 매우 깊은 비밀을 깨닫고 있는 것이며, 이 비밀은 우리가 남을 사랑하

---

19) William Thompson, *Matthew's Advice to a Divided Community: Mt. 7.22~18,35, Analecta Biblica* 44(Rome: Pontifical Biblical Institute, 1970).

고 용서하는 것을 알고 있는 것이다. 제자들이 남을 용서할 것을 배우고 남을 용서하는 것이 곧 남에게 하나님의 용서를 알려주는 것이다. 이것을 전제로 한 이 비유는 하나님 나라가 그와 같다고 비교한 것이다.

끝으로 주석상 몇 가지 주목해야 할 단어들을 간단히 해석하고 이 비유 고찰을 마치려고 한다. "일만 달란트"(24절, μυρίων ταλάντων)는 100만 데나리온에 가깝고, 요세푸스는 한 달란트가 일만 데나리온과 비슷한 가치라고 계산했다.[20] 뮈리아(μύρια)와 달란트(τάλαντα)는 그 당시 통용된 최대 단위이고, 일만은 최고 숫자이며(눅 12:1; 고전 4:15, 14:19), 달란트는 제일 큰 돈이었다. 빚이 이처럼 최대 규모(the magnitude) 곧 상상할 수 없을 만큼 큰 양이라는 것을 백 데나리온(18:28)의 빚과 대조시켜 최대한의 인상을 만들어 내려고 한 것이다.

25절에 처를 팔라는 명령이 있는데, 유대인의 재판권에서는 그런 것을 금한다. 그러므로 왕과 그의 종은 이방인들을 대표하는 것으로 보인다. 무한한 빚과 처를 팔라고 명한 것은 왕과 하인이 이방인들이라는 것을 증명하며 그 종은 왕의 장관들 중 하나로 볼 수 있다.[21] 이 비유가 나타내는 것은 종이 왕에게 막대한 융자를 받았는데 손해가 난 것이라고 볼 수 있다.[22] 이렇게 볼 수 있는 것은 다네이온(δάνειον, 27절)이라는 원어를 '빚'보다 '융자'로 해석할 수 있기 때문이다.

이 비유에서 또 하나의 난점은 유대인의 법에는 빚을 갚지 못한다 해서 "옥"(30절)에 가두는 풍습이 없으며, 또 가족들을 팔아 빌린 돈을 갚게 하는 법도 없다. 이러한 것들이 앞에서 말한 것들과 어울려 이 비유가 이방인들 가운데서 일어난 사실을 참조한 것으로 결론을 내리게 된다. 그러나 주목할 점은 가족들을 팔아서 빌려준 돈 전액을 되찾을 수 있을지도 문제다. 한 노예의 값이 평균 500~2,000 데나리온이므로 가족들을 모두 팔더라도 백만 데나리온의 빚에는 아주 못 미치는 적은 액수밖에 갚을 수 없다. 그러므로

---

20) Josephus, *Ant.* 17, 323.
21) Derrett, *op.cit.*, pp. 32~40; Josephus, *Ant.* XII, 4, 2~5.
22) Jeremias, *The Parables*, pp. 210~11

우리는 25절의 왕의 명령에서 그의 노함이 어느 정도였는지를 나타내는 것인지 이해하게 된다.

34절에 "옥졸들에게 붙이니라"($\tau o\hat{\iota}\varsigma\ \beta\alpha\sigma\alpha\nu\iota\sigma\tau\alpha\hat{\iota}\varsigma$)는 표현은 고문하는 형벌을 뜻하여 그러한 형벌은 이스라엘 안에서는 허락되지 않았다. 이것도 이방인의 배경을 나타낸다. 그렇지 않다면 이 비유는 고문의 형벌을 흔히 사용한 헤롯 왕을 참고로 하는 것이다. 이방인 사회에서는 불충한 고관이나 세금을 늦게 내는 자들에게 고문을 사용했다. 34절 하반절에 "그 빚을 다 갚도록"($\dot{\epsilon}\omega\varsigma\ o\hat{\upsilon}\ \dot{\alpha}\pi o\delta\hat{\omega}$)이라는 표현이 막대한 빚을 생각할 때 형벌이 끝이 없는 영구한 것을 의미한다.

35절에 "너희가 각각 중심으로 형제를 용서하지 아니하면 내 천부께서도 너희에게 이와 같이 하시리라"는 말씀은 입술로만 용서하는 것과 진정으로 마음으로 용서하는 것을 서로 대비시킨다. 모든 것이 진실로 용서함에 달린 것을 강조하신 것이다.[23)]

2. 포도원 일꾼의 비유(마 20:1~16)

이 비유는 세 행동을 포함한다. 첫 행동은 일꾼을 고용하는 것(1~7), 둘째 행동은 삯을 지불하는 것(8~11), 셋째 행동은 주인과 불평하는 일꾼들 사이의 대화(11~15)이다. 청지기가 아니고 주인이 이른 아침부터 시작해서 열 한 시까지 일꾼을 모으러 나갔다. 이 비유를 듣는 자들의 세계관이 도전을 받게 된다. 맨 처음 고용한 자들에게 한 데나리온씩 받을 것이라고 약속했다. 그 당시 팔레스타인에서 한 데나리온은 하루의 기본적 생존을 위하여 필요한 돈이었다.[24)] 이에 대한 증거로 토빗 5:15에 보면 천사가 토비아스(Tobias)와 여행에 동행하는 조건으로 하루에 한 드라크마($\delta\rho\alpha\chi\mu\acute{\eta}=$ $\delta\eta\nu\acute{\alpha}\rho\iota o\nu$)와 여행비용을 함께 받는다. 또 하나의 증거로는 아람어 그림문자(an Aramaic graffito, 낙서)로 적은 뼈단지(an ossuary)를 벳바게

---

23) 마 15:8; 사 29:13; 마 7:1~2; 눅 6:37~38; 6:14~15; 약 2:12~13; 마 5:7; 25:31~32.

24) F. Heichelheim, "Syria," in *An Economic Survey of Ancient Rome*, ed. Tenney Frank(Baltimore: John Hopkins Press, 1938), pp. 178~80.

(Bethpage)에서 발견한 것이 있다. 이것은 주후 1세기의 것으로 보이는데, 숫자들 다음에 이름들이 기록된 목록으로 판명되었다. 여기에 품삯에 대한 언급이 나타난다.25) 증거를 하나 더 들면 힐렐(Hillel, 20 B.C.)은 예루살렘에서 하루에 반 데나리온을 받은 매우 가난한 랍비였다.26) 유명한 랍비 메이르(Rabbi Meir, 150 A.D.)도 하루에 두 데나리온을 번 것으로 알려진다.27) 이런 예들이 시사하는 바는 한 데나리온의 품값이 생계 수준 곧 농부 생활수준으로 볼 때 일꾼 자신과 그의 가족의 하루의 생계에 족한 것이었다. 제 삼시에 포도원에 들어간 자들은 "상당하게 주리라"(δίκαιον)는 주인의 말에 동의했다. 제 육시와 제 구시에 고용된 이들도 "상당하게 주리라"는 품삯에 동의했다. 하지만 7절에서 제십일시에 고용된 자들에게는 품삯을 말해주지 않은 것으로 끝난다. 이처럼 첫 행동은 다섯 그룹 곧 일시, 삼시, 육시, 구시, 십일시에 고용된 그룹에 대하여 자세히 묘사한다. 처음 네 그룹의 묘사는 짤막하지만 제십일시에 고용한 그룹에 대한 묘사는 자세하다. 이것은 사실 두 그룹, 곧 처음 네 그룹에 속한 일찍 고용한 일꾼들과 맨 나중에 고용한 일꾼들을 대조시키고 있다.

먼저 고용한 일꾼들을 맨 나중에 고용한 일꾼들과 대조한 것이 절대적인 대조인지 혹은 상대적인 대조인지 결정을 내려야 한다. 16절에서 "이와 같이 나중 된 자로서 먼저 되고 먼저 된 자로서 나중 되리라"고 하신 말씀은 절대적인 대조를 말해주는 것 같고, 또 19:30이 같은 말씀으로 끝내는 것도 절대적인 대조를 지지하는 것처럼 보인다. 그러나 비유 자체의 표현은 상대적인 대조에 중점을 두는 것 같다. 이 비유의 표현 중에 일꾼들 모두 일한 시간에는 차이가 있지만 품삯은 똑같이 받았다고 하는 사실이 그러하다.

둘째 행동(8~11)은 "저물매"(ὀψίας δὲ γενομένης)라는 엄숙한 말로 시작된다. 주인이 청지기에게 품꾼들을 불러오라 명하는데, 주인의 명령이 주는 이미지는 공판 또는 심문하는 것과 같다. 일꾼들에게 곧 나타날 예기치

---

25) R. Dussand, "Comptes d' ouvriers d' une entrepise funesaire juif," *Syria* 4(1924), pp. 230~56.

26) Jeremias, *Jerusalem*, p. 116; b. yom 35b.

27) S-B 1, 831.

못한 일(the forthcoming surprise)은 주인이 품삯을 지불하는 순서(8절)에서 예상할 수 있다. 대개 하루 종일 열두 시간 일한 일꾼들이 품삯을 먼저 받는 것이 상례였다. 그리고 주인은 일꾼들을 고용할 때 이미 의롭고 후한 사람으로 나타났기 때문에 맨 처음에 고용된 일꾼들은 맨 나중에 고용된 일꾼들보다 품삯을 더 받지 못해서(11절) 심한 충격을 받는다.

임금을 저녁에 주는 것은 자연스러운 일이지만(레 19:13; 신 24:14~15), 임금 지불 순서가 거꾸로 바뀐 것은 주인이 뚜렷한 목적을 마음에 품었다는 뜻이다. 주인의 뚜렷한 목적은 나중에 고용한 일꾼들이 다른 사람보다 먼저 임금을 받는다는 데 있는 것이 아니라 일꾼 모두 예외 없이 하루의 임금을 받아야 한다는 것이었다.

셋째 행동(12~15)에서 이야기가 대화로 바뀌고 비유의 깊은 의미가 나타난다. 맨 처음 고용된 일꾼들은 "나중 온 이 사람들은 한 시간만 일하였거늘 저희를 종일 수고와 더위를 견딘 우리와 같게 하였나이다"라고 불평했다. 이러한 불평에 대하여 주인은 삼중으로 대답했다. ① 내가 잘못한 것이 없고(13절), ② 내 것을 가지고 내 뜻대로 할 것이 아니냐(15절), ③ 내가 선하므로 네가 악하게 보느냐(15b)라는 것이었다. 13절에 "친구여"(ἑταῖρε)라는 말은 이름을 모르는 사람을 호칭하는 방식이고, 우호적인 태도 혹은 꾸짖는 태도를 암시한다. 신약에는 세 번 사용되었는데 모두(마 20:13, 22:12, 26:50) 다 꾸짖는 표현이다.

랍비 문서에 이 비유와 비슷한 이야기가 보존되어 있다. "랍비 바르 히야(Rabbi bar Hiya)를 누구와 비교할까? 이 랍비는 많은 일꾼을 고용한 왕과 비슷하다. 고용된 일꾼 중 하나가 다른 일꾼보다 더욱 근면했다. 왕이 어떻게 행했는가? 왕이 근면한 일꾼을 불러 함께 거닐었다. 저녁이 되매 일꾼들이 임금을 받았다. 왕이 자기와 함께 하루 종일 거닌 일꾼에게도 모두 하루 임금을 지불했다. 다른 일꾼들이 그것을 보고 불평하기를 '우리는 하루 종일 일했고 이 일꾼은 두 시간만 일했는데, 우리가 받은 임금과 똑같은 임금을 받는다'고 했다. 왕이 '이 일꾼은 너희들이 하루 종일 일한 것을 두 시간에 마쳤기 때문에 너희가 받은 임금을 받게 된 것이다'라고 했다. 이처럼 랍비아분(R. Abun)은 토라를 28세까지 공부했지만 이미 비서가 되기 전에 토라를 공부한 선생이나 경건한 자보다 더 많이 알고 있었다"고 한다.28) 이상의 랍비 이야기는 주후 300년경에 쓰인 것으로 본다.29) 그러므로 우리의 비유를 이 랍비의 이야기와 비교하는 것은 합당하지 않다.30)

역사상으로 이 비유는 다음과 같이 해석되어 왔다. 초대교회 교부들의 해석법은 풍유적 해석이었으로 이레니우스(Irenaeus)에 의하면, 이 비유는 구원역사의 단계를 가리킨다. 즉 처음 고용된 일꾼들은 우주 창조의 시작 때 하나님이 부르신 백성들이고, 그 다음에 고용된 일꾼들은 구원 역사상 그 이후로 하나님이 부르신 백성들이고, 그리고 오랜 후에 하나님의 부르심을 받은 자들이 있고, 끝으로 종말에 하나님의 부르심을 받은 백성은 맨 나중에 고용된 일꾼들이다. 이 일꾼들이 모두 같은 임금을 받은 돈에는 왕의 형상(the royal image)과 서명(superscription), 하나님의 아들의 지식 곧 불멸(immortality)이라는 글이 들어 있다고 했다.31)

후대에 와서 "구원론적 해석"(the soteriological interpretation)과 "사회-경제적 해석"(the socio-economic interpretation)이 나타났다. 구원론적 해석에 따르면 이 비유가 나타내는 진리는 사람들이 어리거나, 젊었거나 중년이 되었을 때, 혹은 늙은 후에 부르심을 받을지라도 모두 다 하나님 나라에서 동등하게 영접받게 된다는 것이다. 사회-경제적 해석에 의하면 이 비유는 공평하고 동등하게 수입을 나누어 줄 경우를 위하여 주신 것이라고 했다.

또 하나의 다른 해석은 "하나님 사랑"(the divine love)의 해석이다. 아들들에 대한 아버지의 사랑, 곧 제일 큰 아들이나 작은 아들들에 대한 아버지의 사랑은 그들이 근면하든지 아니든지, 선하든지 악하든지, 가족이나 아버

---

28) Jerusalem Talmud, Berakoth 2:8; Song of Rabbah 6:2; R.M. Johnston, "The Study of Rabbinic Parallels: Some Preliminary Observations," *SBLSP* 10(1976), pp. 337~57.

29) Jeremias, *The Parables*, p. 138.

30) L. Schottroff, "Human Solidarity and the Goodness of God: the Parable of Vineyard Workers," in *God of the Lowly*, ed. by Schottroff and Stegemann, pp. 129~47.

31) Irenaeus, *Against Heresies*. IV. XXXVI. 7.

지와 오랫동안 같이 산 것이 문제가 되지 않고, 그들이 동등하게 받는 사랑이 이 비유의 교훈이라고 본다. "건강한 자에게는 의원이 쓸데없고 병든 자에게라야 쓸데 있느니라 내가 의인을 부르러 온 것이 아니요 죄인을 부르러 왔노라 하시니라"(막 2:17)는 말씀이 이 해석을 뒷받침한다고 했다. 그리고 잃은 양과 잃어버린 돈의 비유들이 이 해석을 증거한다고 보았다.

그러나 그런 하나님의 사랑은 선물이지, 정상 인간의 차원에서 보상받을 만한 선물은 아니다. 부자 관계에서 아들들이 아버지의 사랑을 더욱 감동적이게 할 수는 있을지라도 그들이 아버지의 사랑에 대해 값을 지불하고 살 수 없다는 사실을 깨닫기란 쉽지가 않다. 아들들이 무슨 노력을 하든지 또 무슨 선한 행동을 하든지 간에 형제자매들보다 그들이 더 많이 받을 수는 없다. 아버지의 사랑은 아들들의 기본 생활에 필요한 것이요 따라서 어느 누구나 똑같이 그 사랑을 필요로 한다. 이 세상에서 아버지의 사랑은 이처럼 수여적(giving), 희생적(sacrificial), 무조건적(unconditional), 동등한(equal) 것이고 이것들이 하나님의 사랑을 반영한다. 그러므로 예수님은 하나님에 대해 말씀하실 때 부모의 유비(analogy)와 은유(metaphor)를 사용하셨다.32)

예수님의 비유가 단 하나의 요점을 가르친다는 해석에서는 이 비유의 요점이 주인의 은혜로우심과 선하심 혹은 관대함이라고 했다.33) 이 가운데 관대함을 가진 의(justice with generosity)라는 요점으로 본 해석이 가장 많은 호평을 받고 있다. 이 비유가 하나님의 관대함을 가진 의 이 한 가지만 가르친다고 고집하는 것은 잘못이지만 관대함을 가진 의라는 것도 이 비유의 요점 중 하나이다. 예수님이 "너희는 먼저 그의 나라와 그의 의를 구하

---

32) 마 7:9~11; 눅 11:11~13; 마 5:45; 20:20~27; 19:13~14; M. Boucher, *The Parables*(Wilmington: Michael Glazier, 1981), p. 38.

33) 예. Jeremias, *op.cit.*, pp. 136~39; W. Michaelis, *Die Gleichnisse Jesu* (Hamburg: Farche Verlag, 1956), pp. 171~78; Eta Linnemann, *Jesus of Parables* (New York: Harper and Row, 1966), pp. 81~88; G. de Ru, "Conception of Reward in the Teaching of Jesus," *Nov T* 8(1966), pp. 202~22; Dan O. Viaia, *The Parables: Their Literary and Existential Dimension*(Philadelphia: Fortress Press), pp. 147~55.

라"(마 6:33)고 명하셨다. "의"를 하나님의 후하심과 구원의 중재라는 의미에서 규정하신다. 하나님의 의는 용서하지 아니한 종의 비유에서 가르친 대로 갚을 수 없는 빚을 탕감하신 것이다. 그리하여 예수님은 제자들에게 남을 용서하는 생활이 기본적인 것이라고 가르치셨다. 하나님의 의란 공로라는 말에 어울리는 엄격한 수학적 판단과 정확한 비율로 보상하는 인간적인 개념으로 규정할 것이 아니다.

이 비유가 가르치는 의는 인간의 의와 전혀 다른 것이며 하나님의 진노도 인간의 진노와 다른 것이다. 처음에 고용한 일꾼들은 의를 생각할 때 인간 사이에 놓인 계층적 관계(a hierarchical relation)로 보고 이 세상에서 계산 (accounting)을 통해 일들을 바로 세우는 개념으로 규정하고 있었다. 그래서 모든 일꾼을 똑같이 대하는 것은 의가 아닌 것으로 보았다. 어떤 한 왕국 개념에 의하면 의의 작용이란 모든 사람을 동등하게 만드는 것이 아니라, 그들의 적합한 자리(their appropriate places)를 보존해 주는 것이라고 했다. 이 비유의 가치 곧 하나님 나라에서 부여하는 자리는 무엇이 올바르냐 하는 문제가 아니라 받는 것으로 결정이 난다. 다시 말하자면 품삯이나 계급이 하나님 나라에서 취할 자리를 결정하지 않고 포도원에 들어갈 수 있도록 불러주신 사실이 그것을 결정한다는 것이다. 따라서 주인의 후함은 지불한 품삯이 아닌 그의 행동에서 나타난 것이다.34)

하나님의 의는 그의 사랑과 자비에서 분리시킬 수 없다. 구약 선지자의 정신으로 예수님은 하나님의 의를 사랑 및 자비와 연결시키신다(호 2:19). 즉 예수님은 이웃과 원수를 전심으로 사랑하라 선포하시고 "이는 하나님이 그 해를 악인과 선인에게 비취게 하시며 비를 의로운 자와 불의한 자에게 내리우심이니라"(마 5:45)고 말씀하셨다.

실존주의 학자들은 매우 이상한 해석을 한다. 그들은 이 비유를 희극적 비유 중 하나로 본 것이다. 희극적 특색이란 나중에 고용된 일꾼들이 먼저

---

34) B.B. Scott, *Hear Then the Parables*(Philadelphia: Fortress Press, 1990), p. 297; Via, *op.cit.*, pp. 152~54; John Donahue, *The Parables in the Gospels* (Philadelphia: Westminster Press), pp. 82~83.

고용된 일꾼과 임금을 동일하게 받는데 주인의 후하심으로 인해 이익을 얻게 된다는 것이다.35) 실존주의 해석자들은 포도원에서 일어난 일은 비극이지만 이 비유의 주제에 비추어 보면 희극이라고 했다. 실존주의 해석은 만일 어떤 사람이 그가 성취한 것을 기초로 삼지 않고 남의 후한 일에 근거하여 상급을 받았다고 한다면, 헤아릴 수 없는 요소가 인간관계에 놓여있고, 자기 자신의 안전을 준비할 수 없다는 점에서 매우 심각한 도전을 받게 된다는 것이다. 이 도전에 봉착하여 불평하면서 일꾼들은 공적 제도를 고집하게 된다. 그리하여 자기중심적으로 생각하는 것은 보지 않고 오히려 주인을 불공평하다고 불평한 것이다.36) 이처럼 비극의 비유들과 희극의 비유들 안에서 주역의 위기와 투쟁이란 자기 행동 안에 있는 어떤 결점이든지 혹은 정상적인 것을 어기는 데서 일어나는 결과라고 했다. 그러나 이 비유에서 문제는 불평하는 일꾼들의 행동 자체에 있는 것이 아니라 그들이 다른 사실과 관련시켜 자기들의 행동을 해석한 나머지 투쟁을 시작한 것이다. 그들은 주인의 헤아릴 수 없는 후하고도 참된 성품을 인정하지 아니하고 자기들이 가진 엄격한 수학적 의를 고수한 결과 은혜의 원천에서 떨어져 나갔다. 그들은 자신들에게 유익하다고 생각한 것을 추구하다가 가장 좋은 소유를 무효화시킨 것이다.

이러한 실존주의 해석이 어느 면에서 올바른 하나의 요점을 보여주기도 한다. 즉 불평을 한 일꾼들이 필요한 은혜를 받지 못하게 된 이유가 자신의 안전을 보장하려는 자기 노력에다 근거를 두고서 인간의 실존을 율법적으로 이해했기 때문에 그 은혜의 원천에서 제거된 것이다(14절).37)

마태복음 19:30과 20:16이 어느 면에서 순서가 뒤바뀌게 될 것을 제시하는 것이라고 하면서 일부 비평학자들은 이 비유의 결론과 그 문맥을 이차적인 것이라고 주장했다.38) 그러나 20:16의 말씀은 어떤 순서가 뒤바뀌게 될

---

35) Via, *op.cit.*, pp. 151~52.

36) *Ibid.*, p. 152.

37) *Ibid.*, p. 154.

38) 예. Eduard Schweizer, *The Good News according to Matthew*(Atlanta: John Knox Press, 1975), p. 395.

것을 가리키는 것이 아니다.39) 일꾼 모두 똑같은 임금을 받았으니 수치상의 입장들이 뒤바뀐 것이다. 이처럼 나중이 처음 되고 처음이 나중이 된다는 것은 동등한 상황에 적용된다. "나중 된 자로서 먼저 되고 먼저 된 자로서 나중 되리라"는 말씀은 임금을 지불한 순서에 맞추어 말씀한 "후렴"에 해당한다. 나중에 고용한 일꾼들에게 임금을 먼저 지불한 것은 먼저 고용한 일꾼들로 그것을 보게 하고 반응케 하려는 것으로 추측할 수 있다.40) 그 이상 다른 의미를 이 후렴에 집어넣을 필요가 없다. 일꾼들을 대조시킨 것은 상대적인 것이고, 탕자와 그의 형을 대조한 것에 지나지 않는다.41) 탕자의 아버지가 두 아들을 똑같이 사랑한 것처럼 주인은 일꾼들에게 같은 임금을 지불했다. 일꾼 중 한 사람이라도 임금을 적게 받은 것이 아니고 많은 일꾼들이 받을 그 이상의 것을 받은 것이다.

이와 같이 하나님은 그의 주권적 자유로 선택하시어 가치 없는 사람들을 후하게 대하신다. 일꾼 모두 하나님의 백성을 뜻하고 그 중에는 더 가치 있어 보이는 사람도 있지만 모두 다 동등하게 상급을 받게 된다.42) 일꾼들이 각각 다른 시간에 고용이 된 것이 나타내는 바는 하나님의 백성이 그들의 생애에서 각기 다른 시간에 회개할 뿐 아니라 그들의 충성과 헌신의 수준도 다르다는 것을 보여준다.43) 이런 식으로 본다면 나중에 고용된 일꾼들은

---

39) cf. J. B. Bauer, "Gena denlohn oder Tageslohn(Mt 20.8~16)," *Bib.* 42(1961), pp. 224~28; Pheme Perkins, *Hearing the Parables of Jesus*(New York: Paulist, 1981), pp. 144~45.

40) Robert H. Stein, *An Introduction to the Parables of Jesus*(Philadelphia: Westminster Press, 1981), p. 126; Craig L. Blomberg, *A Interpreting the Parables* (IVP, 1990), p. 223.

41) G.de Ru, "The Conception of Rewards in the Teaching of Jesus," *Nov T* 8(1960), pp. 211~13.

42) 참고, 롬 2:6; 고후 5:10; Louis Berkhof, *Systematic Theology*(Grand Rapids: Eerdmans, 1938), p. 733; Bruce Milne, *Know the Truth*(IVP, 1982), p. 273; Diedrick A. Nelson, "Matthew 20:1~16," *Int* 29(1975), p. 290; J.D. Crossan, *In Parables: The Challenge of the Historical Jesus*(New York: Harper and Row, 1973), p. 113.

43) Robert C. McQuilkin, *Our Lord's Parables*(Grand Rapids: Zondervan, 1980), pp. 104~5.

"세리와 죄인들"을 가리키며 그들이 근래에 와서 자기들의 잘못된 행실에 대해서 회개한 것을 말해준다. 이처럼 일꾼들을 두 다른 민족, 즉 나중에 고용된 일꾼들은 이방인들이고 그들보다 먼저 고용된 일꾼들은 유대인들이라고 보기는 어렵다. 포도원이라는 은유가 이스라엘 백성을 의미하고 포도원의 일꾼 모두 유대인들이고 예수님의 제자들이다. 다만 참된 제자들은 하나님의 눈에 동등하다는 것을 이 비유는 가르친다.44)

3. 악한 포도원 소작인들의 비유(마 21:33~46; 막 12:1~12; 눅 20:9~19)

이 비유가 풍유적(allegorical)이므로 초대교회에서 만들어졌고 예수님 자신의 비유가 아니라고 하면서 진정성을 부인하는 비평학자들이 있다.45) 그러나 비평학자들 중에 이 비유가 원래 풍유였으며, 예수님이 말씀하신 비유라고 확언하는 학자들도 있다.46) 사실 이 비유가 유일하게 풍유적인 특성을 보인다. 포도원, 소작인들, 포도원 주인, 심부름꾼들, 아들, 주인이 내린 형벌, "백성"(ἔθνει, 43절)이란 말들이 상징적이고 풍유적이다.

예레미아스는 누가복음 20:10~12에 기록된 심부름꾼들 혹은 종들을 보낸 이야기가 단순한 이야기의 모습을 보존하고 그리 깊은 풍유적 의미를 나타내지 않는다고 하여 마태의 비유보다 더 원래 형태를 보존하고 있다고 주장한다. 그리고 마가복음 12:2~5이 풍유를 채용했다고 보고 이것은 비유를 확장시킨 것이라고 주장했다.47) 이렇게 주장하게 된 동기는 비유가 풍유의 요소를 소유하면 그것이 이차적인 성격을 나타낸다고 전제한 것이다.

그러나 이 비유가 풍유이거나 혹은 풍유가 아니라 하여도 문제가 될 것은

---

44) cf. Werner Kümmel, *Introduction to the New Testament*(Nashville: Abingdon Press, 1975), pp. 104~5; E. Schweizer, *op.cit.*, pp. 394~95; Catherine Hezser, *Lohnmataphorik und Arbeitswelt in Mt 20.1~16*(Göttingen: Vandenhoeck und Ruprecht, 1990).

45) 예. R. Bultmann, *Synoptic Tradition*, pp. 177,205; R.M. Grant, *The Letter and the Spirit*, p. 44.

46) 예. Matthew Black, "The Parables as Allegory," pp. 280~83.

47) J. Jeremias, *op.cit.*, pp. 71f.

없다. 주인과 소작인들의 관계가 사실적이지 인위적인 것이 아니다. 비평학자들은 이 비유에 묘사된 것처럼 어느 지주가 자기의 종들을 보내어 학대당한 것을 본 후에도 어리석게 자기 아들이 그런 학대를 당치 아니하리라 믿고 파송하는 것은 상상할 수 없다고 했다. 그리고 소작인들이 그처럼 저지른 학대가 성공할 수 있다고 생각한 것도 사실적인 것으로 생각할 수 없다는 것이다. 따라서 이 비유는 인위적이고 진정성이 의심된다는 것이다. 그러나 파피리 원본들은 이 비유의 이야기가 사실적인 것을 증명한다. 즉 이 비유에 나타난 적개심은 주후 1세기 부재지주(absentee landlords)와 소작인들 사이에 일어난 암투에 흔히 나타나 있다. 그리고 부재지주의 아들을 보낸 것에 대하여 소작인들은 지주가 죽은 것으로 해석했다. 소작인들의 이러한 이해로 하나 남은 상속자인 아들을 죽일 적개심이 그들에게 일어났다.48)

크로산(J.D. Crossan)은 소작인들이 세를 바칠 때 주인의 아들을 배척하다가 결국 죽이기로 결정하고 즉시 실행에 옮긴 것으로 보았다. 그리고 그들의 살해행동이 불합리한 것이 아닌 것은, 그 당시 일단 토지를 점유하면 그 토지소유자로 결정이 났다. 그러므로 소작인들은 아들이 죽으면 지주가 그 토지 소유권을 포기할 것으로 생각했다. 크로산은 이렇게 증명하면서49) 결론을 다음과 같이 내렸다.

이 비유의 요점은 하나님 나라의 임함이 우리로 하여금 소작인들이 아들을 살해할 정도로 결정적 행동을 취하게 하듯 열정이 있게 한다는 것이다. 이런 충격적 이야기를 하여 예수님은 듣는 자들로 하여금 하나님 나라의 임함에 대하여 품은 자기 만족감(complacency)에서 깨어나도록 충격을 주셨다는 것이다. 이러한 생각도 어느 정도 의미 있는 결론이다.

---

48) Klyne Snodgrass, *The Parable of the Wicked Tenants*(Tübingen: Mohr, 1983), pp. 31~40; Pheme Perkins, *Hearing the Parables of Jesus*(New York: Paulist Press, 1981), pp. 186~89; Martin Hengel, "Das Gleichnis von den Weingärtnern Mc 12.1~12 im Lichte der Zenon Papuri und den rabbinischer Gleichnisse," *ZNW* 59(1968), p. 38.

49) J.D. Crossan, "The parable of the Wicked Husbandmen," *JBL* 90(1971), pp. 451~65.

이 비유가 배경상 외래 지주에 대한 갈릴리 농부들의 혁명적 태도를 사실주의적으로 묘사하고 있다고 보는 이도 있다. 예레미아스에 따르면 그러한 태도가 열심당원들로 말미암아 일어난 것이라고 했다.50) 그 당시 로마제국이 요단강 상류지방과 갈릴리 북쪽 지방을 로마제국의 "대소유지"(latifundia)로 지정하고 로마시민들에게 나누어 주었다. 유대 땅이 외래인 곧 로마시민들의 소유가 된 것이다. 소작인들이 "대소유지"에 관한 법을 인식하고 있었던 것이 분명하다. 당시 현행법은 유언을 남기지 않고 죽은 유대교 개종자(a proselyte)의 토지는 주인이 없는 재산으로 규정했고, 그 토지를 누구나 차지할 수 있었다. 그처럼 소유자가 없는 토지를 소유하는 데 있어서 우선권은 이미 그 토지 사용자들에게 있었다.

이 비유는 산헤드린과 교분을 가지고 있던 유대인의 지도자들에 대하여 예수님이 말씀하신 것으로 본다.51) 예수님이 예루살렘으로 입성하신 후(막 10:46~11:11) 다음날 성전을 청결케 하셨고(막 11:12~19), 그 기회에 이 비유를 유대인의 지도자들, 특히 산헤드린의 제사장 회원들을 상대로 이야기하신 것으로 추측했다.

그리고 이 비유만 구약에서 암시하는 어구를 대부분(almost verbatim allusion) 포함하고 있다(사 5:2). 소작인들이 주인의 종들을 학대한 것은 구약선지자들을 극단적으로 배척한 사실을 회상하게 한다.52) 두 번째 종들을 무리로 보낸 것은 전 선지자들과 후 선지자들을 의미하는 것처럼 보인다.53) 포도원과 덩굴의 모습은 구약의 이스라엘을 상징한다.54)

포도원 은유가 이처럼 이스라엘을 상징할 때는 대개 심판의 문맥에서 나

---

50) Jeremias, *op.cit.*, p. 58.

51) J. Jeremias, *The Parables*, pp. 67~75; C.E. Carlston, *The Parables of the Triple Tradition*(Philadelphia: Fortress Press, 1975), pp. 40~45; H. Weder, *Die Gleichnise Jesu als Metaphern*(Göttingen: Vandenhoeck und Ruprecht, 1978), pp. 155~61; K. Snodgrass, *The Parables of the Wicked Husbandman*(Tübingen: Mohr-Sieheck, 1983), pp. 72~106.

52) 왕상 18:13, 22~27; 대하 24:21; 36:15~16; 느 9:26; 마 23:29~37; 눅 13:34.

53) Charles E. Carlston, *op.cit.,* p. 41; Jeremias, *op.cit.*, p. 72.

54) 사 5:1~2; 시 80:8~18; 렘 2:21; 호 10:1.

타난다.55) "한 사람" 곧 "집주인"(33절), 혹은 "포도원 주인"(40절)은 하나님을 상징하고, "소작 농부들"(33절)은 유대인의 지도자들(21:23, 45)을 나타내고, "종들"(34, 36절)은 하나님이 이스라엘에게 보낸 선지자들을 나타내며, "아들"(37~38)과 "상속자"(38)는 하나님의 아들 예수 그리스도를 상징한다. 아들을 포도원 밖에서 "죽인" 것(38~39)은 예수님이 십자가에 못 박히신 것을 상징한다. 악한 소작인들의 "진멸"(41)은 유대인 지도자들의 형벌을 의미한다. 그리고 예수님이 "포도원을 다른 농부에게 세로 주는 것"(41)을 "하나님 나라를 너희는 빼앗기고 다른 백성에게 주는 것"(43)이라고 설명하셨다. 이 말씀은 교회를 나타내고 교회가 하나님의 율법 영역 안에 사는 하나님의 백성을 의미한다(마 16:18~19, 18:18~20). 포도원을 다른 농부에게 세로 주는 것은 이스라엘의 불신앙을 나타내고 있다(롬 11:19~24).

43절에 말씀한 "열매"는 죄를 회개하고 고백하여 믿음으로 사는 것을 상징한 은유이다.56) "실과를 바칠 만한"(41,43)이라는 말은 하나님 아버지의 뜻을 행하는 자를 의미한다.57) 42절에 예수님이 시편 118:22~23을 인용하시면서 유대인들의 음모로 하나님의 아들 예수님 자신이 죽임을 당하고 높임을 받고 부활로 말미암아 하나님이 입증해 주실 것을 암시하셨다. 예수님이 44절에 말씀하신 격언(maxim)은 하나님의 아들 예수를 거부하는 일이 종말의 끝에 저주를 불러올 것이라고 경고한다(마 10:32~33).

이 비유는 하나님께서 이스라엘을 자기의 백성으로 택하시고 이스라엘의 지도자들에게 위탁했다고 묘사한다. 하나님은 선지자들을 통하여, 그리고 마침내는 하나님의 아들 예수님을 통하여 자기의 뜻을 행할 것이라고 이스라엘의 지도자들에게 말씀했다. 그러나 지도자들은 계속 선지자들을 거절

---

55) J. Newell and R. Newell, "The Parable of the Wicked Tenants," *Nov T* 14(1972), pp. 226~37; Jan Lambrecht, *Once more Astonished: The Parables of Jesus*(New York: Crossroad, 1981), p. 130.

56) 요 15:2,4,5,8,16; 롬 6:22; 7:4~5; 갈 5:22~23; 빌 1:11; 4:17; 골 1:6,10; 약 3:17~18; 히 12:11; 사 5:1~7; 잠 11:30~31; 욥 22:21; 마 3:8,10; 7:15~20.

57) 마 21:31; 7:21; 12:50; 26:42; 6:10.

하고 죽이고 하나님의 아들 예수를 죽이기로 모의했다. 이러한 행실의 결과 하나님께서 이스라엘의 지도자들을 벌하심으로 예루살렘이 파괴되고 교회가 하나님 나라를 받게 된 것이다. 교회가 하나님의 종말론적 백성이고 하나님의 뜻을 준행토록 부르심을 받게 된다.

포도원 주인의 부재기간은 예수님의 초림과 재림 사이에 놓인 기간을 나타내지 않고 예수님 당시 유대인의 지도자들이 산 시대를 의미하며, 그들의 조상들은 하나님의 택한 백성을 돌아볼 청지기 신분을 받은 것이다.58) 그리고 이스라엘의 지도자들이 모의하여 죽인 하나님의 아들 예수님을 하나님께서 다시 살리시고 높일 것을 이 비유가 그림을 그리듯이 묘사한다.

"다른 농부들에게"(41절, ἄλλοις γεωργοῖς)라는 말이 이방인들을 의미한다는 해석이 있다.59) 그러나 이 비유의 환경은 이스라엘 나라 밖으로 옮겨진 것을 암시하지 않는다. 또 하나의 해석은 예수님이 열심당원을 반대하여 이 비유를 말씀하셨다는 의견도 있다. 그러나 이 의견은 이 비유의 본문에서 멀리 떠나 있다.60)

이 비유는 구약 선지서의 수평선에서 바라다보기를 요구한다. 선지서들은 인간의 응답을 찾으면서 오래 참으시는 하나님의 인내를 보여준다.61) 선지자이신 예수님(막 6:4,15, 8:28; 눅 24:19)은 이 비유에서 자비하시고 은혜로우시고 노하기를 더디 하시고 사랑과 진실하심이 충만하신 하나님을 나타낸다.62) 동시에 하나님의 인내하심이 다할 때가 이르면 그 날에 그때까지 하나님을 배척한 자들은 형벌을 받게 된다. 이처럼 이 비유는 듣는 자들

---

58) I.H. Marshall, *Luke*, p. 729.

59) cf. Klyne Snodgrass, *The Parable of the Wicked Tenants*(Tübingen: Mohr, 1983), pp. 77~78.

60) Jane E. and Rymond R. Newell, "The Parable of the Wicked Tenants," *Nov T* 14(1972), pp. 226~37.

61) 호 2:2,14~20; 렘 3:11~14; 겔 16:59~63.

62) 출 34:6; 민 14:18; 느 9:17; 시 86:15; 103:8; 145:8; Abraham J. Heschel, *The Prophets*(New York: Harper and Row, 1962), p. 223; cf. John Donahue, *The Gospels in Parables*, p. 56; Dan O. Via, *The Parables: Their Literary and Existential Dimension*(Philadelphia: Fortress Press), pp. 136~37.

을 향해 회개하라 경고하는데 이 경고를 배척하는 자는 "때"가 이르면 형벌을 받겠으나, 그들의 배척이 하나님의 뜻을 방해할 수는 없다. 하나님이 새로운 지도자들을 일으키시고 그들이 하나님의 뜻을 이루게 될 것이라고 이 비유는 또 하나의 요점으로 가르치고 있다.

4. 혼인 잔치의 비유(마 22:1~14)

마태복음의 본문과 누가복음의 본문이 같은 비유를 말하고 있다면서 비평학자들은 누가복음의 본문이 예수께서 이야기하신 비유의 원문과 더 가깝다고 했다. 그리하여 마태복음의 본문을 낮게 평가하는 네 가지 이유를 제시한다.

① 혼인잔치에 초대받은 손님들의 행위와 그 손님들에 대한 왕의 반응은 잔치 초대라는 문맥에서 볼 때 아주 지나치다는 것이다. 그러나 비유의 세부 묘사를 보면, 손님들의 행실과 그들의 행실에 대한 왕의 응답을 대충 볼 때보다는 훨씬 더 사실주의적이다. 왕의 아들을 위해 베푼 혼인잔치의 환경이 설정하고 있는 배경은 그 잔치에 참석하지 않겠다고 한 거절을 반역과 동일한 의미로 나타낸다. 손님들의 폭력적인 태도는 폭동을 일으키고 왕권에 대한 충성을 거부하려는 움직임의 방식으로 알려지게 된다.63)

② 파괴와 도시를 불태우는 것(7절)은 주후 70년에 로마군이 예루살렘을 파괴한 사건을 가리키는 예언처럼 보인다는 것이다. 그러나 그와 같은 사실이 명백하게 본문에 나타나 있지는 않다.

③ "예복을 입지 않은 한 사람"(11절)이 배척을 당했는데, 만일 그 사람이 초청을 거절한 사람들을 대신해서 마지막으로 길에서 데려온 사람이라면 아무런 의미가 없다고 보았다. 그 사람이 예복으로 갈아입을 기회가 있었을 것이라고 기대할 수 없다는 것이다. 그러나 이 이유도 특별한 것은 아니다. 왜냐하면 그 당시나 더 먼 고대사회에서는 왕들이 예식에 청한 손님들에게

---

63) J.D.M. Derrett, *Law in the New Testament*(London: Darton, Longman and Todd, 1970), p. 139.

예복을 주는 관습이 나타나기 때문이다. 이 비유가 그러한 관습을 배경으로 한다고 볼 수 있다. 왕이 그 관습에 따라 예복을 예비하여 주었음에도 예복을 입지 아니한 행동은 왕이 제공한 것을 조롱하는 것이다.64) 그리고 마태복음 본문에 보면 둘째 그룹의 손님들이 예복으로 갈아입을 기회가 없었다고 말하지도 않는다. 그러므로 11~13절에 거론된 그 사람도 합당한 예복을 입고 혼인 잔치에 참석할 기회가 있었을 것으로 보인다.65)

④ 마지막 이유는 14절이 너무 일반적인 말이므로 이 구절 앞에 진술한 비유의 세부적인 요점이 될 수 없다는 것이다.66) 그러나 14절이 그처럼 비유의 의미를 철저하게 요약하고 있다고 볼 필요는 없으며, 비유의 기본 구조의 특성에 기초를 둔 타당한 종합(a valid generalization)으로 볼 수 있다. 마태복음에는 계속된 장면에서 혼인잔치에 참석할 손님들의 수가 점점 줄어드는데 처음에는 많은 손님들이 거절하고 그 후에는 개인의 거부가 나타난다. 이러한 이유를 제시하면서 누가가 어느 정도 풍유를 취하므로 예수님에게서 약간 동떨어지기는 했지만 예수님의 비유를 마태보다는 원본에 더 가깝게 보존했다는 논의는 별로 타당성이 없다.

예레미아스는 마태복음 22:11~13을 확장으로 보았다. 그가 이렇게 보는 세 가지 증거는 다음과 같다. ① 누가의 본문에는 이 구절들이 들어 있지 않고, ② "종들"(3,4,6,8,10절)이라는 말이 13절에서는 "사환들"로 바뀌며, ③ 이 비유를 유사한 랍비의 비유(an analogous rabbinical parable)와 비교하

---

64) William Hendriksen, *Matthew*(Grand Rapids: Baker, 1973), pp. 797~98.

65) G.R. Beasley-Murray, *Jesus and the Kingdom of God*(Grand Rapids: Eerdmanns, 1986), p. 121; cf. Abboth 4:16; "이 세상은 오는 세상 앞에 놓인 현관과 같으므로, 그 현관에서 너희는 준비할지어다. 그리하여 만찬에 홀로 들어가게 될 것이다."

66) T.W. Manson, *The Sayings of Jesus*, p. 129; Ferdinand Hahn, "Das Gleichnis von der Einladung zum Festmahl," in *Verborum Veritas*, 51~52(Wuppertae: Theologircher Verlag Brackhaus, 1970), p. 74; I.H. Marshall, *Luke*, p. 587; Ernst Haenchen, "Das Gleichnis von grossen Mahl," In *Die Bibel und Wir* (Tübingen: JCB Mohr, 1968), p. 144; J.D. Crossan, in *Parables: The Challenge of the Historical Jesus*(New York: Harper and Row, 1973), p. 72; S. Schulz, *Q: Die Spruchquelle der Evangelisten*(Zurich: Theologische Verlag, 1972), pp. 391~98.

면 이 구절들은 전적으로 독립된 비유라는 것이다.

예레미아스가 이런 세 가지 증거를 제시하고 11~13절이 비유에 추가되었다고 하는 원인을 다음과 같이 설명한다. 원래 청하지 않은 사람들을 무차별적으로 초청하는 데서 일어날 수 있는 오해를 피하기 위한 것이다. 즉 청함받은 자들의 행실이 별 의미가 없었다는 것을 알게 하려는 것이다. 예레미아스는 계속해서 말하기를 예수님이 그러한 오해를 사실상 염려하지 않으신 것은 다른 비유들에서 증명이 된다고 했다. 그렇지만 교회가 복음 전도 사역을 수행하는 가운데서, 하나님의 은혜의 복음은 세례 받은 자들에게 그들의 도덕적 의무와 책임까지도 없다고 오해케 할 위험에 계속 노출되었다는 것이다. 그러한 오해의 근거를 제거하기 위하여 "큰 만찬"의 비유(1~10절)에 혼인예복의 비유(11~13절)가 추가되었고 "공로의 원리"를 도입하였으며 하나님께 접근하는 조건으로 회개가 필요하다는 것을 강조한다고 주장했다.

이처럼 초대교회는 비유를 교회의 실제 상황과 관련시켰고 교회의 전도 사역 경험에서 일어난 필요에 응하려고 11~13절을 추가시킨 것이라고 예레미아스는 주장한다.

물론 예레미아스는 누가 본문이 마태 본문보다 원본 비유에 더 가깝다고 주장한다. 그러나 예레미아스는 비유의 논점을 놓치고 있다. 모든 손님이 혼인예복을 입었지만 한 사람만 입지 않았다. 이러한 경우가 아니라면 논점이 여기 없는 것이다. 다시 말하자면 예복을 입지 않은 한 사람을 예외로 제외하고 손님 모두 잔치 예복을 입었을 것이라고 상상해야 논점이 서게 된다. 그러므로 11~13절은 원래의 비유에 속한 것이고, 이 구절들이 나중에 추가된 것이라고 한다면 이 비유의 논점들은 손실된다. 그러므로 1~10절과 11~13절은 하나의 이야기이다.

그리고 마태복음 22:1~14과 누가복음 14:15~24은 문학 구조상 평행이며 동일한 하나의 비유라는 주장도 본문을 바르게 검토한 결과가 아니다. 마태복음 22:1~14의 비유에서는 초청을 거부한 손님들의 구실들이 교묘하게 묘사되어 있지 않고, 초청한 그룹 대신에 아무나 데려온 것이 기록되었으며, 그 그룹의 사람들을 강조하지 않는다. 본래 초청받은 손님들의 도시를 파괴한 것이 이 비유의 진술에서 매우 가혹하고 비극적인 성격을 띠고 있으며, 예복을 입지 않은 손님을 가혹하게 대한 마지막 부분은 비유를 무자비하고도 음침한 정점으로 이끌고 있다. 이와 같이 문학적 구조상 마태 및 누가의 본문은 예수님의 두 가지 다른 교훈을 계시하며, 마태복음 22:1~14의 비유와 누가복음 14:15~24의 비유는 각각 예수님의 지상사역 중 서로 다른 기회에 비슷한 비유적 표현을 사용하여 말씀하신 것이다. 마태복음 22:1~14이 누가복음 14:15~24을 풍유화한 이차적인 자료라는 주장은 추상적이며 증거 없는 결론이다.67)

우리가 평행을 찾아보려고 하면 랍비의 평행을 생각하게 된다. 랍비 요한 벤 자카이(Johana ben Zakkai)는 다음과 같은 이야기를 전했다. "이것은 시간을 정하지 아니하고 만찬에 종들을 초대한 왕에 비교할 수 있다. 지혜로운 종들은 예복으로 잘 차려입고 왕궁의 문에 앉아 기다렸다. 그들은 '왕궁에서 무엇이 부족할까?'라고 말했다. 그러나 미련한 종들은 '준비가 없는데 만찬이 가능할까?'라고 하면서 자신들의 일을 하였다. 그런데 돌연히 왕은 자기 앞에 종들이 모이기를 원했다. 지혜로운 종들은 예복으로 차려입은 모습으로 왕궁에 들어갔고, 미련한 종들은 더러운 상태대로 왕궁에 들어갔다. 왕이 슬기로운 종들은 기뻐했지만 미련한 종들에게는 노했다. 왕은 만찬을 위해 차려입은 종들에게는 만찬석에 앉히고 먹고 마시게 하되, 차려입지 않고 들어온 종들에게는 일어서서 기다리라고 명했다."68)

예수님이 이 비유를 말씀하실 때 방금 인용한 것과 같은 유대인의 전통을 생각하셨는지는 우리가 분명히 알 수 없다. 그러나 이사야 25:6~9은 메시야의 만찬을 계시하고 있다. 이 비유가 직접적으로 이사야 25:6~9을 참조하였다는 증거를 보이는 것은 아니지만 이 비유의 문학적 구조는 그것을 참조한 것으로 보인다.

---

67) A.M. Hunter, *Interpreting the Parables*(Philadelphia: Westminster Press, 1960), pp. 55~56.

68) b. Shabbath 153a; H. Freedman, *the Babylonian Talmud*, vol 4(1938), pp. 781~82.

만찬은 하나님의 원수들이 굴복하여 승리를 경축하는 것을 의미한다. 하나님이 무정한 백성들을 정복하시고(3절) 가난한 자들의 요새가 되셨다(4절). 학대받은 자들이 하나님의 전능하신 능력으로 말미암아 영광을 입게 되었다.69) 다시 말하면 "만찬"의 경축은 최후의 승리 곧 축복, 구원 성취를 뜻하는 은유인 것이다.70) 이사야 25:6~9에서는 구원을 그처럼 큰 만찬으로 묘사한다. 하나님이 사망과 그들의 휘장(veil)을 제하고 나면 이방인들도 만찬에 참여하게 된다. 그들의 휘장을 옮긴 것이 아니고 파괴시킨 것이다. 백성들이 보통은 선물을 가지고 하나님께 나오지만71) 여기서는 만찬이 단지 은혜일뿐이다. 만찬에 참예한 백성들은 아무것도 가지고 나올 필요가 없다. 시편 23:5에서도 하나님 자신이 자기를 믿는 자를 위하여 만찬을 준비하시는 것을 보게 된다.

쿰란 공동체는 큰 만찬을 메시야의 오심과 연결시킨다. "메시야의 규칙"(the Messianic Rule, 1 QSa 2:11~22)에서는 마지막 날에 메시야가 떡과 잔을 나누기 위해 모든 공회를 소집할 것이라고 설명한다. 지혜롭고 온전한 사람들이 메시야와 함께 모일 때, 각자의 계급에 따라서 소집될 것이다. 그들의 계급은 다음과 같다. 첫째 계급은 판사와 공회원, 다음으로는 천부장, 50부장, 십부장이고, 맨 끝은 레위 족속의 자손들이다. 불구자나 몸에 상처를 가진 자들은 만찬에 참석하는 것이 허락되지 않았다. 그리고 "온전하지 못한" 유대인들과 이방인들도 만찬에서 제외되었다.72)

두 번 초청하는 것은 부자들이 행하던 예의를 나타내는 특별한 표시였

---

69) cf. 1 En. 62:13~16; 2 Bar 29:4; Jeremias, *Its Eucharistic Words of Jesus* (London: SCMP, 1966), pp. 233~34; Kenneth Bailey, *Through Peasant Eyes* (Grand Rapids: Eerdmans, 1980), pp. 89~91; J. Behm, "deipon, deipneo," *TDNT* 2, pp. 34~35.

70) Ferdinand Hahn, "Das Gleichnis von der Einladung zum Festmahl," In *Verborum Veritas*, 51~82(Wuppertal: Theologischer Verlag Brockhaus, 1970), p. 68.

71) 사 18:7; 60:4~7; 시 96:8.

72) cf. 1 En. 62:1~16; R. H. Charles, *Apocrypha and Pseudepigrapha*, II, pp. 227~28.

다.73) 초청의 형식은 종이 초청장을 전달하면서 읽어주거나, 종이 무식하면 초청의 내용을 기억해 두었다가 그 기억한 것을 일러준다. 초청의 내용은 표준화된 양식을 따르고 있다.74) 종은 같은 양식의 초청 내용을 초청 받은 사람들 각자에게 반복하여 읽어주었다.

22:7에 왕이 분노하여 자기의 군대를 보낸 것을 예루살렘 파괴를 나타내는 것으로 해석한다면, 처음 보냄 받은 종들은 선지자들을 의미할 수 있다. 선지자들의 메시지가 배척당하며, 두 번째 파송받은 종들은 사도들이고 그들이 이스라엘에게 메시지를 전한 것을 의미한다. 사도들 가운데서 순교를 당하게 될 자들도 있고 이방인들에게도 메시지를 전하게 되리라는 것을 보여준다(9~10). 왕이 손님들을 둘러보는 것(11절)은 마지막 대 심판을 의미하고 "바깥 어두움"(13절)은 지옥을 뜻한다.75)

이처럼 이 비유에는 몇 가지 요점이 들어 있다. 하나님은 그의 나라에 많은 사람들을 초청하신다. 초청을 받은 자들 가운데 공공연하게 그 초청을 거절한 자들은 종국에 형벌을 받게 된다. 하나님의 초청을 받았다 할지라도 그것이 참된 것이라는 증거가 나타나야 할 것이다. 참된 믿음 즉 산 믿음이란 선행이 동반됨으로써 확증이 되듯이, 초청을 받은 것이 참되려면 만찬에 적합한 준비 곧 예복을 입는 충분한 준비가 그 초청을 받는 일에 뒤따라야 할 것이다. 예복을 입지 아니한 것은 초청을 거절한 것이나 다름이 없으며 공공연히 초청을 거절한 자들로서 종국의 형벌을 받게 된다.

5. 큰 잔치의 비유(눅 14:15~24)

이 비유는 앞에서 해석한 혼인잔치의 비유와 비슷한 표현을 사용하여 다른 상황에서 예수님이 말씀하신 것이다. 예수님이 "세리들"이나 "죄인들"과 함께 종종 식사를 하셨다. 이것이 이 비유와 관련이 된 것이다.76) 천대받는

---

73) 에 6:14; S-B I, 880; Jeremias, *The Parables*, p. 176.
74) Chan-Hie Kim, "The Papyrus Invitation," *JBL* 94(1975), pp. 371~402.
75) 마 8:12; 25:30.

사람들과 같이 식사하신 것이 예수님의 교훈에서 배경이 된다.77)

유대인들의 사상에서 식사의 비유적 표현은 하나님의 백성이 종말 끝의 잔치에 참여하는 것을 상징하는 표준이다. 초대받은 첫 그룹이 세 번 거절한 구실은 신명기 20:5~7(24:5)의 말씀을 반영하는 것 같다. 이 구절에서 집을 건축한 자, 포도원을 만든 자, 약혼을 한 자들은 "거룩한 전쟁"에 나가는 일에서 제외된다. 이러한 규칙은 마카비 혁명시대에서도 적용되었다. 즉 집을 짓고 있는 자, 혹은 약혼한 자, 혹은 포도원을 가꾸는 자는 전쟁에 나가지 않게 되었다.78) 그러나 자발적으로 참가할 전쟁과 종교적 원인으로 일어난 전쟁을 구별하고, 종교적 원인의 전쟁에는 이유없이 모두 다 참전하게 되었다.79) 유대인의 문서 미쉬나(the Mishnah)는 신명기 20:5~7의 규칙이 적용되지 아니한 경우를 묘사하고 있는데, 그것이 누가복음 14:18의 말씀과 비슷하다.

초청받은 첫째 그룹이 변명한 이유(18절) 세 가지는 모두 동일하게 거절한 것을 설명하고 있고, 하나님 나라에 초청한 그의 부르심을 거절하는 일이 어리석고 불합리하다는 것을 청중들에게 인식시키기 위한 것이다.80) 복음서에서 식사에 관한 내용이 여러 번 등장하지만 식탁 자체의 이야기는 단 네 번 나타날 뿐이다. ① 가나안 여인의 이야기(마 15:27), ② 부자와 나사로의 이야기(눅 16:21), ③ 다락방(눅 22:21), ④ 메시야의 만찬(눅 22:30)이다.

이 비유에서는 누가복음 7:36에 함축되어 있듯이 손님들이 낮은 식탁을 둘러싸고 의자(couches)에 앉아 "함께 먹는"(συνανάκειμαι, 15절) 것을 생각할 수 있다. 누가복음 24:30과 마가복음 16:14을 제외하면 "함께 먹는"이라는 말이 복음서에서는 언제든지 문 밖에서 하는 식사 혹은 만찬을 의미했

---

76) 눅 5:29; 7:33~34, 36~50; 15:1.

77) 눅 5:31~39; 7:36~50; 10:38~42; 11:37~52; 14:1~24; 22:14~38; 24:20~49; John Navone, *Themes of St. Luke*(Rome: Gregorian University Press, 1970), pp. 11~37.

78) I Mac 3:56; Sotoh 8:1~7.

79) Danby, *The Mishnah*, 302~3.

80) K. Bailey, *op.cit.*, pp. 95~99.

다.81) "큰 잔치"(16절)라는 말은 토지 소유자들이 선택된 손님이라는 사실을 반영한다. 배경은 한 두령의 집(14:1)이고 이 두령이 부자이므로 식탁 둘레에 의자들을 놓고 앉아서 식사를 할 수 있었다. 농부들은 대개 마루바닥에서 식사를 한다. "떡을 먹는"다(15절)는 말은 식사를 한다는 고대 중동의 관용어이다. 이 비유에서도 "잔치"(the banquet)는 구원을 의미하는 상징이다. 이 구원은 이 세상 끝날에 있을 마지막 큰 잔치에서 정점에 이르게 된다. 이 잔치를 "종말 끝에 있을 메시야적 잔치"라고도 한다.

보충한 손님들이 "가난한 자들과 병신들과 소경들과 저는 자들"(21절)이라는 말씀은 7:22의 "소경이 보며 앉은뱅이가 걸으며… 가난한 자에게 복음이 전파된다 하라"는 말씀에 연결된다. 즉 예수님은 자기의 지상 사역을 가난한 자에게 기쁜 소식 곧 복음을 전파하시므로 시작하셨다. 다시 말하면 보충한 손님들은 예수님이 복음을 전파하신 지상사역 맥락에서 발견된다는 것이다. 14:21의 말씀은 쿰란 공동체가 만든 장벽을 제거하신 것이다. 쿰란 공동체의 잔치는 종말적 잔치를 기대하며 가진 식사였다. 그래서 쿰란공동체는 어떤 의식적 불결에서 온전히 떠나야 할 것을 강조한다. 공동체생활에 온전히 가담할 수 없는 자들은 공동식사에도 참여할 수 없었는데 그들은 대개 육체적으로도 불구자들이었다.82) 육체적 결함이 의식적 불결을 가져온다고 믿었기 때문이다.83) 공동체의 관심은 주로 그 회원들의 불결함과 외부로부터 오는 영향을 차단하려는 데 있었다. 그러한 관심이 의식적 장벽에 해당되는 사회적 장벽을 쌓았다. 그런데 예수님이 그러한 장벽을 제거한 것이다.

"사람을 강권하여 데려다가 내 집을 채우라"(23절)는 말씀은 복음의 요구의 긴급성을 나타내는 은유적 표현이다. 보충한 손님들을 두 범주로 나누어 한 그룹은 버림받은 유대인들(21절)이요 또 한 그룹은 이방인들(23절)을 가

---

81) J. Jeremias, *Eucharist*, pp. 48~49.

82) 1 QM 7:4~6; 1 QSa 2:6~10.

83) Mary Douglas, *Purity and Danger: An Analysis of Concepts of Pollution and Taboo*(London: Routledge and Kegan Paul, 1966); J. Meyrey, "The Idea of Purity in Mark's Gospel," *Semeia* 35(1986), pp. 91~128.

리킨다고 해석하는 것은[84] 비유 자체가 그것을 증명하고 있지 않기 때문에 억측이 될 수 있다. 비유적 표현을 볼 때 손님들은 유대인들이 아닌 이방인으로 생각하게 할 암시는 없다. 종들은 다만 이스라엘 내에서 손님을 찾으려고 움직이고 있다.

예레미아스는 이 비유가 바르 마얀(Bar Maayan) 비유에 의존한다고 주장했지만,[85] 이 주장도 증거를 떠나서 주관적으로 세운 결론이다. "바르 마얀 비유"는 일생 동안 하나의 선행으로 좋은 장래를 보상받게 된다고 설명한다.

"그가(바르 마얀) 자기의 일생동안 의로운 행위를 한 것이 없다. 그러나 한 때 그가 자기 마을의 의원들을 위하여 연회를 베풀었지만 초대받은 의원들은 참석하지 않았다. 그가 '가난한 자들에게 이 연회에 와서 만찬을 즐기고 음식을 먹어 상하지 않게 해야 하겠다'고 말했다."[86]

이 비유에서는 초대받은 의원들이 바르 마얀에게 모욕한 것을 정당화하여 그가 세리장이므로 죄인이라고 하였다. 그러나 그의 반응 즉 가난한 자들을 대신 초청한 것은 그 당시에 합당한 사회적 반응이었다. 이 바르 마얀의 비유에서 바르 마얀의 행동이 선행의 한 예이며, 그 선행은 가난한 자들에게 식사를 대접한 것이다. 누가복음의 큰 잔치의 비유는 그러한 목적을 가지고 있는 것이 아니다. 바르 마얀의 비유의 요점은 바르 마얀처럼 악한 자가 어떻게 좋은 장래를 약속받을 수 있겠는가 하는 것을 보여주는 것이다.[87]

이 비유의 배경에 관하여 어떤 학자는 예레미야 애가의 랍비 주석을 참조

---

84) Jeremias, *The Parables*, pp. 54~55,64; P. Martin, "Salvation and Discipleship in Luke's Gospel," *Interpretation* 30(1976), pp. 366~80; cf. B.B. Scott, *Hear Then the Parables*(Philadelphia: Fortress Press, 1990), p. 164; Erich Gräeser, *Das Problem der Parusieverzögerung in den synoptischen Evangelien und in der Apostelgeschichte*(Berlin: Aefred Töpelmann, 1960), pp. 196~7; Robert W. Funk, *Language, Hermeneutics, and the Word of God*(New York: Harper and Row, 1966), p. 173.

85) Jeremias, *The Parables*, pp. 178~79.

86) j. San. 6.6.1

87) B.B. Scott, *Hear Then the Parables*, p. 172.

한다. 예레미야 애가의 랍비 주석에서는 예루살렘 사람들을 가리켜서 그들
이 두 번 초청을 받지 아니하면 잔치에 참석하지 않는다고 전하고 있다.[88]
어떤 학자들은 이것이 누가복음의 비유 배경이라고 생각했다. 미드라쉬(the
Midrash) 본문에 만찬을 준비하고 친구를 초대한 예루살렘 사람에 관한 이
야기가 길게 나온다. 우연히 원수를 초대했는데 비극적 결과가 일어났다는
이야기이다.

　또 어떤 학자들은 그러한 유대인의 이야기가 이 비유의 배경이 아니고
그 당시의 중동 관습이 이 비유의 배경이라고 주장했다.[89] 고대 중동 사회
에는 초청장을 두 번 전달하는 관습이 나타난다는 것이다. 한 농촌 주인이
잔치를 베풀게 되었는데 손님 숫자에 맞추어 고기를 마련했다. 그 주인이
초대장을 보내고 초대에 대한 응답이 접수된다. 그후 주인은 손님이 둘부터
네 명까지일 때는 닭 한 마리나 두 마리를 준비한다. 다섯부터 여덟 명일
때는 오리 한 마리, 열 명에서 열다섯 명일 때는 새끼 염소 한 마리, 서른다섯
에서 일흔다섯 명 정도 되면 송아지 한 마리를 잡아 준비한다. 이와 같이
준비된 것은 그날 저녁에 다 먹어야 했다. 그러므로 초대받은 손님들은 의무
적으로 잔치에 참석해야 했다. 주인은 잔치 준비가 끝나고 "잔치 시간"이
되면 종들에게 전통적인 메시지를 들려 보낸다. "오십시오, 지금 준비되었
나이다"라고 말한다.

　누가복음 14:17에 "오소서"(ἔρχεσθε)라는 말은 "계속하여 오는 것"을 의
미하고 위에 말한 관습을 확언해주는 것 같다. 손님들이 초청을 받아들이는
것이 잔치에 참석하는 일의 시작이다. 처음부터 초청에 응낙("청하였던"
κεκλημένοις, the initial acceptance)하였으면, 잔치시간이 되어 다시 두 번
째 초청을 할 때 반드시 응해야 할 의무가 있다. 잔치를 베푸는 자는 초청에
응할 참석자들에게 축복을 기원한다. 그래서 예수님의 말씀을 듣던 어떤
이가 하나님 나라에서 떡을 먹는 자는 "복되도다"(μακάριος, 15절)라고 하
므로 예수님은 이 비유로써 응답하셨다.

---

88) Midrash Rabbah Lam, 4:2; Sonc. 216.
89) K. Bailey, *op.cit.*, p. 94.

이 비유는 일곱 단계로 나뉜다. ① 17절, ② 18절, ③ 19절, ④ 20절, ⑤ 21절, ⑥ 22절, ⑦ 23~24절이다. 즉 처음 네 단계에서 열쇠가 되는 생각이 반복적으로 나오고, 나머지 세 단계에서 또 다른 열쇠가 되는 생각이 반복되어 나온다. 주인이 세 번 연설을 하고, 각 연설은 손님을 모으는 데 대한 명령으로 시작된다. 비유의 첫 머리에서 원래의 손님들에게 초청을 두 번 하는 장면이 나오고, 비유의 끝에 가서는 앞선 두 번의 초청 내용이 대신 온 손님들에게 전해진다.

첫 단계(17절)는 두 번째 초청을 하는 장면이다. 그리고 둘째 단계(18절)는 세 마디로 구성되는데, "ⓐ 내가 하였고, ⓑ 이와 같이 해야 하겠으니, ⓒ 용서하시오"로 이루어진다. 농토를 사는 자는 그 땅에 대하여 잘 알아보고 산다. 그러므로 잔치를 베푼 주인이 생각할 때, 청함을 받은 그가 잔치 준비가 다 된 그때 갑자기 밭을 둘러 보로 나간 것이 된다. 이와 같이 손님들은 고의적으로 거짓 구실을 붙여 주인을 모독한 것이다. "불가불 나가 보아야 하겠으니"라는 구실은 잔치를 베푼 주인과의 관계보다 산 밭이 더 귀하다는 것을 뜻하게 된다.[90]

셋째 단계(19절)도 둘째 단계처럼 세 줄로 "ⓐ 내가 하였고, ⓑ 내가 해야 하겠으니, ⓒ 용서하시오"라고 반복한다. 그들의 구실이 우습고 어리석은 것이다. 그 당시 소 매매 방식은 두 가지가 있었다. 하나는 소를 시장에 끌고 가서 시장 주변의 준비된 장소에 두면 소를 사려는 사람들은 그 소를 살피게 된다. 또 하나는 작은 시골에 사는 농부가 팔려는 소를 먼저 자기 친구에게 알리고 정한 날에 그 소를 이용하여 밭을 갈아보는 시험을 한다. 이때 소를 사려는 사람은 잘 관찰하고 또 그곳에서 몰아보고 시험도 해 본다. 첫 구실은 무엇을 해야겠다는 의사를 표시하고, 둘째 구실은 행동이 진행 중인 것을 말하고 있다. 산 밭은 토지이고 토지는 "거룩"한 것이지만, 소는 동물이고 동물들은 불결하다. 이 불결한 동물들이 잔치에 초청한 주인과의 관계보다 귀중하다는 것이다. 이 같은 구실은 더욱 미련한 구실이었다.[91]

---

90) *Ibid.*, p. 97.
91) *Ibid.*, p. 98.

넷째 단계(20절)도 세 줄로 "ⓐ 내가 하였고, ⓑ 내가 해야 하겠으니, ⓒ 내가 가지 못하겠노라"는 식으로 구성된다. 초대받은 손님은 근래 결혼한 사람이다. 그러나 결혼식은 잔치 준비가 마련된 그 날은 아니었다. 그 날과 같은 날이라면 주인은 잔치를 베풀지 않는다. 손님의 구실이 뜻하는 바는 어제 내가 잔치에 참석할 것이라고 약속했지만 오늘 오후 나는 아내와 더불어 바쁘다. 내 아내가 당신의 잔치보다 더 귀하다는 것이다. 이러한 구실은 중동사회에서 매우 버릇없는 행동이다.

다섯째 단계(21절)도 앞에 언급했듯이 세 줄로 구성된다. 가난한 자와 불구자들이 원래 초청받은 손님들을 대신해서 초대를 받게 되었다. 이미 언급한 대로 쿰란 공동체는 몸에 결함이 있는 자들을 공동체에서 배척했다. 불구자들과 가난한 자들이 잔치를 베푼 사람으로부터 전혀 예상치 못한 사랑을 받게 된다. 그 사람은 가난한 자와 불구자들에게 사회적으로 빚진 자가 아니었고, 또 가난한 자들과 불구자들이 그 사람에게 같은 대우로 보답할 수도 없다. 그 사람이 다만 겸손하게 사랑을 그들에게 베푼 것이다.

여섯째 단계(22절)와 일곱째 단계(23절)도 같은 양식 곧 세 줄로 구성된다. 두 번째 참석할 손님들이 초청을 받는다. "길"(τὰς ὁδοὺς)은 사람들이 늘 다니는 길을 의미하며, "산울가"(φραγμοὺς)는 담으로 둘러싼 울타리를 뜻하는데, 이러한 울타리는 거지들이 쉬는 곳이었다.92)

일반적으로 학자들은 초청을 받은 가난한 자와 불구자들이 이방인들을 상징한다고 본다. 그러나 그렇게 볼 필요가 없는 것은, 첫 초청부터 마지막 초청까지 종들이 움직인 영역이 바뀐 것을 비유 안에서 찾을 수 없기 때문이다. 예레미아스는 22~23절을 이 비유의 확장으로 보는데 그 이유는 초대교회가 선교활동에서 당면한 요구로 그렇게 되었다는 것이다.93) 그러나 그 의견은 예수님이 복음 전파를 마음속에 그리지 않았다는 주장이다. 예수님이 절대로 복음 전파를 마음에 품은 일이 없다고 증거할 수 있다면 예레미아스의 의견을 허용할 수 있다. 그러나 예레미아스의 주장은 복음서의 증거에

---

92) I.H. Marshall, *Luke*, p. 590.
93) Jeremias, *The Parables*, p. 64.

서 이탈된 가정일 뿐이다.94) 이사야 25:6~9과 예수님의 지상 사역에 비추어 22~23절을 검토하면 예수님이 이스라엘의 버림받은 자들을 자기의 친교에 초청하였다(마 10:5, 15:23)고 보는 것이 옳다. 다시 말하면 22~23절의 말씀은 15~21절과 같은 이야기이며, 예수님의 지상사역과도 조화된다.95)

23절 "…길과 산울가로 나가서"라는 상징적인 말이 이방인들을 가리킨다는 해석96)은 누가복음 몇 곳에서 이방인들의 구원을 언급한 것과 이사야 25:6~9, 42:4, 49:6에 비추어 내린 결론이다.97) 그렇다면 결론적으로 잔치는 "새 시대"로 인도할 메시야적 잔치, 원래의 손님(17~20절)들은 이스라엘의 지도자들, "가난한 자들과 병신들과 소경들과 저는 자들"(21절)은 이스라엘의 버림을 받은 자들, "길과 산울가"에서 데려온 손님들은 이방인들을 의미한다. 그리고 잔치를 베푼 사람은 예수님을 뜻한다.

이 비유에서 그 주인과 종의 관련은 매우 밀접한 동양적 관계를 나타낸다. 종들은 그들의 주인을 올바로 반영하는 거울과 같다. 그러므로 핑계를 댄 손님들이 주인의 종에게 마치 주인에게 대하듯이 구실을 붙여 용서할 것을 요청했다. 그 손님들이 종의 말을 주인의 말로 인식한 것이다. 이와 같이 주인과 종의 관계가 밀접한 사실은 상징적으로 하나님이 예수님을 통하여 활동하신 것을 보여준다. 그러므로 예수님이 "전에 청하였던 그 사람은 하나도 내 잔치를 맛보지 못하리라"하신 것이다(24절).98)

"오소서 모든 것이 준비되었나이다"(17절)라는 말씀의 초청은 전에 청하였던 그들이 "단번에"(ἀπὸ μιᾶς πάντες)99) 혹은 "만장일치로"100) 거절한 데서 그 반응이 나타난다. 전에 청하였던 그들의 그런 구실에서 비유의 한

---

94) cf. A.M. Hunter, *Interpreting the Parables*(London: SCM Press, 1960), p. 57.

95) K. Bailey, *op. cit.*, p. 101.

96) T.W. Manson, *The Sayings of Jesus*, p. 130.

97) K. Bailey, *op.cit.*, p. 106; 눅 2:32, 3:38; 4:14~30; 11:33; 24:47; Bailey, p. 106.

98) Bailey, *Ibid.*, p. 110.

99) J.M. Creed, *The Gospel according to St. Luke*(London: St. Martin, 1930), p. 191.

100) I.H. Marshall, *Luke*, p. 588.

가지 요점을 계시하고 있다. 그것은 하나님의 부르심에 핑계를 대고 거부하는 것이 초청에 거절한 자들을 주인이 가혹하게 대한 것처럼 하나님의 가혹한 심판을 초래케 한다는 것이다(24절). 전에 청하였던 그들이 댄 구실과 거절은 모욕이며,101) 상징적인 의미로는 그들이 예수님을 배척한 것이고 하나님이 약속하신 구원의 큰 잔치를 거절한 것이다. 그들의 거절은 철저하게 세상의 것을 하나님보다 더 사랑한 것이다. 그러한 철저한 거절이 가져올 심판은 종말론적 대심판을 의미한다.102)

둘째 그룹 즉 "가난한 자들 … 저는 자들"(21)의 초청이 또 하나의 요점을 나타내는데 그것은 하나님의 은혜의 성질이다. 전에 청하였던 그들은 주인의 잔치를 좌절시키려 했지만 그들 대신 온 손님들이 잔치에 참석함으로써 그들의 음모는 실패했다. 그러므로 그들은 "이 사람이 죄인들을 영접하고 음식을 같이 먹는" 자라 하면서 그 주인을 모욕하였다. 이스라엘의 버림받은 자들을 이처럼 잔치에 초청하여 만찬을 대접하는 것은 하나님의 은혜가 광대한 것과 아무도 하나님의 관대하심을 좌절시킬 수 없다는 것을 의미한다. 그러므로 이스라엘의 버림받은 자들을 청한 주인의 은혜로움과 청함을 배척한 자들에 대한 주인의 엄중한 태도는 비유에서 또 다른 요점을 나타낸다. 즉 하나님은 관대하시며 일관성을 갖고서 모든 사람을 하나님 나라에 초대하시지만, 그 초청도 취소될 날이 올 것이므로 그 날에 응답하겠다고 하는 것은 이미 너무 늦은 것이다.

끝으로 이 비유는 또 하나의 요점을 가지고 있다. 이미 언급한 대로 중동 사회에서는 예상치 못한 초대는 거절을 했다. 특히 초대받은 손님이 초대한 사람보다 그 사회에서 계급이 낮으면 거절해야 한다. 누가복음 24:28~29은 예수님이 예상치 못한 초대를 받은 사실에 대하여 이야기한다. 예수님은 그 당시 풍속에 따라 예의 있는 사람들이 행하던 대로 "더 가려 하는 것같이 하시니"(28)라는 행동을 취하셨다. 그런데 두 사람은 그 당시 중동 풍속을

---

101) W.M. Thompson, *The Land and the Book*, 2 vols(New York: Harper and Row, 1871), 1, p. 178; Marshall, *op.cit.*, p. 588.
102) cf. T.W. Manson, *op.cit.*, pp. 103~4.

따라 "강권하여 가로되 우리와 함께 유하사이다"라고 초대했다. 예수님은 여기서 자기의 의지와 상반되게 억지로 응하신 것이 아니다. 왜냐하면 그 두 사람은 예수님이 그들의 초대에 체면상 거절할 것으로 알고 그렇게 초대했기 때문이다. 그들은 예수님이 진실로 자기들과 함께 그 밤에 같이 유하시기를 원한다는 것과 그들에게 사실 음식이 충분히 있다고 예수께서 믿기를 바란 까닭에 그들은 "때가 저물어 가고 날이 이미 기울었나이다"(29)라고 온화하게 말하면서 예수님을 집 안으로 인도한 것이다.

이 비유에서는 중동 풍속 곧 자기보다 신분이 높은 사람에게서 예상치 못한 초대 받은 일을 기록하고 있다. 초대가 후하고 매우 기쁜 것이었으나 초대가 실제로 이루어지는 것은 불가능했다. 주인이 "…나가서 가난한 자들과 병신들과 소경들과 저는 자들을 '데려오라'(εἰσάγαγε 21)" 즉 끌어오라, 그리고 "강권하여 데려오라"(ἀνάγκασον εἰσελθεῖν, 23)고 좋게 명했다. 주인이 종에게 이렇게 명한 것은 초대받은 그들이 자기들의 풍속에 따라 생각할 때 초대가 사실이라는 것을 도저히 납득할 수 없었기 때문이었다. 이처럼 하나님이 우리에게 베푸신 은혜는 믿을 수 없을 만큼 후하고 관대한 것이다. 이것이 앞의 몇 가지 요점 중에서 이 비유의 중심이 되는 요점이다.

4. 군주의 비유(4)

1. 달란트의 비유(마 25:14~30)와 므나의 비유(눅 19:11~27)

비평학자들은 마태복음 25:14~30의 달란트 비유와 누가복음 19:11~27의 므나 비유를 같은 비유로 여기고, 두 비유의 본문을 비교하여 누가복음의 므나 비유가 마태복음의 달란트 비유보다 여러 가지 면에서 원자료라고 주장했다.[1] 누가복음 19:13에 기록된 돈의 양이 마태복음의 것보다 더 원래의 것이라고 본다. 그리고 마태복음 25:30은 마태 자신이 즐겨 쓰는 언어로, 이 말이 비유의 주인을 종말의 재판관으로 만든다고 한다. 또한 "네 주인의 즐거움에 참예할지어다"(마 25:21,23)라는 말은 기독론과 종말론적 복선을 가진 말로서 추가된 것으로 보았다. 마태복음 25:29의 말씀은 "떠도는 이야기"이고 원래의 이야기가 아니라고 했다.[2] 그리고 마태복음 25:28의 말씀도 예수님이 하신 말씀이 아니라고 배척했다.[3]

이렇게 마태복음 25:14~30의 비유를 누가복음 19:11~27의 비유와 비교하면서 마태복음의 비유를 이차적인 것이라고 했지만, 그렇다고 누가복음 19:11~27의 비유의 확실성을 인정하는 것도 아니다. 누가복음 19:11~27도 많이 수정된 이야기라고 주장했다. 비평학자들은 누가 자신이 혹은 누가가

---

1) Joachim Jeremias, *The Parables of Jesus*(New York: Charles Scribnir's Sons, 1972), pp. 27~28.

2) Dan O. Via, *The Parables: Their Literary and Existential Dimension* (Philadelphia: Fortress Press).

3) A.T. Cadoux, *The Parables of Jesus*, pp. 67~68; B.T.D. Smith, *The Parables of the Synoptic Gospels*, p. 167.

사용한 전승에 따라서 달란트의 비유와 "보상을 주장하는 자"의 비유를 융합한 것이라고 한다. 보상을 주장하는 자의 비유는 자기가 시민들에게 반대를 받자 시민들을 몰살하고 말았다는 이야기라는 것이다.[4]

비평학자들은 누가복음 19:11~27의 본문을 이렇게 보고 다음과 같은 네 가지 이유를 들어 본문의 신빙성을 의심하였다.

① 한 왕이 그처럼 적은 양의 므나를 종들에게 준 것은 사실 같지 않다는 것이다. 한 므나는 단지 일반 노동자들의 100일 임금에 해당된다고 했다.

② 더욱 더 사실이라고 할 수 없는 것은 왕이 종들에게 그러한 적은 돈을 가지고 "장사하라"($\pi\rho\alpha\gamma\mu\alpha\tau\epsilon\upsilon\sigma\alpha\sigma\theta\epsilon$)고 말한 부탁이다. 그러나 이 두 가지 이유는 매우 주관적인 것이다. 유대인의 외경에 셀레우코스 왕국(the Seleucids)과 프톨레미 왕국(the Ptolemies) 사이의 전쟁 이야기가 나온다. 이 전쟁에서 알시노(Arsinoe) 여왕은 자기 동생 안티오커스 3세(Antiochus III)의 군사들에게 만일 그들이 프톨레미 왕국의 군사와 싸워서 이기면 두 므나를 지불하겠다고 약속한다. 따라서 누가복음 19:13의 이야기에서 악한 종이 적은 돈이지만 벌어들일 수 있는 일을 하지 않으므로 주인이 분노한 것을 더욱 쉽게 이해할 수 있다. 그리고 "수건으로 싸 두었었나이다"(20)라는 행동은 전례가 없는 것으로, 그 종은 매우 신뢰할 수 없는 것으로 나타낸다.

③ 비평학자들이 본문을 거부하는 셋째 이유는 25절에 "저희가 가로되 주여 저에게 이미 열 므나가 있나이다"라는 말이 첫 번째 종과 비교하는 것으로, 그가 상급으로 "열 고을 권세를"(17) 받은 것보다는 열 므나를 이미 받은 것에 대해서 불평하는 말로 보았다. 그러나 예수님이 가르치시려고 한 원리는 지극히 적은 것이라도 선한 일에 사용한 것이나,[5] 혹은 남아 있는

---

4) Max Zerwick, "Die Parabel vom Thronanwärter," *Bib* 40(1959), pp. 654~75; Francis K. Weinert, "The Parable of the Throne Claiment(Luke 19:12, 14~15a, 27) Reconsidered," *CBQ* 39(1977), pp. 505~14; Wilhelm Resenhöfft, "Jesu Gleichnis von den Talenten, ergänzt durch die Lukas~Fasscung," *NTS* 26(1980), pp. 318~31.

5) Leon Morris, *Luke*, p. 276.

고을의 권세가 남아 있는 므나와 함께 주어진 것을 상상할 수 있게 한다.

④ 넷째 이유는 열 명의 종들 중에서 다만 세 종만이 그들의 계산을 보고하고 있고, 나머지 일곱 종들은 관계하지 않고 있다는 것이다. "또 한 사람"(ὁ ἕτερος, 20절)이라는 셋째 종을 지칭하는 말이 마치 다른 일곱 명의 종들이 없는 것처럼 말한 것이라고 했다. 그러나 이 이유도 신빙성이 있는 것은 아니다. "또 한 사람"이라는 표현은 다른 등급(class)의 악한 종들을 나타낸다.6) 혹은 "또 한 사람"이 다음 사람을 의미할 수도 있다.7)

이 비유에서 다른 일곱 종들이 나타나지 않은 이유는 비극이 세 주역의 나타남으로 마치게 되는 문학 구조에 따른 것이다(참조. 눅 20:31). 이 비유에 처음부터 종 열이 포함된 것은 비유의 문맥이, 많고 다양한 청중 곧 예수님의 제자들만이 아니고 다른 사람까지 포함하는 군중을 전제하기 때문이다. 종들로 상징된 제자들과 시민들로 상징된 큰 무리가 비유의 청중이었다. 좋은 문학체계는 종 열 가운데서 세 주역만 세밀하게 취급할 것을 요구한다.8)

누가복음 19:11~27의 본문은 확실히 예수님께서 베푸신 비유이다. 사실 본문을 그대로 보면 달란트 비유(마 25:14~30)와 비슷하지만, 예수님이 다른 때에 말씀하신 것이다.9) 19:11은 이 비유를 말씀하신 때가 언제인지 명백히 보여준다. "저희가 이 말씀을 듣고 있을 때에 비유를 더하여 말씀하시니 이는 자기가 예루살렘에 가까이 오셨고 저희는 하나님 나라가 당장에 나타날 줄로 생각함이러라." 이 말씀이 보여주는 대로 예수님이 예루살렘에 들어가실 때 하나님 나라가 임박하여 곧 임할 것이라고 하는 생각을 고쳐주시려고 이 비유를 말씀하셨다. 종들이 장사할 기간은 주인이 떠나는 날과 돌아오는 날 사이라는 간격이 있듯이 하나님 나라가 완성될 때까지도 어떤 간격

---

6) Alfred Plummer, *Luke*(Edinburgh, 1896), p. 441; Norval Geldenhuys, *Luke* (Grand Rapids: Eerdmans, 1951), p. 478.

7) John P. Lange, *The Gospel According to Matthew*(Edinburgh, 1871), p. 192.

8) Joset Schmid, *Das Evangelium nach Lukas*(Regensburg: Pustet, 1960), pp. 288~89.

9) William Hendriksen, *Luke*(Grand Rapids: Baker House, 1978), p. 858.

이 있다.

일부 비평학자들은 어떤 랍비의 이야기가 이 비유와 관련되어 있다고 했다. 그 랍비의 비유에 보면 "한 왕이 약혼을 하고 결혼 계약서에 그의 부인 될 사람에게 줄 재산을 조건으로 지정했다. 그 후 왕은 먼 곳으로 떠나 거기서 오랫동안 머물러 있었다. 왕이 떠나 있는 동안에 부인 될 사람은 많은 사람들로부터 유혹을 받았지만 결혼 계약서로 위로를 받으면서 유혹을 이겨나갔다. 그 후 왕이 돌아온 다음 약혼자가 오랫동안 자기를 기다렸다는 것을 알고 매우 놀랐다. 그녀가 왕에게 '주여, 만일 나를 위해서 결혼 서약서를 써 주시지 않았다면, 나의 동료들이 당신을 포기하게 했을 것이다'라고 말했다."

그러나 이 비유는 이스라엘에게 적용이 된다. 이방 나라들이 이스라엘을 조롱하기를 "어느 때까지 너희가 네 하나님을 위하여 죽으며, 네 생명을 네 하나님께 바치며 네 하나님을 위하여 죽임을 당하려는가?" 그러므로 이스라엘은 회당과 "연구실"에 들어가 율법책을 취한 다음 "내가 너희를 권고하여 나의 너희와 세운 언약을 이행하여 너희로 번성케 하고 너희로 창대케 할 것이며"(레 26:9)라는 말씀을 읽었다. 하나님은 이스라엘에게 "내 자녀들아 너희가 오랫동안 나를 기다린 것을 놀랍게 여기노라"라고 말씀하셨다. 그러자 이스라엘은 "주여, 당신이 우리를 위하여 주신 율법책이 아니었으면 이방인들이 우리로 하여금 당신을 포기하게 했을 것입니다"라고 대답한다.10)

이러한 랍비의 비유가 어떤 면에서 달란트의 비유와 연관이 있는지 사실 명백하지 않다. 이 비유에는 네 주역이 나타난다. 물론 첫 두 종은 긍정적인 모델로 동일하게 각자의 일을 한다. 그러므로 하나의 주역으로 볼지라도 두 주역이 아직 남아 있다. 비유의 요점과 문학적 구조를 볼 때, 랍비의 비유와는 전혀 조화가 되지 않는다. 이 비유의 문학적 특색은 다섯 달란트, 두 달란트, 한 달란트로 금액이 축소된 것이고 이것이 절정에 이르는 작용을

---

10) Pesig Rab Kah, 19, 139b; C. Montefiore and A. Loewe, *A Rabbinic Anthology*(London: Macmillan and Co., 1938), pp. 119~20.

하고 있다. 중요한 점은 그들이 금액의 차이와 상관없이 받은 돈을 투자하여 소득을 증가시킨 것이다. 20~22절에 보면 마지막 계산을 하는 장면이 나온다. 이 마지막 계산은 대심판을 나타낸다. 대심판 때 모든 사람은 각기 자기들의 생애에서 행한 것을 하나님께 아뢰게 된다. 이런 요점은 랍비의 비유에서는 찾아볼 수가 없다.

이 비유는 열 처녀의 비유와 대심판의 장면(마 25:31~46) 사이에 들어 있으며, 예수님께서 수난 당하기 직전에 하나님 나라의 "완성"에 대하여 말씀하신 비유이다. 따라서 이 비유는 마지막 대심판을 나타내는 비유라고 볼 수 있다. 이처럼 명백하게 대심판을 언급하는 비유를 실존론적 해석가들은 그들의 실존론적 선입관 혹은 가정에 따라 해석했다. 한 예를 들면 비유의 구성(the plot)을 한 달란트를 받은 종에서 끌어왔다는 것이다. 한 달란트 받은 종은 자유인으로서 자기의 행동을 취한 것이며, 외적 내적 상황으로 그가 받은 달란트를 억지로 감추게 된 것은 아니라고 했다.11) 물론 이러한 관찰은 본문과 거리가 멀다. 본문이 명시하는 바는 그가 주인을 어떻게 생각했느냐 하는 것이 자신의 행동을 제한하고 있다는 점이다.

여기 예를 든 이 실존론적 해석가는 또한 한 달란트 받은 종의 행동이 이 세상에서 자신의 실존을 이해하려는 자기 자신의 결정이었다는 것이다. 즉 파국으로 구성(the plot)이 이동하는 그 과정에서 인간이 자기의 실존을 손실함이 없다면 자기가 행한 것처럼 생각할 수가 없고 행할 수도 없다는 의미라고 했다. 이러한 의견을 실존론적 단어로 "불확실함이 없는 존재"(without being inauthentic) 혹은 "실존적으로 죽은 것"(existentially dead)이라고 표현했다. 다만 한 달란트 받은 종은 성공을 바라고 행동했지만 자기의 의도가 일으킬 재난은 인식하지 못했다는 것이다. 이것이 참된 비극이며 이 비유를 비극의 비유 중 하나라고 보았다.12)

이처럼 달란트 비유에서 "실존"을 이해하게 된다는 것이다. 즉 하나님을

---

11) Via, *op.cit.*, p. 116.

12) *Ibid.*, pp. 118~20; cf. Preston Roberts, "A Christian Theory of Dramatic Tragedy," pp. 10~16.

신뢰하기보다는 위험한 행동을 기피함으로써 자기 실존의 행복을 추구하려
는 자는 비록 장수한다 할지라도 "현재"(present)를 소유하지 못하는 것을
말해준다고 한다.13) 이미 말한 대로, 이러한 해석은 본문을 예수님의 확실
한 비유로 인정하지는 않고 다만 실존주의 철학의 가정을 확증하려는 증거
로 삼으며, 그 가정에 따라 해석한 것이다. 따라서 이런 비유 해석에는 아무
런 의미가 없다.

그러면 달란트는 무엇을 상징하는가? 달란트는 상징적으로 하나님이 성
도들에게 주신 선물이라고 쉽게 이해할 수 있다. 여기서 "몸"이라고 하는
비유적 이미지를 생각할 수 있다. 몸에 여러 지체가 있고, 지체들은 각기
다른 역할을 한다. 이처럼 달란트는 여러 가지 선물들과 사역들을 상징한
다.14) 다섯 달란트, 두 달란트, 한 달란트를 나누어 준 것을 어떤 특수한
선물과 동일하게 볼 필요는 없으며, 하나님이 한 사람에게 여러 가지 재능과
자원을 맡긴 것으로 볼 수 있다. 이 사실이 이 비유의 하나의 요점이다. 하나
님께서 모든 사람에게 각기 다른 자원을 나누어 주시고 기대하신 바는, 선한
청지기가 되어 맡긴 자원을 충성되게 활용하라는 것이다.

처음 두 종은 진실하고 충성된 제자들을 상징하고 셋째 종과 대조를 이룬
다. 주인은 세 번째 종더러 "게으른"(ὀκνηρέ, 26절) 종이라고 부른다. "게으
른"이란 말은 사도 바울이 "부지런하여 게으르지 말고 열심을 품고 주를
섬기라"(롬 12:11)는 격려 속에 사용한 "게으름"과 동일한 말이다.15) 처음
두 종은 하나님의 백성을 의미하고 그들이 맡은 일에 충성을 다한 것에 합당
한 칭찬과 상급을 받게 된다.

그러나 셋째 종은 그렇지 않았다. 어떤 학자들은 그가 맡은 일에 첫 두
종과 같이 충성하지 않은 이유를 다음과 같이 추측한다. 그 종이 받은 한
달란트가 첫 두 종들의 달란트에 비하여 적었기 때문이다. 그는 심지어 분노
했을지도 모른다. 다른 종들이 자기보다 더 많이 받은 것이 이해되지 않았을

---

13) Via, *op.cit.*, p. 122.
14) 롬 12:4~16; 고전 12:4~13; 14:27~31.
15) BAGD, 563; 참고, 잠 6:6~11.

것이다. 그는 그 적은 돈을 가지고 별로 남길 수 없을 것으로 생각했을지도 모른다. 물론 이렇게 추측할 수도 있겠지만 본문은 그러한 추측으로 끌고 가지 않는다.

셋째 종도 처음 두 종들과 똑같은 노예가 아니고 청지기들이며, 주인을 대신하여 행동을 한다.16) 그들은 주인의 행운(good fortune)에 참예하리라 기대하였고, 그들에게도 소득이 생긴다.17) 그리고 셋째 종의 행동이 의미하는 바를 평가하는 데는 미쉬나 주석이 도움이 된다.18) "만일 그가 그것(돈)을 보호자가 하듯이 보호했더라도 손해가 있다면 그에게 책임이 있는 것이 아니다. 그리고 돈을 다만 땅에 묻어 보관할 수 있다"고 되어 있다.19) 고대 사회에서 땅 밑은 안전한 곳이었고, 감추어진 보배를 땅 속에서 발견한다는 것은 흔하지 않았다. 전쟁이 가져오는 불행을 피하려고 고대 사람들은 자기들의 보배를 땅 속에 파묻었다.20)

이와 같이 랍비들의 격언에 비추어 볼 때, 돈을 보호하는 제일 안전한 방법은 돈을 땅에 묻어 감추는 것이다.21) 만일 이 비유의 주인이 그처럼 엄한 사람이라는 평판을 가졌다면, 셋째 종이 그 맡은 한 달란트를 손해 보지 않으려고 그처럼 한 행동은 랍비들의 격언에 비추어보면 매우 지혜로운 행동으로서 칭찬 받을 만하다. 그러므로 그의 주인이 셋째 종을 저주한 것은 충격적이다. 그러나 주인이 그 종의 생각처럼 엄한 사람이었다는 것은 이 비유에 나타나지 않는다. 다만 그 종이 주인을 그처럼 엄한 사람으로 생각한 것뿐이다. 한편 유대인의 율법이 돈을 파묻으라고 명한 것은 다만 친구가 부탁한 것을 보호해 주어야 한다는 이야기이지, 투자를 위한 재정 관리의 합당한 방법에 대하여 말하고 있는 것은 아니다. 만일 그 종이 유대인의 율법을 인식하고 그 법을 따라 행한 것이라고 한다면 그 종은 율법을

---

16) Derrett, *Law in the New Testament*, pp. 19~24.
17) S-B 1, p. 970.
18) Danby, *Mishnah*, 352.
19) b. B.Mes 42a; M.B.Mes, 3,10.
20) Josephus, *JW*, 6,5.2.
21) b. Baba Metzra 42a.

바로 이해하지 못한 것이다. 어느 면으로 볼지라도 셋째 종은 어리석고 게으른 종이었다.22)

또 하나의 해석으로, 주인에 대한 셋째 종의 불평은 바벨론 포로 후 이스라엘 백성이 여호와 하나님께 불평한 것을 반영한다는 의견도 있다. 다시 말하면 이 비유가 족장들의 전통을 보호하는 것이 이스라엘이 해야 할 사역이라는 이야기에 암시된 영적 위기에 대한 랍비들의 반응을 두고 하신 비유라는 것이다.23) 이스라엘은 토라를 져야 할 짐이 아니라 하나님의 선물로 여겼다. 하나님의 토라는 자신들을 이방인들보다 더 뛰어나게 한 것으로 믿었다. 그러나 내적으로 보면 토라는 짐이었다. 토라는 "계명들의 멍에"(yoke of the commandments)라는 생각이었다. 멍에라는 은유는 율법의 보호자가 된 이중적 책임(the double responsibility)을 의미한다. 랍비들의 전통에서는 이처럼 토라를 보호하고 보존하려면 대가를 치러야 하고, 그 값은 "미래의 손실"이라고 했다. 이 비유에서 처음 두 종의 경우는 "미래"가 무엇인가 하는 것을 설명하는데, 그 미래를 소유하려면 멍에를 짊어져야 한다고 본다. 이것을 비유에서 찾아보면 충성된 두 종은 부탁받은 일을 충성스럽게 수행했으며, 그들을 위해 마련한 상급을 받는 것이 "미래"라는 은유로 표시되었다는 것이다. 토라를 하나님이 주신 선물로 믿은 것과 같이 므나가 하나님의 선물을 상징하므로 유대인의 토라 이야기에 비추어 비유를 위와 같이 해석하는 것도 타당하다고 볼 수 있다.

이 비유의 요점을 다시 요약하면, 주인은 하나님을 상징하며, 하나님이 자기의 자원을 모든 사람들에게 맡기고 선한 청지기처럼 활용할 것을 기대한다. 처음 두 종과 같이 활용할 것을 기대한다. 그들처럼 맡은 일에 충성할 때 하나님은 후한 상급을 주신다. 그러나 셋째 종과 같이 하나님을 잘못 인식하고 받은 하나님의 선물을 활용하지 아니하면 하나님으로부터 심판을

---

22) Pheme Perkins, *Hearing the Parables of Jesus*(New York: Paulist Press, 1981), p. 148.

23) Lane McGaughy, "The Fear of Yahweh and the Mission of Judaism: A Postexilic Maxim and its Early Christian Expansion in the Parable of the Talents," *JBL* 94(1975), pp. 235~45.

받게 된다. "무릇 있는 자는 받아 풍족하게 되고 없는 자는 그 있는 것까지 빼앗기리라"(29절)는 말씀은 청지기 직분을 맡은 동안 그 맡은 것을 활용하여 얻은 이익을 언급한다. 셋째 종이 맡은 것을 활용하여 벌어들인 것은 없지만 받은 한 달란트는 아직 소유하고 있었다. 그러나 소유한 그것까지 빼앗기게 되었다.24) 선한 종들에게 상급으로 악한 종에게서 취한 것까지 주는 것은, 모든 소유가 하나님의 것임을 의미하며, 하나님께서 원하시는 대로 자기의 모든 소유를 자유롭게 나눠주시고 또 재분배하신다는 의미를 나타내는 것 이외에 다른 뜻은 없다.

종들이 주인과 마지막 계산을 하는 것은(20~24) 다른 종의 비유들과 같이 대심판을 나타낸다. 모든 사람들이 그들의 생애 동안 행한 것을 하나님 앞에서 계산하게 될 것이다. 처음 두 선한 종이 받은 상급은 영원한 안식이고, 세 번째 악한 종이 받은 형벌은 멸망이다. 이 비유에서 처음 두 종의 상급 곧 영생은 그들의 공로로 이루어진 것으로 말하고 있지 않다. 모든 달란트가 하나님의 선물이며, 청지기의 본분은 충성되게 선물을 활용하는 것이었다. 이 비유에서 선한 두 종이 행한 바의 의미는 "이와 같이 너희도 명령받은 것을 다 행한 후에 이르기를 우리는 무익한 종이라 우리의 하여야 할 일을 한 것뿐이라 할지니라"(눅 17:10)고 하신 예수님의 말씀에 나타나 있다. 이 말씀이 최후의 분배에서 상급은 하나님의 값없는 은혜의 선물이므로 종들이 주어진 직분을 다 행한 후에라도 "무익한 종"밖에 되지 못한다는 것이다. "무익한"이라는 말은 그들의 수고가 쓸데없다는 의미가 아니고, 종들이 주인 되신 하나님을 위하여 할 수 있다고 기대한 것보다 훨씬 못 미친다는 의미이다.

달란트 비유에서 처음 두 종들이 달란트를 벌어들였고 그에 따른 상급을 받았으나, 그 달란트는 본래 주인의 소유이다. 두 종이 받은 상급은 그들이 행한 수고보다 훨씬 크다. 이와 같이 하나님의 상급은 굉장히 넘쳐난다.25)

---

24) Leon Morris, *The Gospel according to St. Luke*(Grand Rapids: Eerdmans, 1974), p. 276; cf. A.H. Mnele, *The Gospel according to St. Matthew*(London: Macmillan, 1915), p. 367.

25) 마 24:47; 10:41,42; 막 10:30.

　므나의 비유(눅 19:11~27)의 구조와 달란트 비유의 그것을 비교해 보자. 달란트 비유에서는 주인과 세 종들이 서로 대조를 이룬다. 반면에 므나의 비유에는 대조된 두 그룹이 종들과 시민들, 곧 주인 편에 선 사람들과 주인을 반대하는 사람들이 서로 대조를 이룬다. 그리고 종들이 선한 종들과 악한 종들로 구별된다. 비평학자들은 므나의 비유가 달란트의 비유와 비슷하다 하여 같은 이야기의 변형으로 보고 있다. 동시에 두 비유의 차이가 커서 그들은 비유의 서로 다른 부분들이 개찬된 것이라고 생각했다. 그들이 말하는 이 개찬은 누가 혹은 누가가 받은 전승에서 이미 두 비유가 서로 섞인 것이라고 했다.26)

　해석상 조심스러운 구절이 있는데, 종이 주인에 대하여 평하기를 "두지 않은 것을 취하고"(21절)라고 한 것은 '농사의 은유'에서 '은행의 은유'로 바뀐 것으로 보는 것이다. 이 말은 사람을 책잡는 것을 표시한 잠언적 이야기라고 해석하기도 했다.27)

　비록 이 비유의 교훈이 달란트의 비유와 같은 것이지만 예수님께서 다른 기회 즉 예수님이 "예루살렘에 가까이" 오셨을 때 한 이야기이다. 달란트의 비유에서 생생하게 밝히지 아니한 한 가지를 이 비유에서는 명백히 밝히고 있다. 즉 주인이신 하나님이 만유에 대한 주권을 얻게 하시려고 예수님 안에서 행하셨지만 그의 온전한 통치 혹은 온전한 주권은 아직 미래의 정복을 남겨두고 있다.28)

2. 씨 뿌리는 비유(마 13:1~9; 막 4:1~9; 눅 8:4~8)

　마가복음 4:3~8에 근거하여 살펴본 이 비유의 구조는 "집중 구조"를 나타낸다.29) 즉 열매 맺지 못한 세 가지 밭이 열매 맺은 밭과 대조를 이루며,

---

26) cf. A.M. Hunter, *Interpreting the Parables*; C.K. Barrett, *The New Testament Background: Selected Document*, pp. 148~51.

27) Plummer, *Luke*, p. 441; cf. Solon, 1, 57(LCL, 2, 57); Plato, *Laws*, 11, C(LCL 2, 391); Philo, *Hypothetica*, 7, 7(LCL 9, 427).

28) Charles H. Talbert, *Reading Luke*(New York: Crossroad, 1982), pp. 177~78; Craig L. Blombery, *Interpreting the Parables*(IVP, 1990), p. 221.

씨 뿌리는 자가 비유의 모든 요소를 통합한다. 다드는 이 비유가 자기의 "실현된 종말론"을 지지한다고 했다. 예수님이 이 비유에 대하여 설명한 말씀(마 13:18~23; 막 4:13~30; 눅 8:11~13)은 긴 시대를 염두에 두고 있으며, 이 기간 동안에 세상 근심과 재물의 유혹과 핍박으로 성도의 믿음의 진실성과 유효성이 시험을 당하게 된다. 이 비유가 그러한 상황에 놓인 성도들에게 경고를 보내고 용기를 주고 있다고 보았다.

다드는 계속해서 그리스도 자신이 씨 뿌리는 사람이 아니라, 충성되고 진실한 기독교 설교자를 씨 뿌리는 자라고 했다. 이 설교자의 많은 수고가 헛되이 낭비되어 그가 증거한 말씀을 들은 자들이 진리를 참되게 파악하지 못했다. 또한 듣는 자 중에 어떤 사람들은 어려운 일로 실망하기도 하고, 또 어떤 사람들은 재물에 미혹되기도 하였다. 그렇지만 설교자가 확신하는 바는 마침내 자기의 수고가 결실을 거두게 된다는 것이다. 이것이 씨 뿌리는 비유의 "교훈적인 문체"(homiletic style)인데, 다드는 그러한 교훈적인 문체가 예수님의 교훈과 걸맞지 않는다고 보았다. 이 비유의 본문은 풍유적 계열에 서서 예수님이 이야기한 비유를 다시 정성 들여 만들어 낸 것이라고 했다.30) 다드는 예수님이 베푸신 비유의 설명인 마태복음 13:18~23(막 4:13~20; 눅 8:11~15) 말씀의 확실성을 부인하기 때문에 그렇게 말한다. 이처럼 다드가 비유에 대한 예수님의 설명의 확실성을 부인하는 이유는 이 본문에서 풍유의 요소를 보았기 때문이다. 그러나 이런 이유가 정당화될 수 없는 것은 "비유"에 대한 정의 자체가 다드의 의견을 배척하기 때문이다.

씨 뿌리는 비유의 "삶의 정황"에 관하여 다드는 두 가지 가능성을 제시했다. 즉 씨 뿌리는 자는 예수님 자신이며 예수님은 실패와 성공으로 뒤섞인 갈릴리 지상 사역을 생각하셨거나 혹은 씨 뿌리는 농부의 운에 대한 이야기를 추측했다는 것이다. 농부는 씨를 널리 뿌린다. 농부가 새들과 가시와 돌밭으로 인해 많은 씨를 잃는 것은 피할 수 없다. 이 점은 농부에 관한 이야기

---

29) Jarnna Dewey, *Markan Public Debate*(SBLDS 48, Chico: Scholars Press, 1980), pp. 147~52; Lambrecht, *One more Astonished*, pp. 86~89.

30) C.H. Dodd, *The Parables of the Kingdom*(New York: Charles Scribner's Sons, 1961), p. 145.

의 연극적인 구성(the dramatic machinery)일 뿐이고, 상징적으로 해석할 부분이 아니라고 주장했다. 여기서 다드는 영감설을 받아들이지 않는 자신의 입장을 나타낸다.31) 그리고 다드의 입장인 비유가 단 하나의 요점을 말한다는 전제를 나타낸 것이다.

다드가 이 비유에서 자기의 "실현된 종말론"을 찾고 있기 때문에 이 비유가 추수의 비유가 아니라 씨 뿌리는 비유, 즉 요점이 씨 뿌리는 것에 있고 추수하는 데 있지 않다는 것이다. 다드는 자신의 실현된 종말론을 세우려고, 예수님이 오신 것을 추수 때가 임한 것과 동일시하여 제자들에게 가르치셨다고 해석한다. 그리고 여러 가지 장애물(새들, 가시, 돌밭)이 있고, 밭에 아직 덜 익은 부분이 있을지라도 농부가 추수를 연기하지 아니한다는 것을 이 비유가 지적한다고 주장했다.32) 이 같은 해석의 근본적 약점은 예수님의 비유가 단 하나의 요점만 가리키고 나머지 요소들은 한 요점을 돕는 역할을 한다는 데 있다. 그러므로 다드는 추수의 은유도 비유의 한 가지 요점이 된다는 것을 거부하게 되었다.

예레미아스(Jeremias)는 씨 뿌리는 때와 추수 때 사이의 차이점, 그리고 세 종류의 밭의 실패와 큰 추수 사이에 차이가 있다는 것에 주목했다.33) 비유에서 예수님은 자기의 지상 성직에서 하나님이 시작하신 것을 외부의 실패에도 불구하고 궁극적으로 성취시키실 것으로 가르쳤다는 것이다. 여기서 예레미아스는 다드와 마찬가지로 예수님의 비유가 단 하나의 요점만을 교훈하는 것으로 인식한 것이다. 그러나 예레미아스는 다드와 달리 "과정적 미완료 종말론"(the process-unrealized[future] eschatology)을 가정하고 이 비유를 해석한 것이다.

크로산(J. Dominic Crossan)은 씨 뿌리는 비유를 겨자씨의 비유와 연결시켜 해석하며 추수의 분량보다 추수 자체의 기적에 강조를 두었다. 그의 강조점은 은혜스러운 것에 주목한다. 즉 추수 자체가 선물과 같은 성격을

---

31) *Ibid.*, p. 146.
32) *Ibid.*, pp. 180~183.
33) J. Jeremias, *The Parables of Jesus*, pp. 149~51.

띠고 은혜스러운 것을 상징하며 이것이 하나님 나라가 임한 것을 제시한다
는 것이다.34) 크로산은 예레미아스를 본받아 추수가 비유의 요점이며 다른
요소들이 이 요점을 돕고 있다고 했다. 다드와 예레미아스와 크로산은 비유
해석에서 이처럼 율리허의 하나의 요점설 전통을 이어나갔다.

얼마 후 도나휴(John R. Donahue)가 주목한 바는 처음 세 번 씨 뿌림은
일정한 리듬을 전달한다는 것이다. 다시 말하면 이 비유가 하나의 큰 추수와
대조시켜 세 종류의 실패를 단순 나열하여 극적인 효과를 달성한 것이 아니
라, 씨가 점진적으로 자라는 것을 묘사함으로써 극적인 효과를 달성했다고
한다. 듣는 자들로 하여금 씨가 자라가는 것을 공포하는 비밀에 이런 진보의
개념을 관련시켰다는 것이다. 거의 75%에 달하는 실패와 큰 수확을 대조시
킨 것은, 하나님 나라를 기대하는 것과 하나님 나라가 실제로 임한 것이
서로 비교될 수 없다는 것을 말하는 것이라고 했다. 도나휴는 이 비유의
결론이 예수님의 가르침과 활동(막 1:14~15)에서 하나님 나라가 임한 것을
말한다고 했다.35) 이처럼 도나휴는 다드와 같이 실현된 종말론적 전제에서
이 비유를 해석하려고 했다.

이상으로 하나의 요점설을 제시한 비평학자들 중 대표적인 학자들의 해
석을 약술했다. 이들 중 예레미아스는 예수님이 비유를 설명하신 본문에
종말론적 요점이 없다고 하면서 그 본문을 무시했는데, 이는 주관적인 결론
에 불과하다. 그러나 예레미아스가 비유 본문에서 인간의 눈에는 많은 수고
가 헛된 것으로 보였지만, 하나님이 시작하셔서 궁극적으로 추수에 이르게
된다는 것을 비유의 요점으로 삼은 점은 바르게 본 것이다.36) 그런데 이것
도 여러 가지 요점 가운데 하나이다.

"추수"는 시대의 끝 곧 종말 초점을 상징하는 말이다(욜 3:13). 세례 요한

---

34) John Dominic Crossan, *In parables: the Challenge of the Historical Jesus*
(New York: Harper and Row, 1973), p. 51; "The Seed Parable of Jesus," *JBL* 92
(1973), pp. 244~66.

35) John R. Donahue, *The Gospels in Parables*(Philadelphia: Fortress Press,
1988), p. 34.

36) Jeremias, *op.cit.*, pp. 92~150.

은 오는 시대를 가리켜 "손에 키를 들고 자기의 타작마당을 정하게 하사 알곡은 모아 곡간에 들이고 쭉정이는 꺼지지 않는 불에 태우시리라"(마 3:12; 눅 3:17)고 묘사했다. 사도 바울도 마지막 대심판을 추수에 빗대어 "스스로 속이지 말라 하나님은 만홀히 여김을 받지 아니하시나니 사람이 무엇으로 심든지 그대로 거두리라 자기의 육체를 위하여 심는 자는 육체로부터 썩어질 것을 거두고 성령을 위하여 심는 자는 성령으로부터 영생을 거두리라"(갈 6:7~8)고 말씀했다. 계시록 14:15에도 "또 다른 천사가 성전으로부터 나와 구름 위에 앉은 이를 향하여 큰 음성으로 외쳐 가로되 네 낫을 휘둘러 거두라 거둘 때가 이르러 땅에 곡식이 다 익었음이로다"고 하며 대심판을 추수에 빗댄다. 이 구절들이 증거하는 대로 "추수"라는 은유가 종말의 끝에 예수님의 재림으로 말미암아 이루어질 대심판을 의미한다.37)

씨 뿌리는 비유는 또한 이사야 선지가 이른 비와 늦은 비가 씨 뿌리는 자에게 씨를 주고 먹는 자에게 빵을 주는 일에 실패하지 아니할 것이라고 한 하나님의 말씀과 비교한 것을 생각나게 한다.38) 탈무드39)와 고린도전서 15:35~38, 요한복음 12:24, 클레멘트 1서(I Clement) 24:4~5에서는 "씨"라는 말이 부활의 이미지이고 죽음에서 일어난 생명의 신비를 상징한다.40) 씨의 상징이 이 편에서는 죽음이요 저편에서는 생명을 표시한다. "씨"라는 상징이 이런 의미를 품고 있는 바는 곧 하나님의 말씀이 품은 의미와 같다. 따라서 예수님이 비유를 설명하시면서 씨를 "천국 말씀"(13:18)이라고 하신 것이다.

씨를 뿌리는 일에 대하여 약간의 오해의 소지가 있는데, 팔레스타인에서는 농부들이 먼저 씨를 뿌리고 땅을 간다. 그렇다면 좋지 아니한 땅에 떨어

---

37) 마 9:37~38; 눅 10:2; 요 4:35~36; 마 24:32~33; 막 13:28~29; 눅 21:29~31; 렘 8:13; 미 7:1.

38) cf. 2 Esd. 8:41. "농부가 밭에 많은 씨를 뿌리고 많은 초목의 씨를 심으나, 뿌리고 심은 씨앗 전부가 다 뿌리를 내리고 시절을 따라 자라나지는 않는 것처럼, 이 세상에 심기어진 모든 사람들이 다 구원을 받게 되는 것이 아니다.

39) b. Sanh. 90b.

40) Jeremias, *op.cit.*, p. 91.

진 씨가 왜 소실되었는지를 이해할 수 있다.[41] 그러나 더 명확한 자료에 의하면 씨를 먼저 뿌리는 경우도 있고 땅을 먼저 간 후에 씨를 뿌리는 경우도 있다. 어느 경우든지 뿌린 씨가 다소 손실은 있을 수 있다.[42] 당시 농부들이 어느 방법을 사용했든지 간에 예수님은 이 비유에서 씨 뿌리는 방법을 세밀하게 묘사하려는 것이 아니고, 다만 영적으로 결실을 맺는 것을 가르치고 있다.

씨가 싹을 내는 과정은 기적의 표시로서 생명을 부여하는 것이고 그리고 그것의 의미 확장은 부활을 상징한다(고전 15:35~38). 랍비 멜(Meir)의 이야기에서도 이러한 의미가 증명된다. 클레오파트라 여왕이 랍비 멜에게 죽은 자가 몸으로 다시 일어날 수 있는가 물었을 때 랍비 멜은 "보리씨에서 연역해 보면 여왕께서 추론할 수 있으리라. 만일 보리씨가 땅에 묻혔을 때 많은 싹이 난다면, 의로운 자도 그들의 의복을 땅에 묻고 더욱 확실히 일어나지 아니하겠습니까?"라고 대답했다.[43]

교부 클레멘트 1세도 씨 뿌리는 비유를 싹이 나는 은유적 구조를 사용하여 설명했다. 부활을 설명하면서 클레멘트 1세는 먼저 낮과 밤의 은유를 사용하여 "밤이 깊어가면 낮이 이르게 된다"고 했다. 그 다음에는 씨 뿌리는데 주목하면서 다음과 같이 말했다. "씨 뿌리는 자가 밭으로 나가 씨를 뿌렸다. 씨가 땅에 떨어져 말라 썩어버렸다. 그 썩은 것에서 주인의 크신 섭리로 썩은 씨들을 소생시키고 그 중 씨 하나에서 곡식이 자라나 결실하게 되었다."[44] 이러한 이야기가 유대인의 외경에도 기록으로 나타난다.[45]

"길가"(παρὰ τὴν ὁδόν)는 싹이 트기에 적합한 곳이 아니다. 길가에 씨가

---

41) Jeremias, "Palästinakundliches zum Gleichnis vom Saemann," *NTS* 13 (1966), pp. 48~53; cf. K.D. White, "The Parable of the Sower," *JTS* 15(1964), pp. 300~307.

42) Philip B. Payne, "The Order of Sowing and Plaughing in the Parable of the Sower," *NTS* 25(1978), pp. 123~29; cf. B.B. Scott, *Hear Then the Parables* (Philadelphia: Fortress, 1990), p. 353.

43) b. Sanh, 90b; b. Ketub 111b.

44) *1 Clement*, 24,5(LCL 1, 51~53).

45) 2 Esdras 8:38~41.

떨어지면 반드시 씨의 일부는 손실된다. 씨가 싹트기 전에 새들이 와서 그 씨들을 먹고 만다. 이처럼 첫 번 뿌린 씨는 완전히 실패한다. 길에 떨어진 씨가 그처럼 완전히 손실된 것은 사탄이 즉시 예수님의 말씀을 듣는 자들에게서 빼앗아가는 것을 상징한다.46) 예수님의 말씀을 듣고 구원에 이르는 믿음이 생기지 않는다면 사단의 유혹으로 인하여 확신하는 응답도 없다. 이것이 비유가 가리키는 여러 요점 가운데 하나이다.

"돌밭"(τὰ πετρώδη)도 길가와 같이 적합한 땅이 아니다. "돌"은 메마른 것을 의미하고 아무것도 산출할 수 없다는 것을 뜻한다.47) "흙이 깊지 아니하므로 곧 싹이 나오나 해가 돋은 후에 타져서 뿌리가 없으므로 말랐고"(5~6절)라는 말이 가리키는 바는, 예수님께 가까이한 자들이 한때 헌신을 하기는 했지만 실제로는 표면적인 것이었음을 의미한다. 이들의 운명은 길가에 떨어진 씨와 같다. 다만 어느 것은 싹이 났다는 것만 다르다. 즉 한 동안만 예수님을 따르는 자들을 가리킨다. 이것이 이 비유의 또 하나의 요점이다.

"가시떨기 위에 떨어진" 씨(렘 4:3)에서는 가시가 어린 싹이 자라는 것을 막았다. 씨가 가시떨기 위에 떨어졌다고 말하는 것은 피할 수 없는 운명을 나타낸다. 돌밭에 떨어진 씨들에 비해 가시떨기 위에 떨어진 씨는 싹이 나고 자라지만 추수 때가 이르러도 열매를 맺지 못한다. 그 기간이 길지는 하지만 임시일 뿐이다. 씨 뿌리는 때는 지났고, 이제 추수의 날이 가까워지고 있다. 그러나 그 추수 때까지 자라날 수는 없다. 다른 두 씨에 비하면 임시적인 시간이 길지는 하지만 자라는 일이 임시이므로 결국은 실패로 끝난다.

이처럼 세 가지 양상으로 뿌려진 씨에서는 씨들이 손실되는 것을 피할 수 없듯이 제자 신분의 엄격한 요구에는 이르지 못하지만 다른 한편은 그 요구를 만족케 한다. "더러는 좋은 땅에 떨어지매 혹 백 배 혹 육십 배 혹 삼십 배의 결실을 하였느니라"는 말씀이 성취를 기대케 한다. 이 성취가 압도적인 것을 "혹 백 배 혹 육십 배 혹 삼십 배의 결실"이라고 표현했다. 즉

---

46) 참고. 마 16:23; 막 8:31~33.
47) 벤시락(Ben Sirach) 40:14에 같은 은유를 사용하여, "하나님을 경외하지 아니하는 자들의 자녀들은 메마른 돌 위에 뿌리를 박은 것처럼 가지를 뻗지 못한다"라고 하였다.

하나님의 축복이 그처럼 풍성한 것을 표시한다. 여기서 언급된 숫자인 백
배, 육십 배, 삼십 배라는 말은 다만 결실이 형언할 수 없을 정도로 풍성한
것, 즉 하나님의 축복이 그처럼 풍성하다는 것을 지적하고 다른 특별한 것을
지적하는 말은 아니다.48) 좋은 땅에 떨어진 씨가 그와 같이 풍성한 결실을
가져온다는 것은 인간이 측량할 수 없을 정도로 넘치는 하나님의 종말적
축복을 상징한다.

좋은 땅에 떨어졌다는 것은, 하나님의 말씀에 믿음으로 정당하게 응답하
여 순종하고 인내함으로 행하는 것이다. 하나님의 말씀에 믿음으로 순종하
고 인내하여 실행하는 것이 참된 중생의 표적이다. 이와 같은 순종과 인내가
종말의 끝에 무한히 풍성한 하나님 축복에 이르게 한다는 교훈이다.

선지자 이사야가 이 사실을 예언하여 "후일에는 야곱의 뿌리가 박히며
이스라엘의 움이 돋고 꽃이 필 것이라 그들이 그 결실로 지면에 채우리로
다"(사 27:6)고 말씀했다. 바빌론 탈무드(the Babylonian Talmud)에도 비슷
한 이야기가 기록으로 전해진다.49)

3. 선한 사마리아인의 비유(눅 10:25~37)

이 비유는 예수님과 율법사 사이에 주고받은 여덟 번의 질문과 응답이라
는 구조에서 그 중간에 나오며 이 구조는 정확하게 토론이 둘로 나뉜다.
각 토론 순서마다 질문과 두 개의 답변으로 이루어진다. 각 토론의 장면에서
공식적 구조는 다음과 같은 동일한 구조의 대화 형식으로 이루어져있다.

첫 번째 토론의 순서: 율법사가 일어나 예수를 시험하여 가로되, 25a

　　① 율법사의 질문, 25b, "내가 무엇을 하여야 영생을 얻으리이까"

---

48) cf. Amos Wilder, *Jesus' Parables and the War of Myths*(Philadelphia:
Fortress Press, 1982), p. 93.

49) b. Kitub, 111b. 파피아(Papias)가 "포도나무가 자라는 때가 올 것이고, 그 때에 포도나
무가 십만 가지를 싹트게 하고 ... 십만의 포도송이들이 결실케 된다.... 각 포도송이가 ... 25자의
포도주를 낼 것이다."고 말하고 있다. Irenaeus, *Ad Hear*, 5, 33. 3~4; cf *Seneia Ad
Sucilium Episstulae Morables*, 38, 2(LCL 1, 257~59); T. Lev. 13:6; 2 Bar 70:2;
겔 47:1~12.

② 예수님의 질문, 26a, "율법에 무엇이라 기록되었느냐"
③ 율법사의 대답, 27,
④ 예수님의 답, 28, "이를 행하라"
두 번째 토론의 순서: 율법사가 자기를 옳게 보이려고, 29a.
① 율법사의 질문, "내 이웃이 누구오니이까," 29a
② 예수님의 질문, 30~36
③ 율법사의 대답, 37a
④ 예수님의 대답, 37b

이와 같이 이 비유의 구조는 계단식 평행을 사용하고 있다. 각 토론의 순서에 두 개의 질문과 두 개의 답이 있다. 율법사가 먼저 질문하고 곧 이어서 예수님이 답하시기 전에 질문을 한다. 다음 순서로 율법사가 예수님의 질문에 답을 하고 다음으로 예수님이 율법사의 질문에 답하신다. 첫 대화는 무엇을 하여야 영생을 얻느냐에 질문의 초점이 맞춰진다. 대화 순서는 율법사가 질문한 동기를 분석하는 것으로 시작하고 무엇을 행해야 할 교훈으로 마쳐진다.

비평학자들은 이 비유를 "예증 이야기"(an example story)로 본다.50) 그렇게 보는 이유는 누구나 이 비유의 의미를 알기 때문이라고 했다. 예수님은 누가 나의 이웃인가라는 질문을 받고 도움이 필요한 처지에 있는 사람을 돕는 자가 그 이웃이라고 대답하셨다. 그러므로 이 비유에서 선한 사마리아인은 이웃이 무엇을 의미하는지를 보여준 예증이 된다는 것이다.

이러한 의견과는 달리 이 비유가 은혜의 비유라고 주장하는 사람도 있다.51) 그는 이렇게 해석하는 이유를 다음과 같이 설명한다. 이 비유는 듣는

---

50) 예. Jan Lambrecht, *Once More Astonished: the Parables of Jesus*(New York: Crossroad, 1981), pp. 71~75; cf. John Dominic Crossan, *In Parables: The Challenge of the Historical Jesus*(New York: Harper and Row, 1973); "Parable and Example," p. 74; Robert Funk, "The Good Samaritan as Metaphor," *Semeia* 2(1974), pp. 74~81.

51) Robert Funk, *op.cit.*, pp. 31ff.

자로 하여금 선한 이웃이 되는 하나의 예증으로 이 비유를 깨닫게 하려는 데 있지 않기 때문이다. 여기 나온 내러티브(a narrative)는 청중으로 하여금 관찰하게 하는 수단이다. 사마리아인은 문자적인 의미 혹은 은유적인 의미를 결정할 수 있는 중요한 열쇠가 되며, 비유를 듣는 자들은 이 내러티브 속의 사건들과 연관시켜 자신의 위치를 정할 수 있는 열쇠가 된다. 이 비유에서 천대받는 사마리아인은 은혜의 도구가 되고 있다는 것이다.52) 곧 사마리아인이 죽음을 면치 못할 원수가 아니라, 선한 사람 즉 덕스러움의 모델이 된다고 본다. 그리고 이 비유가 제시하는 바는, 누가 사마리아인처럼 선한 이웃으로 행동하느냐 하는 것이 아니고, 누가 원수로 말미암아 도움 받아야 할 희생자이냐에 있다고 한다.

이 비유를 이처럼 은혜의 비유로 보게 된 펑크(Robert Funk)는 다음과 같은 두 가지 요점을 이 비유에서 발견한다. ① 하나님 나라에서는 자비를 기대할 권리가 없고 자비를 베풀었을 때 그것을 거절할 수 없는 자들에게만 이 자비가 베풀어진다. ② 자비는 언제나 기대할 수 없는 자에게 임한다는 것이다. 한마디로 표현하면 자비는 항상 뜻밖의 일(a surprise)이라는 것이다.53) 이 비유의 요점을 이렇게 이해한 것은 일면 올바른 관찰이라고 할 수 있다.

어떤 학자들은 이 비유에서 "제사장과 레위인과 이스라엘"이라는 삼자 관계를 기대했다.54) 그러나 사마리아인이 그들의 기대에 어긋나는 인물로 나타나는 까닭에 원본문에는 사마리아인이 아니라 "이스라엘"이었다고 주장하고 그 이유를 이렇게 제시한다. ① 예수님은 제자들에게 사마리아인들과의 교제를 피하도록 권면하신 것이다(마 10:5). ② 사마리아인은 예루살렘과 여리고 사이에 있는 길로 여행하지 않았을 것이며, 사마리아인은 주막

---

52) *Ibid.*

53) *Ibid.*, p. 34.

54) 예. I. Abrahams, *Studies in Pharisaism and the Gospels*(New York: Ktav, 1967), 2, p. 35; A Mattill, "The Good Samaritan and the Purpose of Luke-Acts: Halevy Reconsidered," *Encounter* 33(1972), pp. 359~76; C. Montefiore, *Synoptic Gospels*, 2, p. 467.

주인과 친구가 되었을 가능성이 없다. 따라서 원본의 비유는 제사장과 레위인을 대조시켰고, 그들이 순례자들의 제물과 선물로 생활을 유지했으며, 강도 만난 자를 도와준 이스라엘의 일반인과 함께 강도 만난 자를 도와주지 않았다는 것이다. 누가는 관련된 이방인들이 이러한 삼자관계의 차이를 이해할 수가 없으므로 그가 "이스라엘"을 "한 사마리아인"으로 바꾸어 비유를 반유대적(anti-Jewish)인 것으로 만들었다고 주장한 것이다.55)

그러나 이런 주장은 이 비유 본문의 문학체계를 무시하고 있다. "사마리아인"이라는 말은 원래 거부감을 불러일으키는 말이다. 따라서 사마리아인은 상이성에 기초를 둘 때는 적합한 은유이지만, 유사성에 기초를 둘 때는 "사마리아인"은 합당한 은유가 될 수 없다.56) 그러므로 "이스라엘"을 대신하여 "사마리아인"으로 대치한다는 것은 논리적으로 맞지 않다. 이처럼 이 비유의 은유 사용법도 이 비유의 확실성을 보증한다. 그러므로 현재 누가복음의 문맥이 본래의 것이 아니고, 따라서 이 비유를 본래의 비유 의미를 해석하는 데 사용할 수 없다는 비평학자들의 의견도 다만 주관적 편견에 불과하다.

그리고 비평학자들 가운데서는 누가복음 10:25~29과 10:37이 선한 사마리아인의 비유와 본래부터 연결될 수 없다고 하면서 다음의 이유들을 제시한다. 첫째는 누가복음 10:25~29이 마가복음 12:28~31 및 마태복음 22:34~40과 평행을 이루는데, 마태복음과 마가복음의 문맥에는 선한 사마리아인의 비유가 들어있지 않다. 다만 선한 사마리아인의 비유가 독립된 전승으로 전해 내려왔는데 누가 자신이 이 비유를 대계명의 문맥 속에 삽입시킨 것이라고 했다. 그러므로 누가복음 10:25~29은 이차적인 본문이라고 주장했다. 그러나 누가복음 10:25~29이 마가복음 12:28~34 및 마태복음 22:34~40과 단순히 평행을 이룬다고 볼 수는 없다.

사실 평행이 아니라고 보는 것이57) 올바른 해석이라 할 수 있다. 이 구절

---

55) Montefiore, *op.cit.*, 2, pp.466~68; Mattill, *op.cit.*, pp. 359~76.
56) B.B. Scott, *Hear Then the Parables*, p. 198.
57) J. Jeremias, *The Parables*, p. 202.

들은 다만 사랑하라는 이중 계명을 공통으로 소유한 것뿐이고, 예수님은 이중 계명이 품고 있는 중대한 사랑의 사상을 매우 흔하게 말씀하셨다. 그러므로 누가복음 10:25~37은 마태복음 22:34~40 및 마가복음 12:28~34과 다른 문맥이며 예수님이 다른 기회에 말씀하신 이야기라고 볼 수 있다.

둘째 이유는 누가복음 10:27,29과 10:36이 표시한 이웃의 의미가 일치하지 아니한다는 것이다. 즉 10:27과 29절에는 이웃이 사랑의 대상 즉 사랑을 받게 된 자를 의미하지만, 10:36에서는 이웃이 사랑을 베푸는 자를 의미한다는 것이다. 그러나 이러한 주장은 이 비유가 말해주는 율법사의 이웃 개념과 예수님의 이웃 개념이 서로 충돌하는 것을 이해하지 못한 결과에 지나지 않는다. 예수님이 이 비유에서 말씀하신 이웃의 의미는, 제자들이 다른 사람에게 사랑을 베풀 때 그 사랑할 대상이 소유한 인격이나 성질이나 품성을 위주로 할 것이 아니다.58) 다시 말하면 율법사처럼 사랑을 베풀 대상자가 그만한 자격이 있느냐, 사람이 그에 대하여 무엇을 행할 것이냐 하는 것에 제자들이 관심을 두어서는 안 된다. 예수님께서는 제자들이 사랑하는 그 자체에만 관심을 두어야 할 것을 비유로 가르치신 것이다.

이 비유에서는 율법사가 큰 계명을 잘못 인식한 것을 보여주고 있다. 그는 자기의 사랑을 받을 만한 자격을 소유한 자에게 관심을 두었다. 그러나 예수님은 사랑하는 자로서의 자격이 큰 계명의 관심이라는 것을 보이고 있다. 사랑은 사랑을 받을 자가 어떠한 자격을 갖추고 있고, 그 요구들을 만족시킬 수 있는 데 좌우되는 것이 아니라는 점을 예수님이 증명하신다. 문제는 누가 사랑을 받아야 할 것이냐 즉 "누가 나의 이웃이냐"가 아니고 사랑한다는 것이 나에게 무슨 의미가 있느냐 곧 나에게 이웃이 되는 것이 무슨 뜻이냐 하는 문제이다(눅 6:34~36, 14:12~14). 율법사와 유대교는 나의 이웃이 되는데 그가 무엇을 행할 것인가 혹은 그가 무슨 자격이 있어야 할 것인가에 관심을 두고 있었다.

그러므로 예수님이 이 비유로써 율법사의 유대교적인 질문을 책망하고 증명하신 것은, 우리의 관심이 사랑하는 이웃에 있다는 것이었다. 이 비유에

---

58) 마 18:21~22; 5:38~42; 눅 8:21~28.

서 논리적 불일치가 있는 것은 예수님 당시의 유대인들이 이웃을 잘못 이해했기 때문이고, 따라서 형식상 불일치(a formal inconsistency)에 지나지 않는다.59) 10:25~37에서 예수님이 그들의 잘못된 이해를 책망한 표현은 예수님이 다른 데서 가르치신 교훈과도 일치하며, 이 비유는 본문의 통일성을 유지한다(눅 7:36~50).60) 그리고 이미 앞에 언급한 이 비유의 계단식 평행 구조가 본문의 통일성을 요구한다.

누가복음 10:29은 선한 사마리아인의 비유에 속하며, 누가의 편집적 추가가 아니라는 사실은 다음과 같이 증명이 된다. 10:36에 진술한 "이웃"이라는 말은 이미 언급한 것을 전제하며, 10:29과 27절을 떠나서는 "이웃"이라는 말을 찾을 수가 없다. 그리고 누가가 25~28절에 비유를 연결시키려고 29절을 꾸며서 만들 필요도 없다. 만일 비유를 25~28절에 연결시키려고 했다면, 누가는 다만 "그리고 그가(예수님) 그들에게 이 비유를 말씀하셨다"라는 말씀을 사용했을 것이다.61)

어떤 율법사가 "일어나"라고 한 말은 사회적 예의와 존경의 인사를 표시한다. 고대 중동 사회에서 학생이나 제자가 선생에게 이야기할 때는 예의로 일어났다. "예수를 시험하여"(25절)라는 표현은 부패한 마음에서 일어난 내적인 사기를 의미한다. 그리고 율법사가 예수님께 "선생님"이란 호칭을 쓴 것은 예수님이 적어도 자기와 동등하다는 것을 확언하는 표현이다. 시험의 주제는 "영생을 유업으로 얻는" 문제이다. '어떤 유업을 얻기 위해서 누가 무엇을 할 수 있는가?' 겉으로는 이 질문이 아무런 중요점도 없는 것처럼 보인다. 그것은 다만 법적 상속자들만이 유업을 얻게 되기 때문이다.

구약의 유업 개념은 가나안 땅을 유업으로 받는 이스라엘의 특권과 주로 관련이 있다. 이스라엘은 가나안 땅을 유업으로 받는 것을 하나님의 선물로 인식했다. 이스라엘은 가나안 땅을 유업으로 받을 가치가 있는 것도 아니고

---

59) Jeremias, *op.cit.*, p. 205.

60) Robert H. Stein, *Introduction to the Parables of Jesus*(Philadelphia: Westminster Press), pp. 74~75.

61) cf. Eta Linnemann, *Jesus of Parables*(New York: Harper and Row, 1966), p. 138.

그것을 얻으려고 무슨 일을 한 것도 아니다.62) 그리고 이스라엘은 땅을 유업으로 받는다는 것을 하나님이 자기의 백성에게 부여할 구원에 적용했다.63) 랍비들도 "땅을 차지하는"(사 60:21) 것을 오는 세상의 구원에 참예하는 것이라고 해석했다.64) 유대교에서는 "유업"이 영생을 의미하고 그것을 유업으로 얻는 방법은 율법을 지키는 것이었다. "누구든지 율법-토라의 말씀을 지키는 자는 오는 세상의 생명을 얻은 것이라"고 믿게 되었다.65) "큰 것이 율법-토라이고 그것을 준행하는 자에게 이 세상과 오는 세상에서 생명을 주기 때문이다."66) 다시금 유대교는 하나님이 자기의 계명을 따르는 자들에게 신실하시다고 주장한다. 하나님이 주신 율법 안에서 그들이 마땅히 살아야 한다고 했다. "여호와를 경외하는 자는 율법-토라로 말미암아 살 것이니라"고 율법주의는 주장한다.67) 반면에 죄인들의 유업은 스올(Sheol)이고 흑암이고 파괴이지만, 경건한 자들이 즐거움 가운데 생명을 유업으로 얻는다고 예수님 당시의 유대인들은 믿고 있었다. 이와 같이 의로움이란 영생을 유업으로 받을 율법의 준수를 의미했다.68)

율법사도 이와 같은 유대교의 율법-토라와 구원 개념을 마음에 가다듬고 예수님의 율법-토라에 대한 태도에 관해서 불안감을 갖고서 예수님께 접근했을 것이다. 율법사가 당황해 한 것은 예수님이 기업은 율법을 지킴으로 얻게 되는 것이라고 믿으시는지 확실하게 알 수가 없었기 때문일 것이다. 그러므로 율법사가 이 일에 관하여 확실한 답을 얻기로 작정하고 예수님을

---

62) cf. Foerster, *TDNT* III, pp. 760~74.

63) Dalman, *The Words of Jesus*, p. 126.

64) B.T. Sanhedrin, II; Dalman, *op.cit.*, p. 126.

65) Mishna Pirke Aboth 2:8; R.H. Charles, *Apocrypha and Pseudepigrapha II*, p. 696.

66) M. Pirke Aboth 6:7; Charles, *op.cit.*, II, p. 712.

67) Ps. Sol 14:1~2; Charles, *op.cit.*, II, p. 645.

68) 1 Eno 9. "오, 에녹아, 이곳(에덴동산)이 의인을 위하여 준비된 곳이고, …의인은 자기의 눈을 불결한 것에서 피하고 의롭게 판단하며, 굶주린 자들에게 먹을 것을 주고, 헐벗은 자들에게 옷을 입히고, 넘어진 자들을 일으키고, 부상당한 자나 고아들을 도와 준 자들이다. 또한 의인은 하나님 앞에서 흠이 없이 걷고, 하나님만을 섬긴 자이다. 그를 위하여 거처할 곳이 영원한 유업으로 준비되어 있다."

시험한 것이다.

율법에 "무엇이라 기록되었으며"(26, τί γέγραπται πῶς ἀναγινώσκεις) 라는 말은 "내가 너희의 권위적인 주석을 듣고자 한다"는 의미이거나[69] 혹은 "네가 어떻게(회당 예배 때) 암송하는가"를[70] 물은 것이다. 이에 대한 율법사의 대답은 신명기 6:5과 레위기 19:18, 곧 하나님을 사랑하라는 것과 이웃을 사랑하라는 것을 합친 것이다. 율법사가 그렇게 두 구절을 합쳐서 대답하게 된 것은 그가 예수님이 다른 기회에 그처럼 두 개의 사랑의 계명을 합쳐서 권고하신 것을[71] 인식했기 때문이라고 할 수 있다. 다시 말하자면 율법사가 예수님의 입장을 인용하고 토론에 예수님을 끌어넣고 시험을 해 보려는 것이었다.[72] "이웃"(27절)은 레위기 19:17~18의 문맥에서 볼 때 형제자매들과 동일시된다. 그래서 랍비들은 이 구절에서 "이웃"이라는 범주에는 모든 유대인이 포함된다고 해석한다. 랍비들은 개종자 문제를 논의하고 이방인이 "이웃"에 포함되지 않게 하려고 조심했다.[73] 이와 같이 율법사는 이웃이 누구인가에 대하여 예수님과는 다른 견해를 가지고 유대교적 전망에서 질문을 하며 시험해 본 것이다.

예루살렘과 여리고 사이의 거리는 27km이며 역사적으로 볼 때 매우 위험한 길이었다. 고대에는 이 길이 강도들의 소굴로 소문난 길이었다. 따라서 로마인 역사가 스트라보(Strabo)는 폼페이 장군이 여리고 가까이 있는 "요단의 요새"를 파괴할 수밖에 없었다고 기록한다.[74] 동행자들이 없이 이 길을 지나는 여행자는 반드시 강도들을 만나 매를 맞거나 도적을 맞거나 죽임을 당했다는 것이다. 십자군들은 이 길 중간 위치에 성채를 세워서 순례자들을 보호했다. 비유에 나오는 이 강도들은 옛날에 말을 타고 다니던 노상

---

69) J.D. Derrett, *Law in the New Testament*(London: Darton, Longman and Todd, 1970), p. 224.

70) J. Jeremias, *Theology of New Testament*, p. 187.

71) 마 22:34~40; 막 12:28~31; 시 119:11.

72) K.E. Bailey, *Poet and Peasant; Through Peasant Eyes*(Grand Rapids: Eerdmans, 1980), pp. 37~38.

73) Jeremias, *The Parables*, p. 202.

74) Strabo, *Geog*, XVI, 2, 41.

강도들을 돕던 강도들로 보기도 했다.[75] 이 비유를 듣는 자들 가운데 어떤 사람들은 강도들을 "열심당"(the Zealots)으로 생각했다고 추측할 수도 있다. 요세푸스가 "열심당"을 "강도들"($\lambda\eta\sigma\tau\alpha\iota\varsigma$)이라고 불렀기 때문이다.

이 비유의 여행자가 누구인지는 밝히지 않았지만, 유대인 청중들은 그가 한 유대인일 것으로 가정했을 것이다.[76] "때려"($\pi\lambda\eta\gamma\dot{\alpha}\varsigma$)라는 말은 그가 자기 목숨을 보호하려고 강도들과 다툰 것을 의미한다. "그 옷을 벗기고"라는 말은 상처를 입은 자가 국적이나 사회 신분이 없어졌다는 것을 표시한다. 그 당시 사회에서 착용한 옷은 그가 속한 국적과 사회신분을 드러냈다. 옷을 벗기고 버려둔 것은 그가 도움이 필요한 자라는 의미이다. "거반 죽은 것"이란 말은 랍비들의 말로는 "죽음의 순간" 곧 "죽기 직전"과 같은 의미의 표현이다.

27km나 되는 길이므로 제사장은 나귀를 타고 여행하는 중일 것이다. 제사장은 사회 고위층에 속한다. 따라서 고위층에 속한 자들이 받는 대우가 제사장에게도 적용된다. 그 당시 유대교에 비추어 볼 때, 소위 "죄인들"을 제사장들이 돕는다는 것은 "죄인들"을 몹시 싫어하시는 하나님을 반대하는 일처럼 생각했다. 그러므로 이방인들을 돕는 일에도 주의했다.[77] 이러한 시대에 살고 있던 제사장들은 그들의 법적, 신학적 체계의 포로가 된 것이다. 그리고 제사장은 또 하나의 계명인 랍비들의 계명도 지켜야 했다. 그 계명은 만일 누구나 자기 친구가 물에 빠졌거나 짐승에게 상처를 입었거나 강도를 당한 경우에는 그를 구해 낼 의무가 있다는 계명이다.[78] 외인들을 돕지 아니할 것과 동족을 도와야 한다는 이 두 계명에 견주어 행동을 취해야 한다.

---

75) Jakob Wettstein, *Novum Testamentum Graecum 2 vols*(Gruz: Akademisehe Druck-U. Verlagsanstatt, 1962), 1, 722.

76) Plummer, *St. Luke*, p. 286; Marshall, *Luke*, p. 447; Derrett, *op.cit.*, p. 209; Bailey, *op.cit.*, p. 42; 빈더(Hans Binder)는 비유에서 "어떤 사람"은 예수님이며, 사마리아인은 예수님을 영접했으나, 유대인들의 제사장들은 예수님을 배척한 것을 나타낸다고 했다. "Das Gleichnis vom barmherzigen Samariter," *Theologische Zeitschrift* 15(1959), pp. 176~94.

77) Sir. 12:1~7.

78) B.T. Sanhedrin, 73a, Sonc. 495.

제사장은 상처입고 거반 죽은 채 버림당한 사람이 자기의 "이웃"인지를 확인해야 할 경우에 처했다. 강도 만난 사람이 "이웃" 곧 유대인이 아닐 수도 있고, 또는 이미 죽은 자일 가능성도 있다. 만일 그가 죽은 자라면 죽은 시체는 제사장을 더럽힐 것이다.

제사장의 직분에는 십일조를 모으고 분배하고 십일조로 생활하는 것이 포함되었다. 만일 제사장이 시체로 더럽히게 되면 이러한 일들을 행할 수 없고, 자기뿐만 아니라 자기의 가족과 종들이 자기와 함께 어려움을 당하게 된다. "거제"는 하나의 십일조인데, 레위인들이 이 십일조를 제사장과 그 가족이 쓰도록 제사장에게 드린다. 제사장은 의식적 청결 상태에서만 그 예물을 사용할 수 있다. 기록된 율법에서는 더럽히게 하는 다섯 가지 요인(source)을 목록으로 만들었다. 여기서 시체와의 접촉이 그 목록의 첫 번째로 기록되었다. 구전된 율법은 유대인이 아닌 이방인과의 접촉을 그 첫 번째 것으로 말한다. 이 비유의 제사장은 이처럼 기록된 율법과 구전의 율법 양면에서 매우 엄격하게 적용되는 의식적 불결을 당할 처지에 놓여 있었다.

청결의 규례는 그 율법 자체에서 그치는 것이지 어떤 목표를 달성하는 방법은 아니었다. 청결의 규례들은 죄를 피하고, 최고의 거룩함에 도달하는 제일 좋은 방법이라고 생각했다. 이 비유에서 제사장은 선한 자가 되려고 매우 애를 쓴 것이다. 그는 죄를 피하고 성결을 유지하려고 했다. 많은 제사장들이 여리고에 살고 있으면서 예루살렘에 올라와 두 주간 동안 성전에서 봉사했다. 이 제사장은 방금 두 주간의 봉사를 마치고 여리고의 집으로 내려가던 중이며, 만일 시체와 접촉하여 불결하게 되면 다시 예루살렘으로 돌아가 불결하게 된 제사장들과 함께 동쪽 성전 문 제단 앞에 서야 할 것이다. 이런 의식은 불결한 것과 접촉한 제사장들을 부끄럽게 하려는 것이었다.[79] 그리고 이러한 수치를 당하는 것뿐만 아니라 다시금 의식적 청결의 회복을 위한 절차에 많은 시간과 비용이 소모된다. 청결케 하는 예식은 일주일이 걸리고, 새끼를 낳지 아니한 3년 미만의 어린 붉은 암소를 찾아 사서 태워 재로 만들어야 한다.

---

79) Danby, *The Mishnah*, 587.

제사장이 불결하게 되지 않으려면 시체에 4규빗 이상 가까이 다가가면 안 된다. 강도 만난 자의 상태를 알아보려면 제사장은 4규빗의 거리만큼 떨어져야 한다. 그리고 만일 그가 죽었으면 제사장은 자기 옷을 찢어야 한다. 그러나 옷을 찢을 때 제사장의 옷에 들어있는 귀중품들은 상하지 않게 조심해야 한다.80) 이처럼 율법이 까다롭고 복잡할 뿐 아니라 그 규례를 엄격하고 어렵게 하는 것이 또 하나 더 있다. "더럽히지 아니해야 할 것"이라는 계명은 무조건적이고 "이웃을 사랑하라"는 계명은 조건적인 것이다. 그러므로 제사장은 "피하여 지나가"는 법적 권리를 지녔다고도 할 수 있다.81)

미쉬나에서는 대제사장과 나실인의 성별 (聖別)을 같이 취급한다. 대제사장이나 나실인에게 똑같이 시체 만지는 것을 금하고 있다. 그러나 그들이 불결해질 위험이 없는 예외규정으로 버린 시체를 장례할 계명을 주고 있다. 버려진 채로 장례할 사람이 없이 죽은 자를 제사장이 장례해야 할 경우에는 불결에서 제외된다. 그가 죽기 전에 다른 사람을 부를 수 있었거나 그의 부름에 응답할 수 있었다면, 그의 주검은 "버림받은 시체"가 될 수밖에 없었다.82) 버림받은 시체를 장례하는 것이 토라―율법을 연구하는 것보다 우선이다. 그 뿐만 아니라 버림받은 시체를 장례하는 것이 성전 예배를 인도하는 것보다도 우선이다.83) 이처럼 미쉬나는 시체를 장례하는 것을 종교적 청결보다 우선으로 한다.

탈무드는 더 세세한 사례도 적고 있다. "나실인"이 자기 아들을 할례하거나 혹은 유월절 양을 죽이려고 가던 도중 친척이 죽었다는 소식을 들으면 그 죽은 자를 장례함으로 자기 몸을 더럽힐 수가 없다. 그러나 버림받은 시체를 장례하기 위해서는 그가 더럽혀져도 괜찮다고 했다.84) 또 하나의 구체적인 예는 대제사장이 자기 아버지와 함께 여행하던 중 아버지가 목

---

80) Darrett, *op.cit.*, p. 213.
81) *Ibid.*, Bailey, *op.cit.*, pp. 44~45.
82) b. Nazir. 43b; George Moore, *Judaism* 2 vols(Cambridge: Harvard University Press, 1954), 1, p. 71.
83) b. Meg. 3b.
84) b. Nazir 48b.

베임을 당했다. 이 대제사장이 더럽혀져도 괜찮은 이유는 죽은 자가 아버지이기 때문이 아니고 버림받은 시체이기 때문이다. 그들이 같이 여행하다가 아버지가 목 베어 죽임을 당했고, 그를 장례할 자가 대제사장밖에는 없었기 때문이다.85) 이 예들이 보여주는 바는 제사장(그리고 레위인도)이 더럽힘을 당하지 않겠다는 것을 구실로 삼아 강도 만난 자를 도와주지 않고 그냥 지나갈 수 없다는 것이다.

버림받은 시체를 처리하는 예외 규정이 토라-율법에는 들어있지 않고 다만 미쉬나와 탈무드에만 나온다. 그러므로 제사장과 레위인은 사두개파에 속한 자들인 것으로 짐작해 볼 수 있다. 사두개파는 토라-율법을 엄격하게 지키고 더럽혀지는 것은 모두 피하려고 했다.86)

"또 이와 같이"(32, ὁμοίως)라는 말은 레위인도 제사장을 따라 여리고로 내려갔다는 것을 의미한다. 레위인은 원하면 제사장보다 좀 여유 있는 태도를 취할 수가 있었다. 레위인은 예식 행사를 맡은 기간에만 의식적 청결을 지켰다. 그러므로 그가 원했다면 강도 만난 자를 도와 줄 수 있었다. 만일 강도 만난 사람을 도와주는 도중에 자기 손에서 죽게 되더라도 불결에 관한 규례의 요구가 그리 심각한 것은 아니었다. 사실상 레위인은 그러한 의식적 규례를 잘 알고 있었으므로, 제사장은 강도당한 자를 보고 "피하여 지나"갔지만 레위인은 "그곳에 이르러 그를 보고" 그 다음에 "피하여 지나"갔다. 이 말씀은 레위인이 4규빗의 불결의 한계를 넘어서 강도 만난 자에 대한 자기의 관심을 만족시키고 난 후, 그 사람을 버려두고 지나갔음을 지적하는 것으로 볼 수 있다. 강도 만날 공포심 때문에 레위인이 그와 같은 태도를 취했을지는 몰라도, 불결하게 될 두려움이 그렇게 버리고 지나가게 하지는 않았다.87)

---

85) b. Nazir 43b.

86) Derrett, *op.cit.*, pp. 212~14; cf. J. Mann, "Jesus and the Sadducean Priests: Luke 10: 25~27," *Jewish Quarterly Review* 6(1914), pp. 417~19; E. Feldman, *Biblical and Post-Biblical Defilement and Mourning: Law as Theology*(New York: Yeshiva University Press, 1977), pp. 60~62.

87) R.C. Trench, *Notes on the Parables of Our Lord*(New York: D. Appleton

이와 같이 비유의 요점들이 전개되며, 셋째 단계로 사마리아인이 강도 만난 자를 향해 오게 된다. 사마리아인은 제사장과 레위인에 비하면 이중으로 어려움을 당할 가능성이 크다. 첫째로 사마리아인도 불결하게 될 수 있고, 자기가 탄 나귀와 소유물도 함께 더럽혀지게 된다. 둘째로는 강도들이 제사장과 레위인은 교직자들이기 때문에 존경하여 그들에게 강도질을 하지 않을 가능성이 있지만, 사마리아인은 그러한 입장에 처한 자가 아니었다. 그 뿐만 아니라 그의 소유물이 강도들의 공격 목표가 되기도 한다. 더욱 사마리아인들이 유대인들에게서 미움을 받고 있었기 때문에 강도들이 그를 공격해서 도적질하는 데 전혀 주저할 일이 없었을 것이다.

이 비유를 듣는 청중들은 제사장과 레위인의 말을 들은 후 다음으로 "한 이스라엘 사람"이 등장할 것을 예수님의 이야기에서 기대했을 것으로 짐작해 볼 수도 있다. 제사장들과 레위인들의 대표가 여리고에서 예루살렘으로 올라가 두 주간의 직무를 마치고 여리고로 다시 돌아오고 이스라엘인들의 대표가 그 다음으로 예루살렘으로 올라가 직무를 마치고 다시 여리고로 내려오는 순서로 청중이 이해했을 것이다. 그러나 이 비유의 주제가 "이웃"의 문제이고, 사마리아인은 유대교적 이웃 개념을 시정하는 데 합당한 것이었다.

"…유대인이 사마리아인과 상종치 아니함이러라"(요 4:9)는 말은 유대인들이 사마리아인들을 몹시 천대한 것을 의미한다. 유대인들과 사마리아인들 사이에 몇 세기에 걸쳐 틈과 적의가 생긴 것은 여러 역사적 사건을 배경으로 한다. 주전 922년에는 솔로몬을 이은 르호보암 왕에게 반기를 든 자들이 북쪽 열 지파의 자손이었다. 주전 722년에는 북쪽 이스라엘이 앗시리아 (Assyria)에 점령당한 후 사마리아는 혼합민족이 되었다. 바빌론 포로 후 예루살렘 성전이 재건되어 갈 때 사마리아인들은 유대인을 협조하려고 했지만 거절을 당했다. 그리하여 반발심으로 사마리아인들이 성전 재건축을 방해하려고 했다(슥 4~6). 새 예루살렘 성전을 사용치 못하게 된 사마리아인들은 그리심 산에 자기들의 성전을 세웠고, 주전 128년에 유대인들은 그 성전을 파괴했다(요 4:20). 주후 6~9년 사이의 어느 유월절 밤중에는 사마

---

and Company, 1881), p. 314.

리아인들이 예루살렘 성전 마당에 시체의 뼈를 뿌려 성전을 더럽힌 일이
있다.88)

유대인들이 사마리아인들을 어느 정도 미워했느냐 하는 것은 다음의 말
에서도 읽을 수 있다. "나의 영혼이 몹시 싫어하는 두 나라가 있고, 셋째
나라는 전혀 나라가 아니다. 곧 세일 산에 사는 사람들과 블레셋 사람들과
세겜에 살고 있는 미련한 자들이다."89) 이와 같이 유대인들은 사마리아인들
과 블레셋 사람과 에돔 사람들을 똑같이 취급했다. 또 "사마리아인의 빵을
먹는 자는 마치 돼지의 살을 먹는 자와 같다"라고 말했다.90)

유대인들은 자기들의 회당 안에서 사마리아인들을 저주하고 매일 하나님
께 사마리아인들에게는 영생을 주시지 말 것을 호소했다.91) 그러나 사마리
아인들은 이방인이 아니었고, 그들도 같은 토라-율법을 지키고 있었다.

이 비유에서 세 인물인 제사장과 레위인과 사마리아인의 행위에 대해서
"보는 것"과 "불쌍히 여기는 것"이라는 말이 일정한 리듬을 갖는 것으로
묘사된다. 제사장과 레위인이 "그를 보고 피하여 지나가고"라는 말이 반복
적으로 나타나는데(31b, 32b), 어떤 사마리아인이 "그를 보고 불쌍히 여
겨"(33b)라는 말과 함께 일정한 리듬을 갖추고 있다. 이와 같은 병렬 곧 "보
는 것"과 "불쌍히 여기는 것"의 리듬이 누가복음에 나타난다.92) 예수님께서
이 세상에 오신 배후에는 하나님의 불쌍히 여기심이 있다. 즉 예수님의 성육
신은 하나님께서 이스라엘이 고난을 당하는 것을 보시고 그들의 간절한 울
음을 들으시며 그들의 고난을 아신 후 고난 가운데 있는 이스라엘을 도우심
과 같은 것이다.93) 이런 리듬을 이 비유에서 볼 수 있지만 세 인물의 행실이

---

88) Josephus, Ant, 18.2.2,18,30; G.V. Jones, *The Art and Truth of the Parables*
(London: SPCK, 1964), p. 258.

89) Sir 50: 25~26.

90) Danby, *The Mishnah*, p. 49; M. Shebith 8:10.

91) W.O.E. Oesterley, *The Gospel Parables in the Light of Their Jewish
Background*(London: SPCK, 1936), p. 162; cf. Frank Moore Cross, "The Historical
Interpretation of the Samaria Papyri," *BAR* IV.1(1978), pp. 25ff.; K. Bailey, *op.cit.*,
pp. 47~53.

92) 눅 7:13; 15:20; 1:76~78.

세 가지 비유의 요점을 진전시킨다. 제사장과 레위인의 행동에서는 종교적 지위와 율법적 궤변이 가져온 사랑하지 못한 행실을 용서치 아니한다는 원리를 보여준다.

사마리아인이 가까이 가서 "기름과 포도주를 그 상처에 붓고 싸매고…"(34) 한 행동이 원문에는 싸매고, 기름과 포도주를 붓는 순서로 기록된다. 즉 싸매는 것을 고의적으로 먼저 기록하여 행동의 의미를 더욱 깊고 강하게 만들었다. 상처를 싸매는 것은 하나님이 자기의 백성을 구원하시는 것을 나타내는 데 사용한 비유적 표현(imagery)이기도 하다.[94] 예레미야 30:17을 보면, "나 여호와가 말하노라 그들이 쫓겨난 자라 하며 찾는 자가 없는 시온이라 한즉 내가 너를 치료하여 네 상처를 낫게 하리라"고 한 말씀이 이를 증명한다. 호세아 6:1~10도 예레미야 선지자처럼 하나님의 첫 역사(役事)가 에브라임의 상처를 싸매주시는 것임을 증거한다. 예수님의 병 고치시는 이적들은 물론 종말론적인 구원을 의미한다.

"기름과 포도주를 그 상처에 붓고"라는 말에는 주후 1세기 시대의 의학적 관습을 반영하며,[95] 일반적으로 포도주와 기름을 섞어서 사용했다.[96] 그리고 기름과 포도주는 성전에서 매일 드리는 예물의 요소들이었다.[97] "붓고"($\epsilon\iota\chi\epsilon\omega\nu$)라는 말은 하나님을 성전에서 경배한다는 용어에서 끌어온 말이다. 즉 성전에서 하나님께 드린 예물인 관제(libation)와 연결시키고 있다. 이 의식 행사는 선지자들을 통하여 해석해준 바에 따르면 확고 불변한 자비와 사랑을 의미한다(호 6:6; 미 6:7~8). 이 비유에서 예수님은 희생 제사(the sacrificial service)의 용어를 사용하시고 자신을 바치는 사랑의 행위 곧 선한 사마리아인의 사랑-자비의 행동으로 비유를 진전시키셨다. "만일 너희 믿음의 제물과 봉사 위에 내가 나를 관제로 드릴지라도 나는 기뻐하고 너희 무리와 함께 기뻐하리니"(빌 2:17)라는 말씀이 사마리아인의 행실을 통해

---

93) J. Donahue, *The Gospels in the Parables*, p. 132.
94) J.D.M. Derrett, *op.cit.*, p. 220.
95) S-B, 1, p. 428.
96) M. Shabh 19.2; Derrett, *op.cit.*, pp. 219~21.
97) *Ibid.*, p. 220.

나타난 비유의 한 요점을 표시한다. "하나님이 기뻐하시는 거룩한 산 제사 …영적 예배"(롬 12:1)라는 말씀도 이 요점과 같은 의미를 나타낸다. 선한 사마리아인이 이중으로 불결한 것은, 배교자의 신분에 있었으며 또한 시체에 접촉되었기 때문이다. 그러나 유대인 사회에서 그와 같이 천대받은 사마리아인이 참된 예물, 자신을 희생하는 사랑과 자비의 예물을 바친 것이다. 그가 진실로 선지자들의 요청 곧 참된 사랑과 자비를 실행했다. 초대교회 교부들이 선한 사마리아인을 예수 그리스도와 동일화한 것이 이해가 된다.98)

사마리아인은 강도 만난 자를 우선 응급치료하고, "자기 짐승에 태워 주막으로 데리고 가서 돌보아" 주었다(34절). 그 당시 중동에서 사용하는 짐승은 두 사람을 태우고 갈 수 있었다. 그러나 본문에서는 사마리아인이 강도 만난 자를 주막으로 데리고 갔다는 것을 의미할 수도 있고, 혹은 그가 짐승을 주막으로 끌고 갔다고 볼 수도 있다. 이것이 올바른 이해라면 사마리아인이 하인 노릇을 하여 강도 만난 사람을 짐승 위에 태우고 주막으로 인도한 것이다.99) 그처럼 주막으로 데리고 가서 그날 밤을 함께 지내고 그를 돌보아 준 선한 사마리아인의 행동은 철저한 희생적 사랑과 자비를 보이고 있다. 사마리아인이 자신의 신분 곧 사마리아인이라는 것을 밝히면 강도 만난 사람의 가족들은 그를 오해하고서 당시의 원수 갚는 법인 '눈에는 눈으로 이에는 이로'라는 보복법(lex talionis)에 따라서 사마리아인에게 보복할 위험이 있었다. 이러한 위험만이 아니었다. 당시의 또 하나의 풍속적 율법은 갚지 못한 빚을 지고 있는 사람에게는 그 빚을 갚을 때까지 노예로 삼을 수 있었다(참고, 마 18:23~35). 그 당시에 주막 주인은 정직하지 않고 강퍅하고 좋지 않다는 악평을 듣고 있었다. 이 주막 주인도 그러한 자일 가능성이 있으므로 강도 만난 자가 노예가 될 수도 있었고, 사마리아인 자신의 생명도 위험에 빠질 수 있었다. 그러나 이러한 위험을 무릅쓰고 선한 사마리아인은

---

98) Augustine, *Quasetiones Evangeliorum*, 2. 19; C.H. Dodd, *The Parables of the Kingdom*, pp. 1~2.

99) K. Bailey, *op.cit.*, p. 51.

철저한 사랑과 자비로 강도 만난 사람을 돌봐주었으며, 그의 자유와 독립된 신분을 보장해 주려고 "이 사람을 돌보아 주라 부비가 더 들면 내가 돌아올 때에 갚으리라"고 하였다.

선한 사마리아인의 행함은, 강도들이 저지른 손실까지도 배상함으로써 철저한 사랑과 자비를 증명해 주었다. 이 사실은 강도들의 행위와 선한 사마리아인의 행위를 나란히 놓으면 아주 명백해진다.

<table>
<tr><td>강도들의 행위</td><td>사마리아인의 행위</td></tr>
<tr><td>① 한 사람의 것을 훔치다.</td><td>그를 위하여 지불하다.</td></tr>
<tr><td>② 그가 거반 죽은 것을</td><td>그를 돌보아 주다.</td></tr>
<tr><td>③ 버리다.</td><td>돌아올 것을 약속하다.</td></tr>
</table>

36~37절이 마지막 네 번째 대화이다. 이 구절은 율법사의 자기 정당화(self-justification)에 대한 예수님의 대답이다. 첫 번째 대화가 무엇을 행하라고 명령한 것으로 끝남과 같이(28) 네 번째 대화도 같은 식으로 끝난다. 첫 대화가 "내가 무엇을 하여야 영생을 얻으리이까"(25)라는 율법사의 질문으로 시작되었다. 이 질문을 예수님의 반대의 질문에 대한 율법사의 답변(27절)에 비추어 볼 때, 율법사는 몇 사람이나 사랑하면 의로운 자가 되어 영생을 얻으리이까라고 물은 것으로 이해된다.

36~37절의 마지막 대화에서도 "너도"(37절)라는 말이 강조된다. 율법사의 영생 개념 곧 자기 정당화가 불가능하다는 것을 증명하기 위하여 강조적으로 "너도"란 말을 사용하셨다. 다시 말하자면 예수님이 율법사에게 말씀하시기를, '몇 사람이 아니고 한 사람도 빠짐없이 모든 사람에게, 마치 선한 사마리아인이 강도 만난 자에게 자비를 베푼 것처럼 "너도 이와 같이 하라"'고 명령하신 것이다.

선한 사마리아인처럼 차별없이 자비를 누구에게나 베풀어야 한다는 것이 이 비유의 또 하나의 요점이다. 사마리아인이 보인 사랑과 자비를 온 백성에게 하나도 빠뜨리지 않고 베풀 수 있다면 스스로 의로운 자가 되겠지만,

그것은 인간으로서는 불가능하다. 다시 말하자면 만일 "네가" 네 자신의 노력으로 영생을 얻으려고 하면 모든 사람에게 사랑과 자비를 베풀어야 한다는 것이다.100) 결론적으로 인간 자신이 의롭게 될 수 없고 다만 하나님만이 인간을 의롭게 하시며 은혜로 영생을 베푸신다는 것이다. 하나님의 은혜는 전혀 기대할 수 없는 사마리아인과 같은 버림받은 자를 통하여 흔히 임하는 것이다. 그리고 하나님의 사랑과 자비 곧 은혜는 힘이 없고 절망 상태 가운데 빠진 상황에서 흔히 임한다. 다시 말하자면 강도 만난 사람처럼 힘이 없고 소망이 없는 것같이 거반 죽은 상태에 빠져 있는 자에게 하나님의 사랑과 자비가 은혜롭게 베풀어진다는 교훈이다.

이 비유에서 강도 만난 자가 만일 유대인이라고 한다면, 그가 주막에서 선한 사마리아인의 도움으로 깨어났을 때는, 처음으로 사마리아인과 교제하게 될 것이다. 그리하여 그의 유대교적 시야가 열리고 누가 이웃인지를 깨닫게 되는 것은, 원수일지라도 자신이 그의 이웃이 되어야 한다는 점이다.101) 예수님은 배척당한 자와 같이 되었고(요 8:48) 자신을 선한 사마리아인의 위치에 놓음으로써 고난의 종이 되어 고난의 상처를 싸매 주시듯이 우리의 죄가를 대신 담당하시고 우리의 구원을 완성하셨다(사 53).102)

---

100) A.M. Hunter, *Interpreting the Parables*(Philadelphia: Westminster Press, 1960), p. 73.

101) Weiner Monschewski, *der barmherzige Samariter: Eine ausleyungs- geschichtliche Untersuchung zu Lukas 10:25 ~37*(Tübingen: Mohr, 1967).

102) K. Bailey, *op.cit.*, pp. 55~56.

4. 제자도와 기도에 관한 비유

1. 불의한 청지기의 비유(눅 16:1~13)

이 비유는 복음서의 비유들 중에서 해석하기 가장 어렵다. 그것은 이 비유에 대하여 해석한 것들을 요약해볼지라도 드러나는 바이다. 비평학자들 사이에서도 이 비유가 여러 가지 난점이 있고, 또 그 난점들을 해결할 수 없는 것으로 보고 포기하는 학자들도 있다.[1]

이 비유의 문학적 구조는 "비유적인 민요"(a parabolic ballad)의 형식을 취하고 있다고 볼 수 있다.[2]

> A. 부자에게 …   1
>   … 주인의 소유
> B. 주인이 저를 불러   2
>   네 보던 일을 셈하라 …
>   청지기 사무를 계속하지 못하리라
> B. 청지기가 속으로 이르되   3
>   주인이 …

---

1) 예, Rudolf Bultmann; C.C. Torrey, *Our Translated Gospel*(New York: Harper and Row, 1936), p. 59; cf. Martin H. Scherlemann, *Proclaiming the Parables*(St. Louis: Concordia, 1963), p. 81.

2) K. Bailey, *Peot & Peasant and Through Peasant Eyes*(Grand Rapids: Eerdmans, 1980), p. 95.

부끄럽구나 …

C. 내가 할 일을 알았도다   4

이렇게 하면

영접하리라 …

B.′ 주인에게 빚진 자를 낱낱이 불러   5

말하되 기름 백 말이니이다   6

가로되 가지고

B.′ 또 다른 이에게 이르되   7

가로되 …

이르되 …

A.′ 주인이 칭찬하였으니   8

지혜로움

이와 같이 비유 자체가 일곱 연(stanza)으로 구성되어 있다. 이것을 다시 정리하면 다음과 같다.

A. 부자와 청지기		1
B. 문제		2
B. 문제		3
	C. 사상	4~5
B.′ 해결		6
B.′ 해결		7
A. 부자와 청지기		8

그리고 이 비유에는 세 가지 장면이 나온다. ① 주인과 청지기 사이에서 최초의 결산(2), ② 주인에게 빚진 자들과 청지기의 대화(3~7), ③ 주인과 청지기의 마지막 결산(8)이다. 여기서는 주인이 아니라 청지기가 이 세 장면을 연결시키고 있다. 그리고 시작과 마지막 구절(1,9)이 이 세 장면을 괄호로

묶고 있다.

대체로 이 비유는 다양한 관점에서 해석되어 왔다. 어떤 학자들은 이 비유를 "풍자"나 "반어법"(irony)3) 혹은 자선의 예증(an example of almsgiving)으로,4) 혹은 "피카레스크 양식"(the picaresque mode)의 묘사,5) 혹은 선한 청지기 신분에 대한 교훈6)이라는 다양한 관점에서 해석했다.

이 비유를 듣는 첫 청중은 예수님의 제자들이다. 그러므로 1절에 "또한 제자들에게 이르시되"라는 말로 비유가 시작되었다. 그렇지만 청중 가운데는 바리새인들도 포함되어 있다는 것이 14절에서 증명된다. "비유"라는 말이 1절에 나타나지 않지만 다음에 나오는 부자와 나사로의 비유(16:19~31)에도 "비유"라는 말이 언급되지 않는다. 그러나 15:3에 이미 "비유"라는 말이 나타나 있고, 그것이 16장에 기록된 비유들까지 포함한다.7)

이 비유를 해석하는 데는 세 가지 기초적인 질문이 필요하다. ① 이 비유의 주인을 명예로운 사람으로 가정할 것인가 혹은 그의 청지기와 함께 범죄에 가담한 동료로 가정해야 할 것인가? ② 청지기는 빚진 자가 실제로 빚진 것보다 더 많은 액수를 기록한 증서에 의무적으로 서명하게 하였는가? 즉 빚진 것을 감해준 것이 자기의 부정직한 몫을 뺀 것인가? ③ 청지기가 토지를 빌려주는 일을 관리하는 관리자인가, 아니면 돈을 빌려주는 자의 대리인인가?

주인에 관한 첫째 질문은 갈릴리 농부들의 세계에서 부자인 주인들이 독재자들(despots)의 역할을 하는 것을 뜻한다고 볼 수 있다. 이 비유의 주인

---

3) Donald R. Fletcher, "The Riddle of the Unjust Steward: Is Irony the Key?" *JBL* 82(1963), pp. 15~30.

4) Francis E. Williams, "Is Almsgiving the Point of the Unjust Steward?" *JBL* 83(1964), pp. 293~97.

5) Dad O. Via, Jr., *The Parables: Their Literary and Existential Dimension* (Philadelphia: Fortress Press, 1967), pp. 159~61.

6) Michael R. Austin, "The Hypocritical Son," *EQ* 59(1985), pp. 307~15.

7) cf. *the Old Syriac, the Arabic Diatesarorc*, Peshitta와 Ibn al-Tayib 번역들에는 "비유"라는 말을 첨가하고 있다.

이 부재지주일 가능성이 큰 것은8) 갈릴리에서는 이러한 일이 일반적이었기 때문이다.

그러므로 그 당시의 상황에 비추어서 주인은 독재자이며, 불의하고 비열한 자라고 추측할 수 있다. 그러나 이 비유의 문맥 자체에서 주인은 신뢰할 수 있는 사람으로 나온다. 이 비유의 전후에 나오는 두 비유가 이것을 증명한다. 탕자의 비유에서 아버지는 고귀하고 의로운 사람이고, 아들들은 불의하다. 부자와 나사로의 비유에서도 부자는 불의한 사람이지만 나사로는 영생을 얻은 사람으로 나타난다. 이 비유에서 청지기는 "불의한 자"(unjust)로 나오지만 그는 한번도 주인에게 불평을 하지 않는다. 만일 주인이 비열하고 불의한 사람이었다면, 청지기가 주인에게 다르게 대했을 것이다. 청지기가 자신의 직무에서 물러나게 되었지만, 주인이 그를 욕하거나 감옥에 가두거나 다른 형벌을 주지도 않았다. 어떤 학자들은 주인이 청지기와 함께 잘못된 일에 참여한 공범자였다고 말한다.9) 그러나 만일 주인이 청지기처럼 비열한 사람이라면 주인이 청지기를 향해 노를 발하는 것은 당연하다.10)

둘째로 청지기가 실제로 빚진 것보다 더 많은 액수를 기록한 증서에 빚진 자로 하여금 서명하게 하였는가 하는 질문에 대하여 학자들은 청지기 자신이 가지려고 액수를 더 많이 부풀렸다고 말한다. 그래서 청지기 직분을 잃게 된 상황에서 자기의 몫을 증서에서 삭제한 것이라고 본다.11)

---

8) Jeremias, *op.cit.*, pp. 74~75, 181; M. Hengel, *Die Zeloten, Arbeiten zur Geschichte des antiken Judeutums und des Urckrestentums 1*(Leiden: E.J. Brill, 1961), p. 89.

9) 예, W.O.E. Oesterley, *The Gospel Parables in the Light of their Jewish Background*(London: SPCK, 1938), p. 187; Via, *op.cit.*, p. 159.

10) K. Bailey, *op.cit.*, pp. 87~88.

11) Magaret Gibson, "On the Parable of the Unjust Steward," *Exp T* 14(1903); W.D. Miller, "The Unjust Steward," *Exp T* 15(1903/1904), pp. 332~34; E. Hampten-Cook, "The Unjust Steward," *Exp T* 16(1904/1905), p. 44; C.B. Firth "The Parable of the Unrighteous' Steward(Luke XVI. 1~9)," *Exp T* 63(1951/1952), pp. 93~95; J.A. Fitzmyer, "The Story of the Dishonest Manager(Lk. 16:1~13)," *Theological Studies* 25(1964), pp. 23~42.

청지기는 주인과 계산을 한 즉시로 청지기 직무에서 면직을 당하고 그는 침묵을 지켰다. 청지기의 침묵은 무엇을 의미하는 것인가? 청지기의 침묵은 다음 몇 가지 중 적어도 한 가지를 확언하는 의미로 볼 수 있다. ① 나는 잘못을 저지른 자다. ② 주인이 실제로 나의 잘못을 알고 있다. ③ 주인이 나에게 순종을 기대했으나 나의 불순종이 형벌을 가져왔다. ④ 내가 구실을 붙일지라도 다시 청지기의 직무를 얻을 수 없다. 그래서 청지기는 자기의 모든 힘을 장래를 위하여 쏟고 있다. 동시에 청지기는 자신이 면직을 당하기는 했지만 감옥에 들어간 것은 아니라는 중요한 사실을 알았다.

유대교의 규칙에 따르면 관리인은 자신이 책임 맡은 것에서 손상을 입히면 그것을 갚아야 할 의무가 있었다. 그러므로 청지기는 재판을 받고 감옥에 갈 수도 있다. 청지기가 이러한 상황에 처했지만, 그는 책망도 받지 않았다. 주인이 그에게 매우 큰 자비를 베풀고 있다. 여기서 청지기는 주인의 두 가지 모습을 체험하게 된다. ① 주인은 순종을 기대했고 불순종한 종은 심판을 한다. ② 동시에 주인은 크게 자비를 베푸는 사람이며, 심지어 불의한 청지기일지라도 관대함을 보인다.

이와 같은 상황에 처한 자신을 발견한 청지기는 계획을 세웠다. 즉 주인의 자비를 믿고 모험을 하려고 했다. 만일 그 계획이 실패하면 감옥에 가겠지만 만일 계획대로 성공하면 그 사회에서 영웅이 될 것으로 생각했을 것이다. 또 한 가지 청지기에게 유리한 점은 아무도 그가 면직된 것을 아직 알지 못하고 있다는 점이다. 그러므로 청지기는 아직도 자기에게 권위가 있는 것으로 단정했고, 빚진 자들은 청지기가 자신들을 탕감해 줄 수 있는 권한이 있는 것으로 가정했다. 그러므로 빚진 자들이 청지기와 협력한 것이다.

유대인의 랍비문서인 미쉬나에는 소작료 계약을 작성해주는 대리인에게 소작인이 얼마나 낼 것인지에 관한 언급이 자세히 나온다.[12] 청지기가 주인의 소작인들로부터 실제 소작료에 일정한 분량을 더 추가하여 약간의 수당을 받는 것은 정당하고 명예스러운 것으로 생각했다. 그러한 보상은 소작인

---

12) M.Bab Bathra X, 4.

들이 축전 때나 추수 때, 혹은 사회의 특별한 행사 때 지불하는 것이다. 다만 청지기의 요구가 비합리적이면 원망을 사게 된다. 이러한 보상은 계약 증서에는 기록되지 않고, 주인에게도 알리지 않는다. 증서에는 공적으로 결정된 내용만 기록한다.

만일 청지기가 증서에 액수를 높여서 기록했다면 빚진 자가 그 사실을 알 수 있고, 빚진 자가 그 일에 동의하지 않았다면 주인에게 고발할 수 있다. 만일 청지기가 빚진 자들에게 20~50% 가량 속이고 있다면, 그들은 청지기를 매우 증오하게 된다. 따라서 만일 청지기가 면직된다면 그는 그 마을에서 살 수가 없게 된다. 그리고 주인은 그 청지기가 자기 밑에 있는 동네 사람들에게 잘못 대한 것을 알게 되면 매우 분노하게 된다.

또 다른 유대법에 따르면 관리인은 본래의 가격보다 적은 가격으로 물건을 사서 높은 가격으로 팔았을 경우에 거기서 얻은 소득은 원래의 주인에게 속하는 것이지, 관리인에게 속하는 것이 아니다.13) 이러한 관습이 있는 사회라는 것을 감안하면 청지기가 자신을 부하게 하려고 주인의 소작인들의 소작료를 늘려 기록한 것에서 삭감하고 다시 기록하게 한 것이 아니다.

세 번째 질문은 청지기가 법적 관리인(a legal agent)인가, 혹은 토지 소작인들을 감시하는 재산관리자인가, 아니면 현금을 취급하는 대금업자인가 하는 문제이다. 무엇을 관리했는지 분명하지 않지만 청지기는 법적 관리인으로 급료나 봉급을 받는 사람이다. 부자는 일반적으로 지주이므로 그의 청지기는 토지관리인이다. 빚진 자들은 지주에게 땅을 빌려 쓰는 소작인들이고 소작료를 주인에게 지불한다. 소작료는 생산물에서 내는 일정액이었다.

이 비유의 청지기(οἰκονόμος)로 가늠해 볼 수 있는 청지기는 세 부류가 있었다. ① "일반관리인"으로 무보수이거나 보수를 받고 일하는 사람, ② 중개인(a broker)으로 임금을 받는 관리자, ③ "대리인"(an attorney)으로서

---

13) George Horowitz, *The Spirit of Jewish Law*(New York: Central Book, 1953), p. 552.

재산을 관리하거나 빚을 받아내도록 임명된 사람으로 법정에 호소할 수 있는 권한을 가진 자이다.14) 이 세 종류의 청지기를 다른 말로 말하면, ① "감독" 또는 "관리자"(an overseer), 혹은 가정의 일꾼들을 관리하는 우두머리 종(눅 12:42), ② 토지 관리자(estate manager), ③ 공무원(a civic official, 롬 16:23)이다.15)

이 비유의 청지기는 두 번째의 토지관리자일 것이다.16) 모든 시리아 역 성경은 "청지기"(οἰκονόμος)를 "가정의 관리인"으로 번역하고, 아랍어 역 성경은 토지관리인으로 번역했다. 두 번역 성경에서는 농사에 관한 관리인을 청지기로 이해하고 있고, 돈을 빌려주는 관리인이 아닌 것으로 나타낸다.17) 랍비문서에서 "청지기"는 우두머리가 되는 노예나 종을 의미했고, 그의 책임은 집안일을 돌보고 관리하고 어떤 경우에는 주인의 모든 재산을 관리했다.18) 이처럼 헬라어 "오이코노모스"(οἰκονόμος)는 히브리어와 아람어와 시리아어와 아랍어의 동의어들처럼 "토지 관리자"를 의미한다.

유대교 문서 미쉬나는 세 종류의 소작료를 제시한다. ① 추수한 곡식의 양에 따라서 소작료를 지불한다. ② 추수할 곡식의 양에서 정한 분량을 소작료로 지주에게 드린다. ③ 소작인들이 지주에게 돈으로 소작료를 지불한다.19) 이 비유에서 소작인들은 두 번째의 소작료를 지불했을 것이다.

이 비유에서 청지기는 주인의 소유를 "허비"(διασκοπίζων)했다. 그리고 이제는 소작인들의 증서를 고쳐서 더욱 자기의 행실을 좋지 않게 보였다. 그럼에도 불구하고 8절에 표현된 대로 청지기의 행동이 어떻게 칭찬받을 일이 되었는가? 8절과 9절은 비평학자들에게 난점을 던져준다. 다드(C.H. Dodd)는 8a, 8b, 9절에서 비유를 설교하는 별개의 세 가지 설교를 찾았다.20)

---

14) *Ibid.*, pp. 538~568.
15) T.W. Manson, *The Sayings of Jesus*, p. 291.
16) *Ibid.*
17) Otto Michel, *TDNT* V. pp. 149~153.
18) *Ibid.*, p. 149.
19) G. Horowitz, *op.cit.*, p 334.
20) C.H. Dodd, *op.cit.*, pp. 17,30; Michael Krämer, *Das Rätsel der Parable vom*

또 어떤 학자들은 8~13절에서 세 가지 설교를 찾는다. 첫째 설교는 8a~9절이고 "불의의 재물"을 취급하며 세상 사람처럼 제자들도 지혜로워야 할 것을 격려한 설교, 즉 청지기 신분에 관한 설교이다. 둘째 설교는 10~12절에 나타나며, 이 설교도 청지기 신분에 관심을 두고 있다. 즉 누구든지 지금 "불의의 재물"을 충실하게 취급하면 장래에 참된 부을 받게 된다. 13절이 세 번째 설교로 하나님께 충성을 다하려고 노력할 때 돈이 얼마나 위험스러운 것인가를 명백하게 보여준다. "불의의 재물"을 지혜롭게 사용할지라도 그 재물의 위험과 유혹이 크다는 교훈을 위의 세 설교가 가르치고 있다는 것이다.21)

이와 같이 비평학자들은 8~9절이 앞에 나온 구절과 독립되어 있다고 주장한다. 예레미아스도 비유의 주인이 청지기를 칭찬한 것에 대해서 믿을 수 없다고 했다. 그래서 예레미아스는 이 네러브티가 일부러 작성한 이야기가 아니라고 했다. 이 네러티브는 요점을 보이려고 만든 것이지만, 실제 생활에서 일어날 수 있는 이야기는 7절까지이고 비유는 거기서 끝나는 것으로 생각하며, 주인이 청지기를 칭찬하는 8절을 제거했다. 예레미아스는 8절에 나오는 "주인"($\acute{o}$ κύριος)이 예수님을 나타낸다고 했다. "주인"이라는 말이 누가복음에서 17회나 예수님을 나타낸 것에 근거하여 예레미아스가 이와 같이 해석했다.22) 그러나 예레미아스가 인정하는 대로 다른 비유에서 "주인"이 비유의 주인들을 나타내고 있다는 점은23) 예레미아스가 해결하지 못한 해석의 난점이다. 물론 이 난점을 해결하려고 예수님이 청지기를 칭찬한 것은 듣는 자들에게 주목을 끄는 장치(an attention-getting device)라고 제시했다. 다시 말하면 예수님이 자기를 둘러싼 청중의 기대와 상반된 것을

---

ungerchten Werwalter(Zürich: PAS-Verlag, 1972); B.B. Scott, "A Master's Praise: Luk 16:1~8a," *Bib* 64(1983), pp. 174~88; cf. D.P. Seccombe, "Possessions and the Poor in Luke-Acts," *SNTUB* 16(Linz, 1982).

21) Borsch, *The Parables of Jesus*, p. 18.
22) Jeremias, *The Parables*, p. 45.
23) 예, 눅 12:42~47; 13:8; 14:21~23.

말씀하여 청중들이 충격을 받자, 그들이 받은 충격으로 영적 준비가 얼마나 중요한 것인가 하는 강한 인상을 그들에게 주는 기회로 삼은 것으로 보았다.24)

이러한 의견에 따라서 어떤 학자는 청지기를 칭찬하는 것이 "풍자적"이라고 했다.25) 이와 같이 해석하는 것을 "진술적 긴장"(narrative tension)이라고 하며 9절과 연결시킨다. 즉 8절 전반의 진술은 삼인칭이고, 9절에서는 예수님이 일인칭으로 이야기하셨다. 예레미아스는 이 문제를 무시하고 9절은 이 비유에 추가된 새로 시작하는 구절이라는 식으로 억지로 짜맞추고 살짝 비켜갔다.26) 누가복음 5:14이 지적하는 대로 삼인칭이 일인칭으로 바뀌는 것은 누가의 문학 양식이므로, "주인"(8a)은 비유의 주인이고 예수님이 아니며, 예수님은 비유를 8절에서 끝내셨다.27) 9~13절은 비유에 대한 예수님의 해석이다.28)

위에 말한 대로 비유가 어느 구절에서 끝나는가 하는 문제는 학자들 사이에서 오랫동안 논쟁거리였다. 만일 8절에서 끝난다고 하면 "그 주인"(ὁ κύριος)은 비유의 주인을 의미할 것이다. 그러나 7절에서 끝난다고 하면 그

---

24) Jeremias, *op.cit.*, pp. 45~6, 182; A.M. Hunter, *Interpreting the Parables* (Philadelphia: Westminster Press, 1960), pp. 99~100.

25) Donald R. Fletcher, "The Riddle of the Unjust Steward: Is Irony the Key?," *JBL* 82(1963), pp. 15~30.

26) Jeremias, *op.cit.*, p. 45; cf. Fitzmyer, *LK I~IX*, pp. 201~4.

27) I.H. Marshall, *Luke*, pp. 619~20; cf. R. Bultmann, *Synoptic Tradition*, p. 176.

28) cf. Markus Barth, "The Dishonest Steward and His Lord: Reflection on Luke 16:1~13," in *From Faith to Faith: Essays in Honor of Donald G. Miller on His Seventieth Birthday,* ed. Dikran Y, Hadidian(Pittsburgh: Pickwick Press, 1979), pp. 64~65. 이와 다른 의견을 위한 참고. Dan O. Via, *The Parables: Their Literary and Existential Dimension*(Philadelphia: Fortress Press), p. 156; L. Topel, "On the Injustice of the Unjust Steward, Lk 16:1~13," *Catholic Biblical Quarterly* 37(1975), pp. 216~27; Joseph Fitzmyer, "The Story of the Dishonest Manager(Lk 16:1~13)," *Theological Studies* 25(1964), pp. 23~42; J.D. Crossan, *In Parables: The Challenge of the Historical Jesus*(New York: Harper and Row, 1973), p. 109; R. Merkelback, "Über das Glekchnis vom ungerechten Haushaleter(Lucas 16:1~13)," *Vigiliae Christianae* 33(1979), pp. 180~87.

주인은 예수님을 의미하는 것이다. 예레미아스가 앞서 주장한 대로[29] 7절에서 끝내려는 이유는 ① 비유의 주인이 자기에게 정직하지 않은 종을 칭찬할 수가 없고, 따라서 "그 주인"이 비유의 주인이 아닌 다른 사람을 나타낸다는 것이다. ② 누가복음 18:6과 비교하여, "그 주인"이란 말은 예수님을 나타내는 누가의 방법이라는 것이다.[30]

피츠마이어(Joseph Fitzmyer)는 비유의 경제적 배경에 비추어 "그 주인"이란 말이 주는 어려움을 해결하려고 했다.[31] 팔레스타인에서 청지기는 자기 주인을 위하여 계약증서를 작성할 수 있는 권한이 있었다. 그래서 청지기는 자기 주인에게 빚진 것에 더 추가시켜 자신의 이익을 취할 수 있었다는 것이다. 그 당시 융자는 고리대금이었으므로 유대인의 율법에는 위반되었다. 그러므로 곡식이나 기름과 같은 농산물로 빚진 것에 대하여 계약증서에 기록해 두는 것이 일반적인 상황이었다. 청지기가 자신의 직무를 잃게 되었을 때 그가 빚을 삭감해 준 것은 주인을 속이는 것이 아니고, 장래 생활 보장을 위하여 자기가 얻을 이익을 포기한 것뿐이라고 보았다. 따라서 주인은 위기에 직면한 청지기가 취한 결정적인 행동을 두고 칭찬했다는 것이다. 주인이 청지기를 불의하다고 책망한 것은 청지기의 이전 행실과 관련이 있으며, 그의 결정적인 행동과는 관련이 없다고 보았다.[32]

그러나 피츠마이어의 해결은 본문에서 벗어나 있다. 5절과 7절에 나오는 빚은 주인에게 진 것이고 비유의 마지막에 이르기까지는 청지기를 불의하다고 말하지 않는다. 주인은 청지기가 "총명"(prudence, φρονίμως 한글개역은 '지혜')한 것을 칭찬하는 동시에 또한 "불의"(ἀδικία)한 자로 여기고 있다. 이처럼 청지기의 총명한 행동과 불의한 행동이 서로 연결되어 있다.[33] 예레미아스는 이 비유가 이 세상의 아들들이 그들의 생활체계에서 다른 사

---

29) Jeremias, *op.cit.*, pp. 45~47.

30) cf. W. Forster, "Kyrios," *TDNT* 3, pp. 1039~95.

31) Joseph Fitzmyer, *op.cit.*, pp. 34~35.

32) *Ibid.*, pp. 31~33.

33) L. Topel, "On the Injustice of the Unjust Steward: Lk 16;1~13," *CBQ* 37 (1975), pp. 216~27.

람들보다 총명한 것, 곧 조심스럽게 처신을 한 것이 비교 요점이며, 하나님과의 관계를 비교한 것이 아니라고 보았다.[34]

피츠마이어는 예레미아스가 볼 수 없었던 점을 바르게 지적한 것이 있다. 그것은 8절이 없다면 비유의 이야기는 끝이 없는 이야기가 되고 만다는 것이다.[35] 이 점에 토펠(L.Topel)도 동의했다.[36] 다시 말하자면 비유의 주인이 청지기의 행위에 대하여 칭찬한 것을 다음과 같이 이해할 수 있다.

본래 요구된 이자 지불은 고리대금이고, 주인은 청지기가 빚진 자들에게 그 고리대금을 없애준 것을 칭찬했다. 주인이 이렇게 청지기를 칭찬한 것은 고리대금을 없애준 것이 현재 옳은 일로 이해되었거나, 혹은 고리금을 없애줌으로써 남들이 자기에게 호의를 갖게 할 것이기 때문이었다. 혹은 잘못된 빚이 본래 있었고, 주인이 많이 받게 된 것을 기뻐했었다고 볼 수 있다. 혹은 빚으로 인한 이자가 청지기가 취할 정상의 이익이었고, 지금 청지기는 주인의 결산서를 마무리하려고 그것을 눈감아 주고 빚진 자들로부터 호의를 얻을 목적이 있었다고 이해할 수도 있다.[37]

또한 청지기의 행동은 도덕적인 문제가 아니고, 주인이 손해를 책임지는 사람처럼 그림 그리듯 묘사하여 주인의 평을 좋게 하고 있다고 해석하기도 한다.[38] 다른 복음서에서 "지혜 있게"($\phi\rho o\nu i\mu\omega\varsigma$)라는 말은 심판의 가까움이나 종말의 끝과 관련시켜 사용되는 말이다.[39] 이 비유에서 "지혜 있게"라는 말은 청지기가 자신의 위기의 사실을 바라볼 수 있는 수용능력, 곧 자기의 곤경의 진상을 볼 수 있는 능력을 의미한다. 청지기는 자기가 당한 상황이 자기에게 일어나지 않을 것처럼 꾸미려고 애를 쓰지 않고, 자신에게 정직하게 남에게 빌어먹는 것은 부끄러운 것이요 또 땅을 파자니 힘이 없다는

---

34) Jeremias, *op.cit.*, p. 46.

35) Fitzmyer, *op.cit.*, p. 27.

36) L.Topel, *op.cit.*, p. 218.

37) J.D.M. Derrett, "Fresh Light on Luke XVI.1: The Parables of the Unjust Steward," in *Law*, pp. 48~77.

38) K. Bailey, *Poet and Peasant*, p. 86~110.

39) 마 25:2~9; 24:45; 7:24.

것도 인정했다.

또 한 가지 문제가 된 주장은 이 네러티브의 논리이다. 만일 청지기가 부정직한 사람이었다면, 어떤 근거에서 자기와 함께 잘못에 참여한 빚진 자들이 자기를 영접할 것이라고 청지기가 기대했겠는가 하는 문제이다. 부정직으로 인하여 얼마 전에 실업자가 된 자에게 빚진 자들이 그들의 재산을 관리하도록 맡길 수 있을지 의문시된다는 것이다. 빚진 자들의 경제생활이란 주인의 손을 벗어날 수가 없는데, 그들이 주인과의 관계를 위태롭게 할 용기가 있을지 의심스럽다는 것이다. 이러한 문제는 다음과 같이 설명될 수 있다.

한 가지 설명은 비유의 경제적 배경에 근거를 두고 있다. 청지기는 사실 부정직한 사람이 아니었다.40) 따라서 이 설명은 이자를 붙여 돈을 빌려주는 것을 금하고 있는 구약의 가르침을 실제로 적용한 결의론(casuistry)을 어떻게 이해해야 하는가를 강조하는 것이라고 했다.41) 고리대금은 율법이 반대하는 바이므로 주인이 이자를 붙여서 돈을 빌려줄 수가 없었다. 그러나 사실 이자를 법적으로 정당화하여 받을 수는 있었다. 예를 들어 만일 계약증서에 20%의 이자를 붙여서 백 만원을 빌려준다면 이 계약은 고리대금을 받는 것이 된다. 그러나 만일 이자를 원래 대금에 첨부하면 공식적으로는 그 이자가 고리대금을 받는 것이 되지 않았다. 다시 말하자면 만일 계약증서에 "내가 백육 만원을 빌려준다"고 기록했으나 빌려준 자가 백 만원만 받는다면 고리대금을 받는 것이 아니다. 청지기는 월급을 정식으로 받는 자가 아니고 그의 수입은 주인에게 이익을 올려준 다음 요구한 이자에서 들어왔다. 이러한 관습에 비추어 비유의 청지기가 행한 것을 보면 그가 다만 실제 액수 즉 이자를 제외한 값으로 빚을 축소시킨 것뿐이다.

청지기가 이같이 행함으로 그가 바란 것은 빚진 자들이 자기를 계략이

---

40) Derrett, *Law*, pp. 48~77; Joseph Fitzmyer, "The Study of the Dishonest Manage(Lk 16:1~13)," *TS* 25(1964), pp. 23~42; *In Essays on the Semitic Background of the New Testament*, pp. 161~84.

41) 예. 출 22:25; 레 25:35~37; 신 23:19~20; 겔 18:8,13,17; 시 15:5.

풍부한 사람이고 어려운 상황에서 자기의 이익을 희생할 줄 아는 자로 간주되는 것이었다. 청지기는 빚진 자들이 그러한 자신을 그들의 집으로 영접해줄 것으로 예상했다. 다시 말하면, 청지기가 유대인의 율법에 위반되는 이자를 빚진 자들에게서 면제시켜 준 것이라고 한다.42) 혹은 청지기가 자기에게수입으로 돌아올 몫을 빚진 자들에게 돌려보낸 것이라고 했다.43)

그러나 앞의 해석이 잘못된 것은, 16:8 초두에 청지기를 "옳지 않은"(ἀδικίας) 자라고 분명히 밝히고 있기 때문이다. 그러나 "옳지 않은"이라는 말이 청지기가 직무를 잃게 된 행동을 나타내는 것은 아니라고 말한다.44) 그러면 무슨 일로 인하여 청지기가 본래 청지기 직분을 잃게 되었는가? 앞의 해석에 의하면 청지기가 주인의 소유를 "허비한 것"(διασκορπίζων)이 "옳지 않은" 행동이라는 것이다. "허비한 것"은 범행(criminal activity)을 뜻하는 것이 아니고 자기의 직무를 효과 있게 실행하지 않은 것을 의미한다고한다. "허비한 것"이 이러한 의미를 표시한다면, 그러한 행동 때문에 주인이자기의 청지기직을 면직시킬 수 있을지 의문이 가는 해석이다.

또한 "허비한 것"이라는 말을 다른 면으로 해석해서 청지기가 부정직한자가 아니었다는 것을 증명하려고 했다. 즉 청지기가 주인의 생산품의 가격을 결정하는 책임을 지고 있는데, 그의 잘못은 주인이 기대한 수입보다 값을낮게 정한 것이라고 했다. 혹은 청지기가 기록을 틀리게 작성하여 빚진 자들의 기록도 없이 청지기 직무를 실행했다고 본다. 이런 행실에는 "부정직"이라는 말이 해당되지 않는다는 것이다.45) 그렇다면 빚진 자들의 빚진 액수를줄이는 것에는 어떻게 "부정직"이라는 말이 해당될 수 있을까 의문이 든다.

---

42) J.D.M. Derrett, "Fresh Light on St. Luke XVI:1, The Parable of the Unjust Steward," *NTS* 7(1961), pp. 198~219; J.B. Carid, *The Gospel of St. Luke*(Penguin Book, 1963), pp. 186~88; H. Marshall, *Luke*, pp. 614~7.

43) J. Fitzmyer, "Dishonist Manager," pp. 23~42; Paul Gächter, "The Problem of the Dis Honest Steward after Oriental Conceptions," *CBQ* 12(1950), pp. 121~31.

44) Fitzmyer, *op.cit.*, pp. 1097~8.

45) cf. Brand Scott, "A Master's Praise: Luke 16:1~18a," *Biblica* 64(1983), p. 177; Jeremias, *the Parables*, pp. 181~82.

"허비한 것"은 청지기가 위탁금들을 횡령한 것을 의미하고46) 따라서 청지기를 "옳지 않은 청지기"라고 했을 것이다. 빚진 자들은 소작인이고, 토지 소산에서 일정 부분을 주인에게 바치게 된다. 혹은 빚진 자들은 상인들이고 주인에게 받은 물건에 대한 계약증서를 주인에게 주었다고 해도 무방하다. 그런데 청지기가 그 증서를 변경했다는 것이다. 그렇게 변경했다면 청지기는 고친 것이 드러나지 않기를 원하는 것이다. 그러나 주인이 그것을 알았지만, 주인 자신은 아주 엄격한 윤리수준을 가진 사람이 아니기 때문에 청지기의 총명한 행동을 칭찬할 수 있었다고 해석하기도 한다.47)

그러나 이와 같이 "옳지 않은"이라는 말은 빚진 자들의 빚을 삭감한 행동에만 국한되는 말이 아니다. 만일 청지기가 고용된 법적 대리인이라면, 그가 빚을 탕감해 줄 수 있고, 주인은 그의 행한 것에 매이게 된다.48) 이러한 관습에 비추어 보아서도 "옳지 않은"이라는 말을 청지기가 빚을 축소시킨 행위로만 제한시킬 수 없다.

어떤 학자들은 "네러티브 논리" 문제를 문학 비평을 사용하여 해결하려고 했다. 예를 들면 비아(Dan O. Via)는49) 이 비유를 "희극"적 비유에 속하는 것으로 본다. 희극적 비유 속의 인물은 어려운 환경에 처할 때 그 환경에서 성공적으로 탈출하는데, 약간의 술수를 써서 성공을 하게 된다. 비아는 청지기를 "악한을 소재로 한"(picaresque) 소설의 깡패처럼 묘사한 것으로 보았다. 이러한 인격이지만 그는 재치로 살아남게 되고, 흔히 비도덕적인 것은 아니지만 사회를 일탈하는 처사를 행하고, 흔히 도덕이 없는 생활을 한다. 그러한 사람들은 일반 사람들이 매력을 느끼는 자들이며 아주 엄격한 생활관과는 대조를 이룬다. 그 청지기는 명확치 않은 상황에서 생존의 딜레마를 수용해야 할 자들의 본이 된다고 했다.50)

---

46) Jeremias, *Ibid.*
47) *Ibid.*
48) Derret, "Fresh Light on Luke 16," *NTS* 7(1961), pp. 203~204.
49) Dan O. Via, *op.cit.*, pp. 155~62.
50) B.B. Scott, *op.cit.*, pp.160~61.

또한 이 희극에서 주인은 청지기한테 불의하게 행했고, 청지기도 주인에게 복수하여 똑같이 된다. 청지기는 부자의 불의한 처사의 희생자가 되지만 부자는 청지기의 슬기로움의 희생자가 되어 둘이 동등하게 된다고 한다. 예수님이 이러한 민간전승(folklore)적 주제들을 변형시켜 비유에 사용하시므로 비유를 듣는 자나 읽은 자들의 기대와 상반된 세계를 보여주셨다고 한다. 일반 사회에서는 힘과 의가 동반되면 힘을 소유한 자들이 의로울 것으로 기대하지만 비유에서는 그렇지 않다는 것이다. 부자는 부당한 힘을 사용하고, 청지기는 그 힘의 희생자가 된다. 이처럼 일반 세상의 기대를 뒤엎음으로써 비유는 독자나 듣는 자에게 이 세상에서 힘을 위한 새로운 동반, 즉 "취약성"(vulnerability)과 의가 동반하는 작용을 가져왔다는 것이다.51)

또한 청지기가 빚진 자들의 빚을 삭감해 준 것이나 주인의 소유를 허비한 것이나 그가 땅을 파는 일과 구걸하는 것을 못하겠다고 한 것은 청지기가 정상적인 사회생활에서 이탈하여 생활한 사람의 증거라는 것이다. 그리고 나중에 주인에게 칭찬 듣는 모든 것이 "피카레스크 양식"(the picaresque mode)에 속한다고 했다.52) 주인이 "부한" 사람이라는 말은 주인도 역시 교활한 음모자(a schemer)인 것을 암시한다고 보았다. 만일 청지기가 고리대금에 연루된 융자를 취급했다고 하면 청지기의 행동이 주인의 부탁을 따라서 행한 것이라고 할 수 있다는 것이다.

셋째로 네러티브 논리(narrative logic)를 누가복음 문맥에 비추어서 해결하는 방법이다.53) 이 비유가 탕자의 비유(15:11~32)와 평행을 이룬다는 전제에서 다음과 같은 평행되는 요점들을 찾는다.

① 두 비유가 "어떤 사람"(ἄνθρωπός τις) 곧 총칭적인 말로 시작된다 (15:11; 16:1-한글개역은 '어떤 부자'로 번역).

---

51) cf. Northrop Frye, *Anatomy of Criticism*(Princeton: University Press, 1957), pp. 45~229.

52) Via, *op.cit.*, pp. 160~61.

53) John R. Donahue, *The Gospels in Parables*(Philadelphia: Fortress Press, 1988), pp. 167~68.

② 두 비유에서 중심인물이 진술의 흐름을 결정하고 비유의 마지막 구절에서 각각 이야기한다(아버지, 15:11,32; 주인, 16:1,8).

③ 극적 효과를 주는 인물이 소유를 허비한다(15:13; 16:3).

④ 허비한 인물에게 생활보장을 위협하는 상황이 닥친다(15:15~17; 16:3).

⑤ 이야기가 "독백" 형식으로 바뀔 때 결정이 이루어지기 시작한다(15:17~19; 16:3~4).

⑥ 동기가 자기중심(self-serving)적인 이익이다.

⑦ 앞날의 생활이 좋게 되리라고 바라는 것이 집으로 영접한다는 방식으로 표현되고 있다.

⑧ 문학적 장치가 네러티브의 긴장을 강화시키고 있다. 즉 아들이 집으로 돌아가는 것과 청지기가 교섭하는 것.

⑨ 계획은 실현되지 않았지만 첫 구절에 말한 "어떤 사람"의 놀라운 행동으로 초월이 일어난다. 이 두 비유에 나오는 인물이 정당한 의, 혹은 의무를 재건하겠다고 생각했고, 놀라운 영접을 받았다. 둘 다 자기들이 무엇을 성취한 것이 아닌 받은 것으로 말미암아 위험에서 벗어난다.

⑩ 두 비유가 "개방식 종결"로 마무리하고 있어서 탕자의 형이 잔치에 참석했는지, 혹은 청지기가 주인의 가정에 다시 들어가게 되었는지 알 수가 없다.54)

이와 같은 평행점들을 탕자의 비유와 불의한 청지기의 비유에서 보고, 이 비유를 "불의한 청지기의 비유"라고 부르는 것보다 "미련한 주인"의 비유라고 부르는 것이 합당하다고 했다. 16:1~2에서 "부자"가 청지기에게 계산서를 요구한 것이나 또 청지기를 내보내는 것은 그가 가혹한 사람으로 보인다. 그리고 부자가 이야기에서 사라지고 청지기가 나타나 행동을 취한다. 놀라운 일은 청지기의 계획이 성공하는 데 있는 것이 아니라, 부자의 칭찬에서 나타난다. 부자는 불의에는 관심이 없었다. 그러나 비유 안에서

---

54) K.E. Bailey, *op.cit.* pp. 48~77.

"미련한" 부자라는 암시가 명백히 드러나는 것은 아니다. 8절의 "옳지 않은" 이라는 말에는 적어도 불의한 행동이 암시되며, 따라서 이 비유를 "불의한 청지기의 비유"라고 명하는 것이 합당하다. 청지기가 빚을 삭감 받은 자들이 자신을 영접해주리라는 소망을 어떻게 가질 수 있을까라고 묻는 질문 자체는 지나친 상상에 지나지 않는다. 우리는 빚진 자들의 도덕수준을 이해할 수 없다. 다만 그 당시 일반적인 답례만 아는 것이다. 빚을 삭감 받는 특별한 대우를 받으면 그 특별한 대우를 베푼 자에게 인사로 보답하는 일이 있다. 이런 정도의 일반 관습에 비추어 만일 청지기가 그런 생각을 했다면 당연한 기대였다고 말할 수 있다.

8절은 비유를 끝내는 말이다. 그러면 이 구절을 어떻게 해석할 것인가? "주인"은 비유의 주인을 나타낸다. 동양 풍속에서 흔히 주인은 자기의 종들을 가리켜 자기보다 지혜롭다고 칭찬하는 일이 있다. 8절 하반절에 "이 세대의 아들들이 자기 시대에 있어서는 빛의 아들보다 더 지혜로움이니라"는 말씀은 무슨 뜻인가? 보편적인 해석에 따르면, 이 세상 사람들은 믿는 자들보다 자기들의 앞날의 생활을 위하여 정리하는 데 있어서는 더 총명하다는 것이다. 따라서 신자들이 불의한 청지기와 같은 세상 사람들과는 분명히 구별되는 존재이기는 하지만, 그들의 열심을 배우라는 격려의 말씀으로 이해할 수 있다. 성도들이 세상 사람에게서 배워야 할 바는 다만 장래를 위한 것, 즉 심판을 위하여 준비하는 것에 한하여 그들을 열심히 배우라는 교훈이라고 했다. 이러한 해석은 이 비유가 열 처녀의 비유(마 25:1~13), 달란트 비유(마 25: 14~30), 므나의 비유(눅 19:12~27)의 주제와 평행을 이룬다고 본다. 이 해석이 많은 학자들의 호평을 받는다.55)

---

55) J.D. Crossan, *In Parables: the Challenge of the Historical Jesus*(New York: Harper and Row, 1973), pp. 119~20; Frederick W. Dander, *Jesus and the New Age: A Commentary on Saint Luke's Gospel*(Philadelphia: Fortress Press, 1988), p. 280; M. Dibelius, *From Tradition to Gospel*(New York: Charles Scribner's Sons, 1965), p. 248; J. Fitzmyer, *op.cit.*, p. 37; A.M. Hunter, *The Parables Then and Now*(London: SCM, 1971), pp. 99~100; Jeremias, *The Parables of Jesus*, pp. 45, 181~2; I.H. Marshall, *Luke*, p. 620; R.H. Stein, *The Method and Message of*

이 해석에 반대하여 파롯(Kouglas M. Parrott)은 이 비유가 종말의 심판날을 위한 준비에 관한 것이 아니라고 주장했다. 파롯이 이같이 이해하게 된 것은 이 비유가 회개와 하나님의 영접을 주제로 한 비유들 중에 포함되어 있기 때문이라고 했다.56)

비평학자들은 9~13절이 충실하고 완전성이 있다고 하여 이 비유에서 따로 구별하여 해석한다.57) 또 다른 학자들은 9~13절이 초대교회가 비유의 세 가지 독립된 해석들을 합친 것으로 구성되었다고 한다. 이 세 해석이 종말론적 비유를 금전 취급 사무에 대한 경고 명령으로 바꾸었다는 것이다.58) 만일 9~13절이 비유와 별개의 것이었다면 무슨 이유로 비유에 곧 이어 따라 나오게 되었는가 하는 두 가지 이유를 제시는 하고 있지만 설득력은 없어 보인다. ① 동양인이 아닌 독자를 위하여 개정한 것이다. ② 비유와 종결(9-13)이 서로 밀접한 관계가 있어서 부자와 나사로의 비유(눅 16:19~31)보다 종결이 앞에 놓이게 되었다는 것이다.59)

9~13절의 종결이 이 비유에 이어진다는 것은 예수님이 이 비유를 8절에서 마치시고 계속해서 비유에 대한 교훈의 말씀을 하신 것이다.60) "불의한 재물"($\tau\hat{\omega}$ $\dot{\alpha}\delta\acute{\iota}\kappa\omega$ $\mu\alpha\mu\omega\nu\hat{\alpha}$)이란 어떤 불의한 수단을 사용하여 모은 것을 의미하기보다는 청지기가 잘못 사용한 주인의 재물을 의미한다고 보아야 한다. 왜냐하면 도적질이나 그와 같은 불의한 행동으로 얻은 재물이라고 한다면 그러한 행실을 권고할 수가 없다. 즉 주인의 재물이 세상의 재물이라는 점에서 그처럼 "불의한 재물"이라고 해석한 것이다.61) 예수님은 9절에 말씀

Jesus' Teaching(Philadelphia: Westminster Press, 1978), p. 56; L.J. Topel, "On the Injustice of the Unjust Steward: Lk 16:1~13," *CBQ* 37(1975), pp. 216~27.

56) Douglas M. Parrott, "The Dishonest Steward(Luke 16.1~8a) and Luke's Special Parable Collection," *NTS* 37(1991), pp. 499~515.

57) 예. Jeremias, *op.cit.*, p. 45.

58) C.H. Dodd, *op.cit.*, p. 26; John Reumann, *Jesus in the Church's Gospel* (Philadelphia: Fortress Press, 1968), p. 194.

59) K. Bailey, *op.cit.*, p. 116.

60) cf. D.R. Fletcher, "The Riddle of the Unjust Steward, Is Irony the Key?" *JBL* 82(1963), pp. 15~30.

하신 비유에서 하나의 요점으로 하나님이 주신 모든 자원을 주의해서 사용
하라는 것을 추론적으로 말씀하셨다. 우리에게 주신 자원을 주의해서 사용
했는지를 계산할 날이 올 것이니 그 날을 위해 현재의 자원을 조심스럽게
사용함으로 준비해야 할 것이다. 이러한 준비는 물질이 실제로 필요한 자들
에게 보일 후한 태도와 관련이 있다. 그와 같이 준비한 자가 만일 자기의
소유를 의지할 수 없는 날이 닥치면, 그로부터 후한 도움을 받은 자들이
그를 영접하게 될 것이다.62) 이처럼 주신 자원을 조심스럽게 사용하는 것이
주님의 제자 된 우리가 갖춰야 할 제자도(discipleship)인 것이다.

이렇게 준비하는 것을 가리켜 10절에서 "지극히 작은 것에 충성된 자는
큰 것에도 충성되고 지극히 작은 것에 불의한 자는 큰 것에도 불의하니라"
고 예수님이 자명하게 말씀하셨다. 10절의 말씀은 상반된 두 가지 것으로
구성되는데, 충성과 불충성이 하늘나라의 것에 비하여 중요치 않은 것에
대한 충성 혹은 불충성과 대조되었다. 다시 말하면 9절에서 가르친 요점과
연결시켜 말씀하시고, 10절에서 예수님이 추리한 비유의 또 하나의 요점은
하나님이 주신 세상의 자원이란 비록 하늘나라의 것에 비하면 중요치 않은
"작은 것"일지라도 그것을 바로 사용하는 일에 충성하는 자가 "큰 것" 곧
세상의 것이 아니고 영적인 것, 하늘나라의 것에도 충성한다는 격언의 말씀
이다.

11절과 12절은 10절의 말씀을 다시 해석하여 "작은 것"이 "불의한 재물"
곧 세상의 부한 것과 "남의 것"(12절) 즉 하나님께서 빌려주신 것으로 바뀌
며, "큰 것"이 "참된 것"(11절) 곧 하늘나라의 부한 것과 "너희의 것" 곧
영원토록 있을 것으로 바뀐다. 이처럼 10절의 격언(simile)을 11절과 12절
에서 다시 풀어서 말씀하고 있다.

---

61) Jeremias, *The Parables*, p. 46; Matthew-Black, *An Aramaic Approach to the Gospels and Acts*(Oxford: Clarendon, 1967), pp. 139~40.

62) Francis E. Williams, "Is Almsgiving the Point of the Unjust Steward," *JBL* 83(1964), pp. 293~97; *Calvin: Commentary: A Harmony of the Gospels*, Vol 2 (Edinburgh: Saint Andrew, 1972), pp. 111~12.

끝으로 예수님이 다른 기회에 하신 말씀(마 6:24)을 이 비유와 관련시켜 말씀하시면서 이 비유의 또 하나의 요점을 전하셨다. 즉 하나님을 충성되게 섬기는 데 "재물"(μαμωνᾶς)이 얼마나 위험스러운 것인가를 보이시려고, "집 하인이 두 주인을 섬길 수 없나니 혹 이를 미워하고 저를 사랑하거나 혹 이를 중히 여기고 저를 경히 여길 것임이니라 너희가 하나님과 재물을 겸하여 섬길 수 없느니라"고 다시 말씀하셨다. 재물을 지혜롭게 사용하는 것이 그리스도의 제자도의 하나이지만 재물이 가져올 위험과 유혹이 매우 크다고 예수님은 경고하셨다.

동시에 예수님이 이 비유를 통하여 강조하신 것은 마치 청지기가 자기의 생존 위기의 해결책이 단 하나이고 그 해결책이 주인의 관대함이라고 인식했듯이, 믿는 자들의 생존 위기의 해결도 재물에 있는 것이 아니고 하나님의 관대하신 사랑에 있다는 것이다.[63]

2. 망대와 싸움의 비유(눅 14:25~33)

불의한 청지기의 비유와 마찬가지로, 망대와 싸움의 비유(28~33절)도 제자도에 관한 비유이다. 이 비유를 말씀하시고 예수님은 26~33절에서 제자 신분의 특징을 삼중으로 말씀하셨다. ① 제자 신분의 절대적인 가치(26절), ② 절대적인 심각성(28~30, 31~32), ③ 절대적인 요구(33절)이다. 그러나 비평학자들은 이 삼중의 제자도의 특징을 무시하고 망대를 짓는 자와 싸움하려는 왕이 예수님의 제자가 되려는 자가 아니라, 예수님 혹은 하나님을

---

63) 참고할 만한 근래 학자들의 해석: John Dominic Crossan, "The Servant Parables of Jesus," *Semeia* 1(1974); Mary Ann Tolbert, *Perspectives on the Parables, An Approach to Multiple Interpretations*(Philadelphia: Fortress Press, 1979); William Herzog, "Apocalypse Then and Now: Apocalyptic and the Historical Jesus Reconsidered," *Pacific Theological Reviews* 18(1984), pp. 24~5; Robert Funk, *Parables and Presence: Form of the New Testament Tradition*(Philadelphia: Fortress Press, 1982); Dan O. Via, *The Parables: Their Literary and Existential Dimension*(Philadelphia: Fortress Press, 1967).

표상한다는 이상한 해석을 제시했다. 그리스도 안에서 하나님이 십자가를 사용하여 모든 것을 희생하기로 작정하신 분이라는 것이다.

비평학자들이 이 비유를 이와 같이 해석하는 근본 이유는 다음과 같다. ① "너희 중에 누가"(Τίς ἐξ ὑμῶν) 라는 양식을 사용한 다른 비유들이 비유의 주역에서 하나님의 성품에 대한 것을 가르치고 있다. ② 예수님의 비유들에서 왕은 하나님을 대표한다. ③ 예수님이 자기를 따르려는 자들에게 계산보다 믿음을 권면하고 있다.64)

그러나 우선 첫 번째 이유에 대해서, "너희 중에 누가"라는 양식이 항상 하나님의 성품을 나타내는 것은 아니다. 누가복음 12:25에 이 양식과 비슷한 수사학적 질문이 나오지만, 하나님의 역사하심이 아니라 인간의 활동에 초점이 맞춰진다.

두 번째 이유에 대해서는, 왕이 하나님을 표상한다는 것은 비평학자들의 의견이다. 31절에 두 왕이 나오는데, 이 두 왕은 하나님을 표상할 수가 없다. 이 두 왕 가운데 약한 왕은 하나님보다 인간 가운데 한 개인을 나타낸다. 만일 이 둘 중 한 왕이 하나님을 표상한다면 둘째 왕, 곧 강한 왕이 하나님을 표상할 것이다. 그러나 이 비유가 왕의 성품보다 제자도에 대한 도전을 다루고 있으므로 비유의 요소들을 일반적인 의미로 취급하는 것이 합당한 해석 방법이다. 예수님은 그의 제자가 되기 위해 하나님의 능하심에 부딪혀 견디어 낼 수 있을까 하는 자신을 돌아보라는 식의 말을 청중에게 요구한 일이 없다.

세 번째 이유에 대해서는, 이것은 잘못된 이분법 위에 세워졌다. 예수님은 믿음과 계산에 대하여는 다른 곳에서 교훈하셨다(눅 9:57~62; 마 8:19~22). 그리고 비평학자들은 31~32절의 구문론이 평화적 화해를 생각하는 왕은 하나님을 나타내며, 예수님이 그 왕과 같은 왕이 될 것을 요구한다고 했다.

---

64) J.D.M. Derrett, "Nisi Dominas Aedificaverit Domum: Towers and Wars(Lk XIV 28~32)," *Nov T* 19(1977), pp. 249~58; J. Louw, "The Parables of the Tower Builder and the King Going to War," *Exp T* 48(1936~37), p. 478; P.E. Jarvis, "The Tower-builder and the King Going to War," *Exp T* 77(1966), pp. 196~98.

그러나 하나님이 자기 원수와 평화를 도모하기 위해 항복하려는 의도를 가지고 있다고 생각할 사람이 어디 있겠는가? 그러므로 비평학자들이 제시한 세 번째 이유는 잘못된 이분법 위에 세운 것으로 명확히 드러났다.65)

"이와 같이 너희 중에 누구든지 자기의 모든 소유를 버리지 아니하면 능히 내 제자가 되지 못하리라"(33절)고 하신 예수님의 말씀은 다른 때에 하신 말씀보다 더 철저하게 제자도를 정의한 것이다. 그리하여 이 비유가 처음에는 특별히 선택된 예수님의 제자들에게만 적용되었거나 혹은 이미 제자가 된 자들이 전적으로 충성치 못할 위험에 대하여 경고하기 위해서 추가한 말씀으로 보기도 했다.66) 물론 이러한 생각은 이 본문을 어떻게 해석해야 하느냐에 달려있다. 지금 제시하려는 해석이 의문점들을 해결해줄 것이다. 비유를 해석하기 전에 한마디 하자면, 33절이 가르치는 바는 우리가 제자로서 예수님께 전심전력을 다하여 충성하려할 때 무엇이든지 장애물이 되는 것은 모두 "버리려야 할 것"을 의미한다.

이미 말한 대로, 예수님의 제자도는 삼중의 특징을 지닌 것으로 이 본문(26~33절)에서 예수님은 밝히셨다. 예수님의 제자가 되는 것은 인간이 시작할 수 있는 것 가운데 가장 중요한 기업이라고 할 수 있다. 그러므로 예수님이 삼중의 특징을 밝히고, 제자도가 얼마나 신중하게 계산해 볼 일인지를 보이신 것이다.

제자도의 첫 번째 특징은 "무릇 내게 오는 자가 자기 부모와 처자와 형제와 자매와 및 자기 목숨까지 미워하지 아니하면 능히 나의 제자가 되지 못하고"(26절)라고 하신 말씀에서 나타난다. 이 말씀이 나타내는 제자도의 특징은 한량없고 무엇에 비교해 볼 수 없는 절대적 가치를 말하는 것이다. 26절에 사용하신 예수님의 표현 양식은 휘페르볼레(ύπορβολή, 과장법)이며, 신

---

65) H.J. Thackeray, "A Study in the Parable of the Two Kings," *JTS* 14(1912~13), PP. 392~93; I.H. Marshall, *Luke*, p. 594; Craig L. Blombery, *Interpreting the Parables*(Downers Grove, IL: IVP, 1990), p. 293.

66) J. Alexander Findlay, *Jesus and His Parables*(London: Epworth, 1950), p. 99.

약성경 여기저기서 소극적으로 사용되기도 한다. 예를 들면, 로마서 7:13에 "이는 계명으로 말미암아 죄로 심히(ὑπορβολή) 죄되게 하려 함이니라"고 하신 말씀과 그리고 고린도후서 1:8에 "형제들아 우리가 아시아에서 당한 환난을 너희가 알지 못하기를 원치 아니하노니 힘에 지나도록 심한(ὑπορβολή) 고생을 받아 살 소망까지 끊어지고"라고 하신 말씀이 좋은 예들 이다.

예수님은 과장법을 이 비유의 본문에 사용하신 것처럼 신약성경의 다른 곳에서도 적극적인 뜻으로 사용하고 있다. 예를 들면 고린도전서 12:31에서 사도 바울이 "너희가 더욱 큰 은사를 사모하라 내가 또한 제일(ὑπορβολή) 좋은 길을 너희에게 보이리라" 그리고 고린도후서 4:17에 "우리가 잠시 받는 환난의 경한 것이 지극히(ὑπορβολή) 크고 영원한 영광의 중한 것을 우리에게 이루게 함이니"라고 하셨다. 이 비유 본문 26절에서 예수님은 그의 제자가 되는 것이 가족이나 목숨보다 더 귀한 절대적 가치가 있는 비교할 수 없는 것이라고 가르치신다. 이처럼 무엇과도 비교할 수 없으며 심지어 "자기 목숨"과도 비교할 수 없는 가치를 지닌 제자도의 특징을 예수님이 "과장법"을 사용하여 표현하신 것이 26절의 말씀이다.

제자도의 두 번째 특징은 무한히 심각한 성질의 것으로 28~30절과 31~32절에 나타난다. 이 구절은 두 개의 그림과 같은 설명으로서, "점진적 강조"(a fortiori)를 사용하여 두 가지 실례를 들어 설명한다. ① 28~30절에서 첫 번째 실례로 망대 세우는 일을 인용하셨다. 망대를 지으려할 때 경비에 대한 아무 계산도 없이 시작해서 경비가 모자라 망대를 완성하지 못하게 된다면, 이웃 사람의 비웃음을 당하게 될 것이다. 그러나 이러한 일로 창피를 당하는 것은 비교적 작은 모험에 지나지 않는다. ② 31~32절은 망대를 완성하지 못하는 경우보다 더 큰 모험을 암시한다. 충분한 준비와 적의 군사력을 계산해 보지도 않고 시작한 싸움은 생사를 건 모험인 것이다. 준비 없이 자기 군사보다 강한 적군과 싸움을 시작했다면 결국 자기 왕국과 가족과 자기 생명까지 잃게 될 것이다.

이 두 실례가 보여주는 것은 세상적인 모험이지만, 이와는 대조적으로 예수님의 제자가 되는 일이란 절대적인 위험이 따르는 것이고, 온 마음과 뜻을 다해 고려해야 할 심각한 일인 것이다. 그 위험의 심각성을 "하나님 나라에 합당치 아니하니"라는 말이 암시한다. 그러므로 예수님이 제자들에게 "손에 쟁기를 잡고 뒤를 돌아보는 자는 하나님 나라에 합당치 아니하니라"(눅 9:62)고 하셨다. 또한 예수님은 "나더러 주여 주여 하는 자마다 천국에 다 들어갈 것이 아니요 다만 하늘에 계신 내 아버지의 뜻대로 행하는 자라야 들어가리라"(마 7:21)고도 하셨다. 다시 말하면 예수님의 제자가 되는 일이 위의 말씀에 언급한 것처럼 심각한 문제라는 것이다. 예수님의 제자 신분에는 중간이 없고 "예"이거나 "아니오" 둘 중의 하나이어야 한다. 즉 이 둘 가운데 아닌 것을 판단해야 내야 할 만큼 심각한 것이 예수님의 제자 신분의 심각성이다. 예수님의 제자도가 이처럼 심각한 것임을 사도 바울은 고린도후서 13:5에서 "너희가 믿음에 있는가 너희 자신을 시험하고 너희 자신을 확증하라"는 식으로 말씀하셨다.

셋째로 예수님의 제자도의 특징으로서 33절에 나타난 바는 절대적 요구이다. "이와 같이 너희 중에 누구든지 자기의 모든 소유를 버리지 아니하면 능히 내 제자가 되지 못하리라." 이 말씀 중 "모든"(πᾶς)이란 말은 "총괄적이고 포괄적인 모든 것"을 뜻하는 말로 사용된다. "버리라"(ἀποτάσσεται)는 말은 "던져버리라"는 말이 아니고 "작별"할 것을 의미한다. 이 "버리라"는 말씀을 31절이 설명하고 있고, 31절이 제시한 두 번째 설명은 33절과 밀접하게 연결되어 있다. 마치 싸우러 나가는 왕과 군사들이 모든 것을 후방에 남겨놓고 전선에 나가듯이 예수님의 제자가 되려면 그처럼 모든 것을 정돈하고 작별해야 한다. 또한 싸움에 나가는 자가 마음에 품어야 할 바는 전투에서 절대적으로 요구되는 전사, 즉 죽음인 것이다. 따라서 모든 것을 버린다는 말은 예수님의 제자도가 십자가에 죽기까지 한 주인만을 위해 충성할 것을 요구한다는 말씀이다. 전선으로 나가는 군사들이 남을 위하여 죽음을 각오해야만 하듯이 예수님의 제자도가 예수님을 위하여, 곧 예수님의 자녀된 성도들을 위하여 십자가를 지기까지, 곧 죽기까지 주님께 충성할 것을 요구하는 것이다.

그러므로 세베대의 아들들의 어머니의 간청에 예수님이 "나의 마시려는 잔을 너희가 마실 수 있느냐"고 말씀하셨고, "저희가 말하되 할 수 있나이다"고 대답했을 때, "섬기는 자가 되라"고 하셨다(마 20:20~28). 이것은 곧 죽도록 섬기는 자가 될 것을 권면하신 것이다. 예수님의 십자가는 속죄와 상관이 있지만, 우리의 십자가는 죽도록 충성함으로써 남을 위한 것이 되고, 그것이 곧 주님을 위한 것이 된다. 다시 말하면 예수님을 위한 제자들의 충성은 곧 형제들을 위한 충성으로 나타나야 한다. 동시에 예수님의 십자가 속죄의 고난이 예수님의 영광이 되심과 같이 우리의 십자가 곧 죽기까지 충성함이 주님의 영광에 참여하는 우리의 영광이 됨을 의미한다. 그러므로 사도 바울도 이를 가리켜 "자녀이면 또한 후사 곧 하나님의 후사요 그리스도와 함께 한 후사니 우리가 그와 함께 영광을 받기 위하여 고난도 함께 받아야 될 것이니라"(롬 8:17)고 말씀했다. 그러므로 예수님도 "너희가 여기 내 형제 중에 지극히 작은 자 하나에게 한 것이 곧 내게 한 것이니라"(마 25:40)고 하신 것이다.

이와 같이 제자도의 삼중적 특징을 설명하시면서, 28~30절에서 망대를 세우는 실례를 사용하신 것은 26절의 가정과 관련하여 삼중적 특징 중 첫째 특징을 설명하는 것이 되었기 때문이다. 그리고 31~32절에서 예수님이 싸움의 실례를 사용하신 것은 33절의 세 번째 특징이 "모든 것을 버리는" 절대적 요구를 의미했기 때문이다. 세 번째 특징 곧 33절에서 비유의 교훈이 예수님께 죽도록 충성하려면 가족과 자기 목숨까지, 곧 예수 그리스도를 섬기는 데 방해가 되는 "모든 것"을 버려야 한다는 것으로 초점이 모아진다. 그리고 예수님은 이 진리를 "집 하인이 두 주인을 섬길 수 없나니 혹 이를 미워하고 저를 사랑하거나 혹 이를 중히 여기고 저를 경히 여길 것임이니라 너희가 하나님과 재물을 겸하여 섬길 수 없느니라"(눅 16:13)는 말씀으로 표현하신다.67)

3. 한밤중에 찾아온 친구의 비유(눅 11:5~13)

비평학자들은 9~13절을 이차적인 것으로 보고 5~13절의 통일성을 부인하며, 9~13절이 본래는 비유에 속한 것이 아니라고 했다.68) 그들이 이같이 보는 이유로 다음 네 가지를 제시한다. ① 누가복음 16:1~13과 11:5~13에서 비유에 이어 다른 문학적 체계를 지닌 이야기가 따라 나오며, 누가의 독특한 표현인 "그리고 너희에게 내가 말하노니"(κἀγὼ ὑμῖν λέγω)라는 말을 앞의 비유와 연결시킨다. ② 5~8절과 9~13절 사이에 상황(setting)과 강조점이 네 번이나 바뀐다. ③ 5~8절의 비유가 하나의 문학 양식을 띠며 있고, 9~13절도 다른 문학 양식을 지닌다. ④ 9~13절은 제자들에게 하신 이야기이지만, 비유는 복음의 반대자들에게 하신 이야기라는 차이점을 제시하고 있다.

그러나 첫째 이유는 본문의 통일성을 부인할 만한 이유가 될 수 없다는 것이 자연스럽게 드러난다.

두 번째 이유는 환경과 강조가 바뀌고 있다는 것인데, 곧 5~8절에서는 이웃이 이웃을 상대하고 9~13절에서는 아버지가 아들을 상대하며, 또 5~8절에서는 좋은 것을 구하고 나쁜 것을 받은 자격을 놓고 말하지 않지만 9~13절에서는 그러한 것을 언급하고 있다. 그리고 5~8절에서는 끊임없는 간청에 대해 언급하지 않으나 9~13절은 그것을 암시하며, 5~8절에서는 친구가 자기의 이웃을 찾아갔고, 9~13절에서는 문을 두드리는 것이 나타나는 등 강조점의 변화와 차이가 있다는 것이다.

물론 본문에서 이런 것들을 볼 수 있다 하더라도 누가복음 11:1~13은 기도에 대한 말씀이라는 통일성이 나타난다. 즉 예수님이 어떻게 기도해야 하는가를 제자들에게 가르치시고(2~4), 이어서 기도에 대한 비유(5~8), 설명과 적용(9~13)을 하신 것이 분명하다. 즉 예수님은 2~4절에서 기도에

---

67) cf. G.B. Caird, *The Gospel of St. Luke*(Penguin, 1963), p. 179.

68) 예, J.Jeremias, *The Parables of Jesus*(New York: Charles Scribner's Sons, 1972).

대해 말씀하시고, 한 걸음 더 나아가 비유를 가지고 그 기도에 대해 그림을 그리듯이 자세히 설명하시며, 또 한걸음 더 나아가 실례로 가정에서 일어날 수 있는 일을 인용하시고 어떻게 기도해야 할 것인지를 설명하신다(9~13). 이와 같이 본문의 사상의 흐름은 점진적인 강조의 논리(fortiori logic)로 되어 있다. 그리고 이 논리를 인도하는 것이 "너희 중에 누가"(τίς ἐξ ὑμῶν, 5절)라는 말씀의 양식이다.

따라서 이 비유에 나타난 많은 요소들을 낱낱이 여러 가지 요점으로 비교하는 것은 적절하지 않다. 예를 들어, 한밤중에 잠자고 있는 사람이 하나님의 모습 가운데 한 부분을 나타내는 역할을 하지만, 예수님은 하나님께서 주무시려고 침실로 가신다고 가르치지는 않는다. 비교점은 다만 잠자는 친구처럼 하나님이 자기에게 구하면 그 구하는 자들에게 필요한 것들을 주신다는 것이다. 위의 세 번째와 네 번째 이유는 첫째 이유처럼 대답을 요하는 것이 아니고, 다만 여기 방금 언급한 논법이 답을 주고 있다.

예수님 당시 시리아와 요단과 애굽지방의 사람들은 밤중에 여행을 했지만, 일반 풍습에 따르면 팔레스타인과 레바논 사람들은 밤에 여행을 하지 않았다. 그 이유는 팔레스타인과 레바논 지역에서는 높은 산과 골짜기로 인하여 밤에 여행하는 것이 불편했기 때문이다. 떡 세 덩이가 시리아인들이 먹던 적은 떡덩이라면 한 사람 분량이 된다.69) 당시 중동 사회에서 먹던 떡은 시리아 사람들의 떡보다 큰 것이지만, 일반적으로 떡 세 덩어리는 한 사람이 식사할 양이며, 손님한테는 보통 때의 양보다 조금 더 넉넉하게 떡을 내놓는 것이 관례였다.70) 그러나 당시 팔레스타인 사람들이 떡을 매일 구웠는지,71) 혹은 정한 날에 구웠는지는72) 확실하게 말할 수 없다.

당시의 식습관을 보면, 앞에 차려놓은 떡과 공동의 음식 접시들에서 각자가 먹을 만큼 떡을 떼서 자기의 식사 접시에 담고, 그 담은 떡을 집어 먹는다.

---

69) A.M. Rihbany, *The Syrian Christ*(Boston: Houghton Miffilin, 1916), p. 215.
70) *Ibid.*
71) Jeremias, *op.cit.*, p. 157.
72) K. Bailey, *op.cit.*, p. 122.

이와 같은 절차를 거듭함으로써 공동식사 접시를 더럽히지 않는다. 공동식
사 접시에 음식을 여러 가지 마련하지만, 가난한 경우에는 소금물을 차려놓
을 수도 있다. 따라서 "떡과 소금을 먹는다"는 표현은 매우 가난한 상황을
나타낸다. 이처럼 식사는 떡만이 아니라 공동식사 접시에 담은 음식까지도
포함된다. 따라서 이 비유에서 "그 소용대로"(8절, ὅσων χρῄζει)라는 표현
은 이러한 의미로 쓰인 것이다.

당시 풍속에 따르면, 벗을 찾아온 이웃 손님은 그의 손님일 뿐 아니라,
이웃이 사는 마을 전체의 손님이기도 했다. 따라서 이웃이 자기 벗에게 가서
떡을 구한 것은 마을의 손님을 대접하려는 것이다. 이러한 풍속에 비추어보
면 이웃은 떡을 빌려주는 자가 아니고, 손님을 대접하는 주인이다. 따라서
"내가 먹일 것이 없노라"(6절)는 말씀은 "내가 우리 동네의 명예를 위하여
너의 손님을 충분히 대접할 음식이 없다"는 것을 나타낸다.

이 비유의 교훈은 "간청함"(ἀναίδεια, 8절)이라는 표현의 의미와 주격이
무엇인지를 찾아내면 알 수 있다. 아나이데이아(ἀναίδεια)는 "끈질긴 재
촉"(importunity), "부끄러움이 없는 것"(shamelessness, 부정적 성질), "인
내"(persistence, 긍정적 성질), "면목의 상실"(loss of face)이라고 번역할
수 있다. 이 말은 고대 헬라문학에 나오는 "불신앙"(ἄπιστος)이라는 말과
흔히 연결된다.[73] 고대 헬라문학에서는 주로 부정적인 성질을 의미했다. 다
시 말하면 아나이데이아라는 말이 "부끄러움이 없는"의 뜻으로 사용된
다.[74] 칠십인역에서 아나이데스(ἀναιδής)가 "뻔뻔스러운 얼굴"(impudence of
face), 혹은 "엄격한 얼굴"(sternness of face)과 상관이 있다.[75] 시리아 번역성
경은 이차적인 뜻으로 "인내"라는 의미로 사용한다. 칠십인역에서 예레미아

---

73) 예. Epictetus Enchirdion XXIV; *The Discourses of Epictetus*, tr. George
Long(A.L, Burt 10), p. 432.

74) J.H. Moulton and G. Milligan, *The Vocabulary of the Greed Text*(Grand
Rapids: Eerdmans, 1930), p. 33; Friedrich Preisigke, *Wörterbuch der griechischen
Papyrusurkunden*(Berlin, 1925) 1, p. 88; G.W.H. Lampe, *A Patristic Greek Lexicon*
(Oxford: Clarendon, 1961), p. 103.

75) 잠 25:23; 7:13; 신 28:50; 전 8:1; 단 8:23.

8:5이 "영원한 배교"(perpetual apostasy, ἀποστροφήν αναιδή)를 언급한다. 이것은 부정적인 뜻이지만 "영구한" 혹은 "계속하는" 의미로 아나이데이아를 사용한 예이다. "영원한 배교"는 "부끄러움이 없는 배교"를 의미할 수 있다.

유대인의 외경인 벤시락(Ben Sirach)에서는 이 말을 형용사와 추상명사로 사용했다. 모든 예들이 부정적 성질을 나타내고 "부끄러움이 없음"을 뜻한다.76) 요세푸스도 부정적으로 "부끄러움이 없음" 혹은 "뻔뻔스러움"으로 사용한다.77) 이와 같이 칠십인역과 요세푸스 기록에서는 아나이데이아가 부정적인 뜻으로 부끄러움이 없는 것을 의미하고, '계속' 혹은 '인내'라는 의미로는 사용되지 않는다.

그런데 이 비유에 "부끄러움이 없는"이라는 부정적인 의미를 적용하면 해석상 어려움이 있는 것처럼 보일지 모른다. 왜냐하면 이 비유는 성도들이 어떻게 기도할 것인지 가르치고 있기 때문이다. 그러므로 성도들이 기도로 하나님께 자기의 요청을 호소하는 것이 "부끄럼이 없는" 말이라는 뜻인지, 아니면 전통적으로 긍정적 의미의 "인내"라는 뜻인지 알게 되었다. 후자의 경우라면 도움을 구하는 자의 "지속성"(persistence)을 언급한다. 이 경우의 요점은 "항상 기도하고 낙망치 말아야 될 것"(눅 18:1)이라는 뜻이다. 문법상 "그 간청함"의 선행사가 누구인지 분명하지 않아서 잠자고 있던 벗이나 혹은 이웃이 될 수도 있다. 이와 같은 해석상의 어려움은 문맥적으로, 신학적으로, 언어학적으로, 그리고 문학 양식적으로도 해결하기가 어렵다. "지속적인" 기도에 대하여 교훈하고 있는 불의한 재판관의 비유(눅 18:1~8)의 과부와는 달리, 11:5~8의 비유에서는 이웃에게 즉시 대답을 듣게 된다. 그 답은 "아니오"이다. 물론 잠자고 있는 벗이 그의 생각을 바꾸지 아니하면 이웃이 "계속" 문을 두드릴 것으로 짐작할 수는 있다. 물론 공관복음은 기도에 대해서, 응답이 올 때까지 계속 기도하며 구해야 한다고 가르친다. 그러

---

76) Ben Sirach, 23:6; 26:22; 40:30; 25:23.

77) Josephus, *Ant* XVII, 119; H.J. Thackery, *Josephus*(London, 1926) 1, p. 131; *Wars* 1, p. 224.

나 응답을 받은 다음에 그 응답이 기쁘지 않다고 하나님의 마음을 돌리려고
감언이설로 하나님을 부추기라는(cajole) 것은 아니다.

또한 아나이데이아라는 말이 "지속성"을 뜻한다는 것은 8절의 문학 구조
에도 적합하지 않다. 이 구절은 도치법을 사용하고 있다.

1. 만일 그에게 주지 아니할지라도
  2. 일어나
    3. 비록 벗됨을 인하여서는
    3′. 그러나 그 강청함을($\dot{\alpha}\nu\alpha\acute{\iota}\delta\epsilon\iota\alpha$)
  2′. 일어나
1′. 그 소용대로 주리라

이와 같이 8절 전체가 잠을 자던 벗에 대하여 말하고 있고, 3′도 벗에게
적용이 된다.78) 아나데이아를 이렇게 해석하면 8절의 의미는 벗이 이웃친
구를 돕기 위해 잠자리에서 일어난 것은 요청한 도움에 응하려는 것보다는
마을 사람들에게 욕먹지 않기 위한 행동으로 보인다는 것이다.79)

그러나 이런 해석과는 달리, 아나이데이아를 본래 흔히 사용하는 의미인
"부끄러움이 없는"이라는 의미로 받아들이게 되면, 이 말은 도움을 구한 이
웃에게 적용이 된다.80) 8절 문장 자체($\delta\iota\acute{\alpha}$ $\gamma\epsilon$ $\tau\grave{\eta}\nu\cdots$)를 누가복음 2:4의 평행

---

78) K. Bailey, *op.cit.*, p. 128.

79) *Ibid.*, pp. 119~33; cf. Alan F. Johnson, "Assurance for Man: The Fallacy
of Translating Anaideia by Persistence in Luke 11:5~8," *JETS* 22(1979), pp. 123~
31; Evertt W. Huffard, "The Parable of the Friend at Midnight: God's Honor or
Man's Persistence," *Rest Q* 21(1978), pp. 154~60; A. Fridrichsen, "Exegetische
zum Neuen Testament," *Symbolae Osloensis* 13(1934).

80) 예. J.D.M. Derrett, "The Friend at Midnight: Asian Ideas in The Gospel of
St. Luke," in *Donum Gentilium*, ed, Ernst Bammel, C.K. Barrett and W.D. Davies
(Oxford: Clarendon, 1978), p. 83; N. Geldenhuys, *Luke*(Grand Rapids: Eerdmans,
1951), p. 326; B.T.D. Smith, *The Parables of the Synoptic Gospels*(Cambridge:
University Press, 1937), p. 147; A.R.C. Leuney, *A Commentary on the Gospel*

구, 곧 διὰ τὸ εἶναι αὐτὸν (눅 19:11; 행 18:13)에 비추어 보면, 아나이데이 아를 벗에게 적용하는 것보다 이웃에게 적용하는 것이 더 적합하다.81) 이와 같이 "부끄러움이 없는"이라는 말의 주어를 잠든 벗으로 보기보다는 그의 이웃 친구라고 보는 해석이 문맥과 더 일치한다.

이 비유의 요점은 단순히 잠을 자던 벗과 같이 하나님이 참으로 필요한 것을 "부끄러움 없이" 간청하는 자들에게 후히 응답하신다는 것이다. 비록 잠자던 벗이 하나님의 역할은 하지만, 예수님이 나타내시고자 하는 바는 하나님이 침실로 가셔서 문을 닫고 주무신다는 것은 아니다. 벗이 잠자던 가운데 주저했던 태도와 하나님이 자기의 백성에게 좋은 선물을 주시려는 열망이 대조된다.

이웃이 "간청"한 바의 함축하는 의미는 부끄러움이 없이, 아울러 긍정적인 의미로 "담대히" 기도 가운데 하나님께 나아가 간구하는 태도를 나타내고 있다.82) 우리도 이 교훈을 따라 담대하게 부끄러움 없이 올바른 기도를 드리는 훈련을 해야 한다. 좋은 선물을 즐거이 주시리라 약속하신 하나님께 주저하지 말고 그 선한 선물을 구해야 한다. 이것이 곧 부끄러움 없는 간청이다.

이 비유를 통하여 예수님이 가르치신 또 하나의 요점은 하나님은 명예의 하나님이시고, 하나님이 우리의 간청을 들으신다는 완전한 확신을 우리가 할 수 있다는 것이다. "그 소용대로 주리라"(8절)는 말씀이 이를 가리킨다. 다시 말하면, 하나님은 우리가 요구한 것보다 더 좋은 것으로 후히 주신다.

---

according to St. Luke(London: A and C Black, 1966), p. 187.

81) 눅 11:8에 αναιδεια가 사본에서는 본래 αναιτιος였을 것이라고 추측하여, "그가 책망 받을 것이 없으므로, 그(벗)가 일어나 이웃이 원하는 것을 줄 것이니라"고 언어학적으로 수정된 내용을 제안한 의견이 있다. 그러나 누가복음 16:6과는 달리 11:8은 사본으로 증명할 길이 없다. 또 다른 제안은 αναιδεια가 어원학상 αιδως이며, 두 가지 뜻으로 사용된다고 한다. 즉 ① 긍정적 의미로 부끄럼, 명예, 자신 존경이다. ② 부정적인 의미로는 부끄럼, 추문(scandal)이다. 그러나 αναιδεια라는 헬라어 자체가 첫째 의미를 배척하고 둘째 의미를 갖는다. cf. Jeremias, *op.cit.,*p. 158; K. Bailey, *op.cit.,* pp. 131~33.

82) O.G. Harris, "Prayer in Luke-Acts,"(Unpublished Thesis, Vanderbilt University, 1966), pp. 87~88.

이처럼 하나님이 우리의 기도에 응답하시는 것은 영원토록 변함없는 하나님의 성실하심과 그 백성에 대한 사랑을 증명하는 것이다.

4. 과부와 재판관의 비유(눅 18:1~8)

이 비유는 랍비들의 논법인 "점진적 강조"(a fortiori)의 한 가지 실례이다. 만일 본문의 재판관이 "인내"를 대변한다면, 하나님은 얼마든지 더 인내하신다. 그러므로 여러 학자들은 이 비유를 예수님이 고난과 핍박을 당하는 자기 제자들을 보호하신다는 사실을 확신시키는 비유들 가운데 넣는다.83) 어떤 학자는 이 비유가 인간의 기대와는 다른 하나님 나라 선포를 변호하고 보증하는 비유라고 했다. 즉 예수님이 이 비유를 이야기하면서 사람들에게 하나님의 통치권을 생각하도록 도전한 것이라고 했다. 이 비유에서 과부가 혼자 재판관에게 가는 것은 당시 사회풍습을 무너뜨린 것이다. 이 여인은 자기의 권한을 공공연하게 요구했다. 이 비유를 듣는 자들은 과부의 행동으로 말미암아 하나님 나라가 시작된 사실을 새로운 시각으로 바라보게 된 것이다.84)

이 비유 바로 앞의 누가복음 17장은 믿음의 필요성을 주제로 삼고 있는데, 하나님 나라의 임함이 "인자의 날"과 같이 심판의 의미를 담는 것으로 보고 있다. 또한 이 비유에 이어서 바리새인과 세리의 비유(눅 18:9~14)가 나온다. 그리고 이 비유 해석의 실마리 하나는 18:1-8이 벤시락 35:15~19과 평행을 이룬다는 점이다. 이 두 본문에서 다음과 같은 요점이 확연히 나타난다. ① 각 본문은 일반적으로 말하면 기도제목으로 시작된다. 그 다음에 억압을 당한 의로운 자를 위한 의의 제목을 말씀하고 있다. ② 두 본문은 랍비들의 논법인 "점진적 강조"의 원리를 사용한다.

---

83) 예. J. Jeremias, *op.cit.*, pp. 153~57; Pheme Perkins, *Hearing the Parables of Jesus*(New York: Paulist Press, 1981), pp. 194~95.

84) John R. Donahue, *The Gospel in Parables*(Philadelphia: Fortress Press, 1988), p. 184.

그러나 두 본문이 서로 유사하면서도 약간 다른 점을 겸하는 요소들도 있다. ① 도움을 받으려는 과부의 울부짖는 호소가 두 본문에 똑같이 나타난다. 그러나 누가복음 18:1~8의 비유에서는 과부의 반복된 행동이 더 현저하다. 벤시락 35:15~19에서는 응답 받기 전까지 위로받지 못한 가난한 남자가 더 두드러지게 나타난다. ② 두 본문에 하나님의 인내하심이 나타나지만, 벤시락에는 의롭지 못한 자(the ungodly)들에 대해서는 인내하지 아니하신다. ③ 둘 다 의인의 변호를 말하지만 벤시락에서는 하나님이 두 방향으로 활동하신다. 즉 하나님이 의로운 자를 위해서는 정의를 행하시고 악한 자들에게는 복수하신다는 것이다. ④ 둘 다 구체적인 설명, 곧 과부가 나오지만 누가복음 18:1~8의 설명이 완전한 비유이다.

벤시락 35:15~19과 누가복음 18:1~8 사이에는 완전히 다른 점도 있다. ① 벤시락 본문에서는 기도 응답을 받는 길이 하나님을 즐겁게 하는 섬김이지만 누가복음은 그 점을 반영하지 않는다. ② 불의한 재판관의 모습이 예수님의 비유에 나오는 새로운 드라마틱한 요소이다. 즉 불의한 재판관의 부정적 특성이 상징적으로 하나님을 표상하는 바는 예수님의 비유에서 새로운 요소가 된다. 이처럼 랍비들의 논법인 "점진적인 강조"의 원리에서 불의한 재판관을 상징으로 사용하고 있다.[85]

불트만(R. Bultmann)이 누가복음 18:1~8의 비유를 벤시락 35:15~19과 병렬시켜 대조하고 비유 원본의 뜻을 발견할 수 없는 손실된 비유 가운데 하나라고[86] 말하는 것은 허무한 추상적인 의견으로 밝혀졌다.[87] 대다수의 학자들은 2~5절만이 원전 본문이라는 확실성을 인정하고 나머지는 이차적인 것으로 본다.[88] 소수의 비평학자들은[89] 2~8절의 통일성을 인정하고 비유 자체(2~5)는 예수님이 이야기하신 것이라고 주장한다. 또한 소수의 비

---

85) K. Bailey, *op.cit.*, p. 128.
86) Rudolf Bultmann, *Synoptic Tradition*, p. 199.
87) K. Bailey, *op.cit.*, p. 129.
88) 예. Via, Tolbert, Perrin, Jülicher.
89) Jeremias, G. Delling, R. Deschryver.

평학자들은 본문 전체를 이차적인 것으로 배척했다.90) 이처럼 비평학자들 사이에서도 세 그룹으로 나뉘어 의견의 일치를 보지 못한 채 논쟁하는 문제에 대해서 시간을 들여 평가할 가치도 없으며, 그냥 서로 논쟁하도록 내버려 두는 것이 우리가 취할 합당한 태도로 생각된다.

18:1에 "항상 기도하고 낙망치 말아야 될 것을 저희에게 비유로 하여"라는 말씀에서 이 비유를 듣는 청중은 제자들이었다(17:22). 그리고 이 말씀은 끊임없이 인내하여 "항상" "주야로" "구하고 찾고 두드리"듯이 낙망치 말고 늘 깨어 기도하라는 주제를 강하게 나타낸다. 이런 식으로 하여 비유의 마지막에 특수한 적용을 암시하고 있다. 하나님이 역사에 결정적으로 간섭하시므로 우리가 그처럼 참되게 항상 기도할 수 있다고 말한다. 뿐만 아니라 하나님을 의지하고 신뢰하는 믿음이 약해지고, 하나님이 멀리 계시는 것처럼 여겨 믿음이 약해질 때 우리가 더욱 하나님을 찾아야 함을 암시하고 있다.

비유 구절에서 2~5절은 문학 체계상 네 연으로 구성된다.

1연, 2절

    한 재판관…   재판관

    하나님을 두려워 아니하고   하나님

    사람을 무시하는   사람

2연, 3절

    한 과부…   과부

    그에게 가서   가서

    내 원수에게… 원한을 풀어…   풀어

3연, 4절

    그가 얼마동안 듣지 아니하다가   재판관

---

90) Linnemann, Edwin D. Freed, "The Parable – the Judges and the Widow(Luke 18:1~8)," *NTS* 33(1987), pp. 38~60.

후에… 하나님을…   하나님
사람을 무시하나   사람

4연, 5절
이 과부가…   과부
원한을 풀어   풀어
늘 와서…   와서

이와 같은 구조의 네 연으로 정리할 수 있다.
　① 재판관
　　하나님
　　사람
　　② 과부
　　　가서(와서)
　　　풀어
　③=①′ 재판관
　　　하나님
　　　사람
　　　④=②′ 과부
　　　　풀어
　　　　와서(가서)

이처럼 두 계단식 평행을 이룬다. 즉 첫째 연과 셋째 연, 둘째 연과 넷째 연이 평행을 이루고 있다.
　구약시대에는 부패한 재판관이 흔히 있었다.[91] 신약시대에도 부패한 재판관이 많은 것으로 드러나며, 그들을 "도적과 같은 재판관들"(robber

------

91) 암 2:6~7; 5:10~13; 대하 19:4~6; 시 72:12; 잠 22:22~23.

judges)이라고 불렀다.92) 탈무드에도 음식 한 그릇 때문에 정의를 구부러지게 하는 마을 재판관에 대하여 말하고 있다.93) 그리고 이 비유의 재판관도 하나님을 두려워 아니하고 사람을 무시하는 자라는 특징을 갖는다. 그런데 당시의 "공식적"(formulaic) 혹은 "속담투"(proverbial)의 말은 "하나님을 두려워하고 사람을 존경"한다는 것이었다.94) "존경"($\epsilon\nu\tau\rho\epsilon\pi\omega$)이라는 말은 부끄러움이란 단어에 속하며, 다음과 같이 사용되었다.95) ① 능동태로는 "존경하는 것이" 부끄럽게 만든다는 의미이고(고전 4), ② 수동태로는 부끄러운 입장에 놓거나, 혹은 부끄럽게 여긴다는 의미(살후 3:14)이며, 개인에게 명예를 허락하는 그룹에서 제외된 자가 부끄러움을 느끼는 것이다. ③ 중간태로는 어떤 것 혹은 어떤 사람을 향하여 돌이키는 것, 즉 존경한다는 의미이다. 무엇에 돌이킨다는 은유(the turning metaphor)에서 존경은 다른 사람과의 관련을 지적한다(막 12:6). 이 비유에서 "존경"이라는 말은 중간태로 쓰이고 있다.96) 당시 사회에서 하나님을 두려워 아니하고 사람을 무시한다는 말은 매우 험악한 묘사이다. 이 표현은 본질상 사회 밖에 있는 자를 묘사하는 말이다. 그러한 재판관은 무법한 재판관이다.

이 비유에서 재판관은 하나님을 나타내는 은유도 아니고 환유(a metonymy)도 아니다. 은유가 아니라는 것은 이 재판관이 의를 행하지 않았기 때문에 하나님의 자리에 설 수 없다는 것이다. 또 환유로 그가 하나님의 어떠한 모습을 나타내는 것도 아니다. 이 재판관이 결국 과부의 원한을 풀어준 것은 명예나 의를 위해서가 아니다.

이 비유에서 재판관이 지닌 문제는 그를 부끄럽게 할 사람 앞에서 자기의 행함이 악한 것이라고 느끼지 못한다는 것이다. 이 비유의 재판관은 매우 빈곤한 과부에게 상처를 주고, 또 그것을 부끄럽게 생각하지 않았다. 이 재

---

92) Alfred Edersheim, *The Life and Times of Jesus*, II, p. 287.
93) B.T. Baba Kamma 114a.
94) I.H. Marshall, *Luke*, p. 67.
95) *BQGD*, 269.
96) A. Plummer, *The Gospel according to St. Luke*(Edinburgh: T and T Clark, 1975).

판관은 하나님을 두려워하지 아니하고, 비록 온 세계 사람들이 그에게 "부끄러워할지어다"라고 외쳐도 아무 소용이 없을 것이다. 따라서 그가 부끄러움을 느낄 수 없는 것이 그의 근본 문제이다.[97]

그러면 그는 왜 처음에 과부의 원한을 풀어주지 않았는가? 이에 대한 설명은 다음과 같이 제시된다. ① 재판관이 뇌물 받는 것은 흔한 일이었고, 과부의 부한 대적이 재판관을 뇌물로 샀기 때문이라고 설명한다.[98] ② 과부가 너무 빈곤한 여인이어서 재판관에게 뇌물을 바치지 못했기 때문이라고 한다.[99] 이 두 설명의 약점은 이렇다. 비유가 뇌물을 바치는 그런 불의한 행동을 상상하게 되어 있지 않다는 것이다. 우리가 말할 수 있는 바는 재판관이 처음에 원한을 풀어주지 않은 것은 그가 하나님을 두려워하지 않고 사람을 무시한 사람이었기 때문이라고 설명할 수밖에 없다.

미쉬나에 나타난 유대인 풍속을 보면 기본적인 법정 구성을 위해서는 세 명의 재판관이 있어야 한다.[100] 그러나 민사소송에서는 예외를 허용하는데, 한 명의 재판관이 재판을 한다.[101] 물론 미쉬나에서 가정한 바는 마을 사람이 적어도 120명이 되면 법정은 일곱 명의 재판관으로 구성되어야 한다고 했지만, 그런 이상적인 법정이 실제로 존재했었는지는 의심스럽다. 다만 증명된 바는 한 명의 재판관이 법정 절차를 시행한 것뿐이다.[102]

로마 정권은 시민 재판권을 유대인에게 위탁했다.[103] 그런데 종교 재판관과 일반 재판관으로 나누어, 종교 재판관은 유대인을, 일반 재판관은 이방인들의 재판 건을 다루었다.[104] 따라서 이 비유에서 재판관은 유대인으로

---

97) K. Bailey, *op.cit.*, pp. 132~33.

98) I.H. Marshall, *op.cit.*, p. 669.

99) T.W. Manson, *The Sayings of Jesus*, p. 306.

100) M. Sanh. 3.1; Danby, *the Mishnah*, p. 385.

101) b. Sanh 5a; H. Cohen, "Bet Din and Judges," *Enc Jud* 2, pp. 721~23.

102) C. Chajes, "Les juges juifs en Palestine," *Revue des etudes juives* 39 (1892), pp. 39~52.

103) M. Stern, "The Province of Judaea," *JPFC* 1, pp. 308~76.

104) J.D. Derrett, *Law in the New Testament Times*(London: Darton, Longman and Todd, 1970), p. 180; A. Shalit, *König Herodes: Der Mann und sein Werk*

암시된다.105) 그리고 이 비유의 초점은 법적 현상이 아니고 재판관과 과부에게 있다.

구약에서 과부는 억압당하는 힘없는 대상을 나타내는 상징이다.106) 이사야 1:17은 지도자들과 백성에게 과부를 돌보라고 호소한다. 이 말씀에 근거하여, 유대인들의 율법적 전승은 "고아의 소송을 먼저 들어야 하고, 다음으로는 과부의 소송일지니라"고 했다.107) 이와 같이 이스라엘의 전승에 보면 과부가 응답을 요구할 수 있는 귀한 자리에 있다. 당시 결혼 관행에 따르면 아내에 대한 남편의 의무는 결혼 증서에 명확히 기록되었고, 남편이 죽으면 그 증서의 기록에 따라 과부는 남편의 재산에서 생활 보장을 받게 된다. 그러나 아내가 유업을 받을 수는 없었다.108) 아내가 남편의 집에 남아서 살 수는 있었지만 대체로 자기 아버지의 집, 혹은 남동생이나 오빠의 집으로 돌아가야 했다. 또 과부에게는 재혼이 권장되었다. 남편의 재산이 과부의 생활비를 보장은 하고 있었지만, 일반적으로 실행에 옮겨지지는 않았다. 많은 과부와 과부의 아들들이 매우 빈곤한 처지에 놓이게 되었다. 그러므로 과부는 단순히 남편을 여읜 여인을 뜻하는 것이 아니라, 생활을 유지할 방법이 없고 특별한 보호가 필요한 사람을 가리켰다.109) 이처럼 과부의 딱한 입장은 이스라엘 사회에서만 볼 수 있는 일이 아니었고, 과부의 복지 사업에 관심을 두었던 이웃 사회에서도 가능했다.110)

"과부와 고아와 나그네 된 자"라는 전통적 공식은 특별한 보호가 필요한 대상을 총괄하는 구약의 말씀이다. 더욱이 구약에서는 이스라엘이 애굽에

(Berlin: Walter de Grayter, 1969), pp. 223~32.

105) A.N. Sherwin-White, *Roman Society and Roman Law in the New Testament*(Oxford: Clarendon Press, 1963), pp. 133~34.

106) 출 22:22~23; 신 10:18; 24:17; 27:19; 욥 22:9; 24:3,21; 시 68:5; 사 10:1~2; 1:17,23.

107) L.N. Dembitz, "Procedure in Civil Cause," *The Jewish Encyclopedia* X (New York: Funk and Wagner, 1905), p. 204.

108) S. Sabrai, "Hone and Family," *JPFC* 2, pp. 728~92.

109) H. Cohen, "Widows," *Enc Jud* 16, pp. 487~96.

110) Gustav Stählin, "Chera," *TDNT* 9, pp. 441~44.

서 종 되었던 일을 과부를 도우라고 요구한 것과 연관시키고 있다.111) 이스라엘이 과부와 고아와 나그네를 보호해야 하는 것은 하나님이 그들의 보호자이시기 때문이다.112) 이와 반대로 과부와 고아와 나그네를 돌보지 않는 것은 하나님을 거절하는 악한 행동이다.113) 이스라엘을 애굽에서 보호하심과 같이 과부와 고아와 나그네의 궁극적 보호자는 하나님이시다.114)

중동 사회에서 여자들은 법정에 가지 않는 것이 일반 관습이었다. 만일 여자가 법정에 나타나면 그 여자는 그를 위하여 대변해줄 남자가 자기 가정에 없는 것으로 비춰졌다. 남자 지배적인 사회에서 여자들이 비록 세력은 없었지만 존중은 받았다. 남자들은 공석에서 함부로 취급당하기도 했지만, 여자들은 그렇지 않았다.

이 비유의 초점은 과부가 계속 재판관에게 가서 호소한 점이다. 과부가 "자주 그에게 가서"(ἤρχετο)라는 부정과거 동사를 사용함으로 이 점을 나타낸다.115) "나의 원한을 풀어"(ἐκδικήσον)라는 말이 헬라 파피리스(Greek papyri)에는 "한 소송을 처리하는 것"(settle a case)을 뜻하나, 칠십인역에서는 피의 청산을 말하는 "원수갚음" 혹은 "처벌"을 뜻한다.116) 이 비유에서 과부는 직접 재판관에게 계속 호소하여 자기의 명예를 지켜주도록 부탁한다. "원수"(ἀντίδικις)는 법정 소송의 당사자를 의미한다.117)

본문에서 과부가 자기의 소송건을 담당한 재판관에게 가지고 간 것은 금전문제로 추측된다.118) 아마 빚, 서약, 혹은 상속 부분이 과부에게 처리되지 않고 보류된 채로 남아있는 것으로 생각할 수 있다. 과부는 매우 가난하여 재판관을 뇌물로 살 수 없었고,119) 소송 당사자는 부자여서 그 마을에 큰

---

111) 신 24:17~18; 14:28~29; 26:12~13; 27:19.
112) 출 22:22~23; 시 146:9; 신 10:18.
113) 겔 22:7; 슥 7:10; 시 12:5~6; 68:5; 94:6; 사 1:23; 10:1~2.
114) 왕하 4:1~7; 잠 22:22~23; Eccles 35:12~18.
115) *BDF*, 325.
116) Gustav Schrenk, "ἐκκικεο," *TDNT* 2, 442~44.
117) *Ibid.*, *TDNT* 1, 374~75.
118) cf. SOB 1, p. 289; b. Sanh. 4b.
119) T.W. Manson, *The Sayings of Jesus*, p. 306.

영향을 끼치는 자로 생각할 수 있다. 그러므로 과부의 무기는 계속 호소하기 위해 오직 인내로써 재판관을 찾아가는 수밖에 없었다.

나를 "괴롭게 하리라"(5절, ὑπωπιάζειν)는 말은 은유적 의미로 귀찮게 한다는 뜻이다. "괴롭게" (ὑπωπιάζειν)라는 말은 권투하는 것을 나타내는 은유로, 눈 아래를 주먹으로 치는 것을 표시한다.120) 그만큼 남을 귀찮게 하고 괴롭히는 것이다. "늘"(εἰς τέλος)이라는 말은 쉬지 않고 계속한다는 뜻이다. 이 여인은 과부로서 재판관에게 요구할 것을 가지고 있었고 여인이라는 신분으로 재판관의 명예를 손상시킬 수 있었다. 그러나 과부가 재판관과 동등한 위치에 있지 않아서 재판관이 그 과부의 원한을 풀어주어야만 하는 것은 아니었다. 물론 재판관이 과부의 원한을 풀어주면 자신의 명예에도 도움이 될 것이다. 그것은 과부가 재판관의 피보호자(client)가 되기 때문이다. 청중은 이 재판장이 자기의 명예를 위하여 보호자(a patron)와 같은 역할을 하리라 기대했다. 그러나 재판관은 자신의 편의를 따라 행동을 했다. 재판관이 "하나님을 두려워 아니하고 사람을 무시하나"라는 말씀은 이중의 부정적인 말씀이다. 그처럼 재판관이 부끄러워할 줄 모르고, 사실상 개인의 명예심도 가지고 있지 않았다.121) 과부는 소망이 없는 처지에 놓여 있으며, 어느 누구도 재판관에게 수치를 느끼게 해 줄 수가 없다. 이러한 상황에 놓인 과부에게 재판관이 자신의 편의를 위해 과부의 소송을 들어 줄 뿐 아니라 원한도 갚아준다.

여기에 비유의 요점이 드러난다. 즉 비유의 주제가 꾸준히 낙심하지 말고 계속하여 기도하라는 것이다. 그처럼 악한 행실에 대해 부끄러움이 없는 재판관도 과부의 원한을 풀어주었는데, 사랑과 자비가 풍성하신 하나님 아

---

120) I.H. Marshall, *Luke*, p. 673; John Creed, *The Gospel according to St. Luke* (London: MacMillan Co., 1930), p. 223; G. Delling, "Das Gleichnis vom Gottlosen Richter," *ZNW* 53(1963), pp. 1~25; M. Zerwick, *Biblical Greek*(Rome: Pontifical Biblical Institute, 1963), p. 81.

121) cf. J.D. Derrett, "Law in the New Testament: the Parable of the Unjust Judge," *NTS* 18(1971~72), pp. 178~191.

버지게 기도하는 하나님의 백성에게 응답하시지 아니하겠는가? 물론 응답하신다는 것이다.122)

이처럼 예수님이 6~8절에서 이 비유의 요점을 설명하신 말씀을 비평학자들 가운데서는 부정적으로 비판하는 자도 있다.123) 그러나 비록 6~8절 본문이 언어학적124) 혹은 신학적, 문학적 견지에서125) 확실성을 증명하도록 요구하지 않을지라도 유대인의 문서가 확실성을 증명하고 있다. 즉 벤시락은 애통한 과부의 기도(35:15~20)에 하나님이 특별히 간섭하시는 점에다 논의의 초점을 맞추고 있다.

6~8절은 "해석상의 난제"(a crux interpretum)로 불린다. 비평학자들은 8절 하반절에 "인자가 올 때에 세상에서 믿음을 보겠느냐 하시니라"는 말씀은 누가가 그의 원자료에 추가한 것으로 주장한다. 그러나 이 주장은 잘못된 것으로 본문의 중요한 말씀을 해석할 때 곧 드러난다. "오래 참으시다"(μακροθυμεῖ)라는 말은 "길이 참으심"(ἀνοχή)과 "인내"(ὑπομονή)라는 말과 함께 심판과 자비를 취급하는 문맥에서 사용된다. 문자적으로 "오래 참음"(μακροθυμία)이라는 말은 분노를 멀리 하고 그것을 떨쳐버리는 사람에게 적용된다. 구약에 나타난 좋은 예는 사울 왕에 대한 다윗의 태도이다. 다윗의 부하들이 사울에게 복수할 것을 요청하지만 다윗은 거절한다(삼상 26:6~25). 이러한 다윗의 거절은 그의 "오래 참음" 곧 분노를 멀리 던져버리는 인내심을 나타낸 것이다. 다윗의 오래 참음은 모형적으로 하나님의 인내하심을 보여주었다. 하나님은 그처럼 인내하시고 죄인들을 자비롭게 취급하신다(민 14:18; 시 103:8). 하나님은 노를 멀리하시고 사랑하심과 은혜를 죄인들에게 베푸신다.126)

---

122) K. Bailey, *op.cit.*, pp. 136~37; Norval Geldenhuys, *Luke*(Grand Rapids: Eerdmans, 1951), pp. 446~48.

123) 예, E. Linnemann, *The Parables of Jesus*(London: SPCK, 1966), pp. 187~88.

124) J. Jeremias, *op.cit.*, pp. 154~56; Marshall, *op.cit.*, pp. 669~71.

125) W.G. Kümmel, *Promise and Fulfilment*, p. 59.

126) Horst, *TDNT*, IV, p. 376; 딤전 1:16; 벧전 3:9,15,20; K. Bailey, *op.cit.*, p. 139.

또 하나님께서는 자기 백성들의 간절한 기도의 부르짖음을 들으시고 응답하신다. 하나님의 백성들이 해야 할 바는 인내로써 항상 진실한 간청을 드리는 일이다. 하나님의 백성은 매우 완고하고 강한 대적에 둘러싸일지라도 두려워할 필요가 없다. 하나님께서는 우리를 위하여 자기의 노하심을 멀리 던져 버리시고, 우리의 기도를 듣기 원하시며, 또 듣고 계신다. 그러므로 우리는 그 하나님을 신뢰하고 인내하여 주야로 부지런히, 항상 기도를 계속해야 한다. 이와 같은 기도는 두려움을 정복하며, 경건한 생활에 합당하다. 우리의 기도는 변덕스러운 재판관 같은 사람에게 드리는 것이 아니고, 사랑과 자비가 풍성하신 하나님 아버지와 대화를 하는 것이다.

5. 바리새인과 세리의 비유(눅 18:9~14)

기도에 관한 세 번째 비유가 이 본문에 기록되어 있다. 이 본문은 '우화적 민요양식'(the parabolic ballad form)을 띤 8연으로 구성되며, 다음과 같이 서로 대조(inversion)를 이룬다.

1.	A	바리새인	10b
2.	B	세리	10b
3.	A	바리새인	11~12
4.	B	세리	13
5.	B	세리	14a
6.	A	바리새인	14b
7.	A	바리새인	14c
8.	B	세리	14d

이 비유에 사용한 우화적 민요양식은 교만과 겸손을 대비시킴으로, 기도할 때의 합당한 태도는 겸손이요 그것이 이 비유의 주제임을 나타낸다. 이 비유는 두 사람이 기도하러 성전에 올라간 것(18:10)으로 시작하고, 그 두 사람이 성전을 떠나 내려가는 것으로 끝난다. 그런데 비유가 끝날 때 두

사람의 순서는 도치되어 세리가 바리새인보다 먼저 기록된다(14절). 그리고 각각의 모습을 먼저 기록한 후 하나님께 기도한 내용을 소개한다. 이 비유의 중심점은 11~12절에 나타나는데, 곧 바리새인이 스스로 의롭다 하는 교만을 품고 자신을 최고로 높인 것이다.127)

  "두 사람이 기도하러 성전에 올라가니"라는 말은 "기도하는 집"(사 56:7), 곧 공적 예배를 드리는 곳(행 5:42), 혹은 개인적으로 기도할 장소(행 16:13, 16)를 찾아 기도한 것을 암시할 수 있다. 이 비유의 문맥에서는 공적 예배 장소를 의미한다. 즉 성전은 예배를 드리는 곳이고, 바리새인이 예배를 드리는 다른 사람들과 따로 서 있다고 본문은 증거한다. 바리새인과 세리가 같은 시간에 성전에 올라갔고, 또 같은 시간에 성전을 떠나서 내려간 것도 공적 예배처를 의미한다. 세리가 홀로 떨어져 서서 기도한 것도 다른 사람들이 같은 시간에 예배드리고 있었다는 것을 보여준다. 그리고 세리가 속죄함을 받았음을 특별히 밝히고 있다. 성전 예식에는 매일 아침과 저녁에 속죄 제물을 드리는 것이 포함되며 공예배도 있었다.128)

  바리새인이 다른 사람들과 "따로" 선 것은 자기를 의로운 자로 높이는 것이요 남들을 멸시하는 교만을 나타낸다.129) 엄격하게 율법을 지키는 자들을 "조합원"(associates), 율법을 제대로 지키지 아니한 자들을 "땅의 사람"(people of the land)이라고 불렀다.130) 바리새인이 "나는 다른 사람들

---

127) *Ibid.*, pp. 142~44; T.W. Manson, *op.cit.*, p. 309.

128) Danby, *The Mishnah*, pp. 582~89; Sir 50; 1~21.

129) "따로"(πρὸs ἑαυτόν, 11절)라는 말이 본문에서 문제(a textual problem)이다. "따로"라는 말은 "자기 혼자"라는 것이며, 앞에 나온 "서서"(σταθείs)라는 말과 연결시켜서, "바리새인이 자기 혼자 따로 서서 기도하기를"이라고 해석할 수 있다. 혹은 "따로"라는 말 뒤에 따르는 "기도하여 가로되"라는 말과 연결시켜 "바리새인이 서서 자기 자신에게 기도하여 가로되"라고 해석할 수도 있다(A. Plummer, *The Gospel according to St. Luke*, Edinburgh, 1975, p. 416). 여기서 이 말은 처음 해석인 "따로 서서"라는 의미를 나타내고 있다. 이것은 누가복음의 비유에서 "혼잣말"(a soliloquy)은 ἐv ἑαυτῷ라는 말로 나와 있고, πρὸs ἑαυτόν은 아니며, 7:39; 12:17; 16:3; 18:4에서 볼 수 있다. 그리고 세리가 "멀리 서서"(13절)라고 묘사된 것이 바리새인의 모습과 평행을 이루고 있는 것도 이러한 해석을 뒷받침한다. T.W. Manson, *op.cit.*, p. 310; K. Bailey, *op.cit.*, pp. 147~48.

130) Danby, *op.cit.*, p. 793.

곧 토색, 불의, 간음을 하는 자들과 같지 아니하고, 이 세리와도 같지 아니함을 감사하나이다"(11절)라고 한 말이 자기를 엄격하게 율법을 지키는 자, 곧 "조합원"의 일원으로 여기는 것이다. "토색, 불의, 간음"을 바리새인이 나열한 것은 자기가 그러한 도덕에서 벗어난 죄를 범치 아니한 자로 스스로 증명하는 것이고, 세리와 같지 아니하다는 것은 종교생활과 윤리 면에서도 의로운 자로 내세우는 말이다. 유대교가 세리를 의식상 불결한 자로 멸시한 것은, 세리들이 이방인들과 접촉하고 또 일반적으로 정직하지 않다는 평가를 받았기 때문이다. 즉 세리들이 이방인 로마사람들을 위하여 세금 걷는 일을 하였으므로 비애국자로 멸시를 받은 것이다(눅 3:13; 5:30; 19:18).

이 비유에서 바리새인이 "소득의 십일조를 드리나이다"(12절)라고 특히 강조해서 말한 이유는 그들의 눈에는 세리들이 "땅의 사람" 곧 율법에 무지하고 정결과 불결의 규례들을 지키지 아니하는 자들 가운데 가장 대표적인 사람들로 멸시받는 대상이었기 때문이다. 이처럼 세리나 다른 "땅의 사람" 들은 의식상 불결한 자들이었으므로 그들과 따로 서서 기도한 것이다.131)

유대교의 회당 경건 예배에서 기도는 주로 하나님께서 베푸신 선물에 대하여 하나님께 감사와 찬양을 드리고 또 예배자들이 필요한 것을 하나님께 청하는 것이었다. 그러나 이 바리새인은 그의 기도에 이 두 가지를 포함시키지 않았다. 그는 하나님이 주신 선물들을 감사할 줄 모르고, 하나님을 찬양할 줄 모르고 다만 자신이 성취한 정의를 자랑한 것뿐이다. 동시에 바리새인은 하나님께 간구하지도 않았다. 그러므로 바리새인의 기도는 전적으로 기도라는 범주에도 속하지 아니하며, 단지 자기 자신을 자랑하는 광고밖에 되지 않았다.132)

바리새인은 자기를 자랑하여 "나는 이레에 두 번씩 금식하고"라고 말했

---

131) Mishna Hugigrah, 2:7; Danby, *The Mishna*, p. 214; cf. R.H. Charles, *Apocrypha and Pseudepigrapha*, II, p. 420; The Assumption of Moses 7:9~10; Mishnah Pirke Aboth 2:5, Danby, p. 448.

132) J. Jeremias, *op.cit.*, p. 142; BT Berakhoth 28b; Sonc, 172; I.QH. 7:34; Bailey, *op.cit.*, p. 150; Midrash Rabbah Eccl VII, 2,5.

다. 사실 금식은 유대교에서 매우 큰 가치 있는 것으로 생각했는데, 금식은 남을 불쌍히 여기게 하고 돌보아 주게 하는 동기가 되었기 때문이다. 그러나 바리새인들의 금식 기도는 다만 남에게서 존귀와 높임을 받으려는 위선 행위였다. 율법-토라는 속죄일에만 금식하도록 요구하고 있다. 그러나 바리새인들은 사람들에게 높임을 받으려는 동기에서 매주 두 번씩(월요일과 목요일) 금식을 했다. 그 지방의 무더운 기후로 인하여, 금식할 때에 물을 마시지 못하도록 금지한 것이 제일 심한 고통이었다.

바리새인들은 그들이 산 모든 물건에 대하여 십일조를 드려 자기들이 사용하는 것들에서 십일조를 바치지 않은 것이 없게 하려고 했다(마 23:22; 눅 11:42).

"세리는 멀리 서서"라고 묘사한 말씀은 의식적 불결로 인해 다른 예배자들에 의해 제외당한 것을 나타낸다. 세리는 자신이 죄인임을 인식하고 "감히 눈을 들어 하늘을 우러러 보지도 못하고 다만 가슴을 치며" 기도하기를 "하나님이여 불쌍히 여기옵소서 나는 죄인이로소이다"라고 했다(13절). "가슴을 치며"라는 행동은 통회(눅 23:48)의 표시이다. 그의 몸짓 자체가 기도이므로, 그는 단순하게 "하나님이여 죄인을 불쌍히 여기옵소서"라고 호소했다. 세리가 이와 같이 자기의 죄들을 조목조목 나열하지 않은 것은 바리새인이 자신의 의를 나열한 것과 서로 상반된다. 세리는 바리새인처럼 자기를 남들과 비교하지 않았다. 그는 자기의 소망을 오직 하나님께만 쏟아놓고 있다. 세리의 기도는 다윗의 기도인 시편 51편과 조화를 이루는 기도였다. 하나님은 세리처럼 소망이 없을 정도로 통회하는 죄인을 영접하시며, 바리새인처럼 자기 스스로 의롭다고 하는 자들을 물리치신다. 하나님의 자비는 통회하는 죄인에게 제한이 없다.

세리의 기도에서 "불쌍히 여기옵소서"(ἱλάσθητί μοι)라는 말은 13절과 히브리서 2:17에만 쓰인 말이다.133) 이 말은 속죄 제물을 나타낸다. 이와 같이 세리가 드린 기도는 하나님의 자비를 구한 일반적 기도가 아니며, 속죄

---

133) 참고. 롬 3:25; 히 9:5.

의 자비를 간청한 특별한 기도이다. 통회하면서 하나님의 속죄하심의 자비와 사랑만 바라본 자의 간구에 대하여 하나님이 응답하시고 하나님의 의를 옷 입혀주심을 받은 기도이다. 그러므로 예수님이 이 비유를 마치시고, "이 사람이 저보다(바리새인) 의롭다하심을 받고 이에 내려갔느니라"고 말씀하신 것이다(14a).[134]

이 말씀과 평행시켜 예수님은 "무릇 자기를 높이는 자는 낮아지고 자기를 낮추는 자는 높아지리라"고 말씀하셨다(14b). 여기서 높아지리라는 말씀은 하나님께 가까이 이끌어 올리는 것, 곧 구원을 의미하고, 이와 반대가 되는 "낮아지고"라는 말은 하나님이 배척하시는 것, 곧 속죄함을 받지 못해 멸망받는 것을 의미한다.[135] 즉 14절 말씀은 사회적 위치나 인간의 겸손, 혹은 자기 친구들 중에서 높아지는 것이나 낮아지는 것을 의미하지 않는다. 여기서 "낮아지고 높아지리라"는 말은 오직 하나님과의 관계만을 의미하며, "낮추는"이라는 말은 곧 "구원받음"이라는 말과 동의어이다.[136]

이처럼 이 비유에 전제된 주제는 의롭게 됨이고, "자기를 의롭다"(18:9) 하는 것, 곧 자기 자신이 스스로 율법을 잘 지켰으므로 하나님이 자기를 의인으로 삼으셔야 한다는 유대교적인 개념을 가진 자들에 대한 예수님의 대답이다. 하나님의 정의는 하나님의 선물이고, 이 선물은 오직 속죄의 제물로 말미암아 가능하다. 이와 같이 예수님의 대속적 제물로 말미암아 하나님의 정의가 가능하게 된 하나님의 의의 선물은 세리의 통회하는 기도에 나타난 믿음으로, 곧 하나님의 은혜를 의지하는 통회하는 죄인에게 옷 입혀주듯이 부여된다는 것이다. 그러므로 자기 자신이 스스로 의롭다고 믿는 자, 곧 바리새인 같은 자에게는 그리스도의 속죄 제물이 아무런 가치가 없다. 따라서 결론적으로 "무릇 자기를 높이는 자는 낮아지고 자기를 낮추는 자는 높아지리라 하시니"라는 말씀은 종말론적인 말씀이고, 마지막 심판에 각 개인이 직면할 결정적 결과, 곧 영생과 멸망의 결정을 의미한다.[137]

---

134) 마 18:4; 23:12; 눅 14:11; 벧전 5:6; 눅 8:8; 12:21,48; 16:8; 18:8; 19:26.
135) Bertrum, *TDNT*, VIII, p. 606.
136) K. Bailey, *op.cit.*, pp. 156~57.

이제 제자, 곧 증인이 받아야 할 성령충만 혹은 성령의 감화 감동과 기도와의 관계를 간략히 진술함으로써 제자도와 기도에 관한 비유들을 해석한 이 장을 끝내고자 한다.

구약을 보면 엘리사가 선지자로 부르심을 받고 엘리야의 제자로 엘리야에게 갑절이나 성령충만, 곧 성령의 감화 감동을 요청했다. "갑절"의 성령충만이라는 그의 요청은 선지자의 직분을 충성스럽게 행하는 데 얼마나 성령충만이 필요한지를 나타낸 말이다. 예수님의 제자, 곧 예수님의 증인이 된 우리에게도 그와 같은 성령충만이 요구된다. 성령충만 혹은 성령의 감화 감동에 관해서는 다음 세 가지로 요약하고자 한다.

(1) 성령강림과 성령충만의 구별
(2) 성령충만을 받는 상황과 조건
(3) 성령충만을 받는 기초

(1) 성령강림과 성령충만의 구별

성령강림

성령강림은 요엘 2:28~32의 예언과 세례 요한이 "내 뒤에 오시는 이는 나보다 능력이 많으시니… 그는 성령과 불로 너희에게 세례를 주실 것이요"(마 3:11)라고 말한 예언들을 전제로 한다. 동시에 성령강림을 예수님이 약속하신 것도 전제하고 있다(요 14:16,26; 15:26; 16:7). 이 예언들과 예수님의 언약이 다음과 같은 순서를 밟아 성취되었다.

"오순절 사건"(행 2:1~4)으로 이루어질 성령강림의 예언과 언약에 대한 모형(prototype)으로 예수님 자신의 성령세례가 이루어진 것이다. 예수님의 성령세례(마 3:13~17; 막 1:9~11; 눅 3:21~22)는 네 가지 특성을 띠며, 오순절 성령강림 역시 예수님의 성령세례의 네 가지 특성을 지니고 있다. 다시 말하면 오순절 성령강림은 예수님의 성령세례의 네 가지 특성과 같은 특성

---

137) 눅 6:20~26의 주석이 이 비유의 결론이다. Thorwald Lorenzen, "The Radicality of Grace: The Pharisee and the Tax Collector(Luke 18:9~14) as a Parable of Jesus," *Faith and Mission 3*, no,2(1986), p. 73.

을 소유한다.

① 예수님의 성령세례는 한 번, 곧 단회성(ἐφάπαξ, once-for-all)이고 반복적이 아니다. 그러므로 예수님이 "세례를 받으시고"(마 3:16)라는 것에 대하여 성령으로 기름 부으심이라는 말로 표현했다. "세례"는 단회성이고 한 번만 받는 것이다.

② 예수님의 성령세례는 "유일한 것"(uniqueness)이다. 예수님 이전에는 예수님이 성령으로 기름부음 받으신 것과 동일한 성령세례가 없으며, 단지 모형적인 성령세례가 있었다. 곧 기름부음 받은 것이 구약시대에 성령세례의 모형이었다.

③ 예수님의 성령세례는 "시작"(commencement)을 알리는 신호이다. 즉 영원하신 하나님의 아들이 동정녀 마리아를 통해 성육신하셔서, 신인(神人)이 되시어 인간 역사에 나타나시고, 온전한 종교와 도덕생활을 하시고, 우리의 죄가를 담당하시는 메시야적 하나님의 아들의 지상직분을 "시작"하신 것을 나타낸다.

④ 위의 세 가지 사실을 하나님께서 하늘에서 들린 음성과 현상으로 친히 증언하셨다(마 3:16~17).

이러한 예수님의 성령세례의 네 가지 특성이 곧 오순절 성령강림의 네 가지 특성이다. 그러므로 예수님께서 다시 "너희는… 성령으로 세례를 받으리라"(행 1:5; 마 3:11)고 약속하셨다. 따라서 오순절 성령강림이 "단회적인 것"(ἐφάπαξ)은 예수님의 성령세례가 단회적이기 때문이다.

성령충만

성령충만도 "임마누엘" 예언(사 7:14; 8:8,10)과 예수님의 약속인 "내가 세상 끝날까지 너희와 항상 함께 있으리라"(마 28:20)고 하신 것을 전제로 한다. 이 예언과 약속, 곧 "임마누엘," 하나님이 우리와 함께 하실 것이라는 예언과 약속은 다음과 같이 실현되었다. 다시 말하면 성령충만은 곧 "임마누엘"의 실현을 의미하며, 임마누엘 곧 성령충만이 계속 반복되는 것은 다

음과 같은 순서를 밟는다. 즉 비하(겸손) 임마누엘과 승귀(영광) 임마누엘이
다.

a. 비하: 비하 임마누엘은 사적인(private) 비하 임마누엘과 공적인
(public, official) 비하 임마누엘 두 단계를 밟는다. 사적인 비하 임마누엘은
예수님의 성육신부터 성령세례를 받으신 순간까지이고, 성령세례를 받으신
순간부터 부활하신 순간까지가 공적인 비하 임마누엘이다.

b. 승귀(영광): 승귀 임마누엘도 사적인 승귀 임마누엘과 공적인 승귀 임
마누엘의 두 단계를 밟는다. 사적인 승귀 임마누엘은 예수님이 부활하신
후 40일간 제자들에게 나타나심이고, 공적인 승귀 임마누엘은 하나님 아버
지 우편에 앉으시고 오순절 날 성령을 보내신 그때부터 재림하실 때까지
우리와 함께 하시는 기간이다.

이 단계들을 통하여 "임마누엘"이 실현되어 온 것이 성령의 감화 감동,
곧 성령충만을 의미한다. 예수님은 이것을 가리켜 "오직 성령이 너희에게
임하시면 너희가 권능을 받고"(행 1:8)라고 하신 것이다.

이 본문에서 "임하시면"이라는 말은 오순절 날의 성령강림(행 2:2)을 의
미하며, "권능을 받고"는 성령 "충만"(행 2:4)을 뜻한다. 예수님이 임마누엘
이시고, 그 임마누엘이 예수님의 승귀 후 실현되는 것이 곧 성령의 감화
감동이고 성령충만인 것이다. 그러므로 사도 바울이 이 사실을 증명하여
"주는 영이시니 주의 영이 계신 곳에는 자유함이 있느니라"(고후 3:17)고
말했다. 영광 받으신 그리스도께서는 성령을 통하여 자기 백성에게 말씀하
신다. 성령의 음성이 곧 성령의 충만이고 감화 감동이다.

이처럼 예수님이 "내가 세상 끝날까지 너희와 항상 함께 있으리라"(마
28:20)고 하신 언약을 성취시키고 있다.

(2) 성령충만의 상황과 조건

예수님께서는 임마누엘이 실현되는 성령충만의 상황과 조건을 "두세 사
람이 내 이름으로 모인 곳에는 나도 그들 중에 있느니라"(마 18:20)고 표현

하셨다. "내 이름으로 모인 곳"을 설명하는 말씀이 "저희가 사도의 가르침을 받아 서로 교제하며 떡을 떼며 기도하기를 전혀 힘쓰니라"(행 2:42)고 하신 것이다. "내 이름으로 모인 곳"을 이와 같은 조목을 들어 설명한 것을 시편 1:2~3의 말씀이 원인-결과 관계의 양식을 취하여 "오직 여호와의 율법을 … 주야로 묵상하는(원인) … 저는 시냇가에 심은 나무가 시절을 좇아 과실을 맺으며 그 잎사귀가 마르지 아니함 같으니 그 행사가 다 형통하리로다(결과)"고 표현하고 있다. 이 결과의 말씀이 곧 성령충만의 결과이고, 임마누엘의 실현을 의미한다.

사도행전 2:42의 말씀은 성령충만, 곧 공적인 승귀 임마누엘이 실현된 상황과 조건을 동시에 나타낸다. 사도행전 2:42의 ① 사도의 가르침을 받는 것, ② 서로 교제하는 것, ③ 떡을 떼는 것(성찬), ④ 기도하는 것 이 네 행동들이 "전혀 힘쓰니라"(προσκαρτερέω)는 말씀과 연결된 네 가지이며, 곧 하나의 통일된 행동이다. "전혀 힘쓰다"는 말을 달리 표현하면 "주야로," "항상," "구하고, 찾고, 두드리고"이다. 다시 말하면 "전혀 힘쓴다"는 것이 주야로, 항상, 구하며 찾으며 두드리는 규칙적인 기도생활을 의미한다. 위의 네 가지의 행동이 규칙적으로 기도하는 내용이고, 이러한 신앙생활이 성령의 감화 감동, 곧 성령충만을 받는 기본적 조건이며 상황이다.

(3) 성령충만을 받는 기초

누가복음 11:13에 따르면 성령충만을 받는 것은 하나님이 주시는 좋은 선물이다. 즉 "너희가 악할지라도 좋은 것으로 자식에게 줄줄 알거든 하물며 너희 천부께서 구하는 자에게 성령을 주시지 않겠느냐 하시니라"고 한다. 이 말씀 중에서 "좋은 것"이 "성령을 주시는 것"과 평행이 되므로 "좋은 것"은 곧 성령충만 받는 것을 의미한다. 그리고 하나님께서 구하는 자에게 한해서 성령충만을 주신다고 말씀하신다.

그러므로 이 구절에서 우리는 매우 중요한 진리를 깨닫게 되는데, 하나님이 선물들을 구하지 아니하는 자에게는 주시지 아니하시므로, 구해야 할 것을 명하신 것이다. 이처럼 구할 때까지 보류하시는 선물들 중 제일 좋은 선물이 성령충만을 받는 것이다. 그러므로 여기서 자문해야 할 바는 우리가 어찌하여 성령충만을 받지 못하는가 하는 것이다. 부정적으로 말하면 성령충만을 받지 못하는 근본적인 세 가지 이유가 있다.

① 누가복음 11:13과 야고보서 4:2이 증거하는 대로 구하지 아니한다는 것은 사도행전 2:42의 말씀대로 "전혀" 기도하는 데 "힘쓰지 아니한다"는 것이다.

② 힘써 기도하여 구하되 잘못 구하기 때문이다. 야고보서 4:3에 "구하여도 받지 못함은 정욕으로 쓰려고 잘못 구함이니라"고 증거한다. 이 말씀은 적극적으로 하나님의 좋은 선물을 받고자 하지만 그것이 자기의 정욕을 만족시키려는 동기에서 비롯한 것을 의미한다. 소극적으로는 정욕으로 쓰려는 동기가 없이 구하여도 응답받지 못하는 것은 이미 받은 선물을 본래의 목적, 곧 하나님의 영광을 위하여 활용하지 아니하기 때문이다.

③ 구하여도 얻지 못함은 하나님께 대한 합당한 태도가 없이 구하기 때문이다. 하나님께 대한 합당한 태도가 성령충만을 받는 기본적인 조건이다.

그러면 하나님께 대한 합당한 태도는 무엇인가? 마태복음 6:12에 우리에게 "죄 지은 자를 사하여 준 것같이 우리 죄를 사하여 주옵시고"라고 말씀하신다. 그런데 "사하여 준 것같이"라는 말씀은 결과이지 원인이 아니다. "우리 죄를 사하여 주옵시고"라는 말씀이 원인을 암시한다. 이 말씀은 우리의 죄를 사하여 주신 것으로 증명된 하나님의 사랑, 곧 우리의 속죄의 원천을 가리킨다. 하나님의 사랑, 속죄의 원천이 속죄함 받은 자들의 "원인"이 되어, "죄 지은 자를 사하"는 결과를 만들어내는 것이다. 또 "죄 지은 자를 사하여 준 것 같이"라는 말씀에는 적극적인 의미와 소극적인 의미가 담겨 있다. 적극적으로는 이 말씀이 문자적인 의미 그대로 남을 용서하는 것이다. 그러나 소극적으로는 다른 사람으로 범죄케 하는 요인을 우리 스스로 멀리 피하는 것이다.

그러므로 마태복음 5:23에 "예물을 제단에 드리다가 거기서 네 형제에게 원망을 들을 만한 일이 있는 줄 생각나거든, 예물을 제단 앞에 두고 먼저 가서 형제와 화목하고 그 후에 와서 예물을 드리라”고 하셨다. 우리 자신이 형제에게 원망을 들을 만한 일이 있다면, 곧 형제가 잘못할 만한 요인이 내게 있다는 것을 알게 되면 그것을 제거하고 그 형제와 화해해야 할 것이다.

이처럼 마태복음 6:12은 “죄 지은 자를 사하여 준 것”과 “우리 죄를 사하여 주옵시고”의 상관관계를 보여준다. 즉 하나님의 사랑이 우리에 대한 속죄로 증명이 되며 그리고 다른 사람에 대한 우리의 사랑이 “죄 지은 자를 사하여” 주는 것으로 증명되는 이 두 가지 사실이 서로 연관이 있다. 우리가 하나님을 사랑하는 것은 실제로 형제를 사랑하는 것이고, 형제를 사랑하는 것은 “죄를 사하여 주고” 또 화평을 이루는 것으로 증명되어야 한다(요일 4:19~21). 이처럼 하나님 사랑과 형제 사랑의 상관관계를 용서하지 않은 종의 비유(마 18:21~35)로 예수님이 가르치셨다. 또 이 진리를 예수님이 대심판의 격언의 말씀으로 가르치시기를 “너희가 사람의 과실을 용서하면 너희 천부께서도 너희 과실을 용서하시려니와 너희가 사람의 과실을 용서하지 아니하면 너희 아버지께서도 너희 과실을 용서하지 아니하시리라”(마 6:14~15)고 하셨다. 이 구절의 14절 말씀은 하나님의 사랑-속죄의 은혜를 산 믿음으로 체험한 자가 마땅히 하나님께 대하여 가져야 할 태도를 암시하고 전제하는 말씀이다. 15절은 그와 정반대로 마치 용서하지 않은 종의 비유에 나오는 종과 같은 자로서 산 믿음이 없고 영원한 멸망을 받을 자의 태도를 전제로 한 말씀이다.

5. 나머지 비유

1. 하나님 나라의 절대적인 가치

(1) 어리석은 부자의 비유(눅 12:13~21)

이 비유는 16절에서 시작하여 20절에서 끝난다. 이 비유의 문학체계는 "서문"(6~17a)과 "독백"(17b~19)과 "응답"(20절)이라는 세 부분으로 구성된다. 서문에 어리석은 부자가 "심중에 생각하여"(διελογίζετο), 독백에서도 "또 가로되"(εἶπεν, 18), "또 ˙˙이르되"(ἐρῶ, 19), 응답부분에서도 "…이르되"(εἶπεν, 20)라고 함으로 "가로되"(λέγω)라는 말이 세 부분의 연결 고리 역할을 하고 있다. 그리고 독백이 "어찌할꼬"(τί ποιήσω)라는 말로 시작하며, 응답부분도 이와 비슷한 "뉘 것이 되겠느냐"(τίνι ἔστιν)라는 질문으로 끝난다.

이 뿐만 아니라 현대학자들은 이 비유에서 다음과 같은 네 개의 "교차대구법"이 있다고 주장한다. 이것이 한글개역성경에는 명확히 나타나지 않지만 헬라어 원문에서는 분명히 볼 수가 있다.

```
1. 17b    a  καρπούς (곡식)
          b    μου (내가)
   18     b′   μου (내)
          a′  ἀποθήκας (곡간)
2. 17b    a  οὐκ ἔχω ποῦ (곳이 없으니)
          b    συνάξω (쌓아둘)
   18     b′   συνάξω (쌓아둘)
```

       a′ ἐκεῖ (거기)

3. 18a   a καθελῶ (헐고)

         b μου τάς ἀποθήκας (내 곡간을)

         b′ μείζονας (더 크게)

       a′ οἰκοδομήσω (짓고)

4. 19   a ἔχεις πολλα (많이 쌓아 두었으니)

         b ἀγαθά (물건을)

         b′ κείμενα εἰς ἔτη (여러해 …쌓아)

       a πολλά (많이)

이처럼 네 개의 교차대구법이 독백부분을 하나로 묶고, "쉬고"(ἀναπαύου), "먹고"(φάγε), "마시고"(πίε), "즐거워하자"(εὐφραίνου)는 네 명령문을 사용하여 독백부분을 수사학적으로 아름답게 만든다.

예수님이 이 비유를 말씀하신 것은 무리 중의 한 사람이 예수님께 청원한 것 때문이었다. 따라서 이 비유에는 예수님과 청원자 사이의 대화가 먼저 나타나고(13~14절), 지혜 진술(a wisdom saying)이 비유 바로 전에 나타나며(15절), 이 대화의 맨 마지막도 지혜 진술로 끝을 맺는다(21절). 비유 자체는 다섯 개의 연(stanza) 즉 ① 주어진 물건(goods given, 16절), ② 발생한 문제(problem, 17절), ③ 현재의 계획(present plan, 18절), ④ 미래에 대한 계획(future plan, 19절), ⑤ 남기게 된 물건(good left, 20절)으로 나뉘며, 위에서 분석한 바와 같은 문학적 구조를 보여준다.

13절에 "무리 중에 한 사람이 이르되, 선생님 내 형을 명하여 유업을 나와 나누게 하소서"라고 청원한 것은 유대인 사회에서 보편화된 관습으로 이해할 수 있다. 두 형제가 함께 사는 관습은 구약시대부터 이미 있어왔던 일이고 예수님 당시의 습관이기도 했다.[1) 청원자, 곧 동생이 예수님께 와서 큰형에 대하여 불평을 한 것은 큰형이 자기가 받을 유산을 속였거나 유산을 불공

---

1) 참고, 창 13:5~7; 시 133:1

평하게 나누었기 때문이라고 추측할 수 있다. 그리하여 이 청원자가 예수님
께 "내 형을 명하여 유업을 나와 나누게 하소서"하고 요청한 것이다. 랍비들
의 전승에 비추어 보면, 비록 형제가 함께 살지라도 유업을 받을 자가 유업
을 나누어주기를 원하면 그의 요청을 허락하는 관습이 있었다.2)

그러나 예수님은 청원자의 청원을 거절하셨다. 그 거절은 예수님께서 결
정을 내려주실 권위가 없어서 거절하신 것을 뜻하지 않는다. 본문에서 볼
때 예수님께서 거절하신 이유는 유업의 소유가 장차 올 세계에 속하는 영원
한 생활에 부적합하다는 사실에 근거한 것임을 알 수 있다(15절).3) 그러므
로 예수님과 청원자 사이의 대화(13~14절)는 "정의"(justice)에 대한 문제
를 함축한 것같이 보이지만,4) 예수님이 정의 문제에 무관심하여 청원자의
소원을 거절한 것이 아니다.5) 예수님은 청원자가 가지고 있는 근본 문제가
이 세상에 속한 정의 문제가 아니라 오는 세상에 속한 것임을 청원자와 청중
들에게 지적하시려고 좀 과격한 말씀으로 "삼가 모든 탐심을 물리치라 사람
의 생명이 그 소유의 넉넉한 데 있지 아니하니라"(15절)고 하신 것이다.

여기서 예수님이 사용하신 "탐심"(πλεονεξίας)은 문자적인 의미로는 "더
많은 것에 대한 욕구"(the desire for more), 곧 "탐욕"(avarice) 혹은 "욕
심"(greed)을 함축한다. 또 예수님은 뜻을 더욱 강하게 표현하시려고 "모
든"(πάσης)이란 말을 덧붙여 "모든 탐심"(πάσης πλεονεξίας)이라고 하셨다.
이 악덕은 예수님 당시의 "힐렐 도덕가들"(Hillel moralists)이 심히 경멸한
악덕 가운데 하나였다. 그들도 "탐욕"(πλεονεξία)을 "모든 악행의 산실"(the
metropolis of all evil deeds),6) 혹은 "죄악의 최대 원천"(the greatest source

---

2) K.E. Bailey, *Poet and Peasant: Through Peasant Eyes*(Grand Rapids:
Eerdmans Press, 1980), p. 59. 로마인의 관습에서는 두 당사자가 동의해야 유업을 나눌 수
있다.

3) J. Jeremias, *The Parables of Jesus*(New York: Charles Scribner's Sons,
1972), p. 123.

4) Baley, *op.cit.*, p. 59; 눅 1:52, 4:17

5) cf. H.A.W. Meyer, *Critical and Exegetical Handbook to the Gospels of Mark
and Luke*(New York, 1884) II, p. 416.

of evil)7)이라고 불렀다.8) 그들이 "탐욕"을 이와 같이 생각한 이유는 탐욕이 하나님과 이웃들을 사랑하는 데 전적으로 반대되는 죄악으로 인식했기 때문이라고 할 수 있다. 사도 바울도 이와 같은 사실을 지적하는데, 골로새서 3:5과 로마서 1:24~25에서 탐욕을 우상숭배와 같다고 말씀한다.

"삼가 모든 탐심을 물리치라"(15a)는 것은 경고 말씀이며, "사람의 생명이 그 소유의 넉넉한 데 있지 아니하니라"(15b)는 것은 격언이다. "넉넉한 데"($\dot{\epsilon}\nu$ $\pi\epsilon\rho\iota\sigma\sigma\epsilon\dot{\upsilon}\epsilon\iota\nu$)라는 말을 문자적으로 해석하면 "넉넉한 것보다 더 이상의 것"을 표시한다. 그리고 15절 후반에서 "넉넉한 데"라는 말을 되풀이했다. 이것은 같은 것을 이야기하는 두 가지 방식으로 두 번째 되풀이한 말은 "되씹어 생각함"(after-thought)과 같은 것이다.9) 여기에 나타난 진리는 물질 소유 자체가 소유자로 타락하게 하는 것이 아니고, "넉넉한 것보다 더 이상" 더 많이 계속 요구하는 탐심이 소유자를 멸망으로 인도한다는 것이다.

예수님은 이러한 사실을 비유로써 생생하게 설명하셨다. 이 비유는 극적인(dramatic) 비유로 자연보다는 인물을 다룬 비유이다. 그러나 다른 사람과의 대화가 나타나는 것은 아니다. 부자는 자기 자신의 영혼과만 대화한다(12:19). 이것은 그의 재산을 다른 모든 사람과의 접촉으로부터 단절시키고 있다. "내가"라는 인칭대명사가 반복적으로 나타난 것은 사리 사욕(self-interest)을 나타낸다. 여기서 "밭"으로 번역된 '코라'($\chi\dot{\omega}\rho\alpha$)는 소유의 부유함을 나타내며, 일반적으로 한 지역(district, region)을 가리킨다.10) 이와 같이 부유한 소유가 부자에게 풍성한 추수를 가져다주었다. "풍성"($\epsilon\dot{\upsilon}\phi\acute{o}\rho\eta\sigma\epsilon\nu$)이라는 말이 이러한 뜻을 나타내며, 신약성경에서 단 한번 이 비유에 사용된다.11)

---

6) Diodorus Siculus

7) Dio Chrysostom

8) *BAGD*, 667; *I Clement* 35:5

9) A.B. Bruce, *The Synoptic Gospels*, Vol 1, Expositor's Greek Testament, p. 557; H. Marshall, *Luke*, pp. 522~23; cf. Bailey, *op.cit.*, p. 62.

10) *BAGD*, 899; J.D. Derrett, "The Rich Fool: A Parable of Jesus Concerning Inheritance," *Heythrop Journal* 18(1977), pp. 131~51; H. Marshall, *Commentary on Luke*(Grand Rapids: Eerdmans, 1978), p. 523.

그러나 이와 같이 풍성한 소출에 대하여 하나님께 감사하는 대신 이 부자는 "내가 이렇게 하리라 내 곳간을 헐고 더 크게 짓고 내 모든 곡식과 물건을 거기 쌓아 두리라"(18절)고 자기 영혼에게 말했다. 여기서 "풍성한 소출"과 "곳간을 헐고"라는 표현은 하나님이 풍성하게 축복하신 것을 의미한다. 그리고 이 표현은 구약에서 이스라엘의 전승, 곧 요셉이 애굽의 총리가 되어 추수한 것을 저장한 것(창 41:35~36)과 시내산 광야에서 이스라엘 백성들이 하나님께서 내려주신 음식을 안식일을 위하여 매주 여섯째 날에 갑절이나 거둔 것(출 16:22~27)을 함축한다.

이 부자는 축복을 주신 하나님을 전혀 생각치도 않고 하나님께 감사드림도 없이 자기의 영혼에게 "영혼아 여러 해 쓸 물건을 많이 쌓아 두었더니 평안히 쉬고 먹고 마시고 즐거워하자 하리라"고 했다(19절). 여기서 사용된 "내 영혼에게"(τῇ ψυχῇ μου)라는 말은 영적 존재(a spiritual entity)와 같은 의미의 영혼을 뜻하지 않고, 실존하는 전 인격(the whole existing person)을 의미한다. "평안히 쉬고 먹고 마시고 즐거워하자"(ἀναπαύου, φάγε, πίε, εὐφραίνου)라는 것은 연사가 독백(soliloquy)의 절정을 만들어 인간의 자기 신뢰를 나타낸다.[12] 이 부자의 말은 마치 고대 헬라 철학자 에피쿠로스의 쾌락주의적인 마음을 나타낸다.[13] 이에 대하여 베일리(K. Bailey)가 바르게 보았는데, 그는 물질의 탐욕은 만족을 모르고 풍성한 생활은 물질을 많이 쌓는 것으로 이루어질 수 없다고 했다.[14] "즐거워하자"(εὐφραίνου)라는 말의 어근은 '후론'(φρῶν)이고, 이 말의 명사인 '유후론'(εὔφρων)은 자기 향락(self enjoyment)을 의미한다. 그리고 이 말은 순전히 인간적이고 쾌락주의

---

11) 요세푸스(Josephus)가 곡식과 기름을 언급하면서 이 말을 사용했다. Alfred Plummer, *The Gospel according to St. Luke*(New York: Charles Scribner's Sons, 1898), p. 324.

12) *Ibid.*, p. 324.

13) Plutarch, Moralia, "On the Fortune of Alexander"(*LCL*, 336); cf. Bruce Mulina, *The New Testament World: Insight from Cultural Anthropology*(Atlanta: John Knox Press, 1981), pp. 75~90.

14) K. Bailey, *op.cit.*, p. 63.

적인 즐거움을 표시하는 데 흔히 사용된다.[15] "하나님은 이르시되 어리석은
자여 오늘 밤에 네 영혼을 도로 찾으리니 그러면 너의 예비한 것이 뉘 것이
되겠느냐 하셨으니"(20절)라는 예수님의 말씀은 시편 49:6을 반영한 것이다.
벤시락 11:19~20에도 다음과 같은 비슷한 표현이 나타난다.

"사람이 자기의 날카로움과 움켜잡는 것으로 부유해지고… 이르되, '내가
평안히 쉴 수 있고 내 재물을 즐길 수 있구나.' 그러나 그는 자기의 쉬는
것과 즐기는 것이 얼마나 갈는지 모르고 있고, 그는 남들을 위해 자기의
재물을 남겨두고 죽어야 할 것이다."

예수님은 이처럼 보통 사람들이 알 수 있는 말을 극화하여 본래의 교훈을
생생하게 만드신다.[16]

20절에서 독백은 중단되고 예수님이 이 부자를 "어리석은 자여"($\ddot{\alpha}\phi\rho\omega\nu$)
라고 칭하신다. 다른 비유에서는 예수님이 이렇게 "어리석은 자여"라는 폭
발하기 쉬운 말로써 하나님을 비유에 소개한 곳이 없다. 대화나 일상생활의
이야기에서 사람에게 "어리석은 자"라는 말을 사용하는 것은 금하던 일이
었다. 여기서 "어리석은 자"라는 말은 "우둔"(folly)을 반대한 구약성경의
논박(polemic)을 생각나게 한다.[17] "어리석은"[18]이라는 말은 문자적으로
"감각이 없는 "(without sense) 것을 뜻한다.[19] 이 부자가 몇 년 동안 흉년이
와도 겁낼 필요가 없다고 생각한 것은 "바보"(fool)가 생각하는 것과 같다.
바보란 하나님이 창조주이시고 모든 창조의 근원이시고 풍요로운 추수와
흉년을 포함한 모든 창조가 하나님의 권능의 손에 달려있다는 것을 모르는
사람이다. 다시 말하면 이 부자가 "어리석은 자"라는 것은 그가 하나님이
창조주이심을 부인한 사람임을 말한다.[20]

---

15) Bertram, *TDNT*, IX, pp. 220, 774~75.
16) 전 2:1~11; 욥 31:24~28; Bailey, *op.cit.*, pp. 63~64.
17) 예, 시 14:1, 53:1, 49:10; Sir. 11:19~20.
18) 신약에서 네 용어가 "어리석다"는 뜻을 나타내는데 사용된다. $\alpha\nu\eta\tau$os($\alpha\nu$o$\iota\alpha$)"부주의한,
mindless" $\alpha\sigma$oϕos"지혜가 없는 것," $\mu\omega\rho$os"바보," $\alpha\phi\rho\omega\nu$"우둔한."
19) 참고, 눅 12:42, 16:8; 마 7:24, 24:45, 25:2,4,8~9.
20) 시 14:1; J.Jeremias, *op.cit.*, p. 123.

이 부유한 "어리석은 자"는 단지 물질적으로 부유한 사람들을 함축하는 것이 아니고, 하나님이 창조주이시며 모든 것의 원인이시라고 생각하지 아니하는 사람들을 함축한다. 하나님이 이 부자를 "어리석은 자"라고 하신 사실은 그가 죄인인 것도 제시하는 것이다. "어리석은"이라는 말이 구약성경에서는 흔히 "부도덕"이라는 의미를 내포하며, 단순히 "우둔한 것"의 통칭이 아니다.21)

"뉘 것이 되겠느냐"(20절)라는 질문은 "포괄"(inclusio)적인 말로 13절에 나타난 유업에 대한 형제간의 다툼도 포함하고 있다. 이 어리석은 부자는 풍성한 소출에 완전히 빠져서 자신을 다른 것과 고립시키고 있다. 그리하여 자기 상속자를 위해 아무런 상속 대책도 마련하지 못하고 부유함 속에서 홀로 죽은 것이다. 예수님 당시 사회에서 부모가 상속자를 위하여 상속 대책을 마련하는 것은 매우 귀중한 습관이었다. 그러나 "어리석은 자" 이 부자는 그 대책도 세우지 못하고 죽음으로써 유산 때문에 형제 사이에 분쟁만 일으키게 했다.

예수님은 이 비유에서 "지혜 진술"(wisdom saying)을 한 가지 더 말씀하고 끝내셨다. "자기를 위하여 재물을 쌓아두고 하나님께 대하여 부요치 못한 자가 이와 같으니라"(21절). 여기서 "쌓아두고"란 말과 "부요"란 말이 평행을 이룬다. 비록 "자기를 위해"($\alpha\dot{\upsilon}\tau\tilde{\omega}$)와 "하나님께 대하여"라는 말이 앞의 두 단어처럼 정확한 평행은 아니나, 일반적으로 말하는 평행으로 볼 수 있다.22) 하나님께 "대하여"($\epsilon\dot{\iota}\varsigma$)라는 말은 "사람의 짐승들과 천산의 생축이 다 내 것이며"(시 50:10)라고 하신 만물의 소유자이신 하나님께 무엇을 더해 드린다는 것을 뜻하지는 않는다. 물론 "대하여"($\epsilon\dot{\iota}\varsigma$)란 말이 "위하여"(for)라는 뜻을 나타내지만,23) 한편으로는 인격 혹은 물건을 나타낸다.24) 21절에서는 "대하여"가 두 번째 뜻을 나타내는 데 사용되고 하나님께

---

21) 참고, 욥 31:24~28; 시 14:1, 49; 전 1:1~11; Sir. 11:19~20.
22) Cf. J.A. Bengel, *Gnomon of the New Testament*, 2 Vol(New York: Sheldon, 1963), II, p. 109; 시 50:10.
23) 예, 눅 9:13.

서 그분을 믿는 백성이 드린 선물을 받아주시는 것을 의미한다. 이 부유한 어리석은 자는 자신의 모든 힘과 마음을 자기를 부유하게 하는 데 쏟고 있을 뿐이지, 하나님을 영화롭게 하는 일에 온 마음과 온 뜻과 온 힘을 쏟아 붓지 아니한 어리석은 자이다.25)

예수님께서 누가복음 12:33의 말씀을 하시므로 21절의 교훈을 보충하셨다. 즉 "너희 소유를 팔아 구제하여 낡아지지 아니하는 주머니를 만들라 곧 하늘에 둔 바 다함이 없는 보물이니 거기는 도적도 가까이하는 일이 없고 좀도 먹는 일이 없느니라"(마 6:20)

시락(Sirrach) 31:5~11에도 앞의 비유와 비슷한 교훈의 말씀이 기록되어 있다.

"금을 사랑하는 자가 옳다함(justify)을 얻지 못할 것이고, 돈을 축적하는 자는 그 일로 말미암아 길을 잃게 될 것이다. 금을 위하는 것으로 인해서 많은 사람들이 멸망에 이르렀다. 금에 치중하는 자들에게 금이 방해물이 되고 금으로 말미암아 모든 미련한 자들이 노예가 될 것이다. 결함을 찾아볼 수 없는 부유한 자는 복이 있도다. 그는 금을 축적하지 아니하는 자다. 우리가 그러한 부유한 자를 복되다 함은 그가 자기 이웃에게 훌륭한 일들을 행하였기 때문이다… 그의 부유가 확고히 세워졌으며 공회가 그의 구제활동을 선포함이다."

에녹일서(I Enoch) 97:8~10에도 예수님의 비유와 평행을 이루는 이야기가 나온다.

"우리가 부유하게 되어 재산을 모았다. 우리가 탐욕한 모든 것을 취하게 되었다. 그래서 이제는 우리가 좋아하는 것은 무엇이든 하자. 우리가 은을 모았고, 우리가 물처럼 우리의 보물을 채웠기 때문이다. 그리고 우리 집에 많은 일꾼들이 있는데, 너희의 거짓말이 물같이 흐르는도다. 너희의 부유가 오래 갈 것이 아니고 너에게서 속히 떠날 것은, 너희가 그것을 불의하게

---

24) 예, 눅 14:35.

25) Bailey, *op.cit.*, p. 69; cf. John R. Donahue, *The Gospel in Parable*(Philadelphia: Fortress Press, 1988), pp. 177~78.

거두어들인 까닭이다. 너희는 큰 저주에 던짐을 당할 것이다."26)

어떤 비평학자들은 "도마복음"(Gospel of Thomas) 63을 인용하면서, 그것이 누가복음 12:13~21의 말씀보다 예수님의 말씀에 더 가깝다고 주장한다. 27)

"예수님께서 가라사대 많은 돈을 소유한 부자가 있었다. '내가 내 돈을 사용할 것이며, 곡식을 심고, 거두고 또 자라고 하여 나의 곡간을 소출로 채워 내가 부족함이 없게 하리라.' 그와 같은 생각이 그의 의도였다. 그러나 그 날 밤에 그가 죽고 말았다. 귀가 있는 자는 들을지어다."

이런 내용이 누가복음 12:13~21보다 예수님의 말씀에 더 가깝다는 의견은 물론 특별계시와 영감설을 거부하는 전제를 바탕으로 내린 결론이다. 뿐만 아니라 "도마복음"이 간략한 이야기라고 보지만, 대다수의 비평학자들은 앞의 의견을 거부했다.28) 누가복음 12:13~21과 도마복음 63은 같은 내용을 말하고 있지 않다. 도마복음 63은 어려움을 피하기 위하여 자기의 재산을 늘리는 사람에 대한 이야기로 욕심을 피하도록 경고하는 일반적인 훈계를 대표한다.29) 그러나 누가복음 12:13~21에서 관심을 두는 진리는 모든

---

26) Charlesworth, *Apocrypha*, I, p. 78; 예, John Dominic Crossan, *In Parables: The Challenge of the Historical Jesus*(New York: Harper and Row, 1973), p. 85; "Parable and Example in the Teaching of Jesus," *Semeia* I(1974), pp. 63~104.

27) J. Birdsall, "Luke XII, 16ff. and the Gospel of Thomas," *Journal of Theological Studies* 13(1962), pp. 332~36.

28) 예, H. Montefiore and H. Tierner, *Thomas and the Evangelists, Studies in Biblical Theology*, 35(Naperville: Alec R. Allensen, 1962), p. 50; Ray Summers, *The Secret Sayings of the Living Jesus*(Waio: Word, 1968), p. 46; H. Schürmann, *Traditionsgeschichte Untersuchungen zu den synoptischen Evangelien* (Düsseldorf: Patmos Verlag, 1968), p. 232.

29) B.B. Scott, *Hear Then the Parables*(Philadelphia: Fortress Press, 1990), pp. 130~31; Jacques-E. Ménard, *L'evangile selon Thomas, Nag Hammadi Studies* 5 (Leiden: E.J. Brill, 1975), p. 163; cf. Luke Johnson, *The Literary Function of Possessions in Luke-Acts*(SBLD 39, Missoula, Mont:Scholars Press, 1977) 103~15; Charles Talbert, *Literary Patterns, Theological Themes, and the Genre of Luke-Acts*(SBLMS 20, Missoula, Mont: Scholars Press, 1974).

소유가 하나님께서 주신 선물이고, 그 선물을 선하게 사용하여 하나님을 영화롭게 해야 한다는 것이다. 하나님이 주신 선물로서 물질을 자기의 이익(사리사욕)대로 사용하는 것은 참된 제자의 신분에 맞지 않다. 풍성한 삶이란 자신을 위한 것이 아니고, 하나님께 "대하여" 곧 하나님을 섬기는 일이다. 예수님은 이 진리를 누가복음 12:33에서 "너희 소유를 팔아 구제하여 낡아지지 아니하는 주머니를 만들라 곧 하늘에 둔 바 다함이 없는 보물이니"라고 다시 말씀하신다.

(2) 밭에 감추인 보화의 비유(마 13:44~46)

"재물을 쌓다"(θησαυρίζω)라는 동사가 이 비유에서는 "보화"(θησαυρός)라는 은유(metaphor)를 함축한다. 이 감추인 보화의 비유는 하나님 나라의 무한한 가치를 가리키고 있다. "보화"라는 말은 하나님 나라를 위한 은유로 두 가지 의미를 담고 있다.

① "보화"는 가치 있는 것으로서 가치 있는 다른 것들을 위한 은유가 될 수 있다. 예컨대 잠언 2:1에서 "나의 계명을 네게 간직하며"라고 했을 때, "간직하며" 곧 "보화로 쌓으며"라는 말로 매우 고상한 가치를 의미한 은유이고, 쌓아놓고 잘 지킬 보배로운 것을 표현하는 데 사용된 은유이다.

② "보화" 은유의 다른 모습들은 "구하는 것"과 "찾는 것"이다. 잠언 2:4~5에서 이 은유의 두 가지 모습을 이렇게 표현한다. "은을 구하는 것같이 그것(지혜)을 구하며 감추인 보배를 찾는 것같이 그것(지혜)을 찾으면 여호와 경외하기를 깨달으며 하나님을 알게 되리니." 이처럼 "구하는 것"과 "찾는 것"이 "보화" 은유에 속한다. 그러므로 감추인 보화의 비유가 이 "보화" 은유 체계를 갖는다.[30]

고대 사람들은 감추인 보화에 대해 자주 이야기했다. 한 예를 들면 주후 70년에 함락된 예루살렘에서 로마인들은 감추어 둔 많은 금과 은과 다른 귀한 보화들을 발견했다.[31] 이 사실을 유대인들의 보화 전승(a Jewish

---

30) 참고, 마 6:19~20; 눅 12:33.

treasure tradition)은 다음과 같이 증거한다.

"압바 유다(Abba Judah)라 하는 사람이 있었다. 그는 계명(성인들을 받들라는 계명)을 지극한 정신으로 지켰다. 그는 한때 자기의 모든 돈을 잃었기 때문에 우리 랍비들을 도와줄 수 없었다. 수심이 가득해서 집으로 돌아가자 그의 아내는 '어찌하여 고통이 당신의 얼굴에 드리워있는가요' 하고 물었다. 그는 '우리 랍비들이 여기 계시지만 내가 그들을 위하여 무엇을 해 드릴 수 있는지 알 수가 없소'라고 대답했다. 그의 아내는 남편보다 더 의로워서 남편보고 '당신에게 조그마한 밭이 있으니, 가서 그것을 팔아 반을 그들에게 드리세요'라고 말했다. 그는 아내의 말대로 실행에 옮겼다.

우리 랍비들은 그를 위하여 기도했다. 랍비들이 그에게 '압바 유다여, 우리의 거룩하신 하나님께서 축복하실지로다. 너의 모든 부족함을 채워주실지로다'라고 기도했다. 랍비들이 돌아가자, 그는 자기의 남은 반쪽 밭을 갈려고 밭으로 갔다. 그가 밭을 갈던 중에 밭을 갈던 송아지가 넘어져서 발이 부러졌다. 넘어진 송아지를 일으켜 세우려고 할 때, 거룩하신 이(여호와)는 찬양을 받을지어다! 거룩하신 이가 그의 눈을 뜨게 하시고 보화를 보게 하셨다. 이 농부는 '내 송아지의 다리가 부러진 것이 나의 복을 위함이로다'라고 했다."32)

고대 사람들은 "진주"(μαργαρίτης)를 매우 귀한 보석으로 생각했고, "보석과 진주"라는 말은 매우 큰 부를 의미했다(계 18:11~12). 그래서 "진주"가 매우 고상한 가치를 나타내는 은유가 되었다.33) 랍비들의 용어에 의하면 진주는 아름다운 이야기의 은유이다. 곧 "진주를 이야기하는 입은 티끌을 핥는다"는 말이 있다.34) 종말론적인 장면(eschatological scenes)에서 진주는 새 시대의 부유함을 묘사한다.35)

---

31) Josephus, *JW* 7, 5.2(LCL 3, 539).
32) Midrash Rabbah on Dt 4:8; Midrash Rabbah on Leviticus 5:4.
33) F. Hauk, "Margarites," *TKNT* 4, pp. 472~73.
34) b. Qid, 39b; S-B 1, 447; 3, 325.
35) b. B, Bat, 75a; 계 21:21.

마태복음 13:44~46의 짧은 두 직유는 구조와 의미가 서로 매우 비슷하여 하나의 직유라고 볼 수 있다. 예수님은 하나님 나라를 보화와 진주에 비교했다. 보화와 진주를 발견한 자는 하나님 나라의 자녀가 된 자를 나타낸다. 측량할 수 없이 귀한 것을 얻기 위하여 무엇이든지 희생할 만큼 가치 있는 것에다 하나님 나라를 비교하고 있다.36)

그런데 이 비유에서는 보화와 진주를 위해 모든 것을 파는 것을 주요한 사건으로 기록하고 있지만, 우리가 하나님 나라를 사는 것이 아니고, 그와 정반대로 하나님이 일체 은혜로 다스리신다. 여기에 약간의 난관이 있는 것 같다. 그래서 어떤 학자들은 여기 나타난 외견상의 모순을 해결하려고, 보화와 진주를 발견한 자가 그리스도를 상징한다고 했다. 다시 말하면 보화와 진주를 사려고 모든 것을 파는 것이 그리스도께서 자기의 백성을 죽음으로 사신 것을 상징한다는 것이다.37) 그러나 이 해석은 은유를 너무나 자유롭게 임의로 쓰고 있다.

이 외견상의 모순은 랍비들의 비유를 참고하면 해결이 가능하다. 랍비들의 비유 가운데 이스라엘이 애굽에서 가나안 땅으로 순례하는 것을 어떤 상인과 비교한 것이 있다. 이 상인은 본 고향에서 멀리 떠나 보화를 발견하고서 그 보화를 샀다.38) 그러나 사실상 이스라엘 사람들은 약속의 땅, 곧 가나안 땅을 하나님에게 샀다고 생각하는 사람은 없다. 이와 같이 하나님을 믿는 성도들이 보화, 곧 하나님 나라를 하나님께 산다고 생각하는 사람은 없다. 그럴지라도 예수님은 하나님을 최우선으로 섬기는 데 경제적 희생이

---

36) Robert H. Stein, *An Introduction to the Parables of Jesus*(Philadelphia: Westminster Press, 1981), p. 103; cf. C.H. Dodd, *The Parables of the Kingdom*, p. 112; *Eta Linnemann, Jesus of Parables*(New York: Harper and Row, 1966), p. 99; Jack D. Kingsbury, *The Parable of Jesus in Matthew* 13(London: SPCK; Richmond: John Knox, 1969), pp. 115~16.

37) Jeffrey A. Gibbs, "Parables of Atonement and Assurance: Matthew 13:44~ 46," *CTQ* 51(1987), pp. 19~43; cf. J. Dwight Pentecost, *The Parables of Jesus* (Grand Rapids: Zondervan, 1982), pp. 60~61.

38) Mikilta Beshallah 2:142ff.

따른다는 것을 가르치셨다. 즉 모든 것을 파는 것과 같은 경제적 희생이 요구된다는 것이다.39) 만일 하나님 나라를 최우선으로 삼음으로써 이 땅에서 안전의 위협이 온다 하더라도 성도들은 모든 것을 희생할 마음의 준비가 되어 있어야 한다.40) 이것이 합당한 설명이다.41)

비평 해석자들이 부딪힌 또 하나의 문제는 감추인 보화에 대한 도덕 문제였다. 즉 만일 하루하루 일하는 일꾼이 보화를 발견하고 그것을 가질 권리가 있다면, 그가 그 보화를 다시 땅에 묻고 그 땅을 살 필요가 없다는 것이다. 그처럼 감추고 그 땅을 샀다는 것은 그가 그 보화를 가질 권리가 있다고 믿지 않은 것을 나타낸다고 주장했다.42) 그러나 다른 여러 비평학자들도 도덕 문제는 비유의 요점과 상관 있는 것이 아니라, 요점과 관련 없는 문제라고 했다.43) 보화로 인한 측량할 수 없는 기쁨이 이 비유의 중심 요점이라고 볼 수 있으며, 따라서 비길 데 없는 기쁨이 이 비유의 일꾼을 완전히 사로잡았고 그의 존재 자체에 침투하였으며, 그의 마음을 정복했다는 것이 이 비유의 중심점이다. 그러므로 도덕 문제가 여기에 삽입될 수 없다는 것이다.44)

이 비유의 보화와 진주는 일을 해서 얻은 것이 아니라 발견한 것이며, 법이 관계할 어떤 물건이 아니다. 이 비유에서 말하는 발견된 보화와 진주는 소유에 관한 법률과 상관있는 것이 아니고, 법률과 무관한 물건이다. 보화와

---

39) 눅 18:18~30, 19:1~10.

40) Pheme Perkins, *Hearing the Parables of Jesus*(New York: Paulist Press, 1981), p. 28.

41) 도마의 복음 76이 나뉘어진 두 비유를 말하고 있으므로, 어떤 학자는 마태가 그와 같이 나뉘어진 것을 연결시켰다고 하지만[Eta Linnemann, *Jesus of parables*(New York: Harper and Row, 1966), pp. 97~105; C.W.F. Smith, *The Jesus of Parables*, (Philadelphia: United Church Press 1975), pp. 65~67], 누가 어떠한 확실한 증거가 있어서 그렇게 장담할 것인가?

42) *Ibid.*

43) 예, J. Jeremias, *The Parables*, p. 199; T.W. Manson, *The Sayings of Jesus* (Grand Rapids: Eerdmans, 1979), p. 196; E. Schweizer, *Good News according Matthew*, p. 312.

44) Jeremias, *op,cit.*, pp. 200~201; C.H. Dodd, *The Parables*, pp. 86~87.

진주에 대한 비할 데 없는 기쁨은 법과 무관하며 벌지 않은 것으로부터 솟아 난 기쁨이다.45) 법과 무관한 보화와 진주의 특성이 하나님의 은혜가 베풀어 지는 것을 나타낸다고 볼 수 있다.46) 이 비유의 일꾼이 자기의 소유를 다 팔아 법과 무관한 보화와 진주를 발견한 그 땅을 사서 그 땅의 모든 것을 자기의 소유로 한 것은 완전히 논리적인 행동이다. 이 사실은 유대인의 "소 유자의 절망의 법"이 확언한다.47)

전통적으로 내려오는 이 비유에 대한 해석은, 그들이 발견한 것을 보증하 려고 모든 것을 판 자들처럼 예수님의 제자들이 하나님 나라의 선포에 응답 하기 위해 모든 것을 희생한 "제자도의 대가"라고 한 가르침이다.48) 그러나 이와 달리 예레미아스를 따라서 보화와 진주를 발견한 데서 얻은 즐거움이 이 비유의 요점이고, 그 즐거움이 일꾼으로 하여금 모든 것을 팔도록 결심하 게 한 것으로 보기도 한다. 다시 말하자면 모든 것을 판 그 희생은 이차적인 요점으로 본 것이다.49)

이 비유의 문맥은 "네 보물 있는 그 곳에는 네 마음도 있느니라"(마 6:1 9~21)50)는 말씀이고, 하나님 나라에 절대적인 우선권(the absolute priority)을 두며, 다른 모든 것들을 내어 주는 자발성(마 10:37~38)을 보여 준다. 따라서 이 문맥에 비추어 볼 때, 하나님 나라는 비할 데 없이 귀중한 보화와 진주와 같아서 우세하고 절대적인 가치를 지닌 까닭에, 인간은 어떠 한 희생을 치르더라도 하나님 나라를 찾아 소유해야 할 것을 가르치고 있다. 이와 같이 예수님은 하나님 나라의 절대적인 가치를 보화와 진주의 은유를

---

45) Douglas Collins, "The Found Object," *The Willamette Journal* I(1983), pp. 43~74.

46) B.B. Scott, *Hear Then the Parables*(Philadelphia: Fortress Press, 1990), p. 402; G. Lackoff and M. Johnson, *Metaphors We Live By*(Chicago: The University of Chicago Press, 1980), pp. 10~13.

47) 참고, M.B. Met 2.1; Danby, Mishnah, 348; J.B. Mes 2.1.

48) P. Perkins, *op.cit.*, pp. 26~29.

49) J.D. Crossan, *In Parables* I, p.38; Donahue, *op.cit.*, pp. 68~69.

50) 눅 12:33~34; 마 19:16~22; 막 10:17~22; 눅 18:18~23.

사용하여 가르치셨다. 동시에 예수님을 따르는 제자의 신분이 하나님 나라에 참여하는 것이고, 이 참여는 제자가 소유한 모든 것을 희생하게 만들지만, 그 희생은 하나님 나라에 참여하는 것에 비하면 비교할 수 없는 정도로 지극히 적은 대가라는 것을 예수님은 이 두 비유에서 교훈하신다.51)

2. 자비(축복)와 심판(저주)

(1) 양과 염소의 비유(마 25:31~46)

마태복음 25:31~46의 문학 양식은 유대인들의 외경인 에녹일서 39~71의 "유사"(the Similitudes)와 비슷한 점이 있다. 에녹일서의 "유사"는 대심판의 장면을 묘사하고 있다. 이 유사가 마태복음 25:31~46에 나타난 것과 같은 특징을 지니고 있고, 특히 임금과 심판을 받는 자 사이에 오간 실제의 대화와 주님께 한 놀라운 질문, 즉 "주여, 어느 때에⋯ (주님을) 보았나이까"(마 25:27)와 같은 질문이 들어 있다. 그러므로 어떤 학자는 이 비유를 "계시적 비유"라고 부르고 계시 개념에 비추어 이 비유를 해석하고자 했다.52)

이 비유는 임금이 좌우편 사람들과 한 대화를 평행으로 놓은 두 개의 비슷한 단(similar column)에 놓고 있다. 임금이 두 그룹에게 축복 혹은 저주를 전하고 그들의 운명을 선언했다. 즉 왕국에 들어가라거나 혹은 임금에게서 떠나도록 선포한다. 일련의 운율적 진술(a series of rhythmic statement)을 사용하여 임금의 요구를 달성하거나 혹은 달성하지 못한 것으로 인해 각 그룹이 축복 혹은 저주를 받게 된 것으로 확언한다(35~36, 42~43). 축복을 받은 자들에 관한 구절들은 일곱 가지 선행들과 "우리가 어느 때에 ⋯ 당신을 보았나이까"라는 세 번의 질문(37b, 38b, 39)으로 조심스럽게 짜여 있다.

---

51) George E. Ladd, *A Theology of New Testament*, p. 100.

52) Donahue, *op.cit.*, p. 110; R. Bultmann은 "비유"라고 하기보다 "계시적 예언"(an "apocalyptic prediction")으로 부르기를 원했다; *Synoptic Tradition*, pp. 120~23.

이 비유에서 축복 받은 의로운 자들과 저주받은 불의한 자들은 임금이 어떤 구체적인 행동을 요구한 것에 대하여 인식하고 있는 것으로 나타난다. 그러므로 이 비유는 거룩한 선행을 하도록 격려하는 비유가 아니다. 축복 받은 자나 저주받은 자들을 구별하는 근거는 선행을 누구에게 행했느냐 하는 점이다. 즉 "임금이 대답하여 가라사대 내가 진실로 너희에게 이르노니 너희가 여기 내 형제 중에 지극히 작은 자 하나에게 한 것이 곧 내게 한 것이니라 하시고(40)… 임금이 대답하여 가라사대 내가 진실로 너희에게 이르노니 이 지극히 작은 자 하나에게 하지 아니한 것이 곧 내게 하지 아니한 것이니라 하시리니(45)."

이 기본적인 말씀(40, 45절)이 비유의 세밀한 말씀들을 설명한다. 예수님께서 "굶주린 자, 목마른 자, 나그네 된 자, 헐벗은 자, 병든 자, 옥에 갇힌 자"(35~39)들과 함께 하시고 또 그들 가운데 숨어 계신 것을 함축한다. 즉 축복 받은 의로운 자들은 "지극히 작은 자"를 무심히 지나치지 않고 "지극히 적은 자"를 진심으로 불쌍히 여기고 마음으로 돌보아 준 것이다.53)

어떤 비평학자들은 "인자가 자기 영광으로 모든 천사와 함께 올 때"(31절)라는 말에서 고대 이방나라들의 "즉위식"(enthronement)의 주제를 찾고 있으며, 마태가 그러한 주제를 차용하여 마태복음의 중요한 기독론을 세웠다고 한다.54) 그러나 그렇지 않다. 예수님은 부활하신 그 순간부터 왕의 왕이시요, 주의 주가 되시며, 그리스도의 나라(the Kingdom of Christ)는 시작되었다. 예수님께서 부활하신 후 승천하시기까지 40일 동안은 "사적인 높아지심"(a private exaltation)의 기간이었다. 이 40일 기간에 예수님은 제자들에 국한시켜 왕권을 실행하시고, 제자들을 친밀한 교제로 준비시킨 것이다.

---

53) cf. Pheme Perkins, *Resurrection: New Testament Witness and Contemporary Reflection*(Garden City: Doubleday, 1984), p. 133; Donahue, *op.cit.*, pp. 114~15, 122~23.

54) 예, Jack Dean Kingsbury, *Matthew Structure Christology, Kingdom* (Philadelphia: Fortress Press, 1975), pp. 40~127; *Jesus Christ in Matthew, Mark, and Luke*(Philadelphia: Fortress Press, 1981), pp. 73~85.

그리고 승천하신 그 순간부터 다시 "재림"하실 때까지는 곧 "공적-우주적 높아지심"(a public-universal exaltation) 가운데 왕 노릇하시고 다시 재림하시어 대심판이 이루어질 것이다. 이 마지막 그리스도의 나라와 예수님의 왕권 행사가 곧 대심판인 것이다. 31~46절이 이 진리를 묘사한다. 예수 그리스도가 "인자"이시고, 여기 나타난 "인자"가 곧 "종말론적 인자"이며, 다시 재림하실 때 대심판자이신 인자로 오실 것이라고 이 비유는 묘사한다.[55]

해방신학에서는 이 비유를 남용하여, "인자"의 심판 기준이란 가난하고 고생하는 사람에게 자비와 구제를 행한 것으로 생각한다. 예수님은 세상에서 천대받는 가난한 자들과 하나가 되고, 그들을 "복 받을 자들"(οἱ εὐλογημψένοι 34절)과 "의인들"(οἱ δίκαιοι, 37절)이라 부른 것은 도움이 필요한 가난한 자들에게 행한 행동을 기준으로 삼고 그렇게 부르셨다고 한다.[56] 그러나 이러한 해석은 이 구절을 이용하여 인간 중심으로 만든 신학을 정당화하려는 노력의 결과다. 예수님은 분명하고 명백하게 "복 받을 자들" 곧 "의인들"이 행한 선행이 "예수님의 형제들" 곧 예수님을 믿고 따르는 자들에게 행한 것이라고 다음과 같이 엄숙하게 선포하셨다. 즉 "내가 진실로 너희에게 이르노니 너희가 여기 내 형제 중에 지극히 작은 자 하나에게 한 것이 곧 내게 한 것이니라 하시고"(40절). 이처럼 예수님은 가난한 자 어느 누구나가 아니라 분명히 정해진(authentic-definitive) "나의 형제" 곧 믿는 자들 중에 "지극히 작은 자"에게 선행을 베풀어야 한다고 말씀하신 것이다.

신약성경에서 "형제"(ἀδελφός)라는 말이 육적인 관계를 묘사하지 않을 때는 배타적으로 동향인, 혹은 같은 종교를 믿는 자를 의미한다.[57] 이방인이나 주님을 따르지 아니한 불신자를 "형제"라고 부른 확실한 증거 구절이

---

55) cf. Denis C. Duling, "The Therapeutic Son of David: An Element in Matthew's Christological Apologetic," *NTS* 24(1977~78), pp. 392~410.

56) Claus Bussmann, *Who Do You Say? Jesus Christ in Latin American Theology*(Maryknoll, New York: Orbis Books, 1985), pp. 82~85; cf. Jan Lambrecht, *Once More Astonished: The Parables of Jesus*(New York: Crossroad, 1981), pp. 196~235.

57) Von Soden, "adelphos," *TDNT* 1, pp. 144~46.

신약성경에는 나타나지 않는다. 마태복음에서 "형제"라는 말은 배타적으로 하나님 나라의 복음을 받고 적극적으로 응답한 자들 사이에 존재한 사회적 관계를 묘사하는 데 사용된다.58) 물론 마태가 "형제"라고 하는 자는 예수님의 제자들을 가리킨다.59)

그러면 "지극히 작은 자"(ἐλάχιστος)란 누구를 의미하는가? 마태복음에서 이 말은 예수님을 따르는 그리스도의 제자들, 곧 믿는 자들 중 상처를 입기 쉬운 자(the vulnerable member)를 가리킨다.60) 즉 예수님의 "형제" 곧 믿는 자들 중 "지극히 작은 자"라는 말은 매우 극진하게 도움이 필요한 성도들을 뜻한다.61)그러나 이 "지극히 작은 자"가 기독교 선교사들을62) 의미하는 것으로 국한시킬 수는 없다.

이 비유에서 우리에게 교훈하는 것은 "산 믿음"에 관한 것으로, 야고보서 2:14의 교훈과 평행을 이룬다. "내 형제들아 만일 사람이 믿음이 있노라 하고 행함이 없으면 무슨 이익이 있으리요 그 믿음이 능히 자기를 구원하겠느냐." 물론 행함이 없는 믿음은 죽은 것이고, 산 믿음이 아니므로 구원하지 못한다는 것이 마땅한 대답이다. 또 이 비유는 요한일서 3:18과도 연결된다. 즉 "자녀들아 우리가 말과 혀로만 사랑하지 말고 오직 행함과 진실함으로 하자." 믿음과 행함은 두 가지가 아니고 믿음-행함은 하나이다. "복 받은 자"(마 25:34), 곧 "의로운 자"(37)는 산 믿음 곧 "믿음-행함"을 지닌 참된 예수님의 백성을 의미한다.

---

58) 마 5:22~24, 7:3~5, 18:15,21,35.
59) 마 12:49~50, 28:10.
60) 마 10:42, 11:11, 18:6,10,14.
61) cf. Donahue, *op.cit.*, p. 111.
62) Laman Cope, "Matthew XXV: 31~46, 'The Sheep and the Goats' Reinterpreted," Nov T 11(1969), pp. 32~44; Wm. G. Thompson, "An Historical Perspective in the Gospel of Matthew," JBL 93(1974), pp. 243~62; Ronald J. Sider, "A Plea for Conservative Radicals and Radical Conservatives," Christian Century 103, 28(1986), pp. 834~38; cf. Egan Brandenburger, "Das Recht des Weltenrichters, Untersuchung zu Matthäus 25, 31~46," *SBS* 99(Stuttgart: Katholisches Bibelwerk, 1980).

예수님이 산상보훈을 끝내면서 지혜로운 건축자와 어리석은 건축자(마 7:24~27; 눅 6:47~49)의 비유를 말씀하시고, 대심판을 표명하셨다. "찬 바람"(οἱ ἄνεμοι)이란 말은 운명을 결정하는 심판 혹은 위기를 가리키는 전형적인 은유이다.[63] 이 두 건축자의 행함을 평행으로 놓고 같은 점과 다른 점을 생생히 명시한다. 그들이 건축한 집이 외모로 볼 때에는 다르지 않고, 둘 다 함께 "찬 바람"과 "비와 창수"를 경험한다. 그러나 보이지 아니하는 그 집의 주초가 달라서 하나는 무너지지 아니하나 하나는 무너졌다. 본문 말씀대로 무너지지 아니함은 예수님의 "말을 듣고 행하는 자"(24) 곧 "믿음-행함"이라는 산 믿음이 구원을 이루게 한 것이고, 반대로 "믿는다고는 하되" 행함이 없는 "죽은 믿음"은 그를 구원으로 인도하지 못한다는 것이다.[64]

(2) 마른 무화과나무의 비유(눅 13:6~9)

포도원이 이스라엘을 뜻하는 은유로 사용되는 것처럼 무화과나무는 특정한 유대인들을 묘사하는 은유로 사용된다. 예수님은 당시 유대인 지도자들의 부패를 보고 그들을 저주하셨다. 이에 비추어 볼 때 마른 무화과나무는 이스라엘의 부패한 종교지도자들을 상징한다.[65]

감람나무는 팔레스타인에서 매우 흔한 나무들 가운데 하나이다.[66] 그러므로 구약에서 감람나무는 땅이 내는 축복을 표시하는 데 사용되었다. 신명기 8:7~8에 "네 하나님 여호와께서 너로 아름다운 땅에 이르게 하시나니 그곳은 … 시내와 분천과 샘이 흐르고 밀과 보리의 소산지요 포도와 무화과와 석류와 감람들의 나무와 꿀의 소산지라"고 하여 감람나무가 언약의 땅에서 누릴 축복들 가운데 하나로 나타난다. 또 나중에 나타난 특별계시에는

---

63) David A. Carson, *Matthew*, EBC(Grand Rapids: Zondervan, 1984), p. 194; 사 28:16~17; 겔 13:10~13; 잠 12:7.

64) Craig L. Blomberg, *Interpreting the Parables*(Downers Grove: IVP. 1990), p. 260; 참고, 마 24:43~44.

65) K. Bailey, *op.cit.*, p. 82.

66) Josephus, *JW*, 3,519.

포도와 무화과나무가 축복의 표시로 나타난다(왕상 4:25).67) 에덴동산에는 무화과나무만 나타난다(창 3:7). 아모스 4:9에서 무화과나무가 찍힌 것은 그 땅이 받은 저주를 상징한다. 이와 같이 무화과나무가 자라나는 것은 축복을 뜻하고, 반대로 무화과나무가 없어진 것은 저주를 의미한다.

이처럼 무화과나무는 축복이나 저주의 상징으로 사용된다. 호세아 9:10에서 무화과나무를 하나님이 이스라엘을 사랑하시는 축복의 상징으로 사용하여 "옛적에 내가 이스라엘 만나기를 광야에서 포도를 만남같이 하였으며, 너희 열조 보기를 무화과나무에서 처음 맺힌 첫 열매를 봄같이 하였거늘…" 이라고 했다. 미가 4:4에는 무화과나무가 다윗 왕국 곧 메시야 왕국이 임하여 이루어질 미래의 축복을 상징하여 "각 사람이 자기 포도나무 아래와 자기 무화과나무 아래 앉을 것이라 그들을 두렵게 할 자가 없으리니 이는 만군의 여호와의 입이 이같이 말씀하셨음이니라"고 하셨다. 이와 동시에 요엘 1:6~7에서는 무화과나무가 베임을 당하는 것이 하나님의 심판과 저주의 상징으로 사용된다.

랍비문서들에서도 구약성경을 따라 무화과나무를 하나님의 축복 혹은 저주와 심판의 의미를 나타내는 은유로 사용했다. 한 예를 들면 "좋은 무화과나무들은 모든 방면에 의로운 자들을 나타내며, 좋지 않은 무화과나무들은 모든 면에 악한 자들을 함축한다."68) 무화과나무 열매가 온전히 익을 때 열매를 따는 것이 매우 중요하므로 랍비들은 무화과나무 열매 따는 때를 죽음에 합당한 때로 상징했다. 랍비들은 아브라함이 나이 많아 죽은 사실(창 25:8)을 주석하면서 늙어 죽는 사람들과 젊어서 죽는 사람들에 대한 여러 가지 이야기들과 비유를 만들었다. 한 예를 들면, "젊어서 죽는 것과 늙어서 죽는 것의 차이는 무엇인가? 랍비 유다가 '등불이 꺼지면 그것은 등불을 위해 좋은 것이고, 심지를 위한 것이다. 그러나 만일 등불이 저절로 꺼지지

---

67) William, *The Barren Temple and the Withered Tree*(Sheffield: JSOT Press, 1980), p. 165; Claus Hunzinger, "Suke," *TDNT* 7, pp. 751~59; 욜 1:7,12; 사 5:1~7; 호 9:10~16; 미 4:4; 슥 3:10.

68) Telford, *op.cit.*, p. 176; Mari b Mar.

않았다면 꺼진 것은 그 자체에도 나쁘고 심지에도 나쁜 것이다'고 했다. 랍
비 아바후(R. Abbahu)는 '무화과나무의 열매를 합당한 때에 따면 그것이
무화과나무 자체에도 좋지만, 만일 절기 전에 땄다면 열매와 나무 자체에도
좋지 않다'고 했다."69) 이처럼 유대인 랍비문서에 무화과나무가 은유로 널
리 사용되었고, 그 의미는 구약에 나타난 의미와 동일한 것이다. 곧 무화과
나무의 은유가 하나님의 축복을 상징하는 데 두드러지게 사용되었다.

마른 무화과나무의 비유와 평행이 될 수 있는 유대인들의 두 비유를 예로
들어보자.

아히칼의 이야기 8.35⁷⁰⁾

"내 아들아, 너는 시냇가에 서 있는 종려나무와 같이 그 열매를 시내에
던지는도다. 그의 주인이 와서 그 종려나무를 벨 때 종려나무가 주인에게
'이 한 해만 살려주십시오. 제가 교목(carobs, 쥐엄나무 비슷한 나무)을 주인
님께 가져다 드리리다'라고 했다. 주인은 '네 자신의 것에 열심이 없는 네가
어떻게 자기 것이 아닌 남의 것에 열심을 낼 수 있겠느냐'라고 했다."

"한 왕이 좋지 않은 농토를 소유하고 있었다. 어떤 사람들이 와서 그 땅을
매년 보리 열 말을 주기로 하고 세로 빌렸다. 이 소작인들이 땅을 파고 거름
을 주고 물을 뿌려 보리를 재배했으나 그 해에 보리를 한 말밖에 거두지
못했다. 왕이 '이게 어찌된 일이냐' 하고 물었다. 소작인들이 울며 '우리의
주인님, 왕이시여, 왕이 우리에게 빌려주신 땅에서 아무 것도 추수하지 못하
였나이다. 지금 우리가 이 땅을 파고 거름을 주고 물을 주어 겨우 보리 한
말밖에 거두지 못하였나이다'라고 아뢰었다. 이와 같이 이스라엘은 거룩한
자(하나님 여호와)에게 호소할지어다. 축복을 받으시기에 합당하시며 우주
의 주인이신, 당신께서 아시는 대로 악한 충격이 우리를 소동케 하였나이다
라고 할지어다."71)

---

69) Midrash Rabbah on Gen. 62:2.

70) R.H. Charles, *The Apocrypha and Pseudepigrapha* 2, p. 775; James H.
Charlesworthe, *The Old Testament Pseudepigrapha* 2, p. 480.

이처럼 유대인들은 일반적으로 무화과나무를 하나님의 축복, 혹은 심판을 함축하는 은유로 인식하고 있었다. 따라서 마른 무화과나무는 부정적 의미, 곧 심판을 상징한다. 본문에 기록된 마른 무화과나무의 비유는 두 가지 무화과나무 비유 가운데 하나로서, 아포데고마이($\alpha\pi o\phi\theta\acute{\epsilon}\gamma\gamma o\mu\alpha\iota$, 짧은 교훈의 이야기, a short-instructive saying)에 속한다.

이 짧은 교훈의 비유는 두 부분으로 구성된다. 즉 6~7절은 포도원 주인에 관한 이야기이고 상황을 전달한다. 8~9절은 종이 주인에게 호소하는 이야기이다. 본문 자체는 다섯 연(stanzas)으로 나뉜다. 이 연들은 각각 평행을 이루는데, 둘째 연(7절)에서 주인이 말한 삼년이라는 기간과 넷째 연(8절)에서 하인이 말하는 일년이 서로 평행이다. 또 둘째 연에서 "문제"를 이야기한 것이 넷째 연의 "소망"과 평행을 이룬다.

이 비유는 "어순의 반전" 원리를 사용하며, 절정이 중심에 나타난다. 즉 "… 구하되 얻지 못하니 찍어버리라…"(7절 후반절)는 말씀이다.72) 이 중심 말씀을 9절에서 평행을 이루는 말씀인 "이 후에 만일 실과가 열면이어니와 그렇지 않으면 찍어 버리소서"라는 표현에 비춰보면 이 비유가 지시하는 진리의 요점은 심판이 이르기 전에 회개하는 자들에게는 하나님의 자비가 베풀어진다는 것이다.73) 다시 말해, 하나님의 자비가 베풀어진다는 사실은 인간의 마음속에서 참으로 그 자비에 응답케 하는 중생이 주관적으로 일어나게 된다는 것을 뜻한다. 그렇지 아니하면 반드시 심판이 임하게 된다는 것이다.

이 비유가 하나님의 자비와 심판, 곧 하나님의 축복과 저주를 주제로 삼았다는 점은 이미 언급한 바 있다. 열매를 맺는 무화과나무는 하나님의 축복을 상징하고, 마른 무화과나무는 하나님의 심판을 상징하는 은유이다. 하나님의 자비하심은 이 비유에서 무화과나무 주인이 "삼년을 와서 이 무화과나무에서 실과를 구하되 얻지 못하니…"라고 하신 말씀에 나타난다.

---

71) R. Nathan 16.
72) K. Bailey, *op.cit.*, p. 80.
73) Howard Marshall, *Luke*, p. 552.

그런데 이 말씀을 몇 가지로 다르게 해석하기도 한다. 삼년은 무화과나무가 성숙하는 기간이라고 해석했다.74) 레위기 19:23에 따르면 열매를 맺기 시작한 후 첫 삼년 동안 맺는 과실은 부정하다고 했다. 그러므로 본문의 말씀이 의미하는 바는 무화과나무가 지금까지 여섯 해를 묵었지만 소망이 없는 마른 무화과나무라는 것을 표시한다고 본다. 주인이 부정한 삼년 동안 과실을 거두러 오지 않았으니, 적어도 이 무화과나무는 육년이 지난 것으로 생각한다. 본문에서 삼년을 말한 것은 이처럼 소망이 없을 만큼 부패한 상황에서도 마지막으로 하나님의 자비가 베풀어진다는 사실이다. 그리고 이 기회를 놓치면 심판이 불가피하게 온다는 사실을 이 비유는 중심 요점으로 삼았다. 이 비유가 직접적으로 가리키는 바는 이스라엘의 지도자들 위에 임박한 심판의 위험이 놓였다는 점이다. 그러나 하나님은 그들이 합당한 응답을 할 것으로 바라시면서 얼마 동안 그들에게 계속 자비를 베푸시는 것이다. 이 비유는 이처럼 직접적인 언급과 함께 일반적인 언급, 곧 회개와 하나님의 자비, 회개치 아니함과 심판이라는 교훈을 전하는 비유이다.

3. 은 혜

(1) 무익한 종의 비유(눅 17:7~10)

비평학자들 가운데 어떤 학자들에 따르면 7~8절은 10절의 전망이 이동한 것이므로 10절은 나중에 본문에 추가된 것이라고 했다. 그러나 7~10절이 네 절은 명확히 통일성을 나타내고 있다. 7~9절과 10절 사이에 놓인 말의 개념의 평행을 볼 수 있다.

① "너희 중에 뉘게"(τίς ἐξ ὑμῶν)는 "이와 같이 너희도"(οὕτως καὶ ὑμεῖς)와 평행을 이루며,

② "종"(δοῦλος)과 "종들"(δοῦλοι)이 평행을 이루고,

③ "명한 대로 하였다고"와 "명령받은 것을 다 행한" 것이 평행을 이룬다.

---

74) Jakob Wettstein, *Novum Testamentum Graecum* 2 vols(Graz: Akademische Druek-u. Verlagsanstalt, 1962), 1, pp. 744~75.

이처럼 9절은 7~8절에서 10절로 전망이 이동하는 데 필요한 구절이다. 주인에게서 종으로 초점이 이동하는 것은 마태복음 7:9~11과 평행을 이룬다. 이 두 비유(마 7:9~11; 눅 17:7~10)는 이와 같은 초점의 이동을 요구하고 있다. 만일 주인이 하나님을 상징하고 종이 하나님의 백성 가운데 어느 한 사람을 상징한다면, 처음에는 초점이 하나님의 특성에 놓이고, 다음에는 하나님의 백성이 마땅히 나타낼 행동으로 자연스럽게 초점은 이동하게 된다.

이 비유에서 원문의 통일성은 세 연으로 구성된 단순한 민요(속요, ballad)라는 점에서 명백히 드러난다. 이러한 민요 형식은 누가복음 11:9~13, 11:29~32, 15:3~7, 16:9~13에도 사용되었다. 7절과 8절은 각각 첫 연과 둘째 연이고, 9~10절은 셋째 연으로서 적용 구절이다. 9~10절은 첫째 연 7절에서 소개한 주제들을 취급한다.

예수님은 이 비유의 7절에서 수사학적 질문을 하신다. "너희 중에 뉘게"(τίς ἐξ ὑμῶν)라고 하셨다. 이런 수사학적 질문은 유일하게 예수님에게서 나타나며 강한 부정적인 답을 기대한다.[75] 고대 중동사회에서 종이 자기 밭에서 마땅히 해야 할 일을 마친 다음 특별한 명예를 기대한다는 것은 상상조차 할 수 없었다. 그러므로 그런 수사학적 질문을 청중에게 하셨을 때 예수님이 자연스럽게 기대하신 바는 청중의 부정적인 대답이었다. 10절의 결론은 초점을 주인으로부터 청중에게 이동시켜 자신들을 종의 입장에 놓고 보도록 강조하고 있다. 그래서 청중에게 하나님 앞에서 아무런 공로도 요구할 가치가 없다는 것을 인식케 한다.

"내 먹을 것"(τί δειπνήσω, 8절)이란 말은 늦은 오후 세 시경에 먹는 식사를 의미한다고 하기도 한다.[76] 이 해석이 옳다면 종의 하루 일과는 비교적 짧은 것이다. 8절은 고대 중동사회의 주인과 종의 위치를 명확히 나타낸다. 그 당시 주인과 종은 한자리에 앉아서 식사를 하지도 않았고, 주인과 종은

---

75) J Jeremias, *The Parables*, p. 103.
76) Jeremias, *Eucharist*, pp. 44~45.

동등하지도 않았다. 그런데 이 비유를 말씀하실 때 예수님은 당시 중동 사회에 있던 주인과 종의 관계를 인용하신 것이다. 예수님 자신은 제자들이나 또는 "죄인들"과 더불어 식사를 하셨다. 제자들을 예수님의 친구라 부르셨고, 종이라 부르지 않았다. 예수님께서는 자기를 영접하는 어떤 사람과도 함께 식사하기를 원하셨다(계 3:20). 그러나 이러한 예수님의 삶을 보여주는 말씀들이(요 15:15,20) 주인인 예수님과 종인 그의 제자들 사이의 단순한 동등함(an easy equality)을 뜻하지는 않는다. 이것은 예수님의 "겸손"과 "비하"에 비추어 이해해야 한다.

9절에 보면 "은혜"(χάρις)라는 일반적인 신약용어가 사용된다. 한글개역 성경에서는 이 말을 "사례"로 번역한다. 바울서신에서는 누군가에게 "감사하는" 혹은 "고마워하는" 의미를 갖는 말로 이 말을 사용한다.77) 누가복음은 주로 "영예"(credits, 6:32~34)와 "호의"(favor, 1:30)와 "사례"(reward, 2:52, 6:32; 행 2:47, 7:10,46)라는 뜻으로 이 말을 사용한다.

10절의 "무익한"(ἀχρεῖοί)이란 단어는 번역상 어려운 말이다. "쓸모없는"이라는 말로 번역하여 이익이 없다는(unprofitable) 뜻을 나타내는 것으로 볼 수 있다. 이와는 달리 "비참한"(불쌍한)이라는 말로 번역하여 "겸손의 표현"이라고 보기도 한다.78) 베일리(Bailey)는 이 원어가 사실상 크레이오스(χρείος)로 "필요"(need)를 뜻하는 말이라고 했다. 그래서 "무익한"(ἀχρεῖος)이란 말은 문자적으로 "필요 없는"(without need) 것을 의미한다. 우리가 누구를 위하여 "필요 없는" 자라면 이것은 쓸모없는 자임을 의미하는 것이다. 일반적으로 말할 때 "그는 쓸모없는 자다"라고 하면 그 사람은 바람직하지 않은 어떤 특성을 소유한 자이며, 따라서 "비참한"자이다.79) 베일리는 이처럼 첫 두 제안을 동시에 포괄하는 "필요 없는"이라는 말로 번역하기를 원했다. 맨슨은 이 원어가 "공로를 요구치 아니하는"이라는 의미를

---

77) 롬 7:25; 고후 9:15; 딤전 1:12; 딤후 1:3.

78) J. Jeremias, *The Parables*, p. 193.

79) K. Bailey, *op.cit.*, p. 121; cf. J.A. Bengel, *Gnomon of the New Testament*, 2 vols(New York: Sheldon, 1963) II, p. 160.

가졌다고 했다.[80]

이처럼 이 원어가 번역하기 어려운 단어이지만 이 비유가 그 뜻을 명확하게 밝혀준다. 즉 "우리는 무익한 종이라"고 한 말은 종들의 수고가 "쓸모없다"는 것을 의미하지 않는다. 무익한 종이란 종들이 그들의 주인 되신 하나님을 위하여, 하나님의 종들에게 자연스럽게 기대한 것 이상 더 할 수 없다는 사실을 뜻하게 된다. 맨슨이 관찰한 바와 같이 종은 주인이 맡긴 일을 다 한 후에 그 이상 아무 공로도 요구할 수 없는 것이다.

그러면 이 비유의 요점은 다음과 같다. 하나님과 인간 사이에는 "법적 필연성"(a legal necessity)이 존재할 수 없다. 법적 필연성이란 우리가 하나님을 위하여 무엇을 했다면 그 행함이 본래부터 가지고 있는 공로가 있어서 상급에 대한 권리가 있다는 상급의 원리이다. 그러한 법적 필연성이 하나님과 인간 사이에 있을 수 없는데, 그 이유의 첫째는 인간의 죄악 때문이고, 또한 하나님의 절대적 주권이 그러한 필요를 제거하고 있다. 즉 인간이 하나님을 섬기고 순종해야 할 권리가 하나님께 있기 때문이다.

이처럼 이 비유를 통해 주님은 하나님의 자비와 은혜를 교훈하셨다. 믿는 성도는 종이고 하나님께서는 종인 우리의 순종과 종 된 우리 자신의 위치를 알게 되기를 원하신다. 그리고 구원은 은혜이자 하나님의 선물이지, "사례"나 "상급"(μισθός)이 아니다.

(2) 약대와 바늘귀의 비유(눅 18:18~30; 마 19:16~30; 막 10:17~31)

약대와 바늘귀의 비유(눅 18:25)는 부유함이 하늘나라에 들어가는 데 큰 장애물이 될 가능성을 비유하신 말씀이다. 누가복음 18:18~30과 평행절을 참작하면 본문에서 "반전대구법"(inverted parallelism)을 관찰할 수 있다.[81]

---

80) T.W. Manson, *The Saying of Jesus*, p. 303.

81) 누가복음 10:25~37이 어떤 점에서는 평행을 보여주나, 구조상 다른 본문이다. 즉 누가복음 18:18-30은 율법을 이야기하고 또 이 담화 한 가운데 비유가 나타나지만 10:25~37은 두 개의 질문으로 시작하는 두 개의 토론과 두 개의 답으로 이루어진다. 누가복음 18:18~30에는

1. 영생을 얻는 것
2. 다섯 계명
3. 새 순종 요구
4. 새 순종은 어려운 것으로 봄
5. 약대와 바늘귀의 비유(25절)
4.′ 새 순종은 어려운 것으로 봄
3.′ 새 순종의 성취
2.′ 새로운 다섯 계명
1.′ 영생을 얻음

이처럼 약대와 바늘귀의 비유는 예수님과 어떤 관원 사이에 일어난 대화에서 중심을 이룬다. 이 비유를 앞뒤로 싸고 있는 바는 순종이고, 요구된 순종이 실생활에서 확증되면 그것은 십계명을 지키는 것이다. 십계명 가운데 20절과 29절의 가족에 대한 충성과 재산에 대한 태도가 선택된 계명 목록의 강조점을 이룬다.[82]

이 대화의 본문을 해석함에서, "네가 어찌하여 나를 선하다 일컫느냐"(19절)라는 말씀은 다음의 의미를 표시하는 것으로 제시되었다. 즉 "네가 나를 선하다고 하는데 실제로 그렇게 생각하느냐? '선하다'는 것이 하나님께만 합당한 것인데, 네가 이 호칭을 내게 적용하려면 신중히 생각해야 할 것이 아니냐?"라는 예수님의 반문으로 보았다. 본문에 보면 관원이 답을 하지 않았는데, 이는 독자 스스로 예수님의 질문에 답을 하도록 일부러 대답 없이 질문만 남겨놓은 것이다. 누가복음 9:57~62에서도 이처럼 답이 없는 질문으로 비유가 끝난다. 다른 비유들도 매듭을 짓지 않고 끝내는 경우가 있는데, 이러한 비유를 "열린 비유"(a open parable)라고 부른다. 열린 비유들은[83] 비유를 듣는 자, 혹은 읽을 자에게 생각을 할 수 있게끔 한다.

다섯 개의 뒤집는 주제들이 나오며 비유가 그 한 가운데 놓인다.
82) 비교, 롬 13:9; 약 2:11; 신 5:17; 호 4:2; 렘 7:8~9; 눅 14:26.
83) 예, 눅 15:32; 14:24, 16:8.

18:19은 대담한 질문으로 볼 수 있는데, 그 의미는 "하나님께만 합당한 '선하다'는 호칭을 내게 돌릴 때, 네가 참으로 심각한 마음으로 하는 것이냐? 네가 그러한 단언이 담고 있는 의미를 받을 준비가 되어 있느냐?"라는 것일 수 있다. 혹은 예수님께서 관원이 너무 지나친 존경을 표시한 것에 대한 응답으로 생각할 수도 있다.

"선한 선생님"이라는 호칭은 랍비문서에서 오직 한 번 사용된다.84) 이 호칭은 관원이 경의를 가지고 예수님께 좋은 인상을 심어주려고 퍽 애쓴 말이며, 또 그가 예수님에게 최상의 존칭으로 인사받기를 바라고 한 인사말로 이해할 수 있다. 고대 중동과 동양에서는 경의를 표하는 사람에게 다시 답례하는 마음으로 경의를 표해야 했다. 따라서 관원이 "선한 선생님" 하고 인사했을 때 "고귀한 관원님"이라는 답례를 예수님에게 기대했을 것이다.

그러나 관원의 기대와 소망과는 다르게 예수님은 "어찌하여 나를 선하다 일컫느냐"고 거칠게 응답하신 것은 관원이 얼마나 신중한 마음으로 인사한 것인지를 시험하신 말씀이다.85) 그러므로 예수님의 응답은 예수님의 인격이 하나님과 관련하여 대수롭지 않다는 확언의 말씀으로 이해되어서는 안 된다. 만일 예수님이 이것을 확언하시려고 했다면 다른 말, 곧 관원에게 "내가 따르고 있는 것처럼 하나님을 따르라"는 말씀을 하셨을 것으로 우리는 기대할 수 있다. 그러나 이와 같은 말씀을 관원에게 하시지 않고 "…네게 있는 것을 다 팔아 가난한 자들에게 나눠주라… 그리고 와서 나를 좇으라"고 하셨다(22절).86)

예수님이 관원에게 요구하신 것, 곧 "있는 것을 다 팔"고 "나를 좇으라"는 요구가 예수님이 십계명에서 선택하신 다섯 가지 계명들(20, 29절) 중 두 가지 중요한 가치, 곧 가족과 재산에 곧바로 직결된다. 다시 말하면 예수님

---

84) B.T. Taanith 24b, Sonc, 126; "나에게는 다음과 같은 꿈이 있으니, 곧 선한 선생에게 선한 인사가 선하신 주님께로부터 올 텐데, 이는 주님의 풍성함에서 그의 백성에게 선한 것이 분배됨이라."

85) 참고, 마 15:25; 요 3:3; 눅 12:13~14.

86) K. Bailey, *op.cit.*, pp. 162~63.

이 관원에게 하신 요구는 관원이 자신의 가족과 재산에 쏟는 충성보다 훨씬 높고 철저한, 절대적 충성이었다. 이 같은 충성을 요구하셨을 때 그가 당연히 기억했어야 할 바는 아브라함이 어떻게 여호와 하나님께 충성했느냐 하는 데 나타난 두 가지 사실이다. 즉 여호와 하나님께서 갈대아 우르에서 아브라함을 부르시고 가나안 땅으로 가도록 본고향 우르를 떠나라고 명하셨을 때 아브라함은 모든 것을 버리고 하나님께 순종하여 가나안 땅으로 떠났다. 그후 하나님은 가나안 땅의 모리아산에서 아브라함이 자기 가족에게 쏟는 마음보다 훨씬 더 높은 절대적인 충성을 요구하시고 외아들 이삭을 제물로 드리라고 명하셨을 때, 아브라함은 여호와 하나님께 순종했다. 이러한 "아브라함의 믿음"은 유대인의 전승에 전해져 내려왔다. 관원은 재물로 말미암아 "아브라함의 믿음"을 자기의 것으로 활용하지 못하고 실패한 것이다.

예수님 당시 유대주의자들은 토라를 잘 따르고 승낙함으로 하나님의 호의와 은혜를 얻는다고 믿었다. 관원도 그러한 잘못된 생각에서 예수님을 만났고, 지금 그가 인식하는 바는 그가 토라를 잘 지킨 업적으로 하나님의 은혜 가운데 들어갈 수 없다는 것이었다. 부유한 유대인들은 자기들의 업적을 자랑하고, 호의를 받아들이지 않았으며, 동시에 특별히 구하지도 않았다. 이처럼 관원은 부자였고, 업적과 사회적 위치를 가지고 영생을 얻는 줄로만 알고 있었다. 그러나 이제 관원은 업적으로 영생을 얻을 수 없다고 인식하게 되었을 것이다. 그러나 이러한 새 인식을 갖게 되었어도 재물이 그의 앞을 가로막고 있어서 영생을 기업으로 얻는 것 곧 하나님 나라에 들어가는 길은 막혀 있었다.

관원은 "큰 부자이므로 이 말씀을 듣고(22절) 심히 근심"했다(23절). 이것을 보신 예수님이 약대와 바늘귀의 비유를 말씀하시고 관원의 절망적인 운명에 응답하신 것이다(24~25). 이 비유의 본문은 "계단식 평행"으로 기록되어 있다.

예수께서 저를 보시고 가라사대
  1. 어떻게 그것이 어려운지
    2. 재물이 있는 자가
      3. 하나님 나라에 들어가는 것이
 1.′ 약대가 바늘귀로 들어가는 것이 쉬우니라
   2.′ 부자가
    3.′ 하나님 나라에 들어가는 것이

예수님은 이런 계단식 평행을 사용하여 부자 관원처럼 재물을 의지하면 하나님 나라에 들어가는 것이 얼마나 어렵고 불가능한가를 단계적 진술로 가르치고 있다. 즉 재물을 의지한 업적과 사회적 위치와 토라의 순종으로 하나님의 은혜를 구하려는 것은 마치 약대가 바늘귀로 지나가는 것처럼 어렵고 도저히 불가능하다는 사실이다.

"약대가 바늘귀로 들어가는 것이 부자가 하나님 나라에 들어가는 것보다 쉬우니라"(25)는 비유 말씀 자체가 해석상 어려움을 지닌 것처럼 보여 여러 가지 해석이 제시되었다. 그것을 총괄하면 현저한 차이를 지닌 두 가지 의견으로 집약된다.

① 언어적(linguistic) 해석에는 헬라어 모음을 변경시키는 것이 포함된다. 즉 '약대'를 가리키는 말을 카멜론($\kappa\acute{\alpha}\mu\eta\lambda o\nu$)으로 읽지 않고 카밀론($\kappa\acute{\alpha}\mu\iota\lambda o\nu$)으로 읽으면, 그것은 큰 동물이 아니라 단지 '끈'(a rope)을 뜻하게 된다. 본문을 이렇게 수정하면 가는 끈이 바늘귀보다 커서 바늘귀를 통과하기는 어렵지만 불가능하지 않는다는 것이다. 다시 말하면 부자가 하나님 나라에 들어가기가 힘이 들고 어렵지만 노력만 하면 불가능하지 않다는 것을 본문의 비유가 보여준다는 것이다. 그러나 이런 언어학적 수정의 해석은 본문의 문맥과 조화를 이루지 못하며, 그 단어를 '끈'이라고 읽어야 할 본문의 증거도 매우 불분명하고 미약하다.

② 중동 마을의 풍경에 비추어 해석하는 것이다. 중동에서는 마을의 집들

이 이중문(double doors)으로 되어 있다. 그 문들은 통로 혹은 길에서 가족이 사는 집의 정원을 향하여 열려 있다. 이러한 마을 집들의 이중문은 짐을 가뜩 실은 약대가 들어갈 만큼 커야 한다. 이 문은 성인 남자의 힘으로 열 수 있으며, 평소에는 잠겨 있다. 약대가 짐을 옮길 때만 이 문들은 열게 된다. 일반인이나 가족은 이중문에 달려있는 작은 문으로 출입을 한다. 본문의 "바늘귀로 들어가는 것"이라는 말은 문을 출입하는 이런 정경을 나타낸다고 했다. 그러나 이러한 본문의 증거는 아직도 찾을 수 없다.

25절의 비유 말씀은 단지 절대적인 불가능을 강조하는 과장의 말로 보는 것이 합당한 해석이다.[87]

26절은 이 비유를 들은 자와 읽을 자들의 자연적인 감각이었다. 이 비유를 듣는 청중은 관원과 같은 태도를 지닌 유대주의자들이었을 것이다. 자연스럽게 청중의 마음속에 솟아나는 질문은 누가 이러한 새로운 요구를 감당할 수 있으며 구원받을 수 있을까 하는 점이다. 이 질문에 예수님은 27~29절의 말씀을 가지고 대답하셨다. 베드로와 함께 한 다른 제자들은 예수님이 말씀하신 요구와 순종의 모범을 보인 삶을 산 것이다. "사람의 할 수 없는 것을 하나님은 하실 수 있느니라"는 사실이 예수님의 제자들이 살고 있는 구체적인 제자도에서 증명되었다. 불가능한 순종의 요구가 하나님의 은혜로 말미암아 가능하게 된 것이 예수님의 제자 생활에서 증명된 것이다. 예수님의 제자들의 순종 생활이 가족이나 친척보다 하나님을 경외하는데 우선을 두었다는 점을 보여준다. 오직 하나님을 영화롭게 하는 데 초점을 둔 제자들의 생활이 가족에게 충성한 것이다.

예수님은 이 담화를 "금세에 있어 여러 배를 받고 내세에 영생을 받지 못할 자가 없느니라"는 약속으로 말씀을 끝내셨다. 이와 같이 예수님이 담화를 끝내실 때 다시금 18절의 말씀을 이끌어내신 것이다. 구원 곧 영생을 얻는 것이 하나님의 일이며, 그것은 은혜로 부여받는 것이고, 인간이 어떤 공로를 세워 성취할 수 있는 것이 아니다. 예수님의 제자가 되면 오직 예수

---

87) *Ibid.*, p. 166.

님께 순종하고 충성하는 것이 받은 은혜에 대한 합당한 응답이요, 제자로서 마땅한 자세이다. 이처럼 이 대화와 비유는 하나님의 은혜와 자비를 주제로 삼고 있다.

4. 끝맺는 말

예수께서 많은 비유로써 하나님 나라를 설명하신 것을 이제 마치고자 한다. 이렇게 마치기 위해서 몇 가지 비유들을 보류해 온 것이 있다. 그 비유들은 임하여 실현되고 있는 하나님 나라의 "내재"(immanent)와 "종말론적 능력"(eschatological power)을 주제로 삼고 있다.

마가복음 4:26~29에서 예수님은 "하나님 나라는 사람이 씨를 땅에 뿌림"과 같다고 하셨다. "저가 밤낮 자고 깨고 하는 중에 씨가 나서"라는 말씀은 씨가 나고 자라는 일에 인간은 아무런 공헌도 할 수 없다는 것을 표시한다. 이와 같이 하나님 나라, 곧 하나님께서 구원-능력 범위와 의의 범위와 축복 상태의 범위에 자기의 왕권을 나타내시고 역사하는 일에는 인간이 아무런 공헌도 할 수 없고, 요구하시는 것도 없다.

이 비유의 해석상, 씨의 성장과 마침내 열매를 맺게 되는 것이 비유의 요점이다.88) 그러나 유대문서에 씨 뿌리거나 심는 은유가 종종 사용되었지만, 점진적인 것과 발전하는 것을 설명하는 데는 사용되지 않았다. 89) 신약성경에서는 씨 뿌리는 은유와 거두어들이는 은유가 초자연적인 것을 설명하는 데 사용되었다.90) 씨가 자라는 것을 비유의 요점으로 보려고 한 것은 실현된 하나님 나라(실현된 종말론)만 생각하고 세운 주장이므로, 유대문서

---

88) A.B. Bruce, *The Parabolic Teaching of Christ*(1882), pp. 117ff.; H.B. Swete, *The Parables of the Kingdom*(1920), pp. 16ff.; W.O.E. Oestery, *The Gospel Parables*, p. 71; J. Orr, *HDB* II, pp. 852~54; C.J. Cadoux, *The Historic Mission of Jesus*, pp. 113~14; T.W. Manson, *The Teaching of Jesus*, p. 133; G.C. Morgan, *The Parable and Metaphor of our Lord*(1943), pp. 145ff.

89) N.A. Dahl, *Theology V*(1952), pp. 140~47; G.E. Ladd, *New Testament Theology*(Grand Rapids: Eerdmann), p. 102.

90) 예, 고전 15:35ff.; 고후 9:6; 갈 6:7~8.

와 신약성경에 나타나는 씨의 은유와는 완전히 조화를 이루지 못한다. 그러나 본문이 증거하는 대로 "처음에는 싹이요 다음에는 이삭이요 그 다음에는 이삭에 충실한 곡식이라"(28절)는 식으로 진전해 나가는 것이 이 비유의 하나의 요점이며, 이와 같이 씨가 자라는 것이 하나님이 하시는 초자연적 역사, 곧 하나님의 왕권 역사를 상징한다. 이처럼 하나님 나라가 임하고, 실현되고, 마침내 종말론적으로 완성되는 것은 모든 인간의 노력을 배제한 독립적이고 초자연적인 것이다.

매우 오래 전에 바이스(J. Weiss)가 인간의 노력에서 배타적으로 독립된 종말론적 사건을 하나님 나라라고 정의했지만, 잘못된 구 자유주의 기독론으로 인하여 하나님 나라가 예수님 자신과 사역으로 임하고 실현되는 것으로 이해할 수 없었다. 그리하여 그가 잘못된 결론을 세운 결과 이 비유는 예수로 말미암아 하나님 나라가 임하는 일과 아무런 관련이 없다고 했다.[91] 그러나 예수님 자신은 하나님 나라가 임한 증거이고, 예수님의 지상 사역에는 하나님 나라의 "씨"를 뿌린 것이 포함되며, 심은 씨가 "처음에는 싹이요 다음에는 이삭이요 그 다음에는 이삭에 충실한 곡식이라"는 이 비유를 예수님은 말씀하셨다. 씨를 심고 추수를 하는 것으로 하나님 나라가 이루어지는 것을 표현하신 것이다.

"씨가 나서 자라되 그 어떻게 된 것을 알지 못하느니라"는 말씀은 지금 실현되고 있는 하나님 나라가 눈으로는 볼 수 없는 영적 범위라는 것을 나타낸다. 이와 같이 지금은 오직 영적인 눈으로만 인식할 수 있는 실현 중에 있는 하나님 나라가 종말 끝에 영광스럽게 나타날 것이다. 그리고 눈으로 "된 것을 알지 못하느니라"는 말씀은 하나님 나라가 "씨"와 같이 내적인 새싹 원리(an inward germinal principle), 곧 하나님의 왕권이 구원-능력 범위에 나타난 사실이라는 것을 증명한다. 하나님의 원리 곧 왕권이 우리

---

91) J. Weiss, *Die Schriften des Neuen Testamentum*(1929), i, pp. 115~16; cf. W.G. Kümmel, *Promise and Fulfillment*, pp. 128~29; B.T.D. Smith, *The Parables of the Synoptic Gospels*, pp. 129ff.; M. Dibelius, *Jesus*(1949), pp. 66~67.

영혼 속에서 역사하고 나타남을 의미한다. 이처럼 예수님은 씨를 심으시는 분, 곧 씨를 뿌리시는 분이시다.

동시에 하나님 나라는 전체 성장 과정과 같은 것이다. 다시 말하면 하나님 나라는 세상, 즉 내재한 하나님의 구원-능력이며, 이 능력 곧 왕권·행사로 말미암아 하나님이 자기의 의도와 목적을 이루고 계신다. "땅이 스스로"(αυτοματη, 28절)라는 말이 이것을 의미한다. 이와 같이 하나님 나라가 이루어져 왔고, 또 이루어지고 있으며, 마침내 "열매가 익으면 곧 낫을 대나니 이는 추수 때가 이르렀음이니라"(29). 하나님 나라는 지금 실현 중에 있고, "추수 때" 곧 종말의 끝에 하나님 나라가 "완성"될 것을 기대하고 있다. 다시 말하면 이 비유는 "현재-완료된" 하나님 나라와 "미래-미완료된" 하나님 나라를 묘사하고 있다. 이 두 장면을 가진 하나님 나라는 하나님이 왕권을 실행하는 하나님의 주권만 인식시키고 있다.92)

예수님이 겨자씨의 비유로 또 하나의 비유를 말씀하시고 위에 말한 하나님 나라의 정의와 특성을 밝히셨다. 겨자씨의 비유에 다니엘 4:12과 에스겔 17:23, 31:6이 참고된다. 이 구절들에서 새들이 깃드는 나무를 상징으로 사용하여 큰 제국이 피지배 국민에게 정치적 보호를 제공한 것으로 보여준다. 시편 104:12에 보면 하나님의 창조의 아름다운 것들 중 하나인 푸른 잎으로 무성한 나무에 공중의 새들이 깃들이며 가지에 앉아 노래를 한다. 다른 구약 성경 구절에서는 푸른 잎으로 무성한 나무는 하나님의 호의를 뜻하는 상징이다.93)

겨자나무는 중동에서 속히 자라나 퍼지는 보통의 나무이다. 그러므로 농부들이 겨자씨를 힘써 재배하려고 했다. 겨자나무는 일년생이며, 세 종류가 있다. 그 중에 제일 흔한 종류가 담황색 겨자나무로서, 넉자 크기만큼 자란다.94) 겨자나무가 상징으로 사용된 경우는 다음과 같은 세 가지이다.

---

92) cf. C.H. Dodd, *The Parables of the Kingdom*, pp. 176ff.; J. Jeremias, *The Parables*, pp. 151~53; J. Donahue, *op.cit.*, pp. 35~36.

93) 시 1:3, 92:13~15; 렘 17:7~8.

94) John Sproule, "The Problem of the Mustard Seed," *Grace Theological*

① 겨자씨의 싹트는 속도, 혹은 누룩과 같이 속히 퍼지는 성질, ② 겨자나무의 의학적 치료용, 곧 겨자가 심히 매운 맛을 내므로 음식을 맛있게 하는 경우와 의학적 치료에 사용했다. ③ 겨자씨가 지극히 작은 씨(마 17:20; 눅 17:6)인 경우이다.95) 그리고 겨자씨의 비유에서는, 위에 취급한 스스로 자라는 씨의 비유와 다음에 취급할 누룩의 비유처럼 겨자나무가 온전히 성장한 것이 비유의 요점이지만, 성장하는 과정도 또 하나의 비유의 요점이며, 지금 말한 세 가지 상징의 의미가 나타나 있다.

또 하나 주목되는 점은 날카로운 대조다. 지극히 작은 것이 강조되며, 지극히 작은 것이 다 자라면 식물 가운데 제일 큰 나무가 되는 것과 대조시키고 있다. 이러한 대조가 물론 비유에서 하나의 요점이고, 이렇게 지극히 작은 씨처럼 하나님 나라도 아주 보잘 것 없는 예수님의 제자들로 시작되었지만, 겨자씨가 자라서 지극히 큰 나무가 되는 것처럼 우주적 하나님의 왕권 역사가 이루어질 것을 이 비유는 예언하고 있다.96) 겨자씨가 다 자라나 나무가 되는 것은 아니지만 예수님이 지극히 작은 것과 지극히 큰 것을 대조하는 은유로 겨자씨를 사용하시고 양식상 "과장"을 사용하신 것이다.

새들이 그늘에 깃들이는 초목은 큰 나무가 아니고 관목($\lambda\alpha\chi\acute{\alpha}\nu\omega\nu$, shrub)이며, 관목들 중에서 제일 큰 관목가 겨자나무다.97) "깃들임"($\kappa\alpha\tau\alpha\sigma\kappa\eta\gamma o\acute{\nu}\nu$)이라는 말은 종말의 끝날에 "모으는"(거둬들이는) 장면을 나타내 보인다.

이 비유의 해석사에서 세 가지 해석이 뚜렷이 나타난다. ① 이 비유가 백향목을 하나님 나라의 은유로 사용하는 대신 같은 의미로 겨자씨의 은유를 사용했다.98) ② 에스겔 17장에서 이스라엘은 작은 나라이지만 장성하면

Journal I(1980), pp. 37~42; cf. Irving Mandelbaum, *A History of the Mishnaic Law of Agriculture: Kilayim, Brown Judaic Studies*(Chico: Scholors Press, 1982), p. 1; Pling, *Natural History*, 25,54(LCL, 529); Str-B I, 699; Mishnah Kilayim 3m2; Jeremias, *The Parables*, p. 27.

95) Otto Michel, "κοκκοs," *TDNT* 3, pp. 810~14; M. Nid, 5,2(Danby, 750).

96) cf. Jeremias, *The Parables*, p. 91.

97) cf. Robert W. Funk, "Looking Glass is for the Birds: Ezekiel 17:22~24; Mark 4:30~32," *Int* 27(1973), pp. 3~9.

다른 나무들, 곧 다른 나라들이 이스라엘 앞에서 낮아질 것이라는 모습을 보여준다. 겨자씨의 비유는 에스겔 17장의 이미지를 인용했고, 모든 나무가 낮아질 것이라고 묘사했다. 겨자나무만이 참된 이스라엘의 운명을 상징한다는 것이다.[99] ③ 겨자씨를 정원에 심은 것은 일반 상식과는 배치되고, 심고 자라는 것은 추문이며, 불법으로 더러워진 불결을 상징한다는 것이다. 이와 같이 예수님이 "세리와 죄인들" 곧 유대인들이 불결한 자들로 업신여기는 자들과 교제하신 것처럼 하나님 나라가 불결하고 비천한 자들과 연관이 있다는 것이다. 그러나 이러한 해석들이 가능한지는 의문스럽다.

이 비유는 위에서 이야기한 스스로 자라는 씨의 비유와 누룩의 비유처럼 하나님의 왕권 역사가 세 범위 곧 구원-능력, 의, 축복 상태의 범위에 나타나고 역사하지만 인간은 아무 기여도 할 수 없음을 나타낸다.

누룩의 비유(마 13:33; 눅 13:20~21)도 위에 말한 두 비유의 뜻을 표시한다. "가루 서 말"($\dot{\alpha}\lambda\epsilon\acute{\upsilon}\rho\sigma\upsilon$ $\sigma\acute{\alpha}\tau\alpha$ $\tau\rho\acute{\iota}\alpha$)은 25~40리터 정도의 양으로 계산할 수 있고, 100명 이상이 먹을 만한 분량이다.[100] 이처럼 많은 분량을 예수님이 말씀하신 것은 은유로 엄청난 것(extravagance)을 표시하며 그 이상의 의미는 없다. 누룩은 유대인 문서에서 전형적으로 악한 것을 상징했고, 예수님도 그러한 의미로 누룩 은유를 사용하셨다(마 16:6; 막 8:15). 이처럼 누룩은 거룩하지 못한 이스라엘을 상징했고, 반대로 누룩 없이 구운 빵은 거룩한 이스라엘을 상징했다(출 12:15~16). 갈라디아서 5:9에서 사도 바울이 "적은 누룩이 온 덩이에 퍼지느니라"는 속담을 사용하여 할례 받기를 요구함으로

---

98) B.B. Scott, Jesus, *Symbol-Maker for the Kingdom* (Philadelphia: Fortress Press, 1981), pp. 70~71.

99) R.W. Funk, *Jesus as Precursor* (Philadelphia: Fortress Press, 1975), p. 23; cf. K. McArthur, "The Parable of the Mustard Seed," *CBQ* 33(1971), pp. 198~210.

100) Elizabeth Waller, "The Parable of the Heaven: A Sectarian Teaching and the Inclusion of Women," *Union Seminary Quarterly Review* 35(1979~80), pp. 99~109; I. Abrahams, *Studies in Pharisaism and the Gospels, Library of Biblical Studies* (New York: Ktav, 1967) I, p. 51; Philip Wheelwright, *Metaphor and Reality* (Bloomington: Indiana University Press, 1962), pp. 78~86; Seymour Chatman, *Story and Discourse* (Ithaca: Cornell University Press, 1978), p. 146.

써 참된 진리에서 갈라디아 교인을 떠나도록 유혹한 자들에게 충고했다.101) 이러한 것을 배경으로 하여 이 비유를 잘못 해석할 수도 있다. 즉 종말론적 끝날까지 악이 왕성하게 퍼질 것을 예언하신 비유로 본다는 것이다. 그러나 해석상, 당시 문화 배경보다는 인접한 문맥을 우선으로 고려해야 하며, 따라서 누룩의 비유가 위에서 다룬 겨자씨의 비유와 평행이며 또한 문맥이 그러한 해석을 잘못된 것으로 확증하고 있다.

누룩의 비유가 겨자씨의 비유와 평행을 이루므로, 이것 역시 작은 시작과 나중에 크게 번진 것을 대조시킨 점과, 그리고 누룩이 퍼지는 과정을 비유의 요점으로 삼고 있다. 누룩이 퍼지기 시작한 것은 눈으로 볼 수 없는 숨겨진 미미한 과정이지만 마침내 누룩이 전체에 퍼지는 결과를 낳는다. 이는 하나님의 왕권이 구원-능력, 의, 축복 상태의 세 범위에서 누룩처럼 나타나리라는 사실을 보여주고 있다.102)

---

101) Hans Dieter Betz, *Galatians*(Philadelphia: Fortress Press, 1979), pp. 266~67.

102) cf. C.H. Dodd, *The Parables*, p. 155; Jeremias, *the Parables*, p. 148; Nils Dahl, "The Parables of Growth," *Studia Theological* 5(1951), pp. 132~66; *Jesus in the Memory of the Early Church*(Minneapolis: Augusburg Publishing House, 1976), pp. 141, 66; B.B. Scott, *op.cit.*, pp. 328~29; A. Oepke, "Krypto," *TDNT* 3, pp. 957~1000.

참고문헌

Abrahams, I. *Studies in Pharisaism and the Gospels.* First and second series. New York: Ktav, 1967.

Argyle, A.W. "Wekking Customs at the Time of Jesus," *Exp Time* 86(197 4~75): 214~15.

Arndt, Wm. F. *The Gospel according to St. Luke.* St. Louis: Concordia, 1965.

Austin, Michael R. "The Hypocritical Son." *EQ* 59(1985): 307~15

Bailey, Kenneth E. *Poet and Peasant: A Literary-Cultural Approach to the Parable in Luke.* Grand Rapids: Eerdmans, 1976.

__________. *Poet & Peasant and Through Peasant Eyes.* Grand Rapids: Eerdmans, 1980.

Baird, J. Arthur. "A Pragmatic Approach to Parable Exegesis: Some New Evidence on Mark 4:11, 33~34." *JBL* 76(1957): 201~207.

__________. *The Justice of God in the Teaching of Jesus.* Philadelphia: Westminster Press, 1963.

Barch, Frederick Houk. *Many Things in Parables.* Philadelphia: Fortress Press, 1988.

Barth, Gerhard. "Matthew's Understanding of the Law." *Tradition and Interpretation in Matthew.* Philadelphia: Westminster Press, 1963: 59~65.

Barth, Markus. "The Dishonest Steward and His Lord: Reflection on Luke 16:1~13." *From Faith to Faith: Essays in Honor of Donald G. Miller on His Seventieth Birthday.* Edited by Hadidian, Dikran Y. Pittsburgh: Pickwick Press, 1979.

Barthes, R. et al., *Structural Analysis and Biblical Exegesis: Interpretational Essays.* trans. Alfred M. Johnson, Jr. Pittsburgh: Pickwick, 1974.

Barthes, Roland. *Elements of Semiology.* trans. Annette Savers and Colin Smith. Boston: Beacon Press, 1967.

__________. *Mythologies.* trans. Annette Lavers. New York: Hill and Wang, 1972.

Bauckham, Richard. "The Rich Man and Lazarus: the Parable and the

Parables." *NTS* 37(1991): 225~246.

Bauer, J. B. "Gena denlohn oder Tageslohn (Mt 20.8~16)." *Bib.* 42(1961): 224~28.

Bays, Thomas. *Key to the Book of Psalms.* London, 1825.

Beasley-Murray, *Jesus and the Kingdom of God.* Grand Rapids: Eerdmanns, 1986.

Behm, J. "deipon, deipneo." *TDNT* 2.

Bengel, J.A. *Gnomon of the New Testament.* vol. 2. New York: Sheldon, 1963.

Benoist, Jean-Maric. *The Structural Revolution.* New York: St. Martin's, 1978.

Berggren, Douglas. "The Use and Abuse of Metaphor." *The Review of Metaphysics* 16(1962~63).

Bernadicou, P.J. "The Lucan Theology of Joy." *Science et Esprit* 25(1973): 75~98.

Betz, Hans Dieter. *Galatians.* Philadelphia: Fortress Press, 1979.

Bidez, J. and Cumont, F. *Les Mages Hillenisis.* vol 1. Paris: Soiété d' Editions 'Les Belles Lettres, 1938.

Binder, Hans. "Das Gleichnis vom barmherzigen Samariter." *Theologische Zeitschrift* 15(1959): 176~94.

Birdsall, J. "Luke XII, 16ff. and the Gospel of Thomas." *Journal of Theological Studies* 13(1962): 332~36.

Bishop, E.F.F. "The Parable of the Lost or Wandering Sheep." *Anglican Theological Review* 44(1962): 44~57.

Bishop, E.F.F. *Jesus of Palestine.* London: Lutherworth, 1955.

Bitzer, Lloyd F. "The Rhetorical Situation." *Philosophy and Rhetoric* 1(1968): 1-14.

Black, Matthew. *An Aramaic Approach. to the Gospels and Acts.* Oxford: Clarendon, 1946.

Black, Max. *Models and Metaphor.* Ithaca: Cornell University Press, 1962.

Bligh, John. *A Structural Analysis of St. Paul's Epistle to the Galatians.* Detroit: University of Detroit Press, 1966.

Blomberg, Craig L. "Parables." *ISB Ency.* Revised ed. G.W. Bromiley 3.

Grand Rapids: Eerdmans, 1986.

__________. *Interpreting the Parables.* Downers Groves: IVP, 1990.

Bloomfield, Morton. "Allegory as Interpretation." *New Literary History* 3 (Winter, 1972).

Boettner, Loraine. *The Millennium.* Philadelphia: Presbyterian and Reformed Pub. Co., 1958.

Bolton, J.D.P. *Aristeas of Proconnesus.* Oxford: Clarendon, 1962.

Bornkamm, Günther. "Die Verzögerung Parusie." *Geschichto und Glaube* 1.

__________. "The Better Righteousness." *Tradition and Interpretation in Matthew.*

Borsch, Frederick Houk. *Many Things in Parables.* Philadelphia: Fortress Press, 1988.

Boucher, Madeleine. "The Parables." *NTM* 7. Welmington: Michael Glezier, 1981.

__________. *The Mysterious Parables: A Literary Study.* Washington: Catholic Biblical Association of America, 1977.

Brandenburger, Egan. "Das Recht des Weltenrichters, Untersuchung zu Matthäus 25, 31~46." *SBS* 99. Stuttgart: Katholisches Bibelwerk, 1980.

Braukelmann, F.H. "Eine Erklärung des Gleichnisses vom Schalksknecht (Matt, 18:23~35)." *Parrhesia: Karl Barth zum achtzigsten Geburtag.* Zürich: EVA-Verlug, 1966.

Breech, James. *The Silence of Jesus: The Authentic Voice of the Historical Man.* Philadelphia: Fortress Press, 1983.

Brown, R. E. *The Birth of the Messiah: A Commentary on the Infancy Narratives in Matthew and Luke.* New York: Doubleday, 1977.

Brown, Raymond. "Parable and Allegory Reconsidered." *Nov Test* 5(1962): 36~45.

Brown, S. "The Secret of the Kingdom of God(Mark 4:11)." *JBL* 92(1973).

Bruce, A.B. *The Synoptic Gospels.* Grand Rapids: Eerdmans.

__________. *The Synoptic Gospels.* Vol 1. Expositor's Greek Testament.

Bugge, Christian. *Die Haupt-Parabeln Jesu.* 1903.

Bultmann, Rudolf Karl. "Historicity." 101; "The Case for Demythologizing." *Kerygma and Myth*. II.

__________. *Die Geschichte der synoptischen Tradition*. Göttingen: Vandenhoeck & Ruprecht, 1968.

__________. *The History of the Synoptic Tradition*. trans. John Marsh. New York: Harper and Row; Oxford: Blackwell, 1963, 1972.

__________. *Theology of New Testament*. vol. 1. trans. K. Grobel. New York: Scribner, 1951.

Burney, C.F. *The Poetry of our Lord: an Examination of the Formal Elements of Hebrew Poetry in the Discourses Jesus Christ*. Oxford: Clarendon Press, 1925.

Bussmann, Claus. *Who Do You Say? Jesus Christ in Latin American Theology*. Maryknoll, New York: Orbis Books, 1985.

Cace, C.H. "Lazarus and the Lukan Deuteronomy." *NTS* 15(1968~69): 323~25.

Cadbury, Henry J. "A Proper Name for Dives." *JBL* 81(1962): 399-402.

Cadoux, A.T. *The Parables of Jesus, Their Art and Use*. New York, 1931.

__________. *The Parables of Jesus: Their Art and Use*. London: J. Clarke, 1930.

Caird, G.B. *The Gospel of St. Luke*. Penguin, 1963.

__________. *The Language and Images of the Bible*. Philadelphia: Westminster Press, 1980.

Carlston, Charles E. "Parable and Allegory Revisited: An Interpretative Review." *BQ* 43(1981).

__________. *The Parables of the Triple Tradition*. Philadelphia: Fortress Press, 1975, 1978.

Carson, D.A. *Matthew*. EBC. Grand Rapids: Zondervan Publishing House, 1984, 1987.

Chajes, C. "Les juges juifs en Palestine." *Revue des etudes juives* 39(1892): 39~52

Charlesworth, James H. *The Pseudegrapha and Modern Research with a Supplement*. SBLSCS 75. Chico: Scholars Press, 1981.

__________. ed. *The Old Testament Pseudepigrapha*. vol. 2. 1985.

Chatman, Seymour. *Story and Discourse.* Ithaca: Cornell University Press, 1978.

Cherbonnier, E.Sa.B. "Biblical Faith and the Idea of Tragedy." *The Tragic Vision and the Christian Faith.*

Cohen, H. "Widows." *Enc Jud* 16: 487~96.

Collins, Douglas. "The Found Object." *The Willamette Journal* I(1983): 4 3~74

Collison-Morley, L. *Greek and Roman Ghost Stories.* Oxford: Blackwell, 1912.

Compton, J.E. "The Prodigal's Brother." *Exp Time* 42(1930~31).

Conley, Thomas. "The Enthymeme in Perspective." *Quarterly Journal of Speech* 70(1984).

Conzelmann, Hans. *Die Mitte der Zeit.* Tübingen. 1964, 1954.

Cope, Laman. "Matthew XXV: 31~46, 'The Sheep and the Goats' Reinterpreted." *NovT* 11(1969): 32~44.

Cranfield, C.E.B. *The Gospel according to St. Mark.* Combridge: University Press, 1977.

Creed, John. *The Gospel according to St. Luke.* London: MacMillan Co., 1930.

Cross, Frank Moore. "The Historical Interpretation of the Samaria Papyri." *BAR* IV. 1(1978).

Crossan, John Dominic. "Parable and Example in the Teaching of Jesus." *Semeia* I(1974): 63~104.

__________. "The parable of the Wicked Husbandmen." *JBL* 90(1971): 45 1~65.

__________. "The Seed Parable of Jesus." *JBL* 92(1973): 244~66.

__________. *Cliffs of Fall: Paradox and Polyvalence in the Parables of Jesus.* New York: Seabury Press, 1980.

__________. *In Fragments: The Aphorism of Jesus.* San Francisco: Harper, 1983.

__________. *In Parables: The Challenge of the Historical Jesus.* New York: Harper and Row, 1973.

__________. *The Dark Interval: Toward a Theology of Story.* Nile, Ill: Argus

Communications, 1975.

Culler, Jonathan. *Structuralist Poetics*. Itaca: Cornell University Press, 1975.

Culley, Robert C. *Studies in the Structure of Hebrew Narrative*. Philadelphia: Fortress Press, 1976.

Cumart, F. *After Life in Roman Paganism*. New York: Dover, 1959.

Dahl, Nils A. "The Parables of Growth." *Studia Theological* 5(1951): 132 ~ 66.

__________. *Jesus in the Memory of the Early Church*. Minneapolis: Augsburg Publishing House, 1976.

Dander, Frederick W. *Jesus and the New Age: A Commentary on Saint Luke's Gospel*. Philadelphia: Fortress Press, 1988.

Danker, F.W. *Jesus and the New Age: A Commentary of St, Luke's Gospel*. Philadelphia: Forterss Press, 1985.

Daube, David. "Inheritance in Two Lucan Pericopes." *Zeitschrift der Savigng Stefung für Rechtsgeschichte, Romanistische Abteilung* 72(1955): 326 ~344.

Delling, G. "Das Gleichnis vom Gottlosen Richter." *ZNW* 53(1963): 1 ~25.

Dembitz, L.N. "Procedure in Civil Cause." *The Jewish Encyclopedia* X. New York: Funk and Wagner, 1905.

Derrett, J.D.M. "Fresh Light on Luke XVI.1: The Parables of the Unjust Steward." *Law*: 48 ~77.

__________. "Fresh Light on St. Luke XVI.1: The Parable of the Unjust Steward," *NTS* 7(1961): 198 ~219.

__________. "Fresh Light on St. Luke XVI. 2: Dives and Lazarus and the Preceding Saying." *NTS* 7(1961): 364 ~80.

__________. "The Rich Fool: A Parable of Jesus concerning Inheritance." *Heythrop Journal* 18(1977).

__________. "Law in the New Testament: the Parable of the Prodigal Son." *NTS* 14(1967): 56 ~74.

__________. "Nisi Dominas Aedificaverit Domum: Towers and Wars(Lk XIV 28 ~32)." *Nov T* 19(1977): 249 ~58

__________. "The Friend at Midnight: Asian Ideas in The Gospel of St. Luke." *Donum Gentilium*. Edited by Bammel, Ernst. Barrett,

C.K. and Davies, W.D. Oxford: Clarendon, 1978.

__________. *Law in the New Testament*. London: Darton, Longman, and Todd, 1970.

Dewey, Jarnna. *Markan Public Debate*. SBLDS 48. Chico: Scholars Press, 1980.

Dibelius, M. *From Tradition to Gospel*. New York: Charles Scribner's Sons, 1965.

Dodd, C.H. *The Parable of the Kingdom*. Fount Paperbacks, 1978.

__________. *The Parables of the Kingdom*. New York: Charles Scribner's Sons, 1961, 1936.

Donahue, John R. "Biblical Perspectives on Justice." Edited by John C. Hauhey. *The Faith that Does Justice*. New York: Paulist Press, 1977.

__________. *The Gospel in Parable*. Philadelphia: Fortress Press, 1988.

Donfried, Karl P. "The Allegory of the Ten Virgins (Matt 25:1 ~13) as a Summary of Matthean Theology." *JBL* 93(1974): 415 ~28.

Douglas, Mary. *Purity and Danger: An Analysis of Concepts of Pollution and Taboo*. London: Routledge and Kegan Paul, 1966.

Drury, John. "The Sower, the Vineyard, and the Place of Allegory in the Interpretation of Mark's Parables." *JTS* 24(1973).

__________. *The Parables in the Gospels: History and Allegory*. New York: Crossroad Publishing Co., 1985.

Duling, Denis C. "The Therapeutic Son of David: An Element in Matthew's Christological Apologetic." *NTS* 24(1977 ~78): 392 ~ 410.

Dundes, Alan. "On the Structure of the Proverb." *Analytic Essays in Folklore, Studies in Folklore* 2. the Hague: Mouton, 1975.

Dunkerley, R. "Lazarus." *NTS* 5(1958 ~59): 321 ~27.

Dussand, R. "Comptes d' ouvriers d' une entrepise funesaire juif." *Syria* 4(1924): 230 ~56.

Eco, Umberto. *Semiotics and the Philosophy of Language*. Bloomington: Indiana University Press, 1984.

Edersheim, Alfred. *The Life and Times of Jesus the Messiah..*

Ellis, E.E. *The Gospel of Luke*. Grand Rapids: Eerdmans, 1981.

Epictetus Enchirdion XXIV; The Discourses of Epictetus. trans. George Long(A.L, Burt 10).

Exber, F.J. *The Form of the Ancient Greek Letter: A Study in Greek Epistography*. Diss. Catholic University of America, 1923.

Feldman, A. *The Parables and Similes of the Rabbis*. 2nd ed. Cambridge: University Press, 1927.

Feldman, E. *Biblical and Post-Biblical Defilement and Mourning: Law as Theology*. New York: Yeshiva University Press, 1977.

Ferre, Frederik. *Language, Logic, and God*. New York: Harper and Row, 1961.

Fiebig, Paul. *Altjüdische Gleichnisse und die Gleichnisse Jesu*. Tübingen-Leipzig: J.C.B. Mohr, 1904.

Findlay, J. Alexander. *Jesus and His Parables*. London: The Religious Book Club, 1951.

__________. Alexander. *Jesus and His Parables*. London: Epworth Press, 1950.

Firth, C.B. "The Parable of the Unrighteous' Steward(Luke XVI. 1~9)." *Exp T* 63(1951/1952): 93~95.

Fitzmyer, Joseph A. "The Study of the Dishonest Manager(Lk 16:1~13)." *TS* 25(1964): 23~42.

__________. *In Essays on the Semitic Background of the New Testament*. London: G. Chapman, 1971.

__________. *The Gospel according to Lk I~IX*. AB. Garden City: Doubleday, 1981.

__________. *The Gospel according to Luke X~XXIV*. AB. 28B. Garden City: Doubleday, 1985.

Fletcher, Augus. *Allegory: The Theory of a Symbolic Mode*. Ithaca, N.Y.: Cornell University Press, 1964.

Fletcher, Donald R. "The Riddle of the Unjust Steward: Is Irony the Key?" *JBL* 82(1963): 15~30.

Forbes, C. "Comparison, Self-Praise and Irony: Paul's Boasting and the Conventions of Hellenistic Rhetoric." *NTS* 32(1986): 1~30.

Forbes, John. *The Symmetrical Structure of Scripture*. Edinburgh, 1854.

Freedman, H. *The Babylonian Talmud.* vol. 4. 1938.

Fridrichsen, A. "Exegetische zum Neuen Testament." *Symbolae Osloensis* 13(1934).

Frye, Northrop. *Anatomy of Criticism; Four Essays.* Princeton: Princeton University Press, 1957.

Fuchs, Ernst. *Studies of the Historical Jesus.* London: SCM, 1964.

Funk, Robert W. "Looking Glass is for the Birds: Ezekiel 17:22~24; Mark 4:30~32." *Int* 27(1973): 3~9.

__________. "Structure in the Narrative parables of Jesus." *Semeia* 2(1994): 51~73.

__________. "The Good Samaritan as Metaphor." *Semeia* 2(1974): 74~81.

__________. "The Parable as Metaphor." *Language, Hermeneutic, and the Word of God.* New York: Harper and Row, 1966.

__________. *Jesus as Precursor.* Philadelphia: Fortress Press, 1975.

__________. *Parables and Presence: Form of the New Testament Tradition.* Philadelphia: Fortress Press, 1982.

Gächter, Paul. "The Problem of the Dis Honest Steward after Oriental Conceptions." *CBQ* 12(1950): 121~31.

Gadd, C.J. "Epic of Gilgamesh, Tablet XII." 1933.

Garland, R. *The Greek way of Death.* London: Duckworth, 1985.

Gaster, M. *The Example of the Rabbis.* London-Leipzig: Asia Publishing Co., 1924.

Geldenhuys, Norval. *Commentary on the Gospel of Luke.* Grand Rapids: Eerdmans, 1952.

__________. *Commentary on the Gospel of Luke.* London: Marshall, Morgan, and Scott, 1950.

Gereboff, Joel. *Early Rabbinic Storytelling.* Atlanta: Scholars Press.

Geshardson, Birger. "The Narrative Meshalim in the Synoptic Gospels." *NTS* 34(1988).

Gibbs, Jeffrey A. "Parables of Atonement and Assurance: Matthew 13:4 4~46." *CTQ* 51(1987): 19~43.

Gibson, Magaret. "On the Parable of the Unjust Steward." *Exp T* 14(1903).

Gockett, L.C. "The Old Testament in the Gospel of Luke with Emphasis on the Interpretation of Isa 61: 1 ~2." Brown University, 1966.

Gooding, David W. *According to Luke*. Grand Rapids: Eerdmann, 1987.

Granskou, David M. *Preaching on the Parables*. Philadelphia: Fortress Press.

Grant, R.M. *The Letter and Spirit*. London: S.P.C.K. 1957.

Gräeser, Erich. *Das Problem der Parusierverzögerung in den synoptischen Evangelien und in der Apostelgeschichte*. Berlin: Aefred Töpelmann, 1960.

Greenwood, David C. *Structuralism and the Biblical Texts*. New York: Mouton, 1985.

Gressmann, Hugo. *Von reichen Mann und armen Lazarus*. Berlin: Verlug der Königel Akadlmie der Wissenschapten, 1918.

Griffith, F. Ll. *Stories of the High Priests of Memphis: The Sethom of Herodotus and the Demotic Tales of Khamuas*. Oxford: Clarendon, 1900.

Grobel, K. "Whose name was Neves," *NTS* 10(1963 ~4): 374.

Grube, G.M.A., ed. *Aristotle: On Poetry and Style*. Indianapolis: Bobbs-Merril Co., 1958.

Haenchen, Ernst. "Das Gleichnis von grossen Mahl." *Die Bibel und Wir*. Tübingen: JCB Mohr, 1968.

Hahn, Ferdinand. "Das Gleichnis von der Einladung zum Festmahl." *Verborum Veritas*. 51~82. Wuppertal: Theologischer Verlag Brockhaus, 1970.

Hampe, J.C. *To Die is Gain the Experience of One's own Death*. London: Darton, Longman and Todd, 1979.

Hampten-Cook, E. "The Unjust Steward," *ExpT* 16(1904,1905).

Harnisch, Wolfgang. "Die Metaphor als Leuristinungen zur Hermeneutik der Gleichnisreden Jesu." *VF* 24(1979).

Harris, O.G. "Prayer in Luke-Acts." Unpublished Thesis, Vanderbilt University, 1966.

Harris, Rendel. "The Charobs of the Sea." *The Expositor*, Series 9.2(Oct. 1924).

Harvey, Van. and Ogden, Schubert. "How New Is the New Quest of the Historical Jesus?" *The Historical Jesus and Kerygmatic Christ*.

Hauk, F. "Margarites." *TKNT* 4.

Heichelheim, F. "Syria." Edited by Tenney Frank. *An Economic Survey of Ancient Rome*. Baltimore: John Hopkins Press, 1938.

Heidel, A. *The Gilgamesh Epic and Old Testament Parallels*. Chicago: the University of Chicago Press, 1949.

Hendriksen, William. *Luke*. Grand Rapids: Baker House, 1978.

__________. *Matthew*. Grand Rapids: Baker Book House, 1973.

Hengel, Martin. "Das Gleichnis von den Weingärtnern Mc 12.1~12 im Lichte der Zenon Papuri und den rabbinischer Gleichnisse." *ZNW* 59(1968).

__________. *Die Zeloten, Arbeiten zur Geschichte des antiken Judeutums und des Urckrestentums* 1. Leiden: E.J. Brill, 1961.

Herzog, William. "Apocalypse Then and Now: Apocalyptic and the Historical Jesus Reconsidered." *Pacific Theological Reviews* 18(1984).

Hester, J.D. "The Rhetorical Structure of Galatians 1:11~2:14." *JBL* 1~3(1984): 223~33.

Hezser, Catherine. *Lohnmataphorik und Arbeitswelt in Mt 20.1~16*. Göttingen: Vandenhoeck und Ruprecht, 1990.

Hill, David. *The Gospel of Matthew*. Grand Rapids: Eerdmans, 1987.

Himmelfarb, M. *Tours of Hell: An Apocalyptic Form in Jewish and Christian Literature*. Philadelphia: University of Pennsylvania, 1983.

Hock, Ronald F. "Lazarus and Micyllus: Greco-Roman Background to Luke 16:19-31." *JBL* 106/3(1987).

Holst, Robert. "The one Anointing of Jesus: Another Application of the Form-Critical Method." *JBL* 95(1976): 435.

Honig, Edwin. *Dark Conceit*. Evanston, Ill: Northwestern University Press, 1959.

Horowitz, George. *The Spirit of Jewish Law*. New York: Central Book, 1953.

Hough, Graham. "The Allegorical Circle." *Critical Quarterly* 3(1961).

Huffard, Evertt W. "The Parable of the Friend at Midnight: God's Honor or Man's Persistence." *Rest Q* 21(1978): 154~60.

Hunter, A.M. *Interpreting the Parables*. Philadelphia: Westminster Press, 1960.

__________. *The Parables Then and Now*. London: SCM, 1971.

Hunzinger, Claus. "Suke." *TDNT* 7: 751~59.

Hurrington, Wilfrid. *Key to the Parables*. New York: Paulist Press, 1964.

__________. *Parables Told by Jesus*. New York, 1974.

Jarvis, P.E. "The Tower-builder and the King Going to War." *Exp T* 77(1966): 196~98.

Jastrow, Marcus. *A Dictionary of the Targumin, the Talmud Babli and Yerushalmi, and the Midrashic Literature*. New York: Padres Publication House, 1950(1903).

Jebb, John. *Sacred Literature*. London, 1820.

Jeremias, Joachim. "Palästinakundliches zum Gleichnis vom Saemann." *NTS* 13(1966): 48~53.

__________. "Zum Gleichnis vom Verlorenen Sohn, Luke 15, 11~32." *TZ* 5(1949): 228~231.

__________. *Its Eucharistic Words of Jesus*. London: SCMP, 1966.

__________. *The Parables of Jesus*. New York: Charles Scribner's Sons, 1972(1947).

Joes, Geraint V. *The Art and Truth of the Parables*. London: SPCK, 1964.

Johnson, A.M., Jr. ed. and tr. *The New Testament and Structuralism*. Pickwick, 1976.

Johnson, Alan F. "Assurance for Man: The Fallacy of Translating Anaideia by Persistence in Luke 11:5~8." *JETS* 22(1979): 123~31.

Johnson, Luke. *The Literary Function of Possessions in Luke-Acts*. SBLD 39. Missoula, Mont: Scholars Press, 1977. 103~15.

Johnson, Shoman. *The Interpreter's Bible* 7. Abingdon, 1951.

Johnston, Robert M. "The Study of Rabbinic Parables: Some Preliminary Observations." *Society of Biblical Literature 1976 Seminar Papers*. Scholars Press, 1977.

__________. "The Study of Rabbinic Parallels: Some Preliminary Observations." *SBLSP* 10. 1976.

Johnston, Robert. "Parabolic Traditions Attributed to Taunaim." Diss. Hartford Theological Seminary, 1978.

Johnston, Robert M. and McArthur, H.K. *They Also Taught in Parables*. Grand Rapids: Zondervan.

Jones, G.V. *The Art and Truth of the Parables: A Study in Their Literary Form and Modern Interpretation*. London: SPCK, 1964.

Jones, Peter R. *The Teaching of the Parables*. Nashville: Broadman, 1982.

Jülicher, Ardolf. *Die Gleichnisreden Jesus*. 1976.

Jüngel, E. *Paulus und Jesus*. Tübingen: Mohr, 1962.

Kelber, Werner. *The Oral and the Written Gospels*. Philadelphia: Fortress Press, 1983.

Kennedy, G. *Classical Rhetoric and Its Christian and Secular Tradition from Ancient to Modern Times*. Chapel Hill: University of North Carolina Press, 1980.

Kennedy, G.A. *The Art of Persuasion in Greece*. Princeton, 1963.

Kermode, Frank. *The Genesis of Secrecy: On the Interpretation of Narrative*. Cambridge: Harvard University Press, 1979.

Kim, Chan-Hie. "The Papyrus Invitation." *JBL* 94(1975): 371~402.

Kingsbury, Jack Dean. *Jesus Christ in Matthew, Mark, and Luke*. Philadelphia: Fortress Press, 1981.

__________. *Matthew Structure Christology, Kingdom*. Philadelphia: Fortress Press, 1975.

__________. *The Parables of Jesus in Matthew 13: A Study in Redaction Criticism*. Atlanta: John Knox Press, 1969.

Kirby, J.T. "The Rhetorical Situation of Rev 1~3." *NTS* 34(1988): 187~207.

__________. "The Syntax of Romans 5.2: A Rhetorical Approach." *NTS* 33(1087): 283~6.

Kissenger, Warren S. *The Parables of Jesus: A History of Interpretation and Bibliography*. ATLA Bibliography Series 4: Metuchen, NJ: Scarecrow Press, 1979.

Kistemaker, Simon J. *The Parable of Jesus*. Grand Rapids: Baker, 1980.

Kitto, H.D. *Greek Tragedy*. Granden City: Doubleday, 1954.

Kjäigaard, Mogeno Stiller. *Metaphor and Parable: A Systematic Analysis of the Specific Structure and Cognitive Function of the Synoptic Similes and Parables qua Metaphors.* Leiden: Brill, 1986.

Klauck, Hans-Josef. *Allegorie und Allegorese in synoptischen Gleichnistexten, Neutestamentliche Abhandlungen 13.* Münster: Aschendorff, 1978.

_________. *Allegorie und Allegorese in synoptischen Gleichnistexten.* Münster: Verlag Aschendorff, 1970.

Konfried, Karl. "The Allegory of the Ten Virgins(Mt 25:1~13) as a Summary of Matthean Theology." *JBL* 93(1974): 415~28.

Krämer, Michael. *Das Rätsel der Parable vom ungerchten Werwalter.* Zürich: PAS-Verlag, 1972.

Kümmel, Werner. *Introduction to the New Testament.* Nashville: Abingdon Press, 1975.

Lackoff G. and Johnson, M. *Metaphors We Live By.* Chicago: The University of Chicago Press, 1980.

Lambrecht, J. Arthur. "Redaction and Theology in Mark IV." *L'évangile selon Marc.* Edited by Sabbe M. 296~307.

_________. *Once More Astonished: The Parables of Jesus.* New York: Crossroad Publishing Co., 1981.

Lange, John P. *The Gospel According to Matthew.* Edinburgh, 1871.

Leuney, A.R.C. *A Commentary on the Gospel according to St. Luke.* London: A and C Black, 1966.

Levi, I. "An receuil de Contes Juifs inedits," *REJ* 35(1897): 76~81.

Levison, N. *The Parables: Their Background and Local Setting.* Edinburgh: T and T Clark, 1926.

Lewis, C.S. *Allegory of Love.* Oxford University Press, 1936.

Lieberman, S. "On Sins and Their Punishment." *Texts and Studies.* New York: Ktav, 1974.

Linneman, Eta. *Jesus of Parables: Introduction and Exposition.* trans. Sturdy J. New York: Harper and Row, 1967.

Linnemann, Edwin D. Freed, "The Parable - the Judges and the Widow(Luke 18:1~8)." *NTS* 33(1987): 38~60.

Linton, Olaf. "The Parable of the Children's Game." *NTS* 22(1976): 159~

79.

Lorenzen, Thorwald. "A Biblical Meditation on Luke 16:19~31." *Exp T* 87(1975): 39~43.

__________. "The Radicality of Grace: The Pharisee and the Tax Collector(Luke 18:9~14) as a Parable of Jesus." *Faith and Mission* 3, no,2(1986).

Louw, J. "The Parables of the Tower Builder and the King Going to War." *Exp T* 48(1936~1937).

Lund, Nils W. *Chiasmus in the New Testament.* Chapel Hill: University of North Carolina Press, 1942.

Mandel, Ascar. *A Definition of Tragedy.* New York: University Press, 1961.

Mandelbaum, Irving. *A History of the Mishnaic Law of Agriculture: Kilayim, Brown Judaic Studies.* Chico: Scholors Press, 1982.

Mann, J. "Jesus and the Sadducean Priests: Luke 10: 25~27." *Jewish Quarterly Review* 6(1914): 417~19.

Manson, T.W. *The Sayings of Jesus.* Grand Rapids: Eerdmans, 1979.

Marshall, I. Howard. *The Gospel of Luke.* Grand Rapids: Eerdmans, 1978.

Martin, H. The Parable of the Gospels. 1937.

Martin, P. "Salvation and Discipleship in Luke's Gospel." *Interpretation* 30(1976).

Martin, Ralph P. *New Testament Foundation* 1. Grand Rapids: Eerdmans, 1975.

Marxen, Willie. "Ridaktion-geschichtliche Erklärung der sogenanten Parabeltheorie des Markus." *Zeitschrift für Theologie und Kirche* 52(1955).

Matthew-Black, *An Aramaic Approach to the Gospels and Acts.* Oxford: Clarendon, 1967.

Mattill, A. "The Good Samaritan and the Purpose of Luke-Acts: Halevy Reconsidered." *Encounter* 33(1972): 359~76.

McArthur, K. "The Parable of the Mustard Seed." *CBQ* 33(1971): 198~210.

McCall, M. *Ancient Rhetorical Theories of Simile and Comparison.* Cambridge: Harvard University Press, 1969.

McFague, Sallie. *Metaphorical Theology: Models of God in Religious Language.* Philadelphia: Fortress Press, 1982.

__________. *Speaking in Parables: A Study in Metaphor and Theology.* Philadelphia: Fortress Press, 1975.

McGaughy, Lane. "The Fear of Yahweh and the Mission of Judaism: A Postexilic Maxim and its Early Christian Expansion in the Parable of the Talents." *JBL* 94(1975).

McKane, William. *Proverbs, Old Testament Library.* Philadelphia: Westminster Press, London: SCM Press, 1970.

McNeile, Alan Hugh. *The Gospel according to Saint Matthew.* London: Macmillan, 1952.

McQuilkin, Robert C. *Our Lord's Parables.* Grand Rapids: Zondervan, 1980.

Mealand, D.L. *Poverty and Expectation the Gospels.* London: SPCK, 1980.

Ménard, Jacques-E. *L'evangile selon Thomas, Nag Hammadi Studies* 5. Leiden: E.J. Brill, 1975.

Merkelback, R. "Über das Glekchnis vom ungerechten Haushaleter(Lucas 16:1~13)." *Vigiliae Christianae* 33(1979): 180~87.

Meyer, H.A.W. *Critical and Exegetical Handbook to the Gospels of Mark and Luke.* New York, 1884. II.

Meyrey, J. "The Idea of Purity in Mark's Gospel." *Semeia* 35(1986): 91~128.

Michaelis, Wilhelm. *Die Gleichnisse Jesu.* Hamburg: Furche Verlag, 1956.

Miller, J. Hillis. "Parable and Performative in the Gospels and in Modern Literature." *Humanizing America's Iconic Book.* Edited by Tucker, Gene and Knight, Douglas. Scholars Press, 1980.

Miller, W.D. "The Unjust Steward," *Exp T* 15(1903/1904): 332~34.

Milligan, William. *Discussion on the Apocalypse.* London, 1893.

Milne, Bruce. *Know the Truth: A Handbook of Christian Belief.* Downers Grove, Ill: IVP, 1982.

Mnele, A.H. *The Gospel according to St. Matthew.* London: Macmillan, 1915.

Monschewski, Weiner. *Der barmherzige Samariter: Eine ausleyungs-geschichtliche Untersuchung zu Lukas 10:25~37.* Tübingen:

Mohr, 1967.

Montefiore, C. and Loewe, A. *A Rabbinic Anthology*. London: Macmillan and Co., 1938.

Montefiore, C.J.G. *Rabbinic Literature and Gospel Teaching*. London: Macmillan and Co., 1930.

__________. *The Synoptic Gospels*. London: Macmillan and Co., 1909.

Montefiore, H. and Tierner, H. *Thomas and the Evangelists, Studies in Biblical Theology* 35. Naperville: Alec R. Allensen, 1962.

Moody, R.A., Jr. *Life after Life*. New York: Bantam, 1975.

Mooij, J.J.A. *A Study of Metaphor: On the Nature of Metaphorical Expression, with Special Reference to Their Reference*. Amsterdam; New York: North-Holland Pub. Co., 1976.

Moore, George. *Judaism* vol. 1. Cambridge: Harvard University Press, 1954.

Morris, Leon. *The Gospel according to St. Luke*. Grand Rapids: Eerdmans, 1974.

Moule, C.F.D. *An Idiom Books of New Testament Greek*. Cambridge: University Press, 1968.

Moulton, J.H. and Milligan, G. *The Vocabulary of the Greed Text*. Grand Rapids: Eerdmans, 1930.

Muilenburg, James. "Form Criticism and Beyond." *JBL* 88(1969): 1~18.

Mulina, Bruce. *The New Testament World: Insight from Cultural Anthropology*. Atlanta: John Knox Press, 1981.

Murrin, Michael. *The Veil of Allegory*. Chicago: University of Chicago Press, 1969.

Navone, John. *Themes of St. Luke*. Rome: Gregorian University Press, 1970.

Nelson, Diedrick A. "Matthew 20:1~16." *Int* 29(1975).

Neusner, Jacob. "Pharisaic Law in New Testament Times," *Union Seminary Quarterly Review* 26(1971): 340.

__________. "Types and Forms in Ancient Jewish Literature: Some Comparisons." *History of Religion* II(1972).

Neusner, Jacob. *New Testament Interpretation Through Rhetoric Criticism.*

Chapel Hill, 1984.

Newell, Jane E. and Rymond, R. "The Parable of the Wicked Tenants," *NovT* 14(1972): 226~37.

Newmax, J.K. "Esse Vidatur Rhythm in the Greek New Testament Gospels and Acts of the Apostle." *Illinois Classical Studies* 10(1985): 53~66.

Norris, Christopher. *Deconstruction: Theory and Practice.* London; New York: Methuen, 1982.

Norwood, Gilbert. *Greek Tragedy.* New York: Hill and Wang, 1960.

Noth, Martin and Thomas, Winton., ed. *Wisdom in Israel and the Ancient Near East.* Leiden: Brill, 1955.

O'Rourke, J.J. "Some Notes on Luke XV. 11~32." *NTS* 18(1971~72): 43 1~433.

Oepke, Albrecht. "Krypto." *TDNT* 3: 957~1000.

————. "Pais." *TDNTS*: 636~54.

Oesterley, W.O.E. *Immortality and Unseen World: A Study in Old Testament Religion.* London: SPCK, 1921.

————. *The Gospel Parables in the Light of Their Jewish Background.* London: SPCK; New York: Macmillan, 1936.

Ohmann, Richard. "Literature as Sentence." 149~57.

Olmstead, A.T. *Jesus in the Light of History.* New York: Scribner's Sons, 1942.

Ong, Walter J. *Orality and Literacy: The Technologizing of the Word.* London; New York: Methuen, 1982.

Parrott, Douglas M. "The Dishonest Steward(Luke 16.1~8a) and Luke's Special Parable Collection." *NTS* 37(1991): 499~515.

Patte, Daniel. "Structural Analysis of the Parable of the Prodigal Son: Toward a Method." *Seniology.* Edited by Patte, Daniel. Pittsburgh: Pickwick, 1976.

————. *The Gospel according to Matthew: A Structural Commentary on Matthew's Faith.* Philadelphia: Fortress Press, 1987.

Patte, Daniel. *What is Structural Exegesis?* Philadelphia: Fortress Press, 1976.

Payne, Philip B. "The Order of Sowing and Plaughing in the Parable of the Sower." *NTS* 25(1978): 123~29.

Pentecost, J. Dwight. *The Parables of Jesus*. Grand Rapids: Zondervan, 1982.

Perkins, Pheme. *Hearing the Parables of Jesus*. New York: Paulist Press, 1981.

__________. *Resurrection: New Testament Witness and Contemporary Reflection*. Garden City: Doubleday, 1984.

Perrin, Norman. *Jesus and the Language of the Kingdom: Symbol and Metaphor in New Testament Interpretation*. Philadelphia: Fortress Press, 1976.

__________. *Rediscovering the Teaching of Jesus*. New York: Harper and Row, 1967.

Pettit, P. *The Concept of Structuralism: A Critical Analysis*. Berkeley: University of California Press, 1977.

Pltuchowski, Jakob. "The Theological Significance of the Parable in Rabbinic Literature and the New Testament." *Christian News from Israel* 23(1972-73).

Plummer, Alfred. *A Critical and Exegetical Commentary on the Gospel according to St. Luke*. ICC. Edinburgh: T and T Clark, 1975(1901, 1896).

Preisigke, Friedrich. *Quaestiones Evangeliorum*.

__________. *Wörterbuch der griechischen Papyrusurkunden*. Berlin: Selbstverlag der Erben, 1925.

Rabinowitz, L. *Midrash Rabbah*. Edited by H. Freedman and M. Simon. London: Soncino, 1938.

Räisänen, H. *Die Parabeltheorie im Markusevangelium*. Helsinki, 1973.

Rengstorf, K.H. *Die Re-Investitur des Verlorenen Sohnes in der Gleichniserzählung Jesu Luke 15:11~32*. Cologne: Westdeutscher Verlag, 1957.

Resenhöfft, Wilhelm. "Jesu Gleichnis von den Talenten, ergänzt durch die Lukas~Fasscung." *NTS* 26(1980): 318~31.

Reumann, John. Jesus in the Church's Gospel. Philadelphia: Fortress Press, 1968.

Richards, I.A. *The Philosophy of Rhetoric.* London: Oxford University Press, 1936.

Ricoeur, Paul. "Biblical Hermeneutics," *Semeia* 4(1975): 27~148.

Ridderbos, H.N. Matthew. *BSC.* Grand Rapids: Zondervan Publishing House, 1987.

_________. *The Coming of the Kingdom of God.* trans. H. de Jongste. Philadelphia: Presbyterian and Reformed Pub. Co., 1962.

Rihbam, A.M. *The Syrian Christ.* Bosten: Houghton Miffiln, 1916.

Roberts, Preston. "A Christian Theory of Dramatic Tragedy." *Journal of Religion* 31(1951): 10~16.

_________. "Bringing Pathos into Focus." *Motive* 14(1953).

Robertson, A.T. *A Grammar of the Greek New Testament; in the Light of Historical Research.* New York: Hodder & Stoughton, George H. Doran Company, 1915.

Robertson, David. "Literature, the Bible." *IDBSup:* 547~51.

Robins, Vernon K. *Jesus the Teacher: A Socio-Rhetorical Interpretation of Mark.* Philadelphia: Fortress Press, 1984.

Robinson, James M. *A New Quest of the Historical Jesus.* London: SCM Press, 1959.

Ru, G. de. "Conception of Reward in the Teaching of Jesus." *Nov T* 8(1966).

Ryken, Leland. *How to Read the Bible as Literature.* Grand Rapids: Zondervan, 1984.

Sabrai, S. "Hone and Family." *JPFC* 2: 728~92.

Sanders, T. "Tradition and Redaction in Luke XV, 11~32." *NTS* 15(196 8~69): 433~438.

Saussuse, Ferdinand de. *Course in General Linguistics.* Edited by Charles Bally and Albert Sechehaye. New York: McGrow-Hill, 1959.

Scherlemann, Martin H. *Proclaiming the Parables.* St. Louis: Concordia, 1963.

Schlatter, A. *Der Evangelist Matthäus.* 1933.

Schmid, Joset. *Das Evangelium nach Lukas.* Regensburg: Pustet, 1960.

Schneider, Gerhard. "Parousia Parables." *Parasiegleichnisse im*

Lukasevangelium. Stuttgart: Katholisches Bibelwerk, 1975.

Schniewind, Julias. *Das Evangelium nach Matthäus.* Göttingen: Vandenhoeck und Ruprecht, 1936.

Scholes, Robert. and Kellogg, Robert. *The Nature of Narrative.* New York: Oxford University Press, 1966.

Schottroff, L. "Das Gleichnis vom verlorenen Sohn." *ZTK* 68(1971): 27 ～ 52.

__________. "Human Solidarity and the Goodness of God: the Parable of Vineyard Workers." *God of the Lowly.* Edited by Schottroff and Stegemann: 129～47.

Schottroff. L. and Stegemann, Q. *Jesus and the Hope of the Poor.* New York: Orbis, 1986.

Schrenk, Gustav. "εκικεο." *TDNT* 2.

Schulz, S. Q: *Die Spruchquelle der Evangelisten.* Zurich: Theologische Verlag, 1972.

Schürer, Emil. *History of the Jewish People in the Age of Jesus.* Edinburgh: T and T Clark, 1973.

Schürmann, Heinz. *Das Lukasevangelium.* vol. 1. Freiburg: Herder, 1969.

__________. *Traditionsgeschichte Untersuchungen zu den synoptischen Evangelien.* Düsseldorf: Patmos Verlag, 1968.

Schweizer, Eduard. *The Good News according to Matthew.* Atlanta: John Knox Press, 1984(1975).

Scott, Bernard B. "A Master's Praise: Luke 16:1～8a." *Bib* 64(1983): 174～88.

__________. "The Prodigal Son: A Structuralist Interpretation." *Semeia* 9(1977): 45-73.

Scott, Bernard B. *Hear Then the Parables.* Philadelphia: Fortress Press, 1990.

__________. *Jesus, Symbol-Maker for the Kingdom.* Philadelphia: Westminster Press, 1981.

Scott, Nathan A., Jr. "The Bias of Comedy and the Narrow Escape into Faith."

__________. ed. *The Tragic Vision and the Christian Faith.* New York: Association Press, 1957.

Scott, R.B.Y. *The Way of Wisdom in the Old Testament.* New York: Macmillan, 1971.

Seang, T.K. *Structuralism and Hermeneutics.* New York: Columbia University Press, 1982.

Secombe, David P. "Possession and the Poor in Luke-Acts.": *Studien zum Neuen Testament und seiner Umwelt* 16. Linz, 1982.

Sellin, Gerhard. "Lukas als Gleichniserzähler: die Erzählung von barmherzigen Samariter(Lk 10: 25 ~37)." *ZNW* 65(1974): 180 ~ 89.

Shalit, A. *König Herodes: Der Mann und sein Werk.* Berlin: Walter de Grayter, 1969.

Sherwin-White, A.N. *Roman Society and Roman Law in the New Testament.* Oxford: Clarendon Press, 1963.

Sider, John W. "The Meaning of Parable in the Usage of the Synoptic Evangelists." *Bib* 62(1981).

Sider, Ronald J. "A Plea for Conservative Radicals and Radical Conservatives." *Christian Century* 103, 28(1986): 834 ~38.

Smith, B.T.D. *The Parables of the Synoptic Gospels.* Cambridge: University Press, 1937.

Smith, C.W.F. *The Jesus of Parables.* Philadelphia: United Church Press, 1975.

Snodgrass, Klyne. *The Parable of the Wicked Tenants.* Tübingen: Mohr, 1983.

Snyman, A.H. "Style and the Rhetorical Situation of Romans 8:31 ~39." *NTS* 34(1988): 218 ~231.

Snyman, A.H. and Cronie, J.V.W. "Toward a New Classification of the Figures(EXHMATA) in the Greek New Testament." *NTS* 32(1986): 113 ~21.

Soden, Von. "adelphos." *TDNT* 1.

Sommer, F. *The World's Greatest Short Story: A Study of Present-Day Significance of the Family Pattern of Life.* Os Wega, Kans: Carpenter Press, 1948.

Sproule, John. "The Problem of the Mustard Seed." *Grace Theological Journal* I(1980): 37 ~42.

Stählin, Gustav. "Chera." *TDNT* 9: 441∼44.

Stein, Robert H. *Introduction to the Parables of Jesus.* Philadelphia: Westminster Press, 1981.

__________. *The Method and Message of Jesus' Teaching.* Philadelphia: Westminster Press, 1978.

Stern, David. "Rhetoric and Midrash: The Case of Mashal." *Prooftexts* 1(1981).

Stern, M. "The Province of Judaea." *JPFC* 1: 308∼76.

Stock, Alex. "Das Gleichnis von Verlorenen Shon." *Ethische Predigt und Altagoverhalten*(1977): 82∼86.

Stonehouse, N.B. *The Witness of Matthew and Mark to Christ.*

Streeter, "Poems of Jesus." *The Hibbert Journal* 32(1933∼34): 9∼16.

__________. *Studies in Pharisaism and the Gospels. Library of Biblical Studies.* New York: Ktav, 1967.

Summers, Ray. *The Secret Sayings of the Living Jesus.* Waio: Word, 1968.

Suter, David E. *Tradition and Composition in the Parable of Enoch.* Missoula: Scholars Press, 1979.

Swall, R.B. *The Vision of Tragedy.* New Haven and London: Yale University Press, 1962.

Talbert, Charles H. *Literary Patterns, Theological Themes, and the Genre of Luke-Acts.* SBLMS 20. Missoula, Mont: Scholars Press, 1974.

__________. *Reading Luke.* New York: Crossroad, 1982.

Taylor, V. *Form of the Gospel Tradition*(1935): 88∼100.

Teselle, Sallie. *Speaking in Parables.* Philadelphia: Fortress Press, 1975.

Thackery, H.J. "A Study in the Parable of the Two Kings." *JTS* 14(1912∼13): 392∼93.

__________. *Josephus.* vol. 1. London, 1926.

__________. *The Art of Rhetoric in the Roman World.* Princeton, 1972.

__________. *The Burning Foundation.* Bloomington: Indiana University Press, 1968(1954).

__________. *The Parables in the Gospels.* London: SPCK; New York: Crossroad, 1985.

__________. *The Rule of Metaphor.* Toronto: University of Toronto Press,

1977.

Thielicke, Helmut. *The Waiting Father*. London: J. Clarke; New York: Harper and Row, 1959.

Thiselton, Antony C. "The New Hermeneutic." *New Testament Interpretation*. Edited by I. Haward Marshall. Grand Rapids: Eerdmans, 1977.

Thompson, William M. *The Land and the Book*. vol. 2. New York: Harper and Row, 1871.

Thompson, William. *Matthew's Advice to a Divided Community: Mt. 7.22~18,35*. Analecta Biblica 44. Rome: Pontifical Biblical Institute, 1970.

Thompson, Wm. G. "An Historical Perspective in the Gospel of Matthew." *JBL* 93(1974): 243~62.

Tinsley, E.T. "Parable and Allegory: Some Literary Criteria for the Interpretation of the Parables of Christ." *Ch Q* 3(1970).

__________. "Parable, Allegory, and Mysticism." *Vindications*. Edited by Anthony Hanson. London: SCM; New York: Morehouse-Barlow, 1966.

Tissot, Yves. "Patristic Allegories of the Lukan Parable of the Two Sons." *Exegesis*. Edited by Bovon and Rouiller.

Tolbert, Mary Ann. *Perspectives on the Parables: an Approach to Multiple Interpretations*. Philadelphia: Fortress Press, 1979.

Topel, L.J. "On the Injustice of the Unjust Steward: Lk 16:1~13." *CBQ* 37(1975): 216~27.

Torrey, C.C. *Our Translated Gospel*. New York: Harper and Row, 1936.

Tracy, David. *Blessed Rage for Order*. New York: The Seabury Press, 1975.

Trench, Richard C. *Notes on the Parables of Our Lord*. New York; London: : D. Appleton and Company; Macmillan, 1861, 1870.

Tribe, Phyllis. "The Gift of a Poem: A Rhetorical Study of Jeremiah 31:15~22." *Andover Newton Quarterly* 17(1977): 271~80.

__________. "Wisdom Builds a Poem: The Architecture of Proverbs 1:20~33." *JBL* 94(1975): 509~18.

Tristram, H.B. *Eastern Customs in Bible Land*. 1894.

Via, Dan O. "Matthew on the Understandability of the Parables." *JBL* 84(1965).

__________. "The Prodigal Son: A Jungian Reading," *Semeia* 9(1977): 21 ~ 43.

__________. *The Parables: Their Literary and Existential Dimension.* Philadelphia: Fortress Press, 1967.

Vogels, W. "Having or Loosing: A Semiotic Analysis of Luke 16:19~31." *Eglise et Theologie* 20(1989): 43~45.

Vos, G. *The Kingdom of God and the Church..*

Waellver, W. "Where is Rhetorical Criticism Taking Us?" *CBQ* 49(19--): 448~63.

Waller, Elizabeth. "The Parable of the Heaven: A Sectarian Teaching and the Inclusion of Women." *Union Seminary Quarterly Review* 35(1979~80): 99~109.

Weinert, Francis K. "The Parable of the Throne Claiment(Luke 19:12, 1 4~15a, 27) Reconsidered." *CBQ* 39(1977): 505~14.

Wenham, David. *The Parables of Jesus.* Downers Grove, Ill: IVP, 1989.

Werder, Hans. *Die Gleichnisse Jesu als Metaphern.* Göttingen: Vandenhoeck und Ruprecht, 1978.

Wettstein, Jakob. *Novum Testamentum Graecum* vol. 1. Graz: Akademische Drueku. Verlagsanstalt, 1962.

Wewers, G.A. *Übersetzung des Talmud Yerushalmi 4/4.* Tübingen: Mohr, 1981.

Wheelwright, Philip. *Metaphor and Reality.* Bloomington: Indiana University Press, 1962.

White, J.L. *The Form and Function of the Body of the Greek Letter: A Study of the Letter-Body in the non-Literary Papyri and in Paul the Apostle.* Chico: Scholars Press, 1972.

White, K.D. "The Parable of the Sower." *JTS* 15(1964): 300~307.

Wilcock, Michael. *The Saviour of the World: The Message of Luke's Gospel.* Downers Grove, Ill: IVP, 1979.

Wilder, Amos N. "The Rhetoric of Ancient and Modern Apocalyptic." *Interpretation* 25(1971): 436~53.

__________. *Jesus' Parables and the War of Myths: Essays on Imagination in the Scripture.* Philadelphia: Fortress Press, 1982.

Wilder, Amos N. *Early Christian Rhetoric: The Language of the Gospels.* Cambridge: Harvard University Press, 1971.

William, *The Barren Temple and the Withered Tree.* Sheffield: JSOT Press, 1980.

Williams, Francis E. "Is Almsgiving the Point of the Unjust Steward." *JBL* 83(1964): 293~97.

Wittig, Susan. "A Theory of Multiple Meaning." *Semeia* 9(1977).

__________. "The Historical Development of Structuralism." *Soundings* 58(Summer, 1975): 146~163.

__________., ed. *Structuralism: An Interdisciplinary Study.* Pittsburgh: Pickwick, 1975.

Wliser, A. "Servant Parables." *Die Knechtsgleichnisse der synoptischen Evangelien.* München: Kösel, 1971.

Yaron, A. *Gifts in Contemplation of Death.* Oxford: the Clarendon Press, 1960.

Zalesky, C. *Otherworld Journeys: Accounts of Near-Death Experience in Medieval and Modern Times.* New York: Oxford University Press, 1987.

Zeller, Dieter. "Die Bildlogik der Gleichnisses Mt 11:16~17/ Lk 7:31~32." *ZNW* 68(1977): 252~57.

Zerwick, Max. "Die Parabel vom Thronanwärter." *Bib* 40(1959): 654~75.

__________. *Biblical Greek.* Rome: Pontifical Biblical Institute, 1963.

Ziegler, Ignace. "Greek Rhetoric and Pauline Argumentation." Edited by W.R. Schoedel and R. Wilden. *Early Christian Literature and the Classical Intellectual Tradition, In Honorem Robert Grant. Theologie Historique* 53; Paris, 1979.

__________. "Propositional Analogy in the Gospel Parables." *NTS* 31(1985).

__________. *Die Königsgleichnisse des Midrasch.* Breslan: Schlesische Verlags-Anstalt V.S. Schottlander, 1903.

찾아보기

23:/ 147, 148
23:5/ 233
28:1/ 16
49:4/ 16
49:6/ 335
50:10/ 336
51:/ 322
69:11/ 15
78:2/ 16, 45
79:1/ 19
82:3-4/ 209
103:6
103:8/ 318
118:22-23/ 227
143:7/ 16

잠언
1:6/ 16
2:1/ 339
2:4-5/ 339
22:20-21/ 53

이사야
1:17/ 315
5:1-7/ 16, 209
5:2/ 226
6:9-10/ 38
6:10/ 46
7:14/ 325
8:8/ 325
8:10/ 325
14:4/ 15
25:6-9/ 232, 233, 241
27:6/ 260
42:1-4/ 210
42:4/ 241
49:6/ 241

53:/ 277
55:1/ 115
55:6-10/ 35
55:8-9/ 36
56:7/ 320
60:21/ 266
61:10/ 167

예레미야
4:3/ 259
8:5/ 306
30:17/ 274
31:33/ 115
31:34/ 117

에스겔
12:22-23/ 15
16:44/ 15
17:/ 364, 365
17:2-10/
17:23/ 363
18:2-3/ 15
20:49-21:5/ 16
31:6/ 363
36:27/ 115
34:/ 148
34:6/ 148

다니엘
2:45/ 111
4:12/ 363

호세아
2:19/ 212, 221
2:19-20/ 209
6:1-10/ 274
6:6/ 274

24:52/ 150

요한복음
3:8,10/ 135
3:16/ 134
4:9/ 272
4:20/ 272
4:42/ 134
8:48/ 277
10:1이하/ 33
10:8/ 53
10:11/ 146
12:24/ 257
14:6/ 119
14:16/ 324
14:26/ 324
15:/ 33
15:15/ 354
15:20/ 354
15:26/ 324
16:7/ 324
17:3/ 118

사도행전
1:5/ 325
1:8/ 326
2:1-4/ 324
2:2/ 326
2:4/ 326
2:42/ 320, 327, 328
2:47/ 354
6:1-3/ 191
7:10/ 354
7:46/ 354
16:13/ 320
16:16/ 320
18:13/ 308

로마서
1:24-25/ 333
7:13/ 300
8:17/ 302
9:6-13/ 162
11:19-24/ 227
11:25-32/ 44
12:1/ 275
12:11/ 249
16:23/ 284

고린도전서
1:18
3:2/ 191
4:/ 313
4:15/ 215
11:17-22/ 191
12:31/ 300
14:19/ 215
15:25/ 111
15:35-38/ 257, 258

고린도후서
1:8/ 300
3:17/ 326
4:17/ 300
13:5/ 301

갈라디아서
5:9/ 365
6:7-8/ 257

빌립보서
2:17/ 274

골로새서
3:5/ 333